COMUNIDADES DIGITALES

**LITERATURE AND CULTURES SERIES**

General Editor: Greg Dawes
Series Editor: Ana Forcinito
Copyeditor: Gustavo Quintero

# Comunidades digitales

*Perspectivas interdisciplinarias*
*desde y sobre América Latin@*

EDITADO POR

David L. García León, Javier E. García León
y David S. Dalton

Raleigh, North Carolina

Library of Congress Cataloging-in-Publication Data
Names: García León, David L., editor. | García León, Javier E., editor.
| Dalton, David S., editor.
Title: Comunidades digitales : perspectivas interdisciplinarias desde y
sobre América Latin@ / editado por David L. García León,
Javier E. García León, David S. Dalton.
Other titles: Literature and culture series.
Description: [Raleigh] : Editorial A Contracorriente : Department of World
Languages and Literatures at North Carolina State University, [2025] |
Series: Literature and cultures series | Includes bibliographical references and index.
Identifiers: LCCN 2025037358 | ISBN 9781469695914 (paperback) |
ISBN 9781469695921 (epub) | ISBN 9781469695938 (pdf)
Subjects: LCSH: Online social networks—Latin America. |
Internet—Social Aspects—Latin America.
Classification: LCC HM742 .C6544 2025
LC record available at https://lccn.loc.gov/2025037358

For product safety concerns under the European Union's General Product Safety
Regulation (EU GPSR), please contact gpsr@mare-nostrum.co.uk or write to the
University of North Carolina Press and Mare Nostrum Group B.V.,
Mauritskade 21D, 1091 GC Amsterdam, The Netherlands.

This is a publication of the Department of Foreign Languages and
Literatures at North Carolina State University. For more information visit
http://go.ncsu.edu/editorialacc.

Distributed by the University of North Carolina Press
www.uncpress.org

# TABLA DE CONTENIDO

# Introducción: Comunidades digitales. Perspectivas interdisciplinarias desde y sobre América Latin@

David L. García León, Javier E. García León y David S. Dalton.

❧

H ACE UNOS AÑOS, UNO de los editores de este libro conversó con una mujer mexicana quien le dijo que había tomado el metro para ir al Palacio de Bellas Artes en la Ciudad de México para reunirse con "las amigas del TikTok", un grupo de mujeres que subían videos de sus vidas cotidianas y se los compartían entre sí. Como es común en este tipo de comunidad, estas mujeres nunca se habían visto en la vida real. Aunque todas vivían cerca de la Ciudad de México, se habían conocido a través de las redes sociales y, finalmente, se habían puesto de acuerdo para verse en persona. De este modo, TikTok sirvió para poner en contacto a mujeres de diferentes clases sociales que probablemente nunca se hubieran conocido de otra manera. La dinámica digital continuó siendo un elemento de suma importancia entre "las amigas del TikTok", pues al verse en persona, todas se tomaron fotos y videos. Además de documentar esta reunión para ellas mismas, también subieron este contenido a sus redes sociales para comprobar que esta reunión sí había sucedido. Esta necesidad psicológica de compartir esta información subrayaba la importancia del aspecto digital en esta nueva comunidad digital que se había formado entre ellas. De diversas formas, se podría decir que las "amigas del TikTok" pertenecían a una comunidad que existía mayormente en línea, pues aun cuando sus integrantes interactuaban en el mundo físico, volvían a las redes digitales como fuente principal de su relación.

A primera vista, la excursión de esta mujer al centro de la Ciudad de México pareciera carecer de importancia, pues las amigas del TikTok nunca se identificaron como un grupo políticamente activo y era posible que las integrantes del grupo tuvieran ideas políticas y sociales completamente opuestas. Además, su encuentro en el Palacio de Bellas Artes era algo tan común que no tendría importancia; para muchos, este sería un ejemplo más de un grupo de personas que se reúnen en un sitio público y conocido. Sin embargo, la simple existencia de esta comunidad digital —y de muchísimas otras a través del país y toda América Latina— representa un cambio paradigmático en cómo los mexicanos y latinoamericanos forman relaciones interpersonales. Al igual que estas amigas, que se habían conectado al compartir y dar "me gusta" a los posts de cada una, muchas personas y sociedades en la región han formado redes sociales a través de internet. Como nos indica este ejemplo, lejos de una "magia importada" (Medina, da Costa Marques y Holmes 2014), la tecnología y las redes sociales representan hoy en día un elemento clave en las experiencias vividas de latinoamericanos de diferentes razas, etnias y clases sociales. A pesar de que se ha argumentado que las tecnologías de la comunicación —y sobre todo las redes sociales— todavía se centran mayormente en Norteamérica, Europa y, en el caso de TikTok, en China (Chacón 2018; Medina, da Costa Marques y Holmes 2014, 2), es evidente que las redes sociales han abierto un espacio donde los latinoamericanos pueden formar comunidades entre sí. Las redes sociales en Latinoamérica han experimentado procesos glocalizadores bajo los cuales los habitantes de la región han adaptado diferentes tecnologías digitales a sus contextos específicos, creando comunidades que de otra manera no existirían.[1] Por lo tanto, la pregunta sobre el origen de una plataforma como TikTok o X tiene menos importancia que la manera en que estas se usan entre usuarios a través del continente.

De esta manera, *Comunidades digitales. Perspectivas interdisciplinarias desde y sobre América Latin@* se inserta dentro de una nueva ola de estudios que se interesan más en cómo se ha adaptado la tecnología a las culturas y sociedades de la región que en cuestiones sobre la autenticidad (o no) de esta en la región. Nuestra insistencia en el término *comunidad* nos pone en diálogo con Benedict Anderson (1993 [1983]), quien ha teorizado la idea de que la nación es una "comunidad imaginada" cuyos miembros sienten alguna afiliación entre sí —normalmente basada en una historia y cultura compartidas— que les brinda una identidad común y una "camaradería horizontal" ["*horizontal comradeship*"] entre sí (7).[2] Hilda Chacón sostiene que

1.  Néstor García Canclini (2002, 80-81) emplea el término "glocal" para referirse a los procesos bajo los cuales un discurso global es adaptado a un contexto local. Esto es precisamente lo que vemos entre los usuarios de redes sociales a través de América Latina.

2.  Preferimos nuestra traducción del término, "camaradería horizontal" a "compañerismo profundo, horizontal", traducción que aparece en la version del libro

los recientes avances tecnológicos han creado nuevas formas de crear y sustentar comunidad más allá de la literatura (2018, 4). Por su parte, David S. Dalton y David Ramírez Plascencia (2023) argumentan que, hoy en día, las redes sociales suelen fomentar casos de camaradería horizontal entre migrantes latinoamericanos que de otra manera no tendrían acceso a tal comunidad (3). El presente volumen extiende estas observaciones al expandir el análisis de la creación de comunidad más allá de la migración para considerar cómo esta se construye entre diversas poblaciones latinoamericanas. La noción de camaradería horizontal es esencial a esta contribución, pues aunque la mayoría de los textos no tratan cuestiones de identidad nacional, sí indagan el papel de la tecnología y las redes sociales en fomentar lazos horizontales entre usuarios. Así que, todos los estudios en este libro dialogan con Anderson (1993 [1983]) al analizar cómo los usuarios de redes sociales crean comunidades digitales entre sí que se manifiestan de diferentes maneras. Esto es claro en "las amigas del TikTok", quienes gozaban de una camaradería horizontal tan profunda que, a pesar de no haberse conocido nunca en persona, se sentían tan amigas que a fin de cuentas pusieron una cita para verse y conocerse. Se creían miembros de una comunidad ligada no por una nacionalidad compartida (aunque todas eran mexicanas), sino por intereses compartidos. Este ejemplo extiende los estudios sobre tecnología, sociedad y cultura en América Latina al invitarnos a considerar ejemplos de la construcción de comunidades a base de cuestiones que van más allá de la identidad nacional, sexual, racial, etcétera. Lo que les unía eran los posts que subían sobre sus vidas cotidianas, pues fue a través de ellos que se crearon estos lazos.

El estudio de la relación entre tecnología, sociedad y cultura en América Latina ha tenido su auge en los últimos diez años. Claire Taylor y Thea Pitman (2013) abrieron esta corriente de investigación con su libro *Latin American Identity in Online Cultural Production*, una contribución cuyo enfoque principal es los estudios culturales. Un año después, Taylor (2014) publicó *Place and Politics in Latin American Digital Culture*, donde se exploran las conexiones entre tecnología, cultura y sociedad en la región. Luego de esto,

---

publicada por la Universidad Autónoma de México (Anderson 1993 [1983], 25). Nuestra traducción capta mejor la idea de la comunidad imaginada como algo que liga a personas que nunca se han conocido de manera horizontal. La mayoría de los miembros de una comunidad imaginada no pueden tener un compañerismo entre sí porque no se conocen personalmente; es más, la conexión es más horizontal que profunda.

Hilda Chacón (2018) publicó la antología *Online Activism in Latin America*, donde investigadores de varias disciplinas teorizaron el papel de la tecnología en las manifestaciones políticas de América Latina. Marcela Fuentes (2019) continuó esta área de investigación con *Performance Constellations*, un texto ejemplar que explora la interacción entre el ciberespacio y el espacio físico en el activismo latinoamericano, un tema que abarcamos en este libro también. El giro académico al ámbito político se intensifica en la década del 2020 con la publicación de las antologías *The Politics of Technology in Latin America (Volume 1 y Volume 2)* (2021), de David Ramírez Plascencia, Barbara Cavalho Gurgel y Avery Plaw. Estas indagan diferentes maneras en que la tecnología se ha insertado en la teoría y práctica políticas de la región. Lo que destaca esta colección de ensayos es una idea más amplia de la política. En vez de enfocarse solamente en el activismo, los estudios exploran varias manifestaciones de la política tanto en la democracia popular como en los procesos de gubernamentalidad del Estado. Enfocarse en la creación de comunidad comienza con la publicación de *Imagining Latinidad* (2023), de David S. Dalton y David Ramírez Plascencia. No obstante, esta contribución se centra en pueblos diaspóricos con ascendencia latinoamericana, limitando el tipo de comunidad analizado. El presente volumen pretende llenar esa brecha en la crítica al teorizar e investigar la creación de varias iteraciones de comunidad que van más allá de los grupos diaspóricos.

*Comunidades digitales* reconoce la influencia de los estudios anteriores a la vez que explora temas distintos. Esto lo hace al interrogar el proceso mismo de la formación de comunidades digitales en América Latina, haciendo hincapié no sólo en casos de activismo político e identidad sino también en aquellas comunidades que surgen de la vida cotidiana. Ciertamente, algunos de los casos estudiados exploran grupos que se han organizado políticamente —un elemento que crea todavía más diálogo con los estudios anteriores—, pero otros se enfocan en comunidades sociales que se han formado y edificado en América Latina a través de la tecnología sin una intención política claramente expresada. Al considerar variados casos de comunidades digitales, este libro subraya la importancia de estas tecnologías en navegar cada aspecto de la vida latinoamericana en la tercera década del siglo XXI.[3] Como vemos, la tecnología juega un papel esencial en muchos ámbitos de la vida; lejos de calificar

---

3.	Rosa María Alonzo González (2020) alude a este potencial en su libro *La práctica de prosumir en internet*, donde discute el prosumismo como una práctica que no reconoce fronteras geopolíticas.

algunas manifestaciones como más importantes o interesantes, los editores de este libro optamos por afirmar que lo más relevante es el hecho de que las diversas comunidades digitales se manifiestan de maneras distintas, tal y como se corrobora en este libro.

## Organización del libro

Cada sección de este libro incluye entre tres a cuatro capítulos que examinan un fenómeno particular latinoamericano en torno a las comunidades digitales. Es decir, estos exploran la manera como lo digital (e.g. redes sociales) contribuye a la construcción de comunidad o como ciertas comunidades utilizan lo digital como espacios cotidianos de comunicación y afianzamiento de lazos sociales e identitarios. En cada sección, se presentan ensayos o estudios que ofrecen distintas miradas al tema a partir de perspectivas diferentes pero conectadas por medio de metodologías propias de las ciencias sociales o humanas. Esta naturaleza interdisciplinaria o ecléctica, si se quiere, es uno de los grandes aportes del libro y se espera que la audiencia lectora lo note. La selección de cada capítulo se realizó con el fin de cubrir una amplia parte de Latinoamérica y, además, con el objetivo de reunir a investigadores, profesores y estudiantes de diferentes campos como los estudios del discurso, los estudios de género y feministas, la sociolingüística, los estudios culturales, y los estudios de redes sociales, entre otros. Adicionalmente, todos los capítulos han sido escritos de manera accesible, pues uno de los propósitos centrales al concebir este compendio fue que las reflexiones aquí presentadas pudieran ser valiosas tanto para académicos en el área de los estudios latinoamericanos como también para el público en general interesado en el tema. Público que en su mayoría podría estar localizado en Latinoamérica, por ello, la decisión de que el volumen se publicara en español, aun cuando algunos de los capítulos provengan de investigadores localizados en instituciones norteamericanas.

La decisión de organizar este libro de manera temática y no por regiones se basa en dos razones principales. Primero, las comunidades digitales y las reflexiones que se llevan a cabo sobre ellas son en muchas ocasiones transnacionales y, segundo, muchas de las realidades en los países que componen la región latinoamericana son compartidas o propias de procesos históricos similares. Con la organización por temas, no pretendemos desconocer las realidades propias de cada país. Por el contrario, el objetivo es poner en diálogo cada una de las contribuciones con el fin de identificar futuros campos de exploración que respondan a cuestionamientos locales y regionales.

La organización por temas permite un acercamiento sistemático a las comunidades digitales en América Latina, pues se consideran distintas perspectivas de análisis y de fenómenos que circulan en estas regiones. Sin embargo, es importante mencionar que los lectores pueden también acercarse a estos trabajos de manera individual con el fin de comprender un caso particular. Del mismo modo, pueden acercarse al libro a partir de perspectivas teóricas y metodológicas utilizadas por los investigadores, por ejemplo, enfocándose en trabajos de análisis del discurso o estudios culturales si así se prefiriese. De este modo, esta contribución es valiosa también para aquellos interesados en un campo disciplinario o un enfoque de análisis en particular.

Adicionalmente, la audiencia lectora notará que además de la organización temática propuesta, muchas de las contribuciones comparten hallazgos similares aún al ubicarse en otra sección. El objetivo central del libro no es de ninguna manera presentar secciones rígidas. Por el contrario, proponemos una ruta que permita comprender el fenómeno de las comunidades digitales de manera detallada y pensando en las grandes discusiones que se están desarrollando en la actualidad. En definitiva, *Comunidades digitales* es una contribución valiosa en el campo de los estudios latinoamericanos por su naturaleza interdisciplinar e interseccional (raza, género, etnicidad, etc.) y, sobre todo, por presentar un compendio de trabajos que analizan el fenómeno de las comunidades digitales con rigurosidad y reflexionando sobre y con las poblaciones propias de cada país. A la par, no se puede omitir el hecho de que esta contribución es relevante por poner en diálogo a investigadores localizados en diversas partes de las Américas. Con ello, se pretende ayudar a cerrar la brecha entre la producción académica producida en el Norte y el Sur global y aquella producida en inglés y en español. A continuación, se presenta una breve descripción general de cada sección y los capítulos que componen este libro.

## Parte I. Sexualidad y género: resistencias digitales

Los estudios de género y sexualidad en América Latina son prolíferos y se han encargado de comprender, entre muchos otros fenómenos, la representación de la mujer y los miembros de la comunidad LGBTIQ+ en la prensa, el cine, la televisión, y la literatura, entre otros medios. Adicionalmente, las nuevas tecnologías y redes sociales han sido espacios para que estos actores sociales sean representados, pero también para que ellos mismos produzcan discursos sobre sus experiencias, agendas políticas y reivindicaciones sociales, y para construir comunidad. Ejemplo de ello es el caso de la red comunitaria trans en Colombia. Esta organización ha producido obras audiovisuales (*Cada vez que muero*, 2022) y maneja una cuenta de Instagram (@redcomunitariatrans) con más de 45,000 de seguidores. En términos generales, las publicaciones en dicha cuenta se enfocan en tres objetivos. Primero, en promover las actividades de la red como la marcha trans y eventos comunitarios. Segundo, en denunciar hechos de discriminación y, tercero, en educar a la población en general sobre las realidades de las personas trans. Este espacio virtual también funciona como un lugar para crear comunidad. Este hecho queda reflejado en los comentarios a las publicaciones y en las múltiples transmisiones en vivo hechas por medio de la cuenta.

Un ejemplo emblemático y relativamente reciente de este fenómeno ha sido el movimiento Ni una menos. Este movimiento ha sido descrito como un caso de ciberactivismo político, especialmente en Twitter (actualmente conocido como X), que nace en Argentina en el 2015 como respuesta a la escala de feminicidios sucedidos en dicho país y a la violencia patriarcal en general (Accossatto y Sendra 2018, 120). Dicho movimiento adquirió un carácter global y permitió que los medios de comunicación (digitales) y las élites políticas pusieran la violencia machista dentro de sus agendas (Accossatto y Sendra 2018, 135). Así, no solo se visibilizaron los efectos del patriarcado, sino que, además, este movimiento contribuyó a cambios sociales fundamentales dentro del imaginario social (latinoamericano) y a establecer leyes de protección contra la violencia machista. El éxito de este movimiento de activismo social se debió, en gran medida, al uso de las redes sociales como una estrategia comunicacional (Accossatto y Sendra 2018, 124). Además, el movimiento Ni una menos y otros parecidos como *Me too* han señalado un feminismo latinoamericano que difiere al que vemos en Europa y Norteamérica.[4]

Del mismo modo, otros medios tradicionales como la prensa impresa han abierto sus medios digitales para que minorías sexo-genéricas tengan espacios específicos de comunicación y participación. Un caso claro de esto es el periódico colombiano *El Espectador*, el cual ha generado diferentes espacios digitales para visibilizar las luchas feministas y discutir la discriminación por la que pasan las personas de la comunidad LGBTIQ+. Este medio posee en

---

4. Para una discusión sobre las tensiones entre #MeToo y #NiUnaMás en México, por ejemplo, véase Dennstedt (2023) y Dalton (2023).

la actualidad dos importantes canales en YouTube para alcanzar dicho objetivo, @LaDiscidencia y @LasIgualadas. El primero tiene por objetivo discutir e informar sobre diversidad sexual, amor y derechos humanos. En la actualidad, dicho canal ha producido 112 videos y cuenta con más de 47,000 suscriptores. Por su parte, @LasIgualadas se caracteriza por enfocarse en hablar de "temas de género que parecen elementales, pero que suelen ser ignorados" y por analizar "las canciones, el cine, la política, YouTube, Internet y el mundo" desde una mirada feminista y de género (Las Igualadas). A la fecha, este canal cuenta con 332,000 suscriptores y 270 videos, muchos de los cuales han generado relevantes debates en los medios colombianos. De este modo, estas plataformas se han convertido en espacios de circulación de diversos discursos de y sobre minorías sexuales. Sin embargo, no se puede desconocer que dichas plataformas, sus productores y los discursos que allí circulan tienen diversos objetivos y de ninguna manera son homogéneos. Por ello, es necesario su estudio.

En este libro, Massimiliano Carta y Danny González Cueto analizan el caso del colectivo caribeño colombiano LGBTIQ+ Transmallo. El objetivo de su contribución es comprender la forma en que la virtualidad contribuye a la construcción de comunidad en momentos de crisis. En particular, Carta y González estudian cómo dicho colectivo trans caribeño utilizó la virtualidad para, primero, crear comunidad durante la crisis sanitaria producida por el COVID-19 y, segundo, para cuestionar, desde las experiencias de sus miembros, el sistema cisheteronormativo que regula los cuerpos, el deseo, la sexualidad y los roles de género. Un aporte importante de este estudio son las reflexiones sobre la relación entre virtualidad y poliespacialidad para la construcción de comunidades (marginalizadas). Para Carta y González, las redes sociales y la virtualidad permiten establecer lazos de solidaridad entre personas que se encuentran en diferentes espacios y tiempos. Para los autores, el aspecto poliespacial también se sustenta, siguiendo a Domínguez, en la "poética visceral y política que abre espacios sociales a las masas y a la íntima protesta" ["visceral and political poetics to open social spaces for mass and intimate protest"] (2009, 1811). Además, la audiencia lectora apreciará el valioso recorrido histórico sobre el surgimiento y consolidación de colectivos trans en el caribe colombiano, así como el acercamiento a los discursos multimodales producidos por este colectivo que circulan en múltiples espacios virtuales.

La forma en que los discursos en torno a la sexualidad LGBTIQ+ son construidos virtualmente y cómo estos producen relaciones negociadas entre lectores y escritores son dos puntos importantes en el trabajo de Manuel Zelada. Este investigador toma como estudio de caso la cuenta de Instagram *indiaescribe,* cuyo objetivo es reivindicar y reflexionar sobre las identidades andinas sexualmente minorizadas en Perú y que cuenta con más de 8,000 seguidores. Para esto, Zelada analiza las publicaciones, en su mayoría poemas, y los comentarios a dichas publicaciones en esta cuenta desde dos enfoques, la lingüística sociocultural y la gramática visual. Por lo tanto, esta investigación no solo contribuye a entender dichos discursos, sino que además busca entender cómo estos son interpretados por diversas audiencias y el grado de construcción de comunidad (virtual) que esta interacción produce. Estudiar esta cuenta de Instagram también implica preguntarse por fenómenos de raza y etnicidad. Aunque Zelada se enfoca en asuntos de género y sexualidad, sus reflexiones contextualizan las publicaciones desde los procesos de racialización y colonización por los que han pasado las comunidades andinas en Perú. Al estudiar las publicaciones producidas por activistas racializados, Zelada encuentra que dichos actores sociales comparten, principalmente, experiencias de sufrimiento y resistencia a la opresión colonial (racial y genérica), creando nuevos modos de relación con la lengua y la escritura, y con las comunidades que consumen dichos discursos.

Por su parte, Alyssa Bedrosian se enfoca en comprender la manera en que el colectivo mexicano Católicas por el Derecho a Decidir representa y desarrolla una comunidad católica feminista en México a través de su herramienta educativa digital, *Catolicadas.* Esta es una serie animada que explora temas de sexualidad, género y religión con más de 14 millones de reproducciones en YouTube y Facebook y con más de 30,000 seguidores en dicho canal. Para esto, la autora analiza las estrategias discursivas presentes en dicha serie y cómo estas contribuyen a la construcción de una comunidad feminista católica que critica la posición antiabortista de la Iglesia y ofrece una visión alternativa de la fe. Para Bedrosian, este colectivo y sus prácticas discursivas virtuales pueden concebirse como un tercer espacio donde el feminismo y el catolicismo coexisten. Esta contribución busca repensar los imaginarios existentes frente al catolicismo y al feminismo, pues en el contexto mexicano dichas visiones de mundo se consideran opuestas. Sin embargo, la investigadora demuestra que existe una gran diversidad y pluralidad dentro de estas formas de concebir las sociedades y que su enlace genera un espacio híbrido en donde se resignifican y reinterpretan los símbolos y prácticas católicos y feministas. La audiencia lectora, además, valorará la metodología empleada en esta contribución pues se combinan los estudios del discurso con los estudios culturales (latinoamericanos), especialmente aquellos enfocados en el género y el feminismo (católico).

Esta sección cierra con la contribución de María Emilia Barbosa, Lily Matinez Evangelista y Emanuele de Fátima Rubim Costa Silva. Su propuesta examina la construcción de redes de solidaridad en dos contextos latinoamericanos, Guatemala y Brasil. Para el primer caso, las investigadoras exploran la construcción de voces feministas populares en el mundo del arte por medio de la creación de comunidades digitales. Las autoras se centran en analizar las *performances* "Estoy viva" (2013, 2014 y 2015) y "Las escucharon gritar y no abrieron la puerta" (2017) de Regina José Galindo, y la circulación viral de hashtags como "#nofueelfuego", "#fueelestado" y "#CalladasNuncaMás". En el caso de Brasil, las voces feministas son estudiadas a través de explorar Señoritas Courier, un colectivo compuesto por miembros de la comunidad LGBTIQ+ y mujeres cisgénero quienes entregan productos en bicicleta con enfoque sustentable. Las investigadoras analizan la presencia de este colectivo y la creación de cooperativismo digital o de plataforma en Facebook e Instagram. Este trabajo es un aporte importante para repensar el rol que lo digital juega en la construcción de lazos comunitarios con enfoque feminista y desde una mirada consciente de las actuales dinámicas de desigualdad en Brasil y de la violencia de género perpetrada, entre otros, por el Estado en Guatemala.

## Parte II. Raza y etnicidad: expresiones virtuales de inclusión y exclusión

Esta sección explora cómo la raza y la etnicidad son representadas en diversos discursos que circulan en redes sociales y la forma en que grupos lingüísticamente minorizados crean comunidad al usar redes sociales. En ella, se incluyen trabajos que exploran diversos países como Argentina, México, Colombia y los Estados Unidos. Estos trabajos dialogan entre sí al explorar casos específicos de comunidades minorizadas y su relación con la raza y/o la etnia. Los capítulos se enmarcan en las actuales discusiones sobre el papel que los medios digitales juegan en la propagación de discursos (anti)racistas y en la manera como estos pueden contribuir a mantener la vitalidad de lenguas minorizadas habladas por comunidades racializadas. Un ejemplo reciente de este aspecto es el papel que jugó la red social Twitter (actualmente conocida como X) en evidenciar el racismo estructural en la sociedad mexicana. En 2019, diversas personas (reconocidas) se manifestaron en dicha red sobre la nominación de la actriz (indígena) Yalitza Aparicio a los premios Óscar por su papel en el filme *Roma* (Brooks 2021). Las publicaciones reproducían discursos racistas, sexistas y de discriminación lingüística, evidenciando los legados coloniales que aún circulan en México en particular y en Latinoamérica en general. El caso mexicano es emblemático, pues esta nación cuenta con aproximadamente un 20% de personas que se autoidentifican como indígenas, muchas de las cuales son hablantes de una o varias lenguas minorizadas (INEGI 2020, 1). Sin embargo, sus lenguas son vistas como dialectos inferiores y no dignos de ser representados en medios nacionales o internacionales. De este modo, dichas publicaciones reflejan el racismo sistémico que intersecciona con cuestiones de género, pues Aparicio fue criticada también por su forma de vestir y por su posición anticolonial como mujer indígena. Explorar las publicaciones en redes sociales es relevante, pues a través de ellas podemos acercarnos a las ideologías raciales y lingüísticas que circulan en Latinoamérica y los Estados Unidos.

Un caso similar ha sido estudiado por Erika Maribel Heredia en este libro. La investigadora analizó más de 19,000 tuits que contienen frases peyorativas con fuerte carga eurocéntrica. Para esto, seleccionó expresiones comunes del lenguaje cotidiano mexicano y argentino como "pinche prieto" o "negros de mierda" y cómo estas eran utilizadas en Twitter (X en la actualidad). Usando el Análisis Crítico del Discurso como enfoque, Heredia estudió cada tuit según su complejidad, su nivel narrativo, el imaginario social que reproduce, y su correspondencia con un recuerdo personal, entre otros aspectos. Su contribución tuvo como objetivo identificar la red de significados sociales que sustentan dichos imaginarios. La importancia de esta contribución también radica en conectar dos naciones que son poco estudiadas de manera conjunta, el caso mexicano y argentino. Respetando las diferencias históricas y culturales de estos dos países, Heredia logra identificar cómo los discursos racistas reproducidos en Twitter se basan en estrategias discursivas similares. Además, demuestra cómo ambas sociedades se encuentran organizadas por esquemas raciales propios del eurocentrismo que continúan siendo reproducidos en las redes sociales.

Otro país multiétnico y multilingüe que se explora en esta sección es Colombia. Este país cuenta con más de 65 lenguas indígenas, dos lenguas criollas y una lengua romaní, además del español y la lengua de señas colombiana. Sin embargo, la mayoría de dichas lenguas se encuentran en riesgo de pérdida y son solo habladas por solo el 2% de la población colombiana. Las ideologías raciales en torno a las lenguas existentes en dicha nación han conducido a la dominancia del español y han afectado negativamente a las poblaciones afrodescendientes e indígenas, pues sus lenguas son consideradas como dialectos o formas inferiores de habla (García León y García León 2023). El caso de las lenguas criollas es emblemático, pues las dos existentes en el territorio son habladas por comunidades afrocolombianas. El criollo de base léxica inglesa de San Andrés, Providencia y Santa Catalina es hablado por la comunidad raizal de este archipiélago y el palanquero, un criollo de base léxica española, por la comunidad cimarrona de San Basilio del Palenque al norte del país. Covadonga Lamar, Miriam Villazón y Miguel Muñoz se interesan por este último caso desde una perspectiva sociolingüística. Su contribución explora la identidad lingüística digital de algunos residentes de San Basilio de Palenque en las redes sociales. A través de diferentes datos recolectados en esta comunidad, se rastrean las prácticas de uso de redes reportadas por la población palenquera y se encuentra que las redes sociales podrían contribuir a la construcción de la identidad étnica y lingüística de este grupo social. Este es un valioso aporte en tanto que es una aproximación específica que permite entender el rol de las redes sociales y los medios de comunicación digitales en los procesos de revitalización y mantenimiento lingüístico.

Para 2022, se reporta que más de 63.7 millones de hispanos viven en los Estados Unidos y dicha población proviene de diversos lugares de Latinoamérica y España (Moslimani et al. 2023). Esta comunidad ha pasado por procesos de minorización lingüística y racialización y a esto se suman los discursos antiinmigración que circulan cada vez más en diversos medios de comunicación y redes sociales, los cuales, en muchos casos, tienen como blanco a la población hispana. En este libro, David S. Dalton estudia la campaña en redes sociales *United We Dream* (UWD) dentro del contexto político creado por Barack Obama y Donald Trump. UWD tuvo como objetivo regularizar el estatus migratorio de la generación 1.5 y, luego, el de sus familias en Estados Unidos. Al hacerlo, dispusieron de su legalidad liminal, es decir, enfatizaron en las particularidades de sus casos para generar simpatía entre gran parte de la población norteamericana. Dalton explora la forma en que dicha campaña usa la tecnología y las redes sociales para producir un discurso de contrapeso a aquellas ideologías que representan a los inmigrantes como una amenaza étnica y racial para los EE. UU. Estos contra-discursos reafirman los derechos de los inmigrantes indocumentados, sobre todo los de aquellos que llegaron al país siendo menores de edad para establecerse allí. El aporte de este capítulo radica en el potencial que tienen los contra-discursos en redes sociales para reformar el futuro de una población que ha sido históricamente marginalizada. En este caso, UWD es un ejemplo de activismo mediático con significativos efectos para la comunidad hispana en una nación que concibe el multilingüismo y la diversidad étnica y racial como una amenaza.

El último capítulo de esta sección tiene un doble objetivo. Primero, explorar cómo escritoras y activistas chicanas y de color en los EE.UU. utilizaron la transición tecnológica de los años 80 y 90 para construir coaliciones feministas. Segundo, Andrea Pitts busca demostrar que las prácticas digitales de dichas escritoras continúan proveyendo pautas para contrarrestar las actuales injusticias sociales relacionadas con la raza y la etnia y para navegar las nuevas tecnologías. Entre los muchos aportes de este trabajo, vale la pena resaltar el rol que lo digital jugó en crear nuevos diálogos entre mujeres situadas en diversos lugares y pertenecientes a diversos grupos raciales, sexuales y étnicos. Otro aporte relevante es el valioso recorrido teórico e histórico sobre las tecnologías de las telecomunicaciones y el activismo feminista. Pitts nos recuerda que aplicaciones como Zoom, Facetime y Skype se popularizaron en la década del 2010; sin embargo, dichas tecnologías se remontan a finales del siglo XIX. A la par, y en relación con el activismo feminista chicano, Pitts demuestra que pensadoras feministas como Gloria Anzaldúa y otras escritoras de color exploraron y se apropiaron de tecnologías como máquinas tipográficas, teléfonos, computadoras y correos electrónicos durante los ochenta y noventa. Este hecho es, entonces, un antecesor a casos como el de ni una menos. Tal vez, el aporte principal de este capítulo tiene que ver con estudiar las reflexiones de las activistas chicanas sobre las innovaciones en telecomunicaciones de los años ochenta y noventa. Los hallazgos muestran que las tecnologías de información permiten forjar relaciones y alianzas (feministas) para sustentar movimientos de justicia social en contextos de explotación capitalista y colonial.

## Parte III. Vida cotidiana y lazos sociales: comunidad en redes sociales

La tercera y última sección de este libro explora el rol de los medios digitales en la vida cotidiana, un área que ha recibido poca atención académica hasta la fecha. Los estudios que componen esta sección se destacan por el hecho de que ninguna de las comunidades mencionadas aquí tiene un proyecto político particularmente desarrollado. Más bien, estas comunidades se han formado a base de intereses compartidos en la vida cotidiana. La audiencia lectora encontrará esta sección particularmente interesante debido a la riqueza de los capítulos que la componen, pues estos abarcan temas como el ciclismo como práctica comunitaria en México, la construcción de lazos de parentesco en canales digitales como YouTube en dicha nación, y la devoción a figuras populares mexicanas como Pancho Villa en Facebook. Para los editores del libro era importante que este proveyera reflexiones en torno al rol de los medios digitales en la construcción de identidades sociales en todas sus manifestaciones, tanto las explícitamente políticas como las que, a primera vista, carecen de tal énfasis. Un hallazgo particularmente interesante es que toda comunidad imaginada —incluso las que no se conciben de esta manera— posee elementos políticos aunque los mismos integrantes tal vez no los reconozcan. Por ejemplo, los ciclistas mexicanos han usado las redes sociales para abogar por mejores condiciones dentro del país, mientras que los creyentes en Pancho Villa han enfatizado su derecho a practicar su fe. De modo que, las comunidades que se forman a base de la vida cotidiana suelen tener efectos palpables en la cultura y sociedad nacionales.

En el primer capítulo de esta sección, Alejandro Zamora y María Ávila analizan la relación entre activismo urbano y escritura colaborativa a través de un estudio detallado de las narrativas comunitarias de ciclismo urbano en México. Específicamente, se enfocan en estudiar el archivo digital comunitario *(re)Ciclarse en la ciudad* que ha estado disponible al público desde 2020. Este incluye diversas narrativas (relatos de vida, crónicas colaborativas, foto-historias) urbanas de ciclistas localizados en diferentes ciudades mexicanas como Mérida, Oaxaca, Guadalajara y la Ciudad de México. Para Zamora y Ávila, este archivo se convierte en un medio de expansión y vinculación de comunidades ya existentes en dicha nación. Retomando el concepto de "escrituras desapropiativas" propuesto por Cristina Rivera Garza (2019, 83-115), la contribución demuestra que lo digital posibilita la escritura o autoría relacional, la redistribución del conocimiento comunitario y la movilización de narrativas de activismo urbano en el ciberespacio.

De manera similar, Francesco Gervasi y Gabriel Pérez Salazar estudian las formas de expresión de la devoción hacia Pancho Villa, una figura popular de la Revolución Mexicana, en la página de Facebook "Pancho Villa Milagroso". Por medio de una etnografía virtual, los investigadores analizan un corpus de 318 publicaciones con temática religiosa y asociadas a esta figura popular. Este trabajo no solo es un valioso aporte para el volumen por tratarse de un tema y datos originales sino, más importante aún, por los hallazgos. Los autores encuentran que los devotos de Pancho Villa tienden a conformar una comunidad religiosa digital, en la cual tienen la posibilidad de definir libremente los contenidos y significados de su devoción. Esto les permite, además, confirmar continuamente su unión y sentido de pertenencia a dicha comunidad digital presente en Facebook.

Esta sección finaliza con el capítulo de Rosa María Alonzo González y David Ramírez Plascencia, titulado *"Draw my life*, familia y comunidad. El caso de creadores de contenido en video para YouTube en México". Esta investigación busca comprender los imaginarios sobre comunidad y familia mexicana que se construyen en YouTube. El capítulo concibe a los usuarios de dicha red como prosumidores (creador-consumidor) y analiza los videos autobiográficos realizados por autores mexicanos, cuyo principal objetivo es narrar (dibujando y comentando) sus vidas con énfasis en los lazos filiales o familiares y comunitarios. La investigación abarca los videos disponibles durante una década (2013-2023) en dicha red social. Alonzo González y Ramírez Plascencia encuentran que la práctica digital narrativa *Draw my life* permite re-concebir parcialmente los conceptos tradicionales de comunidad y familia, especialmente en cuanto a los roles de género que dicha institución ha contribuido a consolidar.

En pocas palabras, este volumen es un aporte relevante al estudio de la relación entre lo digital y su papel en la construcción de comunidades e identidades sociales. Al explorar el uso de tecnología y redes sociales entre distintos pueblos latinoamericanos, el libro demuestra que la creación de comunidades digitales es un fenómeno universal en la región hoy en día. El enfoque interdisciplinar de este libro es un aporte importante en tanto que la construcción de comunidades digitales es un asunto complejo que amerita diversas miradas y metodologías de estudio. La riqueza de los capítulos de este libro además radica en explorar la gran variedad de comunidades digitales que existen en América Latina. La audiencia lectora notará que hemos incluido trabajos sobre comunidades latinas en los EE. UU. junto con países como México, Colombia, Argentina, entre otros. Esta apuesta tiene que ver con concebir a los EE. UU. como una nación "latinoamericana" dado el rol que ha jugado y continúa jugando esta población en la construcción de este país. Adicionalmente, esta decisión no solo tuvo que ver con seguir ejemplos similares de trabajos académicos recientes donde se incluyen estudios similares (por ejemplo, el volúmen de David S. Dalton y Douglas Weatherford 2022) sino también con pensar esta población, sus tradiciones y su(s) lengua(s) como propias de este territorio y no como extranjeras. Así, *Comunidades digitales. Perspectivas interdisciplinarias desde y sobre América Latin@* propone continuar con los debates actuales sobre este tema y presentar nuevos interrogantes para su estudio con el propósito de comprender rigurosamente las complejas realidades (digitales) de los territorios latinoamericanos.

## Referencias

Accossatto, Romina y Mariana Sendra. 2018. "Movimientos feministas en la era digital. Las estrategias comunicacionales del movimiento Ni Una Menos". *Encuentros. Revista de Ciencias Humanas, Teoría Social y Pensamiento Crítico* 6 (8): 117-136.

Alonzo González, Rosa María. 2020. *La práctica de prosumir en internet*. Colima, MX: Universidad de Colima.

Anderson, Benedict. 1993 [1983]. *Comunidades imaginadas. Reflexiones sobre el origen y la difusión del nacionalismo*, traducido por Eduardo L. Suárez. Ciudad de México: FCE.

Brooks, Darío. 2019. "Oscar 2019: 'Yalitza se vuelve objeto de lo peor que tiene este país', cómo los ataques a la actriz de 'Roma' exponen el racismo enquistado en México". *BBC News Mundo,* febrero 23. https://www.bbc.com/mundo /noticias-internacional-47339295.

Chacón, Hilda. 2018. "Introduction." En *Online Activism in Latin America*, editado por Hilda Chacón, 1-30. Nueva York: Routledge.

Dalton, David S. 2023. "Change or Empathy: Mexico's #MeToo Between Catharsis and Transformative Performance." *Arizona Journal of Hispanic Cultural Studies* 27: 7-23.

Dalton, David S. y David Ramírez Plascencia. 2023. "Introduction: Imagining Latinidad in Digital Diasporas." En *Imagining Latinidad: Digital Diasporas and Public Engagement among Latin American Migrants*, editado por David S. Dalton y David Ramírez Plascencia, 1-21. Leiden: Brill.

Dalton, David y Douglas Weatherford (Eds). 2022. *Healthcare in Latin America. History, Society and Culture*. Gainesville: University of Florida Press.

Dennstedt, Francesca. 2023. "Tactics of Feminist Disappropriation and Cultural Directions in Our Global Digital Era: A Case for #NiUnaMenos in Times of #MeToo." En *Stories of Feminist Protest and Resistance: Digital Performance Assemblies*, editado por Brianna I. Wiens, Shana MacDonald y Milena Radzikowska, 17-31. Lanham, MD: Lexington Books.

Domínguez, Ricardo. 2009. "Electronic Civil Disobedience: Inventing the Future of Online Agitprop Theater." *PMLA* 124 (5): 1806-1812.

Fuentes, Marcela A. 2019. *Performance Constellations: Networks of Protest and Activism in Latin America*. Ann Arbor: University of Michigan Press.

García Canclini, Néstor. 2002. *Latinoamericanos buscando lugar en este siglo*. Buenos Aires: Paidós.

García León, David L., y Javier E. García León. 2023. "Ideologías raciolingüísticas en Colombia. Análisis discursivo y racial de la representación del bilingüismo en las políticas lingüísticas y la prensa". *Hispania* 106 (3): 411-435.

INEGI. 2020. "Comunicado de prensa No. 430/22 Estadísticas a propósito del día internacional de los pueblos indígenas". *Instituto Nacional de Estadística y Geografía de México*, agosto 8, https://www.inegi.org.mx/contenidos/saladeprensa/aproposito/2022/EAP_PueblosInd22.pdf

Medina, Eden, Ivan da Costa Marques y Christina Holmes, eds. 2014. *Beyond Imported Magic: Essays on Science, Technology, and Society in Latin America*. Cambridge, MA: Massachusetts Institute of Technology Press.

Mosilami, Mohamad, Mark Hugo Lopez y Luis Neo-Bustamante. 2023. "11 Facts about Hispanic Origin Groups in the U.S." *Pew Research Center.*

Plaw, Avery, Barbara Carvalho Gurgel y David Ramírez Plascencia, eds. 2021. *The Politics of Technology in Latin America (Volume 1): Data Protection, Homeland Security and the Labor Market*. Nueva York: Routledge.

Ramírez Plascencia, David, Barbara Carvalho Gurgel y Avery Plaw, eds. 2021. *The Politics of Technology in Latin America (Volume 2): Digital Media, Daily Life and Public Engagement*. Nueva York: Routledge.

Rivera Garza, Cristina. 2019. *Los muertos indóciles. Necroescrituras y desapropiación*. México D. F.: Penguin Random House.

Taylor, Claire. 2014. *Place and Politics in Latin American Digital Culture*. New York: Routledge.

Taylor, Claire y Thea Pitman. 2013. *Latin American Identity in Online Cultural Production*. New York: Routledge.

# Sexualidad y género: resistencias digitales

# "¡La revolución es algo serio!": activismo y resistencia virtual LGBTIQ+ en el Caribe colombiano. El caso Transmallo.

*Massimiliano Carta y Danny González Cueto*

## Introducción

EL OBJETIVO DE ESTE ensayo es debatir por medio de un estudio de caso, el del Colectivo LGBTIQ+ colombiano Transmallo, sobre el alcance de la poliespacialidad que ofrece la virtualidad, especialmente en un contexto de pandemia, como el COVID-19. Con ese término el estudioso Ricardo Domínguez se refiere a la manera en que las personas de distintas partes del mundo pueden expresar la solidaridad a través de las redes sociales y a la "visión visceral poética y política que abre espacios sociales a las masas y a la íntima protesta que por medio de la tecnología se vuelve poliespacial" (2009, 1811). De la misma forma se retomará el concepto propuesto por el mismo autor de desobediencia civil electrónica (2009, 1806), que en el caso objeto de estudio se refiere más bien a las estéticas travestis del Caribe colombiano, entendidas como prácticas anti-hegemónicas y de ruptura. Del estudioso David S. Dalton retomamos el concepto de espectralidad cibernética que relaciona el concepto de espectralidad derridiano con la tecnología, "esa presencia no presencia donde la forma existe en el imaginario aun cuando no está físicamente presente en el momento" (Derrida en Dalton 2019, 86), bien se aplica para el imaginario travesti caribeño y al trauma colectivo que la comunidad colombiana ha sufrido durante las décadas del conflicto armado en el país latinoamericano. Dentro de este marco teórico y estableciendo un diálogo con las más recientes teorías de los estudios *queer*, abarcaremos la génesis del colectivo a partir de las experiencias activistas anteriores a su conformación en el Caribe colombiano.

El colectivo Transmallo toma su nombre de la palabra trasmallo que en el ámbito de la pesca indica una técnica particular que involucra tres redes superpuestas y que en la jerga gay y travesti del Caribe colombiano se refiere a la caza de hombres para seducir o tener relaciones sexuales. La palabra con que se nombra el colectivo incluye el prefijo Trans en referencia a las identidades fluidas de les miembres y a una mirada y un posicionamiento desde "el otro lado" de la acera, o a través, entre más identidades diferentes.

Transmallo es un colectivo de artistas, activistas y académicos que trabajan las estéticas transformistas y travestis como forma de afirmación política y de puesta en discusión del modelo heteropatriarcal y binario que caracteriza las relaciones entre los cuerpos y los roles de género: les investigadores Danny González Cueto y Massimiliano Carta, les estilistes Yuris Polo y Johnny Briceño, les artistes Rubén Barrios y Hanner Sánchez, residentes en Barranquilla, y le educadore y activiste Alberto Campo, establecide en Estados Unidos. Este colectivo nace en 2020 en un contexto difícil debido a una situación de emergencia sanitaria relacionada con la pandemia de COVID-19 que impuso como forma principal de comunicación, si no exclusiva, la modalidad virtual, modalidad de confrontación entre sus miembres.[1] Si bien la mayoría de elles viviera en aquel momento en Barranquilla, el encierro forzado no permitió ningún encuentro presencial y por lo tanto resultó necesaria la utilización de plataformas online que facilitaran la realización de videollamadas y compartir material de archivo y de estudio. El grupo fortaleció su visión colectiva a partir de una "red de los afectos", es decir de unas relaciones afectivas (Abderhalden y Abherhalden 2018, 71–73) que ya existían entre sus miembres. Debido a estas razones, fue necesario pasar de una comunidad consolidada, que se planteó presencial y con encuentros físicos semanales o mensuales, a una modalidad digital. Transmallo se convirtió así en una comunidad virtual.

---

1.    En el documento se utilizará la forma inclusiva con "e" para indicar les miembres de Transmallo, para reivindicar de tal forma la identidad no binarie de algunes de elles. Se utilizará la forma clásica con "o" al final para identificar grupos de personas de las cuales no conocemos la identidad.

## Los antecedentes de Transmallo: el activismo LGBTIQ+ en el contexto del conflicto armado interno en Colombia

Entre 2014 y 2018, 545 personas fueron asesinadas en Colombia, víctimas de violencia policial o amenazadas, la mayoría hombres gays y mujeres trans debido a su orientación sexual o identidad de género (Colombia Diversa 2018, 25). La región Caribe es donde más casos se han reportado. La presencia de grupos armados al margen de la ley, la pobreza y un bajo nivel educativo son ulteriores factores de riesgo. En esta zona del país existen varias organizaciones no gubernamentales (ONGs) que se dedican a la defensa de los derechos humanos de las personas LGBTIQ+. En Barranquilla, la principal ciudad de la región, destacan: Caribe Afirmativo, cuyo proyecto "Casas de Paz" brinda espacios para la transformación social a través de laboratorios de creación y emprendimiento, la Corporación Autónoma del Carnaval Gay, que desde los años noventa abrió paso a las marchas y movilizaciones y que hace décadas organiza reinados LGBTIQ+ e importantes eventos durante las carnestolendas; con el apoyo de ambas, les miembros del Colectivo, Danny González Cueto y Massimiliano Carta, publicaron en 2023 el libro *Con polleras y en tacones. Historia de las movilizaciones LGBTIQ+ en el Carnaval de Barranquilla*, producto de las investigaciones adelantadas a este respecto.

Existen también varias asociaciones universitarias relacionadas con entidades públicas y privadas que se dedican a promover los derechos de las personas LGBTIQ+ en el ámbito universitario, entre ellas Uninorte Diverso, de la Universidad del Norte, y el Semillero Cuerpas de la Universidad del Atlántico. Al lado de estas organizaciones de ciudadanos, se desarrollan las políticas públicas del departamento del Atlántico que cuentan con un enlace LGBTIQ+. Es en este contexto que se desarrolló el proyecto de Transmallo.

Los años noventa transcurrían con el sino trágico de la persecución política en toda Colombia,[2] especialmente contra el pensamiento diferente y de

---

2. El Museo Casa de la Memoria recuerda así las últimas décadas del siglo pasado: Medellín, tras alcanzar la cifra de 6.809 personas asesinadas en el año 1991, fue catalogada como la ciudad más violenta del mundo. El asesinato, el secuestro, las masacres, las bombas, entre otras modalidades de victimización, conformaron la cotidianidad de los ciudadanos en los años 80 y 90. Aunque la violencia vivida en esta época correspondió a una sumatoria de actores y conflictos, se puede afirmar que el Cartel de Medellín, en la guerra contra el Estado colombiano y el cartel de Cali, sometió a la ciudad a la peor oleada de terror y miedo (Casa de la Memoria 2023).

izquierda, en medio del fuego de la violencia que ya se cobraba la muerte de activistas y gestores, como el caso de León Zuleta (1952–1993). La impunidad y la violación de los derechos humanos eran el común denominador. Nadie sabe a ciencia cierta cuáles eran las motivaciones de los determinadores de estos crímenes, pero parecía todo estar asociado a los crímenes de odio: "Zuleta era miembro de Amnistía Internacional y fue uno de los principales impulsores en Antioquia de los movimientos gay" (*El Tiempo* 1993); por su labor "aprovechaba los escenarios para reivindicar su postura como un hombre pensador de izquierda y homosexual, indicando que era urgente la revolución de las sexualidades para emancipar hacia un mundo de iguales" (Caribe Afirmativo 2018); por su actitud combativa de resistencia con la que "buscaba socavar la estructura social / sexual de lo que se considera 'normal' y acabar con la injusticia, la desigualdad, el capitalismo y la heterosexualidad como obligación" (Sentiido 2020). Su asesinato, aún en la impunidad, fue uno de los golpes más fuertes al Movimiento de Liberación Homosexual de Colombia (MLHC), que lideró junto a Manuel Velandia (IDPC 2021, 24–27).

En ese ciclo de violencia, en diferentes territorios fueron asesinados muchos activistas cuyos nombres fueron reivindicados por los centros de memoria y las ONGs que hoy cumplen una labor fundamental en impulsar los procesos de recuperación de memoria LGBTIQ+. Este periodo también correspondió a los difíciles años de la pandemia causada por el VIH-Sida. Esta generó estragos en el colectivo, como el fallecimiento de los artistas Lorenzo Jaramillo (1955–1992), Luis Caballero (1943–1995) y Fernando Molano (1961–1998) (Mestre 2021). Esto significó una pérdida irreparable para una generación que vivió fuertemente la violencia, viéndola desde un autoexilio o en la misma acera de su cotidianidad. Los impulsos de aquellos vientos de resistencia se sintieron con fuerza en Barranquilla y en la costa Caribe colombiana en general, cuando a través de las noticias y del arte, el colectivo LGBTIQ+ manifestaba otras formas de lucha. Hasta la pequeña sala de teatro Luneta 50, en el barrio Bellavista (Barranquilla) llegó ese mensaje, donde un grupo de artistas, gestores y entusiastas jóvenes organizó el Cineclub La Retina, en el que se organizó el ciclo Cine y homosexualidad, en un intento por aportar al debate que ya empezaba a tomar fuerza en una región particularmente inclinada hacia el machismo y el heteropatriarcado. Estudiosas como Judith Butler y Eve Kosofsky Sedgwick propusieron la idea de que el género siempre se encuentra en disputa y es performativo. Sin embargo, este modelo norteamericano de finales de los años noventa promovía al mismo tiempo una postura binaria (e.g. homosexuales y lesbianas), que omitía definir el travestismo claramente (Epps 2008, 897–920). En ese mismo contexto, nace el Colectivo Proyecto Púrpura.

En la avenida Olaya Herrera existió un bar LGBTIQ+ que abría todos los días, se llamaba El Arca de Noé. Su propietario y administrador era una persona gay que vino desde los Santanderes[3] a buscar nuevas posibilidades para su vida en la Costa: Ricardo Díaz. Como clientes de la misma, Fredys Pineda, abogado activista y Danny González Cueto, gestor cultural y activista, escucharon la propuesta de Díaz de crear en su bar un espacio para actividades culturales y para la reflexión. Así nace, en 1999, el Colectivo Proyecto Púrpura, proyecto de difusión artística y cultural. Este buscó mecanismos de integración, formación y socialización, que propendieran por la reflexión sobre el derecho a la igualdad y al libre desarrollo de la personalidad, elementos que están consagrados en la constitución colombiana. Carta y González afirman lo siguiente sobre la constitución de este colectivo:

> Se asocian [los miembros del Proyecto Púrpura: Ricardo Díaz, Danny González Cueto y Fredys Pineda] más tarde con el colectivo en ciernes Rostros de Fortaleza (grupo de apoyo de la diversidad de la orientación sexual), organizando cine-foros en noviembre de 1999, con la proyección de las películas *Amor extraño* (*Torch Song Trilogy*), de Paul Bogart (1988), *Juntos por siempre* (*Longtime Companion*), de Norman Rene (1990) y *Jeffrey*, de Christopher Ashley (1997). (Carta y González 2023, 139)

A partir de esa alianza, empieza un proceso que involucra a otros establecimientos, intentando consolidar una red de apoyo entre la clientela que frecuentaba los espacios de homosocialización, utilizando el cine como herramienta de vital importancia para reflexionar sobre los temas LGBTIQ+ (identidad, salud, representación del movimiento, situación social de las personas del colectivo) por medio de una ventana artística y explícita como el celuloide, además del problema de la escasez de la divulgación de estas producciones en Colombia y en Latinoamérica en aquellos años (Correa 2013, 45). A la vez se intenta la organización de un Festival de Cine y Video Gay y Lésbico del

---

3.  Con el término Santanderes hacemos referencia a dos departamentos de Colombia: Norte de Santander, fronterizo con Venezuela, cuya capital es Cucutá, y Santander, con capital en Bucaramanga.

FIG. 01 Flyer Ciclo Rosa en Barranquilla
(Archivo Colectivo Transmallo, 2002)

Caribe a principios de 2002, sin éxito. En la primera etapa, se ganaron voluntades en lo político de recaudación de fondos para la afirmación y protección de las personas LGBTIQ+ y ante entidades de carácter cultural como las que se mencionan más adelante. En la segunda fase, el Colectivo Proyecto Púrpura, ante problemas que surgieron para realizar el Festival, decidió proponer al Goethe Institut de Bogotá traer el Ciclo Rosa, que fue reconocido por primera vez como Ciclo Rosa en Barranquilla, en la Cinemateca del Caribe (fig.01), y en medio de numerosas dificultades, lograron la asistencia de 220 personas, una cifra significativa para quince días de proyección sólo con las películas del alemán Rosa von Praunheim (Correa 2013, 41–56).[4]

---

4. Entre las películas de Rosa von Praunheim exhibidas en Barranquilla, se pueden mencionar *Yo soy mi propia mujer* (*Ich bin meine eigene Frau*), de 1992; *El Einstein del sexo. Vida y obra del doctor Magnus Hirschfeld* (*Der Einstein des Sex*), de 1999; y *¿Puedo ser tu salchichón, por favor?* (*Can I Be Your Bratwurst, Please?*), de 1999.

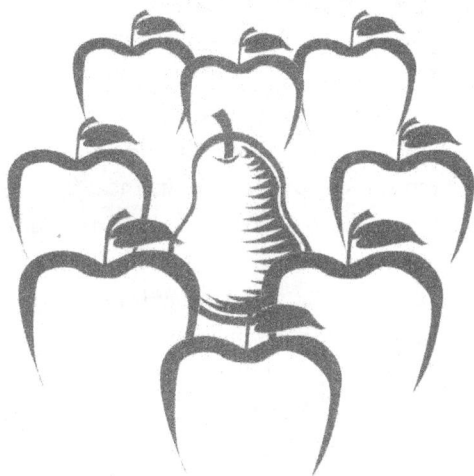

Semana de la diversidad sexual
## ¡POR EL DERECHO A SER DIFERENTES!

26 al 27 de junio de 2003
Alianza Francesa: Calle52 No. 54 - 75 Tel.: 3440537-3490269
Barranquilla, Colombia
**Organiza: Colectivo Proyecto Púrpura**

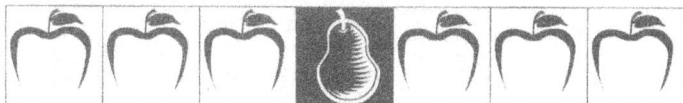

FIG. 02 Folleto Semana de la diversidad sexual
(Archivo Colectivo Transmallo, 2003)

Posterior al Ciclo Rosa y como una forma de dar continuidad a sus objetivos, el colectivo organizó la Semana de la Diversidad en 2003 y 2004, con
el apoyo de entidades culturales de la ciudad, como la Alianza Francesa y
el Museo de Arte Moderno, y empresas como Blockbuster Video (fig. 02).
En ambos casos, la respuesta del público fue positiva, lo cual demostró la
necesidad de tener espacios como estos e incluso crear antecedentes valio-
sos alrededor de la gestión y la producción de contenidos LGBTIQ+ para el
público de Barranquilla y el Atlántico. Con las dificultades de salud de uno
de sus integrantes (Ricardo Díaz) y la muerte por homicidio de otro (Fredys
Pineda), el Colectivo Proyecto Púrpura permaneció colaborando con otros
eventos en años posteriores, pero ya a nombre de quien le dio continuidad,
Danny González Cueto, que en 2013, crea el Panel académico "Pensar en Rosa
Audiovisual", espacio de reflexión sobre el Ciclo Rosa Audiovisual, del 12º
Ciclo Rosa en Barranquilla y, en 2015, la programación académica y artística
del 14º Ciclo Rosa en Barranquilla, ambos organizados por la Cinemateca del
Caribe con el apoyo de los Grupos de Investigación Feliza Bursztyn y Mujer,
Género y Cultura de la Universidad del Atlántico, el Museo de Arte Moderno
de Barranquilla, la Corporación Autónoma del Carnaval Gay de Barranquilla
y el Atlántico, la Mesa LGBTI del Atlántico, Uniatlántico Diverso y Com-
barranquilla. Fue en este año que se planteó la investigación que daría lugar
a la creación de Transmallo, y que estaría sustentada en un panel que demos-
traba la importancia de las prácticas corporales travestis y sus resistencias a lo
largo de más de cuarenta años. Cinco años después, la idea de fortalecer los
estudios de tales prácticas en la región y promover su divulgación, así como
la visibilización de les artistes, se materializó con el colectivo independiente
Transmallo, objeto de estudio de este análisis, conectado con las instituciones
académicas, las organizaciones no gubernamentales, las entidades culturales y
los grupos de investigadores y semilleros.

## Construyendo comunidades virtuales seguras en la poliespacialidad: el caso Transmallo

En la propuesta de Transmallo está la reivindicación de las prácticas artísticas y culturales travestis, transformistas y drags, sin embargo, le interesa al
Colectivo promover el debate y la visibilización de las identidades transgénero a partir del desarrollo de espacios de discusión e intercambio, y desde las

dinámicas de los archivos y la memoria. En ese sentido, es importante tener en cuenta que la virtualidad ofreció una posibilidad para el encuentro que permitiera confrontar la representación trans en los medios de comunicación. En ese sentido, las investigaciones realizadas por algunos académicos como Javier García León, nos permiten comprender los alcances de dicha representación, cuando expresa que

> las personas transgénero pertenecen a este grupo de individuos que se posicionan en la periferia respecto a la matriz heterosexual... descentralizan los binarismos de hombre/mujer que la sexopolítica ha tratado de consolidar como legítimos e incluso como únicas formas de vida... la transgeneridad es un espacio heterogéneo atravesado por una multitud de sujetos en dispersión, a saber: travestis, transexuales, intersexuales, *drag queens*, *drag kings* y todas aquellas personas que, de un modo u otro, encarnan formas de vida no reducibles al binario genérico ni a los imperativos de la hetero y la homonormatividad. (García León 2019, 16)

En su estudio, García León se ha centrado en la representación trans en los medios de comunicación de Colombia y Venezuela, en cuyos planteamientos encontramos resonancias con el papel desempeñado por Transmallo a través de su activismo cultural en la virtualidad, en el sentido de comunidad:

> en la investigación... se propuso analizar la representación que una parte de la industria cultural y mediática latinoamericana realiza de las personas transgénero... la razón principal para seleccionar la prensa es que esta desempeña un papel primordial en la construcción de la identidad colectiva de una nación... como ha sostenido Benedict Anderson, la literatura y la prensa juegan un rol prominente en el proceso de construcción de un Estado debido a que estos productos culturales influyen en la opinión pública creando comunidades imaginadas. (García León 2019, 20–21)

En efecto, pensando en esta reflexión, aún más la comunidad virtual aparece como la oportunidad de Transmallo para consolidar un discurso, empezando por la representación visual frente a la propuesta de algunas ONG que querían mantener una especie de *Pride* digital durante el año más difícil de la pandemia... las miradas de comunidad de Transmallo establecieron una autorreflexión de elles a partir de sus historias de vida y sus realidades cotidianas, por lo cual el encuentro fortaleció la idea de comunidad.

Los encuentros tenían una agenda que incluía el reporte de algunas actividades, la articulación con otros colectivos LGBTIQ+ nacionales o internacionales y la programación de encuentros y campañas de sensibilización sobre temas relacionados con la comunidad LGBTIQ+. Johannes Hummel y Ulrike Lechner (2002) definen este concepto de la siguiente manera:

> "Virtual community" is a business model of the digital economy. Two architectural features distinguish it. First, the members of the community contribute to the creation of economic value—often on an equal basis—as peers. Second, transactions and their social environment are linked such that the social environment contributes to the value creation. (2245)

En el caso de Transmallo tal valor económico no se refiere a las regulaciones del mercado o a ganancias financieras de algún tipo, sino que se trataba de aportes que las instituciones como la Fundación Carnaval de Barranquilla y la Universidad del Atlántico, a través del Museo de Antropología, el Departamento de Informática y la Vicerrectoría de Investigaciones, brindaron al colectivo, como el uso de herramientas y de espacios virtuales. Por ende, la definición que más se acerca a la realidad de nuestro objeto de estudio en cuanto comunidad sería esta:

> They [Virtual Communities] will consist of geographically clusters and sometimes working individually. They will be communities not of common location but of common interest [...] Virtual communities are [...] social aggregations that emerge from the Net when enough people carry on those public discussions long enough, with sufficient human feeling. (Hummel y Lechner 2002, 2245)

Según los autores, estas mismas definiciones tomaron forma a partir de los estudios de Joseph Carl Robnett Licklider y Robert W. Taylor, que ya a finales de los años sesenta imaginaron el futuro de estas comunidades. Igualmente, Howard Rheingold había inspirado muchas investigaciones en el sector. Si bien muchos modelos de comunidades virtuales aplican fácilmente a modelos económicos de negocios, en el caso de las comunidades relacionadas con personas LGBTIQ+, como Transmallo, la cuestión de los contenidos compartidos y de los intereses para el bienestar de una minoría discriminada adquieren un significado político más que económico. Los grupos sociales marginalizados buscan en los mundos virtuales un refugio seguro donde poder expresarse con relativa libertad:

> According to Cabiria (2008), virtual worlds act as safe havens for oppressed people such as lesbian, gays, bisexual and transgender (LGBT) and other marginalised communities. A safe place plays an important role in one's emancipation and emancipatory practices. In a safe place, the oppressed can develop positive coping skills, explore their identities, and engage with their social movement practices. The Internet can provide safe places and a "platform for the establishment of contacts between individuals of similar creeds and sexual orientations." (McKenna y Chughtai 2020, 2)

La construcción de un "espacio seguro" donde poder expresarse y llevar adelante las instancias para los derechos, se mantiene como una prioridad para las propuestas como la de Transmallo. Los espacios virtuales tienen la facilidad para derrumbar barreras geográficas, lingüísticas o sociales y permiten el acceso directo a una información ya filtrada y compartida por los miembros del grupo. En una época de limitaciones físicas y de atención hacia el cuerpo y su fragilidad frente a lo desconocido de una nueva pandemia, operaciones como la de Transmallo sirvieron para mantener vigentes unos movimientos sociales que ya se estaban conformando en la realidad de la sociedad civil colombiana.

> Virtual worlds are often seen as safe places where members of a social group engage with emancipatory practices related to the movement in meaningful ways... These virtual safe places are also volatile insofar as they are under a constant but invisible threat of unwanted digitally-enabled spatial changes, including permanent closure. (McKenna y Chughtai 2020, 1)

La conexión entre el contexto real del país y las movilizaciones virtuales es un aspecto sobre el cual es necesario hacer hincapié. No se trataría de deslocalizar las luchas sociales en el ámbito de la virtualidad, sino de promover y apoyar en un espacio otro lo que ya se está problematizando en el espacio público. Como ya había pasado con el estallido social que comenzó el 28 de abril de 2021 y que involucró buena parte de la sociedad civil por medio de las organizaciones campesinas, indígenas, LGBTIQ+, feministas y de derechos humanos junto a ciudadanos comunes, el papel de las redes virtuales tuvo un protagonismo dentro de la promoción de las instancias que Transmallo compartía con las motivaciones de las protestas de estos grupos. Al respecto:

> Social movements are powerful ways to raise awareness or to lobby for social change such as the occupy movement, Ferguson, #BlackLivesMatter, and the LGBT movement. Scholars of (digital) social movements have explored issues concerning the mobilisation and recruitment of individuals (Edwards and McCarthy, 2003, Jenkins, 1981, McCarthy and Zald, 1977, Tilly, 1978), social movement organisation (Pichardo, 1997, Scott, 1990, Selander and Jarvenpaa, 2016, Tarrow, 1994) and strategies and campaigns (Goodwin and Jasper, 2003, Staggenborg, 2011, Tilly and Wood, 2009). (McKenna y Chughtai 2020, 2)

De acuerdo con McKenna y Chughtai (2020, 3), se trataba de crear una plataforma de lanzamiento virtual para los futuros proyectos en la sociedad, al igual que Transmallo. El medio permitía el acceso a unos posibles aliados a nivel nacional e internacional que pusieran en marcha unas redes de conocimientos compartidos y enriquecedores. De hecho, Transmallo compartía con muchas realidades en otros países de Latinoamérica y Europa una serie de hitos como la promoción y la visibilización de las estéticas transformistas, los derechos de las comunidades LGBTIQ+ y el apoyo a la afirmación y el reconocimiento de la comunidad latina a nivel local y en el exterior. Se trataba de conformar constelaciones de *performance* para definir tácticas de disrupción y de creación de mundos que son posibilitadas por las articulaciones activistas entre las *performances* de protesta corporales y la acción en redes digitales (Fuentes 2018, 21). Estas constelaciones son patrones multiplataforma de acción colectiva que articulan acciones asincrónicas y multilocalizadas. En tanto *performances* de protesta multiplataforma, estas constelaciones responden a los desafíos ocasionados por los cambiantes regímenes neoliberales que obligaron a los movimientos a recalibrar sus tácticas, objetivos y metas (Fuentes 2018, 21).

Las realidades virtuales permiten replantear las dinámicas de poder. De acuerdo con Godwin, citado por Hummel, "en el ciberespacio cada vez más, el sueño no es solo 'ser dueño de una casa', es vivir en el derecho del vecindario" (Hummel y Lechner 2002, 2246). ¿Quién representa el vecindario en un espacio potencialmente infinito? ¿Cuál es el derecho al cual se refiere? En un proyecto político como el de Transmallo, a partir de las prácticas artísticas, no siempre es tan fácil delimitar los ámbitos de lo correcto/incorrecto, moral/inmoral, si no en el plano del sentido común y de las leyes nacionales. Una vez que se ha producido un contenido en el ámbito virtual es muy difícil controlar su uso y su interpretación. Una posible respuesta nos viene de las reflexiones de Brad McKenna y Hameed Chughtai:

> To examine resistance and sexuality in a virtual context, we take a gender-critical position. We suggest that the virtual places are gendered just like everyday places and that virtual places are not separate from everyday practices but an important part of it. In what follows we explain the gendered landscape of virtual places and how the oppressed, with special attention to the LGBT, engage with complex virtual worlds to identify and understand virtual places as safe places and how LGBT people resist and rework the imbalance of power. (Mckenna y Chughtai 2020, 6)

La intimidad del espacio privado permitió el desarrollo de unas dinámicas y unos lenguajes informales que no hubieran sido posibles en un contexto público y presencial. El lenguaje borroso de la interferencia se relacionaba con las frecuentes fallas técnicas del sistema de electricidad o de conexión a la red, o el tener que compartir el espacio desde donde les participantes se conectaban con familiares o personas que no hacían parte del colectivo, terminaban estableciendo la fragmentación del discurso debido a "espacios de desconexión" con cámaras y micrófonos apagados. Uno de los desafíos al cual se sometió Transmallo fue mantener un nivel alto de atención a través de un enfoque claro de los objetivos generales del proyecto en cada reunión (programar las estrategias de una campaña para promover los derechos o simplemente producir nuevos contenidos para compartir). Transmallo adoptó la guía práctica sobre el teletrabajo durante la pandemia de COVID-19 publicada por la Organización Internacional del Trabajo (OIT) en 2020 cuyo objetivo era:

> ofrecer recomendaciones prácticas para lograr un teletrabajo eficaz, que sean aplicables a una amplia gama de actores, brindar apoyo a los responsables de la formulación de políticas en la actualización de las políticas existentes y proporcionar un marco flexible mediante el cual tanto las empresas privadas como los organismos del sector público puedan elaborar o actualizar sus propias políticas y prácticas de teletrabajo. (OIT 2020, 1)

El documento propuso algunas pautas valiosas para promover la confianza entre les colaboradores del colectivo. Entre ellas, nos parece de particular interés para el caso objeto de estudio la siguiente información aparecida en la guía: "Mantener a los trabajadores motivados, ayudarlos a navegar las diferentes modalidades de trabajo mientras están en casa, mantener una buena colaboración de equipo y apoyar a los empleados para que se desconecten del trabajo y tengan un horario razonable" (OIT 2020, 17). La separación entre la vida privada y el tiempo para dedicar al proyecto objeto de estudio se produjo de la mano de un notable cambio a nivel laboral que había afectado, de diferentes maneras, a los integrantes del recién nacido colectivo. Algunes siguieron con el trabajo en modalidad virtual mientras que otres tuvieron que alternarlo con la modalidad presencial; así que se presentaba una alternancia entre trabajo remunerado, activismo y vida privada:

> El desdibujamiento de la frontera entre el trabajo remunerado y la vida personal es siempre un problema en este contexto, incluso en los mejores tiempos, pero parece ser particularmente problemático debido a las circunstancias únicas de la pandemia. De hecho, la crisis de COVID-19 ha hecho añicos la noción de que el trabajo remunerado y la vida personal son dos dominios completamente separados, así como el mito del trabajador ideal, según el cual los trabajadores pueden y deben estar siempre disponibles para desempeñar sus funciones. (OIT 2020, 18)

Había que asegurarse que las relaciones entre les miembres del colectivo se mantuvieran activas y satisfactorias, incluso cuando se trataba de tomar decisiones claves sobre el proyecto. Las reuniones ejecutivas se alternaban con videollamadas informales que tenían la ventaja de alimentar las relaciones afectivas, el bienestar y la confianza en esta pequeña comunidad frente a una situación laboral cambiante y precaria que promovía una condición de estrés y de aislamiento físico entre les miembres del colectivo.

El primer paso que puso en acción el colectivo fue la creación de tres perfiles en las principales redes sociales: el primero, en orden cronológico, fue de uso exclusivo de les miembres admitides que tenía la función de compartir contenido audiovisual sobre los temas que se trataban en los diferentes encuentros, principalmente material de prensa o visual inherente a las estéticas travestis. A este medio le acompañaba un archivo en la nube donde se compartía material bibliográfico que sustentaba el proyecto desde un marco teórico. La campaña para la fiesta del orgullo LGBTIQ+ en 2020 fue el primer reto que tuvo el colectivo acompañado por el Semillero Cuerpas de la Facultad de Bellas Artes de la Universidad del Atlántico, el cual es dirigido por el profesor Danny González Cueto, miembro del colectivo.

En las fases del proyecto y realización, las TIC de algunes miembros del equipo fueron fundamentales. Según David Luna las TIC son: "El conjunto de herramientas vinculadas con la transmisión, procesamiento y almacenamiento digitalizado de la información susceptible de ser transformada en conocimiento; son aliadas de la aprehensión de saberes y del desarrollo de habilidades tanto tecnológicas como intelectuales" (Granda Asencio, Espinoza Freire y Mayon Espinoza 2019, 105). En plena pandemia de COVID-19, cuando eventos como la marcha del Orgullo LGBTIQ+ fueron cancelados, se presentó la posibilidad de encontrar nuevos canales y lenguajes para compartir el mensaje que se quería difundir. La decisión que se tomó fue la de intervenir digitalmente la foto de cada miembro del Colectivo y de acompañarla con una frase emblemática. Se trataba de transformar los cuerpos desde la distancia, unos cuerpos que se encontraban en aquel momento limitados en espacios cerrados. El trabajo del artista Rubén Barrios fue decisivo para reunir y satisfacer las instancias de cada persona sobre su imagen y al mismo tiempo presentar una campaña homogénea y eficaz que llegara a un público LGBTIQ+ más amplio posible y, en lo específico, a los jóvenes de Barranquilla y del departamento del Atlántico (fig. 03 y 04). Así se leía en la publicación de Facebook del 29 de junio de 2020:

> El semillero CUERPAS del Grupo de investigación Feliza Bursztyn de la Universidad del Atlántico y el Colectivo LGBTI TraNsmallo se unen para conmemorar cada día y hasta el 8 de julio cuarenta años de una memoria artística desplegada por los cuerpos y las sexualidades diversas en el Caribe colombiano, para reafirmar un Orgullo LGBTI que confronta, un Orgullo LGBTI que performa, un Orgullo LGBTI que prende las pasiones, un Orgullo LGBTI que activa, en una constante dinámica de creación artística. ¡Feliz Orgullo LGBTI 2020! #OrgulloLGBTI2020 #SemilleroCuerpas #ColectivoTransmallo

Al mes siguiente de la campaña del orgullo, el Semillero Cuerpas y Transmallo organizaron el "Encuentro Internacional Háblame de ti, cuéntame de tu vida" completamente en modalidad virtual (fig. 05). Este fue moderado por la artista colombiana Laura Wiesner, y tuvo como invitados a les artistes Franklin Dávalos, Lorena Duarte, Humberto Navarro (hoy Medulla), Hanoy

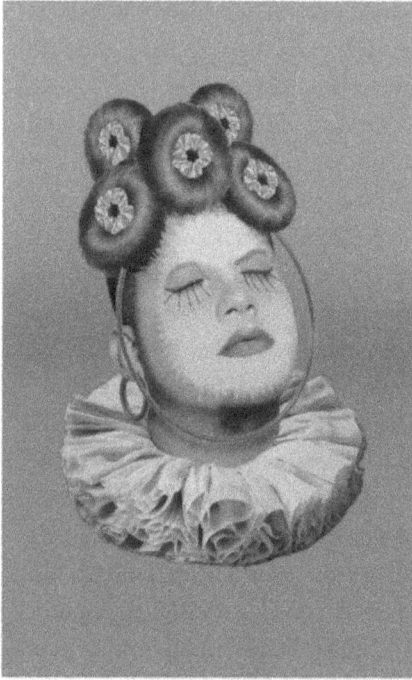

FIG. 03 Rubén Barrios aka La Rubifag
(Diseño Rubén Barrios, 2020)

FIG. 04 Lea Leandro
(Diseño Rubén Barrios, 2020)

Utumayo —Hanner Sánchez— y Manu Mojito quienes brindaron sus contribuciones desde sus prácticas artísticas corporales, relacionadas con la danza y el *performance*. La grabación y el directo del encuentro lograron llegar a un público nacional e internacional y alimentar un debate interesante entre les ponentes y las aproximadamente 100 personas que asistieron al encuentro.

La virtualidad permitió llevar a cabo encuentros y contenidos innovadores que en modalidad presencial no hubieran podido tener lugar sino con muchas dificultades y gastos a nivel de tiempo e inversión. Creció notablemente el número de propuestas culturales a nivel mundial debido a la posibilidad de poder reunir en un solo evento profesionales que residían en diferentes partes del mundo o del país y que de otra forma no hubieran podido compartir un espacio y un público tan heterogéneo por su procedencia. A pesar de las efectivas dificultades relacionadas con el acceso a internet, se pudieron proponer nuevos espacios donde debatir y compartir instancias y experiencias latinoamericanas sobre temas LGBTIQ+. En este marco, tuvieron lugar los

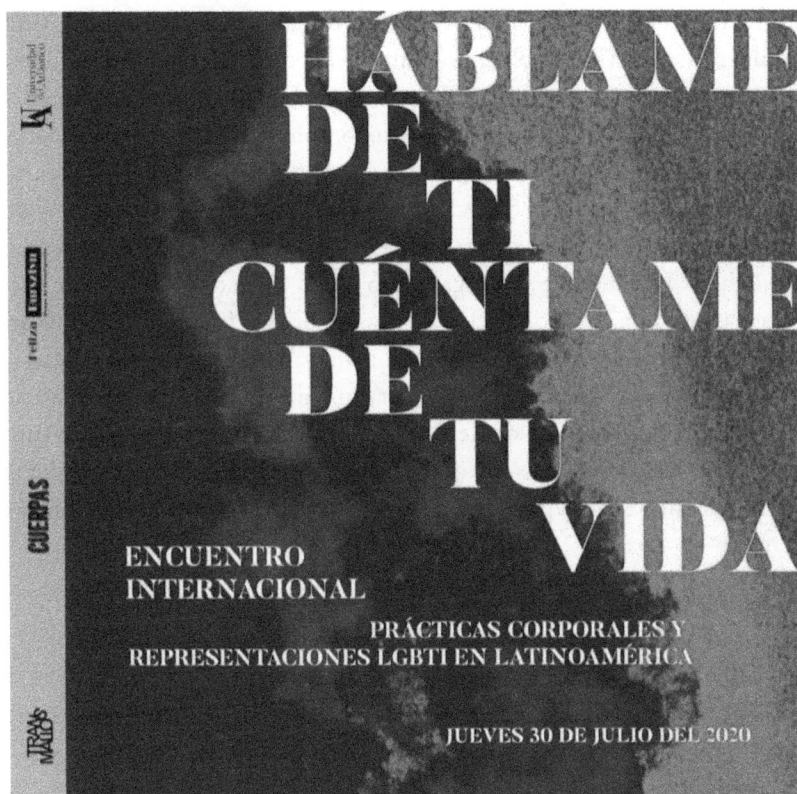

FIG. 05 Cartel del evento "Háblame de ti, cuéntame de tu vida"
(Diseño Rubén Barrios, 2020)

encuentros "La Fiesta Travestida: Estética, política y transgresión" y "Miradas Cruzadas: estética Travesti en la cultura popular de América Latina" organizados por ColectivARTE (Plataforma Colectivo de Arte y Cultura para la lucha contra las violencias) de Bolivia, que trazaba una conexión entre Colombia, Bolivia y Ecuador gracias a las contribuciones de Danny González Cueto, Gloria Minango Narváez, investigadora y gestora cultural ecuatoriana, y David Aruquipa Pérez, investigador boliviano. A partir de ese evento, se abrieron otras oportunidades de participar en charlas y congresos en modalidad virtual o presencial. Entre ellos, destaca el conversatorio "Las memorias Trans de Latinoamérica: entre el archivo y la academia" que contó con la participación de David Aruquipa Pérez (Bolivia), Samuel Titan (Instituto Moreira Salles, Brasil y Argentina) y Museo Q (Colombia), y con la moderación de la profesora y editora Adriana Urrea, y el conversatorio también virtual "Carnaval y Diversidad", dentro del programa del evento "Carnavalada 20 años: Homenaje a la fiesta popular", realizado el 3 de febrero, que contó con Jairo Polo, John Better y Danny González Cueto, como invitados y Darío Moreu como moderador. Este último tuvo más de 200 visualizaciones en el canal YouTube y 1.400 personas conectadas en Facebook Live. Especial mención también merece el evento conversatorio "Transformismos y diversidad en el Carnaval de Barranquilla", co-organizado por el Colectivo Transmallo. Este evento contó con la participación de Carlos Britt, Víctor Ladrón de Guevara (también conocide como La Loba Pantoja), Hanner Sánchez (Hanoy Utumayo, miembro del colectivo) y Darwin Villa (también conocide como Shorell), y con la moderación de Danny González Cueto. Este evento tuvo una audiencia de 3.700 personas que visualizaron la transmisión en Facebook Live, y que fue reseñada por el diario de la ciudad, *El Heraldo*, de la siguiente manera:

> El conversatorio nace de una investigación sobre las prácticas y estéticas travestis y drag en el Carnaval de Barranquilla, concretamente del Grupo Feliza Bursztyn, su semillero Cuerpas de la Uniatlántico, y el Colectivo de Estudios Lgbti TraNsmallo. Este arte ha permitido que la comunidad encuentre otras alternativas para expresarse, así como lo han hecho en el Carnaval de Barranquilla de una manera sobresaliente. (Uribe 2021)

¿Cómo fue que estas experiencias se convirtieron en espacios de resistencia frente a la realidad del COVID-19? ¿Qué trasfondo tuvieron para tener la fuerza de empoderar a un colectivo de artistes con la decisión de afrontar las complejas dinámicas que surgieron de parte del poder político para controlar en la pandemia? ¿Cuáles fueron las apuestas que les artistes plantearon para mantener encendido el deseo y la pasión?

## Conclusiones

En estos cuatro años, Trasmallo permitió el pasaje a la virtualidad, visto por sus integrantes como una herramienta para promover las iniciativas y el trabajo de las nuevas generaciones de la comunidad LGBTIQ+ de Barranquilla. El colectivo ofreció encuentros y eventos virtuales de alta calidad que le permitieron a sus integrantes y al público formarse y compartir libremente

conocimientos teóricos relativos al activismo LGBTIQ+ y vivencias personales. Lo anterior se desarrolló en un marco de resistencia que favorecía un
intercambio horizontal de ideas con medios y redes virtuales gratuitas y de
fácil acceso.

Mediante metodologías abiertas y procesos de memoria, Transmallo ha
diseñado una serie de eventos que tejen vínculos en el ámbito virtual, acer-
cando y relacionando a les artistes de Barranquilla con comunidades de Latinoamérica y España, lo cual ha motivado un marco amplio para sentirse
respaldados a nivel hemisférico e internacional. A través de los *social media*,
Transmallo avanzó en pocos años, ante el desafío representado por la pandemia, en un mundo más desigual, logró mantener el activismo artístico y cultural LGBTIQ+, en un espacio compartido y democrático, con una visión
de futuro, compartiendo los procesos de creación y proponiendo nuevas referencias artísticas alternativas, en los diferentes ámbitos de los que venían ali-
mentándose elles para sus obras. Transmallo cambia la manera de ver la idea
de comunidad en sus integrantes, cuando las distancias impuestas políticamente podrían haber logrado afectar las corporalidades, pero en el impulso
del alma, transferido por los dispositivos y las comunicaciones, no detuvo el
ardor de la pasión.

## Referencias

Abderhalden, Heidi y Rolf Abderhalden. 2018. "Mapa Teatro: la creación a partir
de un afecto". *Revista Errata* 19. https://revistaerrata.gov.co/contenido
/mapa-teatro-la-creacion-partir-de-un-afecto

Caribe Afirmativo. 2018. "A 25 años del homicidio de León Zuleta, precursor del
movimiento LGBT en Colombia". *Caribe Afirmativo*, agosto 22, 2018.
https://caribeafirmativo.lgbt/25-anos-del-homicidio-leon-zuleta-precursor
-del-movimiento-lgbt-colombia/

Carta, M. y D. González Cueto. 2023. "Con polleras y en tacones. Historia de las
movilizaciones LGBTIQ+ en el Carnaval de Barranquilla". *Caribe Afirmativo*.
https://caribeafirmativo.lgbt/wp-content/uploads/2023/02/CON
-POLLERAS-Y-EN-TACONES.pdf

Casa de la Memoria. 1 de septiembre de 2023. "Conoce la historia que atesora nuestro país Década de los 90". https://www.museocasadelamemoria.gov.co
/medellin708090/decada-los-90/

Colombia Diversa. 2018. *Aunque intenten borrarnos. Informe de derechos humanos
de personas LGBT en Colombia.* (nº 01). Colombia Diversa.

Correa, J. D. 2013. "Barrido en rosa: el Ciclo Rosa Audiovisual". En *IDARTES y Cinemateca Distrital, Ciclo Rosa Audiovisual*. Bogotá: IDARTES y Cinemateca Distrital.

Dalton, D. S. 2019. "Una espectralidad cibernética: cuestionando un presente hauntológico en Historias del séptimo sello, de Norma Yamille Cuéllar". *IMEX Revista México Interdisciplinario/Interdisciplinary Mexico* 8 (16): 84–97.

Domínguez, R. 2009. "Electronic Civil Disobedience: Inventing the Future of Online Agitprop Theater". *PMLA Publications of the Modern Language Association* 124 (5), Special Topic: War: 1806–1812.

*El Tiempo*. 1993. "Asesinado ex-profesor". *El Tiempo*, agosto 26, 1993. https://www .eltiempo.com/archivo/documento/MAM-205875

———. 2000. "Planeta Paz". *El Tiempo*, noviembre 19, 2000. https://www .eltiempo.com/archivo/documento/MAM-1223689

Epps, B. 2008. "Retos, riesgos, pautas y promesas de la teoría queer". *Revista Iberoamericana* 74 (225): 897–920.

Fuentes, M. A. 2018. *Activismos tecnopolíticos. Constelaciones de performances.* Buenos Aires: Eterna Cadencia.

García León, J. 2019. *Espectáculo, normalización y representaciones otras. Las personas transgénero en la prensa y el cine de Colombia y Venezuela*. Berlín: Peter Lang.

Granda Asencio, L Y., E. E. Espinoza Freire y S. E. Mayon Espinoza. 2019. "Las TIC como herramientas didácticas del proceso de enseñanza-aprendizaje". *Revista Conrado* 15 (66): 104–110.

Hummel, J. y U. Lechner. 2002. "Social Profiles of Virtual Communities". *35th Annual Hawaii International Conference on System Sciences, Big Island, HI, USA,* 2245–2254. Institute of Electrical and Electronic Engineers.

Instituto Distrital de Patrimonio Cultural (IDPC). 2021. *Mi marcha. Historia de las movilizaciones LGBTI+ en Bogotá. 40 años de la marcha de la ciudadanía LGBT*. Bogotá: IDPC.

Licklider, J. C. R. y R. W. Taylor. 1990. *The Computer as a Communication Device.* Reprinted from *Science and Technology Research Report* 61, August, http://gatekeeper.dec.com/pub/DEC/SRC/research-reports/abstracts /src-rr-061.html

McKenna, B. y H. Chughtai. 2020. "Resistance and Sexuality in Virtual Worlds: an LGBT Perspective". *Computers in Human Behavior* 105: 1–11.

Mestre, J. F. 2021. "Figuras de la historia LGBTIQ+ en Colombia". *Bacánika,* junio 28, 2021. https://www.bacanika.com/seccion-cultura/figuras-de-la -historia-lgbtiq-en-colombia.html

Organización Internacional del Trabajo. 2020. *El teletrabajo durante la pandemia de COVID-19 y después de ella. Guía práctica.* Ginebra: Organización Internacional del Trabajo.

Rheingold, H. 1993. *The Virtual Community: Homesteading on the Electronic Frontier.* Reading: Addison-Wesley, 1993.

Sentiido. 2020. "León Zuleta, uno de los pioneros del movimiento LGBT de Colombia". *Sentiido,* noviembre 18, 2020. https://sentiido.com/leon -zuleta-uno-de-los-pioneros-del-movimiento-lgbt-de-colombia/

Uribe, C. 2021. "El Carnaval desde el transformismo y prácticas travestis". *El Heraldo,* junio 24, 2021. https://www.elheraldo.co/sociedad/el-carnaval -desde-el-transformismo-y-practicas-travestis-828140

# 2

# La escritura en Instagram como acción reivindicatoria de la diversidad sexual: el caso de indiaescribe

*Manuel Zelada*

᳀

"LA INDIA ESCRIBE Y rompe con el mandato colonial que le entendió analfabeto". Con esta descripción, Mercedes Condori, descendiente quechua y k'ana, presenta la cuenta de Instagram *indiaescribe*, creada y administrada por ella.[1] A través de la poesía, esta es una propuesta de activismo

---

1.  En el Perú, la categoría "indio", presente en el nombre de la cuenta, ha sido tradi-
    cionalmente empleada por las élites como un paraguas para agrupar identidades
    culturales diversas y dinámicas cuyo presente es resultado de largos y continuos
    intercambios (Gootenberg 1991, 109–110). La ascendencia quechua y k'ana de la
    autora nos ofrece una pequeña muestra: ambas refieren a identidades indígenas
    de la zona andina. Sin embargo, mientras k'ana remite a una comunidad con-
    creta del Cusco (aunque con una larga historia migratoria), quechua remite a
    una herencia lingüística y cultural compartida. Aunque en líneas generales, puede
    decirse que la identidad k'ana está más geográficamente situada que la quechua,
    los límites entre ambas son variables y reciben interpretaciones distintas según
    el momento histórico, los contextos políticos y las propias percepciones de los
    miembros de las comunidades (Málaga y Ulfe 2017, 154–156). Como veremos,
    las distintas voces que se hacen presentes en los poemas de *indiaescribe* visibilizan
    la compleja realidad que se vincula con lo indio. Esto nos lleva a coincidir con
    Claire Taylor y Thea Pitnam en su caracterización de las plataformas digitales
    como espacios de intercambio, cuestionamiento y transformación de contenidos
    culturales tradicionalmente asociados a Latinoamérica (2013, 44–45). En lo que

dedicada a reivindicar y reflexionar sobre las identidades andinas y racializadas, y su relación con las disidencias sexuales.[2] Creada en septiembre de 2019,
se trata del primer espacio virtual de creación e intercambio de textos surgido
en Perú con este fin, que cuenta, además, con una acogida significativa. A la
fecha (febrero de 2023) suma 8,307 seguidores y 115 poemas publicados. En
ella, cualquiera puede enviar poemas que traten sobre estos temas, así como
leer y comentar los de otras personas.

Dado el estado de marginación que experimenta la comunidad LGBTIQ+
en Perú y más aún las disidencias sexuales racializadas, una propuesta como
esta, que reúne reivindicaciones de género y raza, resulta no solo novedosa
sino urgente. Al respecto, cabe mencionar que no existe en el país una ley de
identidad de género que prevenga la discriminación institucional, así como
tampoco leyes de unión civil o adopción para parejas homosexuales. Asimismo, en la única encuesta nacional a personas LGBTIQ+ realizada por el
Estado, más de la mitad declaró haber sufrido violencia (INEI 2017). Ciertamente, desde los años setenta, el feminismo peruano buscó abrirse a las experiencias y demandas de los sectores populares, andinos y racializados, y de
la disidencia sexual (Vargas 1985, 141–145). No obstante, su articulación se
encuentra aún en proceso, en parte, dada la falta de canales ofrecidos por el
Estado para su inclusión en la esfera política y el profundo racismo existente
dentro de los propios movimientos (Cornejo 2015, 175–176).

Centrada en la poesía, *indiaescribe* no solo subraya la necesidad de revertir
la situación de marginación presentada en el párrafo anterior, sino que se constituye en una comunidad en sí misma para disidencias sexuales racializadas y
aliados. Por ello, en este texto queremos analizar en qué sentido puede consi-
derársele una comunidad y cómo es que se articula. Para esto, recurriremos al
análisis lingüístico y audiovisual de los poemas y comentarios publicados en

---

sigue, analizaremos cómo se producen este cuestionamiento y transformación del
término "indio" en el diálogo entre diferentes voces racializadas.

2. Entendemos por disidencia sexual al conjunto abierto de prácticas sexuales e
   identidades de género que no encajan dentro del binomio femenino/masculino
   ni la cisheterosexualidad. Así, la amplitud del término permite incluir al espectro
   de prácticas asociadas a las siglas LGBTIQ+ y exige una apertura continua de las
   categorías existentes para pensar el sexo/género. Precisamente, en dicha apertura
   radica su carácter disidente, ya que conlleva un cuestionamiento continuo de la
   pertinencia y completitud de las categorías de género (Rubino 2019, 64–66).

la cuenta de Instagram desde sus inicios hasta la fecha, así como a entrevistas dadas por Mercedes Condori a *Chola Contravisual* (2020) y *Maleza* (2021). Vemos en ello un aporte tanto al estudio de las comunidades virtuales de activismo en Latinoamérica, como a la forma de estudiarlas, tratando de integrar lenguaje, imagen y la propia voz de los activistas.

Nuestra hipótesis es que los vínculos comunitarios en torno de esta cuenta se sostienen en un propósito compartido entre quienes escriben y leen sus publicaciones. Por un lado, buscan afirmar la existencia y derecho de participación en la esfera pública de las identidades racializadas de la disidencia sexual, y, por el otro, denunciar los efectos de su invisibilización y discriminación en Perú. Así, se trata de un fin político y reparativo realizado a través del intercambio de poemas, en su mayoría de naturaleza testimonial y profundamente íntima. Esto es importante porque es desde la intimidad de la experiencia que se desafía a las categorías binarias de sexo/género y los estereotipos sobre el mundo andino y la raza.

Dicho intercambio de poemas permite llevar adelante un ejercicio común en el que es posible reordenar diferentes características identitarias más allá de los límites y relaciones que las categorías sociales imponen sobre ellas. Se asemeja, entonces, a lo que Michel Foucault llamó heterotopías: aquellas comunidades que están constituidas como una inversión del espacio social y son habitadas por corporalidades excluidas de este (el homosexual, el criminal, etc.) (Foucault 1984, 47–49). En este sentido, dichas comunidades son capaces de reunir elementos que no podrían aparecer juntos fuera de estos lugares (lo femenino y lo masculino, por ejemplo). Así, *indiascribe* sería una comunidad heterotópica. En lo que sigue, desarrollaremos esta idea. Para ello, destinamos el siguiente apartado a presentar los conceptos de comunidad y heterotopía que emplearemos, así como la forma en que estos se relacionan con la realidad virtual y el contexto peruano. Tras esto, el tercer apartado describe nuestra metodología y los últimos dos apartados nuestro análisis.

## Comunidad virtual y heterotopía

Con Tara Brabazon (2001), creemos que es necesario pensar la relación entre mundo físico y virtual como un *continuum* para poder entender los modos de socialización presentes en Internet, así como el sentido de comunidad en ella. Partiendo del concepto de comunidad imaginada de Benedict Anderson (1983), la autora plantea que el sentido de pertenencia tanto en las comunidades virtuales como "reales" no depende del contacto físico entre individuos, sino en la eficacia en el establecimiento de un aparato de producción simbólica que les permita a estos pensarse como poseedores de una identidad común. Tales mecanismos no difieren fundamentalmente entre ambos tipos de comunidad. Por el contrario, reflejan las tensiones existentes en relación al aparato simbólico (Brabazon 2001, 5–7). Así, como bien nota Syed M. Ali, el privilegio del inglés y las lenguas modernas europeas en la comunicación digital, el mayor grado de acceso y presencia en Internet del que gozan las sociedades europea y norteamericana frente a otras, y la amplia difusión de valores y productos culturales occidentales en contraposición a otros ponen en evidencia la hegemonía cultural de Occidente (Ali 2018, 146–148). En el caso peruano, es necesario añadir dos características más. Primero, la profunda separación existente entre lo andino y lo occidental. Lo andino se asocia al mundo rural, el quechua y los valores tradicionales (la familia, la religiosidad, etc.), mientras que lo occidental se vincula al espacio urbano, el español y la modernidad (Vich 2010, 162–164). Segundo, el privilegio de lo occidental frente a lo andino. Este conlleva una distribución desigual del acceso al poder y, asimismo, a Internet pues esta se concentra en las áreas urbanas y casi no cuenta con contenidos culturales vinculados a lo andino (Manrique 2016, 121–123).

De este modo, no es posible pensar en Internet como un espacio liberado de las restricciones ni relaciones de poder presentes en el mundo físico. Ello no quiere decir que no sea posible encontrar allí contrapoderes o resistencias, sino que estas se dan en un continuo intercambio virtual/"real". Coincidimos, entonces, con Medina, Costa Marques y Holmes en que es necesario reconocer el carácter multidireccional de las innovaciones tecnológicas e identificar los movimientos antihegemónicos que tienen lugar en Latinoamérica (2014, 2–3). Por eso, queremos enfocarnos en el activismo artístico de *indiaescribe* como un modo de resistencia, dado que su creadora presenta esta propuesta como una iniciativa de este tipo (Risco 2021).[3]

En el marco de nuestra reflexión sobre el concepto de comunidad, cabe ver el activismo como un tipo de relación social. Ciertamente, el activismo

---

3. Esta búsqueda de cambios sociales a través de la creación de contenido en Internet que reconocemos en *indiaescribe* es una característica del prosumismo digital. Esta palabra remite, precisamente, a aquellos internautas que producen y consumen contenidos digitales (Alonzo González 2020, 78).

no solo busca exponer o cuestionar un determinado problema en el tejido social, sino ensayar nuevos modos de socialización. El arte es particularmente eficaz para este fin debido a que permite no solo imaginar sino experimentar emocional y perceptualmente situaciones que no están presentes en la esfera pública. Al respecto, cabe mencionar que la exclusión de la esfera pública se da también mediante la invisibilización real: se condiciona a los individuos a no percibir ni conmoverse ante determinados problemas. La capacidad del arte para hacerlos presentes ante los sentidos y para conmover es por ello fundamental para denunciar y confrontar la exclusión en una sociedad (Rancière 2000, 13–14).

Esta capacidad del arte para hacer experimentable una situación de exclusión ha sido explotada por el activismo latinoamericano y peruano desde mucho tiempo antes de la llegada de Internet.[4] Hacer un recuento de estos excede el propósito de este capítulo, pero nos interesa destacar dos características comunes que subyacen a su relación con el arte. La primera es el énfasis en su compromiso con la acción política. El arte no es pensado como una esfera autónoma de saberes y valores especializados, sino como un conjunto de prácticas que conectan tradiciones académicas (plástica, escultura, etc.) y no-académicas (saberes populares, tradiciones no-occidentales, etc.), y están explícitamente orientadas a transformaciones sociales. Precisamente por ello —y esta es la segunda característica—, el arte activista crea representaciones que buscan desafiar al aparato simbólico instituido en el imaginario social (López y Bermúdez 2019, 18–20). Si las relaciones de poder de una sociedad se fundamentan en las categorías bajo las cuales sus miembros se piensan como tales, a través del arte los activistas buscan transformar estas relaciones cuestionando dichas categorías y ofreciendo otras con las cuales una sociedad pueda imaginarse. En ese sentido, los espacios intervenidos por el arte activista transforman el espacio público de una manera particular: ponen en suspenso al aparato simbólico dominante para hacer visible un aspecto marginal o invisibilizado de la realidad, y sugerir nuevos modos de ver/interpretar la vida social.

Un ejemplo de esto, dentro del activismo peruano, es el Museo Travesti del activista por la diversidad sexual Giuseppe Campuzano (2008). Pensado en

---

4. Al respecto, cabe mencionar las iniciativas de arte político de los activismos que surgieron ante las crisis políticas y económicas entre 1950 y 1990 en América Latina (López y Bermúdez 2019, 19–20).

2003 como un museo itinerante, este propone un espacio donde el binarismo de género se subvierte por la afirmación del travestismo, la transexualidad, la intersexualidad y la androginia como tradiciones enraizadas en el mundo andino y la historia peruana, ancestral y presente. Los espacios intervenidos (una calle, una plaza) se llenan de colecciones de objetos que emulan las exposiciones museográficas, pero cuyo contenido dista de lo que tradicionalmente se encuentra en un museo peruano: como ropa, o imágenes de disidentes sexuales o de motivos prehispánicos con actos homosexuales (Campuzano 2008). Con ello, la experiencia de las disidencias sexuales aparece integrada a la solemnidad del museo, planteando la necesidad de recoger su valor histórico y nacional. Así, en el tiempo y espacio que dura esta intervención, se hace visible la existencia de la comunidad LGBTIQ+ y, a través de su presentación en clave museográfica, se plantea la posibilidad de reconocer el valor de su experiencia.

El Museo Travesti pone de manifiesto cómo la intervención activista del espacio abre una brecha en la forma imperante de interpretar la realidad para plantear asociaciones entre secciones de la realidad social que no podrían aparecer reunidas fuera de dicha intervención (como el museo y la experiencia de las disidencias sexuales). En ese sentido, podemos reconocer un punto de encuentro entre el arte activista latinoamericano y las heterotopías foucaultianas. Ciertamente, en estas también existen un espacio y tiempo propios, que permiten yuxtaponer secciones de la realidad social que no podrían aparecer juntas fuera de ella. Foucault (1984) piensa, así, en el museo como una heterotopía donde confluyen diferentes tiempos, o en la casa de citas, donde se suspenden los valores de la sexualidad burguesa tradicional (47). De forma similar, tomando como ejemplo el Museo Travesti, la intervención espacial del activismo latinoamericano permite abrir una brecha en el aparato simbólico imperante para presentar nuevos modos de imaginar la realidad que permitan superar la exclusión. Como propuesta de activismo por el arte, nos interesa poder reconocer este carácter heterotópico en el intercambio textual de *indiaescribe*.

## Enfoque decolonial y aproximación interdisciplinaria

Dado que la propia propuesta de *indiaescribe* se plantea la urgencia de "romper con el mandato colonial", nos parece adecuado asumir un enfoque decolonial. Por decolonial entendemos el desarrollo de formas de pensar alternativas que desafíen el orden conceptual y político que privilegia a Occidente y relega a las otras culturas a una posición marginal (Grosfoguel 2008, 211–212).

Al respecto, resulta útil estudiar este privilegio a partir de las ideas de raza y género. En relación con la primera, existe un consenso entre pensadores decoloniales sobre su importancia en el sistema de dominación colonial. Así, Aníbal Quijano (2014) afirma que la raza no solo permitió la clasificación de los individuos a partir de su lugar de origen o características físicas, sino "la distribución de la población mundial en los rangos, lugares y roles en la estructura de poder de la nueva sociedad" (780). Sin embargo, para María Lugones, la comprensión del sistema de dominación colonial es incompleta si no se considera al género y su intersección con la raza. Este codifica a los individuos en un sistema binario (mujer/hombre) que les asigna roles específicos y normaliza las prácticas heterosexuales (2008, 78). Pero, a la vez, coopera con la raza en la naturalización de relaciones de dominación. Así, las categorías "mujer" e "indígena" se complementan en un doble proceso de marginación de los sujetos englobados por ellas (2008, 75–76). A este desprecio por lo femenino, se suma el desprecio hacia aquellas prácticas y corporalidades que no calzan en el binomio femenino/masculino, es decir, las disidencias sexuales (Horswell 2013, 15).

Por último, puesto que la propuesta de *indiaescribe* se sostiene en la creación e intercambio de poemas, es importante considerar la relación entre dominación colonial y lengua. Al respecto cabe mencionar que la administración colonial española fundó su poder, en gran parte, en la escritura como un símbolo de superioridad. El dominio del español escrito se convirtió, desde entonces, no solo en una marca de status, sino en una forma de perpetuar la diferencia entre el criollo civilizado y el indio analfabeto a partir de la dicotomía escrito/oral, para la cual la tradición oral quechua carecía de valor (Sarzuri-Lima 2012, 66–67). A esta jerarquización de las relaciones entre europeos (u occidentales) e indígenas a través de los imaginarios y espacios asociados a sus lenguas es a lo que Marcelo Sarzuri-Lima llama colonialismo lingüístico (2012, 60–61). Al excluir el uso de una lengua de la esfera pública, y al perpetuar una visión estigmatizante de esta y sus hablantes, el colonialismo lingüístico excluye también el conjunto de prácticas y tradiciones que son expresadas y trasmitidas por la lengua. Esto produce que muchos hablantes de lenguas nativas se sientan distanciados y avergonzados de su propio idioma. Dicha exclusión se extiende a las variedades de contacto, surgidas por el fuerte intercambio quechua-español (64).

Al asumir un enfoque decolonial, nos interesa analizar cómo la propuesta de *indiaescribe* se posiciona respecto del colonialismo de raza, género y lingüístico, y busca alternativas que lo desafíen. Una guía importante para ello es la propuesta de Grada Kilomba de dejar hablar al otro desde su experiencia. Esto implica darles el lugar privilegiado del enunciante a aquellos que han sido excluidos por el sistema colonial, de tal manera que los roles Yo-Otro se inviertan. En otras palabras, es importante que el otro sea el yo de su propia enunciación y agencia (Kilomba 2010, 45–46). Para nuestra investigación, esta perspectiva nos permite reconocer, en el carácter testimonial de los poemas, la voz de las disidencias sexuales andinas y racializadas e interpretar este cambio de roles como una subversión de las jerarquías entre el sujeto occidental hegemónico y estas voces.

La pregunta por cómo este cambio de roles tiene lugar en las relaciones entre escritores y lectores exige considerar tanto los poemas como el contexto de su lectura/escritura en la cuenta de Instagram de *indiaescribe*. En ese sentido, para poder ofrecer una respuesta concreta, debemos atender a las características propias de la comunicación en redes sociales. Nos referimos, en particular, al carácter interactivo y multimodal de plataformas como Instagram. Lo primero remite no solo al hecho de que los usuarios de Instagram puedan compartir información en tiempo real, sino a la forma en que esto se integra en la vida social y termina afectándola. Elisa Serafinelli plantea que la funcionalidad de esta plataforma va más allá del tomar, editar y compartir fotos entre usuarios. El hecho de que sea una aplicación de celular que estos pueden llevar consigo mientras se desplazan hace que se inserte en sus prácticas cotidianas (como viajar, trabajar o leer). Esto conlleva a que actividades tradicionalmente individuales adquieran una dimensión colectiva (Serafinelli 2018, 42–44). En el caso de *indiaescribe*, respecto de la lectura y la escritura, Instagram permite a escritores y lectores interactuar con los poemas mediante hashtags (etiquetas), comentarios y *likes*. Asimismo, se pueden generar conversaciones entre ambos que quedan registradas en los comentarios de la plataforma.

Por otro lado, la multimodalidad remite al uso de diferentes modos de comunicación (lingüístico, audiovisual, etc.) para la construcción de significado (Kress 2003, 87). En el caso de Instagram, los usuarios cuentan con diversas herramientas para edición de imagen (filtros), así como la capacidad de insertar textos y crear secuencias de diapositivas (carruseles). En el caso de *indiaescribe*, esto hace que la publicación de los poemas vaya acompañada de un cuidado especial del color y tamaño de letra, el fondo y la adición de imágenes. En otras palabras, se trata de composiciones complejas que involucran tanto elementos audiovisuales como lingüísticos.

Por ello, nos parece útil recurrir a una matriz mixta desde la lingüística sociocultural y la gramática del diseño visual. La primera remite al "amplio campo interdisciplinario concerniente a la intersección entre lenguaje, cultura y sociedad" (Bucholtz y Hall 2005, 586). Asimismo, al colocar en el centro al lenguaje, esta busca responder cómo este opera en procesos sociales y culturales. En ese sentido, nos permite una aproximación interdisciplinaria, adecuada para analizar tanto el lenguaje poético empleado en *indiaescribe* como la interacción entre lenguaje verbal y recursos audiovisuales propia de Instagram.

La lingüística sociocultural plantea una concepción de la identidad como performativa y relacional. Esta es vista como un posicionamiento del individuo que cambia de acuerdo a la forma en que este se relacione con a) los integrantes de la situación en la que se encuentre, b) los valores sociales presentes en ella y c) el bagaje cultural más amplio presente en la sociedad (Bucholtz y Hall 2005, 588–596). Tal perspectiva resulta útil para analizar cómo las posiciones identitarias son negociadas por los escritores y lectores a diferentes niveles. Antes que preguntar por una identidad subyacente, tal concepción nos permite preguntar por las identidades emergentes que aparecen en los diferentes poemas y comentarios, y por aquello que tienen en común.

Por su parte, para la gramática del diseño visual propuesta por Gunther Kress y Theo Van Leeuwen (2006), las imágenes se estructuran de manera composicional. La noción de imagen es muy amplia y remite a todo lo que es captado visualmente, con lo que incluye elementos como textos, marcos, fondos o viñetas. Asimismo, reconoce la imagen y la visión como fenómenos socialmente situados y que, por lo tanto, exigen considerar al contexto en que se desarrollan (6–7). Particularmente interesantes son las pautas para analizar las composiciones complejas que involucran textos. Por un lado, Kress y Van Leeuwen (2006) plantean la necesidad de analizar la forma en que se jerarquiza la información textual y no-textual por medio de su posición en la composición, el espacio que ocupan o el uso de colores y formatos que hagan resaltar las letras o las imágenes (187). Por otro lado, los autores subrayan la importancia de preguntar qué es aquello que se busca con la disposición de los elementos en una imagen: ¿dónde se espera que se centre la mirada del espectador? y ¿qué tipo de relación se busca establecer con este? (177).

Esta perspectiva nos permite analizar cómo los elementos visuales colaboran en la construcción del sentido de los poemas y los comentarios de manera integral. Así, podemos preguntar por la forma en que la disposición de los textos, los colores de los caracteres, etc. contribuyen a la construcción del significado de las composiciones. Además, nos permite ahondar en los modos en que estas composiciones esperan ser recibidas (los modos de observación y lectura privilegiados por el diseño) y, en general, por el tipo de relación que se espera entre escritores y lectores. En síntesis, a través de esta matriz mixta queremos analizar la forma en que las identidades de género y raza son construidas y negociadas entre lectores y escritores en sus distintas publicaciones. Con ello, podremos reconocer cómo entre ambos se gestan modos alternativos de socialización donde se privilegian las voces de la disidencia sexual racializada.

## Enunciar la diversidad a través de la poesía

Como mencionamos, el acceso a Internet y el tipo de contenidos difundidos en el espacio virtual reproducen las jerarquías de poder existentes en el Perú entre lo occidental y lo andino. La marginación de este último, sin embargo, no oculta la triste ironía de que la gran mayoría de habitantes de las áreas urbanas costeras (asociadas al mundo occidental moderno) sean de ascendencia andina. Ciertamente, la migración del campo a la ciudad ha sido una forma en que las poblaciones indígenas de las comunidades rurales han buscado acceder al poder y, en general, a la ciudadanía (Matos Mar 1986, 46–47). Sin embargo, dada la fuerte marginación de lo andino en las áreas urbanas, muchas veces la migración suponía la adopción de las características culturales occidentales y el olvido u ocultamiento de las indígenas.[5]

El mandato colonial al que refiere *indiaescribe* es, por ello, un mandato de ocultamiento y silenciamiento de la identidad indígena que atraviesa generaciones enteras. De ahí que Mercedes Condori plantee la necesidad de "hacer las paces" y "reconectar con la identidad silenciada" como una motivación central de su propuesta (Chola Contravisual 2020, 33.15–33.40). Ello pasa por romper con la concepción de lo andino y lo occidental como mutuamente excluyentes. Como afirma Condori, remitiendo a su propia experiencia como descendiente quechua: "reconocer que las personas indígenas estamos en todos lados, nos vestimos como queremos y que también podemos estar en la ciudad" (Risco 2021), y hacerlo sin que ello implique que uno es más o

---

5. El alto grado de discriminación hacia las culturas originarias se manifiesta tanto en el subregistro censal de la lengua y la ascendencia cultural, como en la falta de transmisión intergeneracional de la lengua (Andrade y Howard 2021, 15).

menos indígena, sin que importe "saber si no era 100%, 80%, 70% indígena" (Risco 2021).

Esto resulta particularmente complejo para mujeres y personas de la disidencia sexual. Por un lado, a causa de la instauración del sistema de género occidental que subordina a la mujer y excluye a cualquier forma de vivir el género que no calce en la diada masculino/femenino. Pero, por otro, debido a que los propios movimientos de reivindicación de género han reproducido la subordinación de lo andino y lo indígena a lo occidental (Cornejo 2015, 175). Desde su experiencia de mujer y disidente sexual, Mercedes Condori menciona que esta situación hace que, para estas personas, sea muy difícil relacionarse con el propio cuerpo, y reconocer su deseo como algo válido y digno de ser expresado. Subraya, entonces, la importancia de entender la inferioridad de lo femenino y el desprecio de lo no-binario como parte de la huella colonial o, como ella lo llama, "mi colonizador interior", y aprender a reconocerla para recuperar la valoración positiva de los cuerpos y prácticas no-binarias propia de la cultura andina (Chola Contravisual 2020, 33.15–33.40).[6] En ese sentido, reconocer la huella colonial en uno pasa por dejar hablar a la otredad, a aquello que he callado para poder ser incluido, para no ser discriminado. Ahí radica la importancia y la relación entre la enunciación de la experiencia migrante, andina, no-binaria, en síntesis, la vivencia personal de la otredad que está presente en todos los poemas.

Dado el carácter íntimo y personal de cada poema, cada uno reflexiona de distintas maneras sobre diferentes aspectos de la huella colonial. Así, el poema "Que un día no muy lejano, no se nos arranque la identidad" describe el trauma generado por el racismo en la experiencia de migración a la ciudad a través del cambio de sentido que sufre la palabra "cholo/chola".[7] La vergüenza ante la propia identidad y el sentido peyorativo de la palabra, asociada a la ascendencia andina, aparecen aquí como resultado de relaciones de poder y prácticas de subordinación propias de la estructura colonial:

---

6.  Al respecto, Michael Horswell (2013) analiza la figura andrógina del qariwarmi (hombre-mujer), al cual se le asocian propiedades rituales importantes por reunir en sí lo femenino y lo masculino, junto con otras manifestaciones de sexo/género en el mundo andino. Concluye, por ello, que no existía en este un binarismo de género excluyente (11–13).

7.  "Cholo/Chola" es una manera mayoritariamente despectiva de llamar a las personas de ascendencia andina en el Perú.

Cholx no es un insulto ni una ofensa. / Hasta que te escupen / superioridad a la cara. / Hasta que te cae / una mirada de asco. / Hasta que te minimizan y / te golpea la indiferencia / de los privilegiados / Cholx no es una etnia inferior... / Hasta que te ves obligada / a adaptarte a una lengua / diferente de la tuya. / Hasta que migras a Lima / por la falta de oportunidades / en tu pueblo. / Hasta que se espera / que seas analfabeta / por tus rasgos físicos. (iamrglamadrid 2020, líneas 1–18)[8]

En otro poema, la colonialidad aparece explícitamente en la enseñanza de la lengua y la inserción al sistema educativo:

El racismo colonial me entrenó / para ser educade / para 'hablar bien' / para buscar siempre / las palabras correctas / para nombrar 'la verdad'. / Lo hizo negando mi existencia / mi modo de pensar / los modos de vida / de mis ancestres. (Condori 2021a, líneas 12–17)

Un caso particularmente interesante es el de "Cierra los ojos". Aquí se denuncia cómo el racismo y el binarismo de género condicionan la percepción de un cuerpo como bello. Sin embargo, a pesar de ello, el deseo persiste como una potencia capaz de subvertir esa situación:

No pretendas explicarme / a través de la vista / soy una monstruosidad / y a ti te encanta. / A nosotraes nos robaron / incluso la belleza / pero ¿qué belleza? / como si yo quisiera parecerme / a algo que no soy / como si quisiera mutilarme / para que puedas amarme. (chanamamani e indiaescribe 2021, líneas 1–11)

Cabe notar que, a pesar de las experiencias dolorosas descritas en los poemas, el tono es de denuncia. El yo poético asume una posición activa al visibilizar al sistema de opresión que se encuentra detrás de su sufrimiento. Esta característica se hace aún más evidente en aquellos textos que se dirigen al colonizador de manera directa empleando la segunda persona: "Existo. / Y no he sobrevivido / *tu* genocidio organizado / con 'buenas formas'" (Condori 2020, líneas 20–23; énfasis agregado). El uso de la segunda persona no siempre se da en el marco de una acusación, pero siempre toma la forma de una tensión. Así, en "Cierra los ojos", la frase "y a *ti te* encanta" delata el deseo

---

8. Dado el carácter anónimo de muchos de los poemas, salvo en el caso de Mercedes Condori, empleamos el seudónimo del autor.

del interlocutor por los cuerpos no-binarios, excluidos por el sistema sexo/ género occidental.

Llegados a este punto podemos hacer una observación sobre cómo el empleo de la primera y segunda persona afectan la relación entre texto y lector. Ya mencionamos el empleo confrontacional del *tú*, el cual busca interpelar al interlocutor asociándolo con la estructura colonial. Sin embargo, en "Que un día no muy lejano, no se nos arranque la identidad", la segunda persona tiene un rol distinto, a decir, traducir la experiencia de discriminación experimentada por la voz poética en algo compartido por su lector: "Cholx no es un insulto ni una ofensa. / Hasta que *te* escupen / superioridad a la cara." (iamrglamadrid 2020, líneas 1–3). Esta intención de hacer del sufrimiento una experiencia compartida se logra en otros poemas a través del uso recurrente de la primera persona plural: "*Nos* enseñaron a vivir / para los demás" (la. munay 2020, líneas 4–5), "A *nosotraes nos* robaron" (chanamamani e indiaescribe 2021, línea 5).

Esta doble manera de dirigirse al lector permite involucrarlo en el proceso de rastreo de la huella colonial y búsqueda de la identidad presente en los poemas. En otras palabras, los poemas asumen un posicionamiento complejo que busca confrontar al lector con la colonialidad presente en él, pero, también, manifestar que el sufrimiento dejado por esta y el proceso de búsqueda de la identidad es algo compartido. Si podemos identificar aquí la consigna planteada por Kilomba de dejar hablar al otro (2010, 45–46), no es solo porque la voz poética sea de los sujetos migrantes, no-binarios o racializados, sino porque lo que se enuncia es precisamente una otredad que los desborda. Situaciones normalizadas en la sociedad peruana como la enseñanza del castellano y la cultura occidental o el empleo de cholo/chola como un insulto se problematizan en los poemas al revelar su condición arbitraria y el sufrimiento que causan. Quien habla es ese sufrimiento silenciado y es desde ahí que se suspende esta normalidad. Ahí radica el poder de la palabra del otro: nos permite repensar la vida social y sus categorías en su diversidad problemática. Entonces, podemos asociar estas otredades presentes en los poemas al concepto de identidades diaspóricas de Stuart Hall (2019), las cuales son siempre plurales como sus orígenes. Fruto de intensos intercambios culturales y flujos migratorios, estas identidades cuestionan el carácter estable y finito de las categorías de raza y género, y ponen de manifiesto nuevas alternativas, no solo posibles, sino reales (145).

Podemos ver esto en la forma en que el género aparece en los poemas. En vez de afirmar una identidad específica (homosexual, bisexual, etc.), reflexionan sobre la vivencia íntima del género en situaciones diferentes. En el poema "Yo existo", por ejemplo, la voz poética no se afirma en ninguna categoría de género y denuncia la incapacidad de estas (y del sistema occidental del que provienen) de ofrecerle un reconocimiento real:

Yo existo / aunque tú no me veas / yo existo / aunque tú no lo entiendas / yo existo / aunque tú no lo quieras. (...) Existo por la resistencia / de mi transcestres / que quemaron / desde siempre tu moral / capitalista colonial / represiva y heterosexual. (Condori 2021d, líneas 1–6, 20–25)

En el poema "Mi lucha es por la vida", esta insuficiencia de las categorías de género se extiende al feminismo:

Yo me autoexpulsé del feminismo. / Aunque el feminismo me / permitiera encontrarme / más allá del conservadurismo andino / luego tuve que volver a mí. / Su discurso de liberación no me pertenecía. (Condori 2021c, líneas 1–7)

Más adelante, se denuncia la ausencia de una mirada integrada del género y la cultura: "Cuando ustedes nombran al género / olvidan que además de cuerpo femenino / somos piel marrón / y herencia histórica" (líneas 42–46). Una denuncia semejante se da en el poema "Mi orgullo fue" sobre los movimientos LGBTIQ+: "El orgullo LGBT que conocí / ocultó mi identidad / bajo unas siglas / en las que nunca / terminé de encontrarme" (Condori 2021b, líneas 1–5).

En cambio, el género aparece en las vivencias que escapan a las categorías que rigen la vida social. Lo vimos ya en el poema "Cierra los ojos", donde el cuestionamiento de la belleza permite visibilizar el deseo no-binario. Otros poemas expresan también el carácter inasible del cuerpo no-binario, como, por ejemplo, "manan yachanichu": "Yo no sé qué soy / ¿hombre? ¿mujer? / yo quiero ser libre / yo quiero estar bien" (e.h.c.e.l.i 2020, líneas 1–5).

Ciertamente, encontramos también poemas como "Reconciliar mi humanidad" (Condori 2021a) o "Que un día no muy lejano, no se nos arranque la identidad" (iamrglamadrid 2020), donde la experiencia racial es protagonista. Sin embargo, incluso en estos casos es posible reconocer el rechazo a subsumir al género dentro de categorías binarias atendiendo al uso de los sufijos de género, en específico, al uso del masculino como género inclusivo.[9] Por un lado, un buen número de poemas emplea el femenino, tanto singular como plural, para identificar a la voz poética. Encontramos también sufijos aparte del femenino y el masculino (chol-x, nosotr-aes, educad-e). El masculino, en cambio, aparece solo en poemas enviados por personas que se identifican con ese género (como en el poema "Negro" [2020] de Ju Puello), pero no aparece en las referencias a colectivos que puedan incluir personas de diversos géneros. Así, para estas situaciones, en el mismo poema se emplea el femenino: "gente negra" (Ju Puello 2020, línea 29).

Estos casos manifiestan que el empleo del femenino y las opciones aparte del sistema binario (-o/-a) no responde, al menos no únicamente, al género con que se identifica el autor. En cambio, se trata de una estrategia para visibilizar aquellas identidades que son excluidas por el sistema de sexo/género occidental, el cual sostiene el binarismo y prioriza la figura de lo masculino. En ese sentido, puede verse como un proceso de adecuación (Bucholtz y Hall 2005, 598) por el cual las autoras femeninas y quienes pertenecen a la disidencia sexual enfatizan las características relativas a su género a través del empleo de los sufijos correspondientes, mientras los autores masculinos hacen lo opuesto. Esto permite poner en suspenso la neutralidad del masculino para dejar en evidencia la diversidad de experiencias relativas al género. En ese sentido, no solo se logra dar protagonismo a las voces de la disidencia sexual, sino mostrar la plétora de modos de experimentar el género, el sexo, el afecto, la raza y las intersecciones entre estos que el binarismo de género pretende subsumir.

---

9. El valor inclusivo del masculino -o hace referencia a su capacidad de abarcar la oposición binaria masculino/femenino en referencias colectivas integradas por personas de ambos géneros (o más). La Real Academia Española (2020) prioriza la interpretación sintáctica de los dos sufijos de género castellanos (-a/-o) frente a sus semejanzas con el sistema binario de sexo/género (85). Muchos investigadores y colectivos feministas y de la disidencia sexual plantean en cambio que esta semejanza reproduce la posición de poder de lo masculino en el lenguaje, por lo que proponen el uso de opciones que visibilicen las diferencias de género de manera horizontal (Carreño 2020, 246–249). El valor inclusivo del masculino no debe confundirse, por tanto, con las opciones en favor de la inclusión de la diferencia sexual a la que se alude a veces como lenguaje inclusivo.

Mercedes Condori llama a esto liberación colectiva, debido a que permite liberarnos de las categorías de género y raza, y reconocer la pluralidad que ocultan (Risco 2021). Hemos visto ya cómo, a pesar de la diversidad de los textos, el uso de la segunda y primera persona, y los sufijos de género constituyen una característica común que permite orientar al lector hacia este fin. Lo primero al llevarlo a confrontar a su "colonizador interior" y lo segundo al suspender la neutralidad del masculino. En el siguiente apartado nos interesa ahondar en el carácter colectivo de esa liberación.

## Hablar, dejar hablar, escuchar: la importancia de la comunidad

El valor visibilizador y reparativo de la escritura no es algo desconocido. Jacques Rancière (2000) menciona al respecto que esta puede descontextualizar las palabras, cambiar sus referentes, hacer evidentes sus modos de relación con estos o transformarlos (17). Ahí radica su poder para efectuar una "recomposición del paisaje de lo visible, de la relación entre el hacer, el ver, el ser y el decir" (72–73). En esa línea, refiriéndose la escritura testimonial sobre la violencia, Beatriz Sarlo (2005) reconoce su utilidad para "apoderarse de la pesadilla y no solo padecerla" (166). Ve en esta un valor reparativo que responde al deseo de hacer procesable una situación que resulta de otra manera incomprensible (2005, 152–154).

En ese sentido, no es gratuito que Mercedes Condori vea en ella un medio para visibilizar y reflexionar sobre la huella colonial. Sin embargo, la reconexión con la identidad que promueve su propuesta exige considerar la dimensión colectiva de la escritura, de ahí la asociación entre escribir y compartir la voz que hace en una de sus primeras publicaciones: "Esta cuenta nació del impulso de compartir mi voz propia y la de mis ancestras como india, chola, serrana, inmigrante andina peruana. Reconozco que no estoy sole en esto, por eso quiero invitarte a utilizar tu voz para (re)existir" (Condori, en linnapan 2019, descripción de la publicación en Instagram). La importancia de compartir la voz pasa no solo por ser escuchado sino por escuchar, como Mercedes menciona: "Creo que es importante también a veces callarnos, ceder la voz, reconocer cuando es necesario escuchar" (Risco 2021). Escuchar a otros es, entonces, parte importante del proceso propio, como afirma la autora desde su propia experiencia: "escuchar a otras personas me ayudó mucho a encontrar a mí, por eso decía que la comunidad ha sido lo más hermoso de este proyecto" (Risco 2021).

Implícitamente, Mercedes reconoce que en el lenguaje escrito se da también una relación comunicativa activa como la que existe entre hablantes y oyentes. Como explica John Hayes (2000), aunque tradicionalmente se piense en la escritura y la lectura como prácticas individuales, y en el texto como una unidad en sí misma, estos son indesligables del cuerpo social en el cual se inscriben desde su inspiración hasta su recepción. Es este el que le que otorga inteligibilidad y valor a los textos, el que condiciona su función y sentido (12). Así, no basta la intención del escritor en el texto, sino que es necesario que alguien lo lea, interprete y valide esa intención. En nuestro caso, es necesario que las experiencias presentes en los poemas sean reconocidas como valiosas.

La posibilidad de añadir una presentación, hashtags o comentarios a los textos publicados en Instagram nos permite analizar su contexto de publicación y recepción de una manera única. Así, podemos notar que tanto la presentación de los textos como los comentarios de sus lectores cooperan para reconocer como auténtico y valioso el contenido expresado en estos. En otras palabras, la experiencia de sufrimiento, búsqueda o cuestionamiento presente en la voz poética de las publicaciones es presentada y leída como real con lo cual se legitima la validez de su contenido y de su autor. En este sentido, es posible ver en los hashtags, descripción y comentarios de los textos estrategias de autenticación y legitimación. Como mencionan Bucholtz y Hall, estas remiten a aquellos procesos que los hablantes usan para juzgar las intervenciones de sus interlocutores o presentar las suyas propias como genuinas o reales (autenticación), y como válidas y pertinentes (legitimación) (2005, 601–604). Ambas tienen implicaciones sobre la persona enunciante, ya que la identifican como alguien que emite enunciados verdaderos y pertinentes (Bucholtz y Hall 2005, 601–604). Dado el carácter relacional de estas estrategias, en el ejemplo siguiente será importante recordar la forma en la que se posiciona la voz poética en los textos. Como dijimos en la sección anterior, aunque esta habla desde su experiencia personal, busca tanto confrontar como incluir al lector como partícipe de esta.

Estas dos imágenes corresponden a la descripción y comentarios del poema "Yo existo". Como puede leerse en la figura 06, se trata de un poema inspirado en la primera candidatura política de una mujer trans andina, Gahela Cari. La descripción del poema no se detiene ni en la biografía del autor ni en las características del texto. Por el contrario, se explaya sobre la situación de vulneración de las disidencias sexuales racializadas en el país y su olvido indiaescribe Hace unas semanas participé en un evento hermoso organizado por @gahela_jp13 y su equipo de campaña para recolectar fondos. Escribí este texto especialmente para ese día, inspirade en la existencia de Gahela y todo lo que representa su candidatura.

La constitución del estado se ha erigido con la intención de negarnos y, en estos tiempos, en los que el fascismo busca imponerse, Gahela levanta la bandera del amor diverso y la TRANSformación, y por eso no me queda más que admirarla y poner el cuerpo con ella.

Sé que su candidatura va más allá de una curul en el congreso. Implica también la lucha por nuevos sentires, entendimientos, formas de ver, luchas que heredamos y que no pueden seguir postergándose.

Su candidatura es la construcción de la esperanza entre tanta desolación. Es parte de lo que nos permite reconocer la certeza de que seguiremos existiendo a pesar de tanta injusticia y violencia.

Seguiremos existiendo, como lo hemos hecho hasta ahora; con latente determinación, amorosa organización y rabiosa resistencia.

#gahela #gahelacari #gahelaalcongreso #gahelajp13 #votaporlaigualdad #representaciontrans #representacionindigena #existimos #transcestres #destruirelbinario #furiatravesti #resistencia #escribe

FIG. 06 Descripción del poema "Yo existo" (Condori 2021b)

por parte del Estado. Con esto, manifiesta que tiene un conocimiento de la condición de estas personas y, a su vez, que el poema reflexiona sobre este tema. Sin embargo, el uso de la primera persona plural para dirigirse a su público ("Seguiremos existiendo, como lo hemos hecho hasta ahora") permite identificar al autor como parte de esta comunidad vulnerada. Entonces, tanto la descripción de la situación de dicha comunidad como el uso de la primera persona plural permiten al autor posicionarse como un sujeto legitimado para escribir sobre la diversidad sexual y su relación con la raza en el país. Este posicionamiento se refuerza a través de los hashtags "#existimos", "#representacionindigena", "#representaciontrans", "#destruirelbinario", "#furiatravesti". En ellos también encontramos el uso de la primera persona plural y el énfasis en la necesidad de visibilizar a las comunidades racializadas y disidentes sexuales. En síntesis, estos elementos buscan legitimar al autor como conocedor del tema a la vez que autenticar su texto como escrito desde una experiencia vivida. Al mismo tiempo indican que el texto se dirige a esta

Muchas gracias! Muy hermoso 🦋🙏🤍🤚

229 sem   2 Me gusta   Responder

—— Ocultar respuestas

indiaescribe @          Gracias a ti, por tanto!
🤍🤍🤍🦋🔥

229 sem   Responder

Leer esto sana ✦✦✦ gracias

229 sem   1 Me gusta   Responder

Hermoso, profundo, no tengo mejores
palabras que las tuyas . Gracias !!

229 sem   1 Me gusta   Responder

Es inspirador 🔥 AMO 🤍📚

229 sem   1 Me gusta   Responder

hermoso 🖤🤍🤍🤍

229 sem   1 Me gusta   Responder

🤍

229 sem   1 Me gusta   Responder

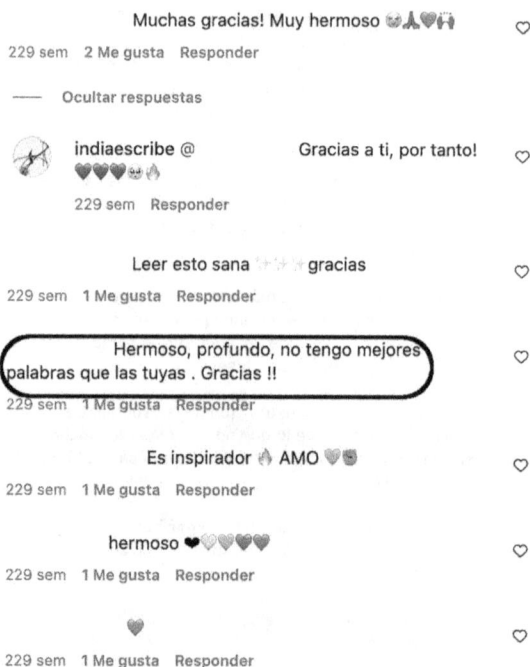

FIG. 07 Comentarios al poema "Yo existo" (Condori 2021b)

comunidad y a aquellos comprometidos con la situación de marginación que esta experimenta.

Por su parte, los comentarios de los lectores responden positivamente a estas estrategias, como podemos ver en la figura 07. Por ejemplo, la respuesta "Hermoso, profundo, no tengo mejores palabras que las tuyas. Gracias !!" (resaltada en la figura 07), pone de relieve que el lector reconoce la pertinencia del texto para describir su propia experiencia y la agradece. En general, los abundantes comentarios de agradecimiento manifiestan que los lectores reconocen la experiencia descrita en el poema como común al escritor y a ellos.

Esta dinámica de autenticación y legitimación se encuentra en todos los poemas. En ese sentido, podemos afirmar que la forma en que son presentados y recibidos permite estrechar los vínculos entre lectores y escritores, y crear un ambiente de confianza. Por un lado, reconoce las experiencias narradas como reales y legítimas. Por otro lado, promueve la identificación de estas como compartidas y, con ello, también de los procesos de búsqueda identitaria y cuestionamiento presentes en las publicaciones.

En los poemas los comentarios no valoran la genialidad del autor, sino la experiencia vivida y las resonancias que esta genera en los lectores. Más aún, lo característico de este compartir a través de textos es que cualquiera capaz de escribir puede enviar un poema y publicarlo. Esto nos permite encontrar poemas en diferentes variedades de español e incluso en quechua. Con ello, subvierte la visión elitista de la escritura y la lengua, propia del colonialismo lingüístico, para la cual el español escrito era un símbolo de status y diferenciación frente a las lenguas indígenas y las variedades de contacto.

La ausencia de rima, de cultismos y figuras literarias complejas, y el empleo de un lenguaje cotidiano deben verse como una forma de des-elitizar la lengua. Aquí, es importante notar que estas características han sido identificadas también en la poesía en Instagram, principalmente de Norteamérica y Europa. En estos casos, algunos críticos ven en ellas una forma de hacer más asequible la poesía al público en general, que, junto con fotografías del autor añadidas a los textos, busca la promoción masiva de este como poeta (Paquet 2019, 307–311). En nuestro caso, la intención parece ser otra. No solo porque los roles de escritor y autor son intercambiables, sino porque la forma en que se componen las publicaciones no da prioridad al autor.

En la mayoría de los casos, el texto ocupa la posición superior de la composición, en ocasiones, precedido por un título. Cuando la autora es Mercedes Condori, el nombre de esta se omite y solo aparece en los poemas de otras personas. En estos últimos, el nombre, pseudónimo o cuenta de red social del autor va debajo del poema. Sin embargo, aparece en letras de color gris tenue que contrasta con los colores más brillantes de las letras de los poemas, como puede verse en la figura 08.

Esta composición privilegia el contenido de los textos sobre los autores de dos maneras. En primer lugar, al colocar el poema arriba del nombre centra la atención del lector en el primero. Además, si consideramos que en la plataforma de Instagram es necesario deslizar las imágenes de arriba hacia abajo, el poema no solo aparece arriba, sino antes del nombre del autor. En segundo lugar, el empleo de colores más tenues para los caracteres del nombre de los autores y más brillantes para el de sus textos hace que la mirada recaiga sobre estos últimos antes que sobre los autores. A esta forma de ordenar una composición se le llama saliencia. Esta busca atraer la atención del espectador sobre ciertos elementos antes que otros (Kress y Van Leeuwen 2006, 177). En *indiaescribe* la saliencia está orientada a privilegiar el texto sobre el autor.

FIG. 08 Poema "mana yachanichu" (e.h.c.e.l.i 2020)

Tampoco existen fotografías de Mercedes Condori ni de los autores, ni una diferencia entre los modos de composición usados para las publicaciones de ambos. En general, la presencia de fotografías es escasa, y se encuentran al final o como fondo de los textos. Como explican Kress y Van Leeuwen (2006), esta posición de las imágenes respecto de los textos sirve para indicar que el mensaje central se halla en estos y la imagen funciona como un complemento que lo ejemplifica o especifica (187). Así, la composición de las publicaciones no responde a la promoción de la figura del autor, sino que desplaza su centralidad privilegiando la atención sobre los textos y fomentando el intercambio de los roles escritor-lector.

En ese sentido, la propuesta de *indiaescribe* plantea un nuevo tipo de relación a través de la escritura, pero también con la escritura misma. Los procesos y estrategias analizados permiten recoger el valor reparativo y liberador de la escritura, y desafiar su carácter elitista. Se combinan, así, las herramientas disponibles en Instagram con la tradición poética para ensayar nuevos modos de relación con esta.[10] Por lo tanto, en la aproximación a la poesía de esta iniciativa, podemos ver las características que reconocimos antes en el arte activista latinoamericano: un compromiso político, que hace del objeto artístico un medio de transformación social. *Indiaescribe* se constituye como una comunidad de escritores/lectores de poesía, que ven en ella un medio de compartir experiencias de sufrimiento y resistencia a la colonialidad, y, al hacerlo, ensayan nuevos modos de relación con la lengua y la escritura. Por ello, podemos reconocerle el carácter heterotópico que mencionamos, donde se suspenden las categorías dominantes para ensayar nuevos modos de socialización en los que puedan hacerse presentes las disidencias de género andinas y racializadas.

Creemos que la palabra ensayar es pertinente para recoger el carácter precario y experimental de estos ejercicios. La propuesta de *indiaescribe* concentra, principalmente, las experiencias de los migrantes y sus descendientes, así como de las disidencias sexuales que han tenido el privilegio de acceder a la educación y al Internet. A ello contribuyen la concentración del acceso a Internet en las zonas urbanas, la predominancia del español en el contexto virtual y "real", y el necesario paso por el sistema educativo tradicional para poder practicar la lectoescritura. A pesar de estas limitaciones, como toda heterotopía, *indiaescribe* nos permite reunir elementos normalmente disociados y pensar, por ejemplo, en una andinidad no-binaria, una Lima andina, un Internet indígena.

## Referencias

Ali, Syed Mustafa. 2018. "Prolegomenon to the Decolonization of Internet Governance". En *Internet Governance in the Global South: History, Theory and Contemporary Debates*, editado por Daniel Opperman, 109–183. São Paulo: Universidade de São Paulo.

---

10. Aunque tiende a asociarse a la poesía con la escritura, es conveniente recordar su estrecha relación con la declamación oral o la imagen. Así, con Jill Kuhnheim (2014), consideramos que las herramientas tecnológicas motivan un redescubrimiento y ampliación de los vínculos originarios de la poesía con otros ámbitos más allá de la escritura (139–141).

Alonzo, González, Rosa M. 2020. *La práctica de prosumir en internet*. Colima: Universidad de Colima.

Anderson, Benedict. 1983. *Imagined Communities. Reflections on the Origin and Spread of Nationalism*. Londres: Verso.

Andrade, Luis y Rosaleen Howard. 2021. "Las lenguas quechuas en tres países andino-amazónicos: de las cifras a la acción ciudadana". *Revista de Artes y Letras* 45 (1): 7–38.

Brabazon, Tara. 2001. "How Imagined are Virtual Communities?" *Mots Pluriels* 18 (1): 1–10. https://motspluriels.arts.uwa.edu.au/MP1801tb2.html

Bucholtz, Mary y Kira Hall. 2005. "Identity and Interaction: A Sociocultural Linguistic Approach". *Discourse Studies* 1 (7): 585–614.

Campuzano, Giuseppe. 2008. *Museo Travesti del Perú*. Lima: Institute of Development Studies.

Carreño, Sofía. 2020. "¿Por qué utilizar lenguaje inclusivo? Una perspectiva fenomenológica". *Nomadías* 1 (29): 237–255.

Chola Contravisual. 2020. "Entrevista a India Escribe. Poesía rompiendo con el mandato colonial". *Facebook*, abril 20, 2020. https://www.facebook.com/cholacontravisual/videos/247471412972198?comment_id=247584866294186

Cornejo, Giancarlo. 2015. "Desencuentros con la identidad en el movimiento LGBT peruano". *Periódicus* 1 (3): 170–182.

Foucault, Michel. 1984. "Des espaces autres". *Architecture, Mouvement, Continuité* 1 (5): 46–49.

Gootenberg, Paul. 1991. "Population and Ethnicity in Early Republican Peru: Some Revisions". *Latin American Research Review* 26 (3): 109–157.

Grosfoguel, Ramón. 2008. "Hacia un pluri-versalismo transmoderno decolonial". *Tabula Rasa* 9 (9): 199–215.

Hall, Stuart. 2019. *El triángulo funesto: raza, etnia y nación*. Madrid: Traficantes de Sueños.

Hayes, John R. 2000. "A New Framework for Understanding Cognition and Affect in Writing". En *Perspectives on Writing: Research, Theory and Practice*, editado por Roselmina Indrisano y Daniel Squire, 6–44. Neward: International Reading Association.

Horswell, Michael J. 2013. *La descolonización del sodomita en los Andes coloniales*. Quito: Abya-Yala.

Instituto Nacional de Estadística del Perú (INEI). 2017. *Primera encuesta virtual para personas LGBTI*. Lima: INEI.

Kilomba, Grada. 2010. *Plantation Memories. Episode of Everyday Racism*. Munster: Unrast.

Kress, Gunther. 2003. *Literacy in the New Media Age*. Londres: Routledge.

Kress, Gunther y Theo Van Leeuwen. 2006. *Reading Images. The Grammar of Visual Design*. Londres: Routledge.

Kuhnheim, Jill. 2014. *Beyond the Page. Poetry and Performance in Spanish America*. Tucson: The University of Arizona Press.

López, Alberto, y Renato Bermúdez. 2019. "¿Pero esto qué es? Del arte activista al activismo artístico en América Latina, 1968–2018". *El Ornitorrinco Tachado* 1 (8): 17–28.

Lugones, María. 2008. "Colonialidad y género". *Tabula Rasa* 1 (9): 73–101.

Málaga, Ximena y María Eugenia Ulfe. 2017. "Ethnicity Claims and Prior Consultation in the Peruvian Andes". En *Resource Booms and Institutional Pathways: The Case of the Extractive Industry in Peru*, editado por Eduardo Dargent, José Carlos Orihuela, Maritza Paredes y María Eugenia Ulfe, 153–174. Cham: Palgrave Macmillan.

Manrique, Nelson. 2016. *Una alucinación consensual. Redes sociales, cultura y socialización en Internet*. Lima: PUCP.

Matos Mar, José. 1986. *Desborde popular y crisis del Estado: El nuevo rostro del Perú en la década de 1980*. Lima: IEP.

Medina, Edén, Iván da Costa Marques y Christina Holmes. 2014. "Introduction: Beyond Imported Magic". En *Beyond Imported Magic: Essays on Science, Technology and Society in Latin America*, 1–25. Massachusetts: MIT Press.

Paquet, Lili. 2019. "Selfie-Help: The Multimodal Appeal of Instagram Poetry". *The Journal of Popular Culture* 52 (2): 296–314.

Quijano, Aníbal. 2014. "Colonialidad del poder, eurocentrismo y América Latina". En *Cuestiones y horizontes: de la dependencia histórico-estructural a la colonialidad/descolonialidad del poder*, editado por Aníbal Quijano y Danilo A. Clímaco, 777–832. Buenos Aires: CLACSO.

Rancière, Jacques. 2000. *Le partage du sensible. Esthétique et politique*. Paris: La Fabrique.

Real Academia Española. 2020. *Informe sobre el lenguaje inclusivo y cuestiones conexas*. Madrid: RAE.

Risco, Claudia. 2021. "Cómo transformar el dolor: una entrevista con *India escribe*". *Maleza*, agosto 15, 2021. https://maleza.substack.com/p/india-escribe

Rubino, Atilio. 2019. "Hacia una (in)definición de la disidencia sexual: una propuesta para su análisis en la cultura". *Luthor* 19 (39): 62–80.

Sarlo Beatriz. 2005. *Tiempo pasado: cultura de la memoria y giro subjetivo. Una discusión*. Buenos Aires: Siglo XXI.

Sarzuri-Lima, Marcelo. 2012. "De la palabra al texto: colonialidad lingüística y luchas interculturales". *Integra Educativa* 1 (4): 59–75.

Serafinelli, Elisa. 2018. *Digital Life on Instagram*. Bingley: Emerald Publishing.

Taylor, Claire y Thea Pitman. 2013. *Latin American Identity in Online Cultural Production*. Nueva York: Routledge.

Vargas, Virginia. 1985. "Movimiento feminista en Perú: balances y perspectivas". *Debates en Sociología* 10 (10): 121–146.

Vich, Víctor. 2010. "El discurso sobre la sierra del Perú: la fantasía del atraso". *Crítica y Emancipación* 1 (3): 155–168.

## Textos analizados

chanamamani e indiaescribe. 2021. "Cierra los ojos". *Instagram*, publicado en indiaescribe [@indiaescribe], septiembre 14, 2021. https://www.instagram .com/p/CT04P0FLJ3n/?utm_source=ig_web_copy_link

Condori, Mercedes. 2021a. "Reconciliar mi humanidad". *Instagram*, publicado en indiaescribe [@indiaescribe], septiembre 18, 2021. https://www.instagram .com/p/CT_OgpwsgoV/?hl=es

Condori, Mercedes. 2021b. "Mi orgullo fue". *Instagram*, publicado en indiaescribe [@indiaescribe], junio 28, 2021. https://www.instagram.com/p /CQrbdUYBWdM/?utm_source=ig_web_copy_link

Condori, Mercedes. 2021c. "Mi lucha es por la vida". *Instagram*, publicado en indiaescribe [@indiaescribe], abril 19, 2021. https://www.instagram.com /p/CN3QOC7BzGd/?igshid=YmMyMTA2M2Y=

Condori, Mercedes. 2021d. "Yo existo". *Instagram*, publicado en indiaescribe [@indiaescribe], febrero 28, 2021. https://www.instagram.com/p /CL20VFOBCtf/?utm_source=ig_web_copy_link

Condori, Mercedes. 2020. "Yo también merezco justicia". *Instagram*, publicado en indiaescribe [@indiaescribe], septiembre 20, de septiembre de 2020. https://www.instagram.com/p/CFYRgfnhtEE/?utm_source=ig_web_copy _link

e.h.c.e.l.i. 2020. "mana yachanichu". *Instagram*, publicado en indiaescribe [@indiaescribe], noviembre 20, 2020.https://www.instagram.com/p /CH0P4PjBsxE/?igshid=YmMyMTA2M2Y=

iamrglamadrid. 2020. "Que un día no muy lejano, no se nos arranque la identidad". *Instagram*, publicado en indiaescribe [@indiaescribe], junio 10, 2020. https://www.instagram.com/p/CBRMN_mh5_T/?utm_source=ig_web_copy _link

Ju Puello. 2020. "Negro". *Instagram*, publicado en indiaescribe [@indiaescribe], julio 1, 2020. https://www.instagram.com/p/CCHg47Qhcru/?utm _source=ig_web_copy_link

la.munay. 2020. "¿Imataq kuyay?" *Instagram*, publicado en indiaescribe [@indiaescribe], diciembre 11, 2020. https://www.instagram.com/p/CIqkkvHB4lY/?utm _source=ig_web_copy_link

linnapan. 2019. "Comparte tu poesía feminista y/o antirracista". *Instagram*, publicado en indiaescribe [@indiaescribe], noviembre 29, 2019. https://www .instagram.com/p/B5eaA3NBmQt/?utm_source=ig_web_copy_link

# 3

# El activismo digital de Católicas por el Derecho a Decidir (México) y la formación de una comunidad feminista católica contemporánea

*Alyssa Bedrosian*

꙰

EN LOS ÚLTIMOS AÑOS, el éxito de la marea verde, el movimiento feminista latinoamericano por el derecho al aborto, ha cambiado el panorama de los derechos reproductivos en la región. En 2020, el Senado argentino aprobó el proyecto de ley para legalizar el aborto durante las primeras catorce semanas del embarazo y la ley entró en vigor en enero de 2021.[1] En 2022, la Corte Constitucional de Colombia despenalizó el aborto hasta la semana 24.[2] En México, los cambios legales han sido más graduales. La Ciudad de México despenalizó la interrupción voluntaria del embarazo en 2007.[3] En 2019, Oaxaca se convirtió en la segunda entidad federativa en despenalizar el aborto, y desde entonces los avances han seguido en su mayoría a nivel estatal (Hernández 2022). Finalmente, en septiembre de 2023, la Suprema Corte de la Nación despenalizó el aborto a nivel federal, una decisión que también "obliga a las instituciones de salud pública federales ... a ofrecer el servicio de forma gratuita" (Guillén 2023).

---

1. Acceso a la Interrupción Voluntaria del Embarazo. Ley 27.610, Argentina, 2021.
2. Despenalización del aborto hasta la semana 24 de gestación, Sentencia C-055-22, Colombia, 2022.
3. Decreto por el que se reforma el Código penal para el Distrito Federal y se adiciona la Ley de Salud para el Distrito Federal, Ciudad de México, 2007.

68 BEDROSIAN

Un grupo que ha jugado un papel importante en la lucha por el aborto legal en México, pero cuyo activismo es poco estudiado, es Católicas por el Derecho a Decidir México (CDDM). Fundada en 1994, la organización no gubernamental forma parte de la Red Católicas por el Derecho a Decidir de América Latina y el Caribe. Se autodefine como "un movimiento de personas feministas católicas" basado en las teologías progresistas y en el feminismo interseccional con el objetivo de defender los derechos humanos (Católicas por el Derecho a Decidir México 2022c). La organización fue parte del debate público por el aborto legal en la Ciudad de México en 2007 y ayudó a crear el Observatorio Ciudadano Nacional del Feminicidio en ese mismo año. Además, forma parte de ANDAR, la Alianza Nacional por el Derecho a Decidir (Católicas por el Derecho a Decidir México 2022b). En un contexto en el que la jerarquía católica "ha sido el obstáculo mayor" para el aborto legal (Lamas 2012, 59), la voz disidente de CDDM es esencial (Espino Armendáriz 2022; Melgar 2022). CDDM cuestiona la jerarquía católica, demostrando que la Iglesia católica no es monolítica, que existe una variedad de prácticas y creencias dentro de la tradición católica y que sí es posible ser católica y feminista.

En su primer estudio sobre CDD Brasil, una organización que también forma parte de la red latinoamericana y del Caribe, Louisa Acciari (2013) usa el concepto del "tercer espacio" del teórico poscolonial Homi K. Bhabha (1994) para entender la posición feminista católica de la organización. La autora conceptualiza CDD como un espacio intermedio que redefine lo religioso y lo secular y las divisiones que los separan. En su capítulo de libro más reciente, Acciari (2022) desarrolla las ideas planteadas anteriormente, aunque no dialoga directamente con Bhabha. La autora examina cómo CDD Brasil "[desafía] las definiciones y fronteras entre político y religioso, público y privado" ["(desafia) as definições e fronteiras entre político e religioso, público e privado"] (36) para "[producir] una fe 'moderna' y 'racional'" ["(produzir) uma fé 'moderna' e 'racional'"] (37).[4] En última instancia, argumenta que "la religión puede convertirse en un recurso de movilización y una herramienta de legitimación del feminismo" ["a religião pode se tornar um recurso para a mobilização e uma ferramenta de legitimação do feminismo"] (21).

A partir del trabajo de Acciari, el presente estudio sobre CDDM retoma el concepto del tercer espacio como punto de partida. Bhabha (1994, 37) describe el tercer espacio como "las condiciones discursivas de enunciación que

---

4. Todas las traducciones son mías.

aseguran que el significado y los símbolos de la cultura no tengan unidad ni fijeza primordiales; que incluso los mismos símbolos pueden ser apropiados, traducidos, rehistorizados y reinterpretados" ["the discursive conditions of enunciation that ensure that the meaning and symbols of culture have no primordial unity or fixity; that even the same signs can be appropriated, translated, rehistoricized and read anew"]. Según David G. Gutiérrez (1999, 488), el tercer espacio es un sitio donde la gente construye la comunidad a partir de semejanzas culturales y sociales y como respuesta a la exclusión.[5] De manera semejante, Britta Kalscheuer (2009, 3) lo conceptualiza como "un lugar donde los marginados construyen una comunidad de resistencia para ser escuchados por los representantes poderosos" ["a place where marginals build a community of resistance in order to be heard by the powerful representatives"]. Es decir, además de la resignificación y la reinterpretación, la noción de comunidad es fundamental para el concepto del tercer espacio.

En este capítulo me interesa explorar cómo CDDM construye este tercer espacio y, por ende, cómo se forma una nueva comunidad feminista católica. Por lo tanto, investigo la herramienta educativa más importante de la organización: *Catolicadas* (García Hernández, Sánchez-Mejorada Ibarra y Huerta 2022). Difundida principalmente a través de las redes sociales, la serie animada explora temas de sexualidad, género y religión. Cuando se redactó este capítulo de libro, había once temporadas, 119 episodios y, según la organización, más de 12 millones de reproducciones en YouTube (Católicas México 2022).[6] La presente investigación revela que la serie emplea tres estrategias principales: a) la intertextualidad, b) los discursos de moderación y negociación y c) un repertorio afectivo complejo. Estas estrategias cuestionan y critican la posición antiaborto de la Iglesia y ofrecen una visión alternativa de la fe, creando así un tercer espacio. De este tercer espacio, surge una nueva "comunidad de resistencia" (Kalscheuer 2009, 37), es decir, una nueva comunidad feminista católica (¿digital?). Con todo esto, reflexiono sobre el papel de *Catolicadas* en la formación y la representación de dicha comunidad, a la vez que exploro el concepto de la comunidad digital en relación con la serie y la organización.

---

5. En su conceptualización del tercer espacio, Gutiérrez cita el trabajo de Akhil Gupta y James Ferguson (1997, 13).

6. En noviembre de 2023, se lanzó la doceava temporada de *Catolicadas*, la cual tiene tres episodios. Esta temporada no forma parte de mi análisis.

En última instancia, de manera paradójica, CDDM intenta cuestionar el espacio intermedio que construye. En un contexto en el que los discursos dominantes han puesto el feminismo y el catolicismo en oposición, sin reconocer la pluralidad y la diversidad de las dos tradiciones, CDDM funciona como un tercer espacio que resignifica y reinterpreta los símbolos católicos y los símbolos feministas. Al mismo tiempo, la organización demuestra las maneras en las que el feminismo y el catolicismo son coherentes y compatibles, no contradictorios. Las personas feministas católicas pueden existir tanto en espacios católicos como en espacios feministas sin la necesidad de ocupar un espacio intermedio que no es ni católico ni feminista, como muchas veces se conceptualiza el tercer espacio. Por lo tanto, como demuestro en este capítulo, la comunidad que se representa en la serie existe no aparte, sino dentro de la comunidad católica más grande.

Este estudio responde a la falta de investigación sobre el feminismo católico mexicano. La mayoría de la investigación sobre el feminismo mexicano contemporáneo se concentra en el activismo secular.[7] Sin embargo, hay algunos estudios sobre CDDM. El trabajo de Evelyn Aldaz, Sandra Fosado y Ana Amuchástegui (2017, 489) examina *Catolicadas* como una herramienta de educación sexual y concluye que la serie ayuda a los jóvenes a repensar sus creencias con respecto a su fe y su sexualidad. Mónica Andrea Ogando (2019) explora cómo la serie usa la figura del Papa Francisco como una estrategia discursiva. Si bien estos estudios tratan los derechos sexuales y reproductivos en general, ninguno se enfoca específicamente en el aborto.

Existen más estudios sobre la red latinoamericana y/o las otras CDD que la constituyen, específicamente CDD Brasil y CDD Argentina. Estos trabajos tienden a concentrarse en las estrategias y argumentos de las organizaciones

---

7. Siguiendo a Margot Badran (2009, 5), una investigadora del feminismo islámico, me parece importante distinguir entre "feminismos religiosos" y "feminismos seculares" en mi trabajo por razones analíticas. Al mismo tiempo, reconozco que estos términos pueden afirmar ciertos binarios que intento cuestionar. Utilizo el término "feminismo católico" para describir un tipo de feminismo que se funda en la tradición católica, entendida como una tradición plural y diversa. Los feminismos seculares no se basan en tradiciones religiosas. Sin embargo, es importante subrayar que "lo religioso" y "lo secular" forman parte de diferentes feminismos y "lo religioso" influye en los feminismos seculares contemporáneos (Badran 2009, 5).

y cómo se construye su posición feminista católica más ampliamente (Acciari 2013; Acciari 2022; Escudero Rava 2008; Gudiño Bessone 2013; Moore 2015; Rabbia y Vaggione 2021; Vaggione 2018). Mi análisis busca contribuir a este creciente diálogo transnacional sobre el feminismo católico latinoamericano y el aborto.

Este trabajo se basa en un análisis de los veinte episodios de *Catolicadas,* de la primera temporada a la onceava, que se enfocan en el aborto. El capítulo está organizado en tres secciones principales: un resumen del contexto histórico, un análisis de las estrategias que se emplean en los episodios y una discusión de la comunidad feminista católica (digital).

## Las mujeres, el feminismo y la Iglesia católica en México

Desde el periodo colonial, la Iglesia ha jugado un papel fundamental en la vida cultural, social, política y económica de México (Rubial et al. 2021, 13). A lo largo de los años, la relación entre la Iglesia, la feligresía y el Estado mexicano, y la religiosidad mexicana en general, han evolucionado de maneras significativas y complejas, con grandes cambios durante la Reforma (Connaughton 2021) y la Revolución (Butler 2007) en particular. Paradójicamente, las últimas décadas han sido marcadas tanto por "la paulatina recuperación de espacio en política, por parte de la jerarquía" como por "el proceso de secularización de los propios católicos mexicanos" (Blancarte 2021, 313). A pesar de su posición marginalizada dentro de la Iglesia, las mujeres han estado involucradas e impactadas en todos estos procesos de transformación. Esta sección explora brevemente la relación entre las mujeres, el feminismo y la Iglesia en México.

Ana Macías (1982, 34–35) sostiene que, según la feminista mexicana Hermila Galindo, la Iglesia era el obstáculo principal para el feminismo mexicano en los siglos XIX y XX. Hoy en día, la Iglesia sigue siendo una institución conservadora y patriarcal que intenta controlar a las mujeres y sus cuerpos con una doctrina social estricta con respecto a la familia, la sexualidad y la reproducción. La perspectiva de la Iglesia respecto al aborto es que la vida empieza en la concepción (Catecismo 1997, párr. 2270). Así, el aborto es considerado un asesinato y, según el derecho canónico (núm 1398), "Quien procura el aborto, si este se produce, incurre en excomunión *latae sententiae*" (Código).

No obstante, la Iglesia también ha sido un sitio de agencia y resistencia para las mujeres. En el México colonial, la Iglesia era un espacio único para la formación intelectual de mujeres privilegiadas (Martínez-Cruz 2011, 71). Tal vez el caso más emblemático de esto es Sor Juana Inés de la Cruz, la monja, escritora e intelectual mexicana del siglo XVII. Otros ejemplos de agencia y resistencia femenina dentro de la Iglesia son las beatas y las colegialas quienes utilizaron sus constituciones propias para cuestionar la jerarquía católica a finales del siglo XVIII y a principios del siglo XIX (Chowning 2020) y las mujeres laicas que jugaron un papel clave en el desarrollo de la Iglesia en los siglos XVII y XVIII y, en ciertas circunstancias, usaban la Iglesia para sus propios fines (Delgado 2018). Además, durante los siglos XIX y XX, cofradías dirigidas por mujeres jugaron un papel fundamental en el sostenimiento de la Iglesia (Chowning 2023, 4).

Esta trayectoria histórica de agencia y resistencia femenina dentro de la Iglesia estableció una tradición para el surgimiento del feminismo católico en el siglo XX. La tesis doctoral de Saúl Espino Armendáriz (2019) traza la historia del feminismo católico mexicano durante las décadas de los sesenta, setenta y ochenta. El autor se enfoca en la asociación civil Comunicación, Intercambio y Desarrollo Humano en América Latina (CIDHAL). Fundada en Cuernavaca en 1961, CIDHAL fue un grupo clave que facilitó la creación de organizaciones como CDDM (42). Además, el autor destaca la importancia de las redes internacionales, específicamente el papel de *Catholics for Choice* en Estados Unidos, en la fundación de CDDM y la red latinoamericana y del Caribe (14, 228).

No sorprende que las historiografías del catolicismo y del feminismo hayan hecho invisible la historia del feminismo católico en México (Espino Armendáriz 2019, 10–11). De manera similar, estudios sobre el activismo feminista mexicano contemporáneo tienden a centrarse en grupos seculares. Esto se puede observar claramente en la falta de investigación sobre CDDM, un grupo con más de treinta años de historia. Esta falta de trabajo sobre el feminismo católico tiene sentido, puesto que la Iglesia es una de las protagonistas en la lucha "provida" y la mayoría de las organizaciones feministas son seculares. A pesar de ello, como sugiere Espino Armendáriz (2019), y como revela la historia trazada en estos párrafos, la relación entre las mujeres, el feminismo y la Iglesia es compleja y requiere más investigación.

Finalmente, si bien aproximadamente un 77% de los mexicanos se identifican como católicos hoy en día (Instituto Nacional de Estadística, Geografía e Informática 2020), existe una brecha creciente entre la feligresía y la jerarquía católica. Roberto Blancarte plantea que, en las últimas décadas del siglo

XX, "se había gestado una enorme *revolución silenciosa* mediante la cual los católicos se habían independizado, sigilosa y paulatinamente, del dominio jerárquico sobre su comportamiento cotidiano" (2021, 289; énfasis de la cita original). Los resultados de encuestas de las últimas décadas muestran que la mayoría de los católicos mexicanos no siguen completamente las enseñanzas de la jerarquía católica, particularmente aquellas sobre sexualidad y reproducción (Blancarte 2021, 289–290).[8] CDDM trabaja para hacer visible esta revolución que describe el autor.

Es relevante mencionar, como postula Blancarte (2021, 217), que "cuando nos ocupemos ... de 'la Iglesia en México', del 'catolicismo mexicano' o de 'los católicos mexicanos', claramente estaremos haciendo una simple abstracción de un conglomerado complejo, plural y diverso". En consonancia con Blancarte, reconozco las limitaciones de etiquetas como "la Iglesia", "los católicos mexicanos" e incluso "la comunidad feminista católica", ya que estos términos se refieren a grupos diversos que reflejan una gran variedad de perspectivas y posiciones. A pesar de esta limitación terminológica, en este estudio uso "la Iglesia" para describir la institución religiosa jerárquica y sus posiciones oficiales en México. "Los católicos mexicanos" engloban a la feligresía, un grupo bastante diverso, y "la comunidad feminista católica" se refiere a personas que se identifican con las posiciones de CDDM, aunque reconozco que existen varios feminismos (católicos).

## Construyendo un tercer espacio: estrategias en *Catolicadas*

Antes de entrar en el análisis, es necesario resumir la estructura de *Catolicadas* y la difusión de la serie. De acuerdo con CDDM, *Catolicadas* es su herramienta educativa más importante (García Hernández, Sánchez-Mejorada Ibarra y Huerta 2022). La serie se lanzó en 2012 y, cuando se redactó este capítulo de libro, había 119 episodios disponibles con más de 12 millones de reproducciones en YouTube (Católicas México 2022). CDDM describe *Catolicadas* como una serie caracterizada por "un lenguaje sencillo y un toque de humor" (Católicas por el Derecho a Decidir México 2022a). Los episodios duran aproximadamente entre dos y cinco minutos, con dos personajes

---

8. Blancarte menciona la *Encuesta de opinión católica en México* de 2003 de CDDM y Population Council México y la *Encuesta nacional sobre muerte digna* de 2016 de Por el Derecho a Morir con Dignidad.

principales: Sor Juana, "una monja progresista y liberal", basada en la figura histórica de Sor Juana Inés de la Cruz,[9] y Padre Beto "un sacerdote conservador", quien representa a la jerarquía católica (Católicas por el Derecho a Decidir México 2022a). Sor Juana y Padre Beto trabajan en la misma parroquia y la mayoría de los episodios se centran en la parroquia y sus parroquianos.

Teniendo en cuenta que es una serie animada difundida principalmente por las redes digitales, los jóvenes son un público importante. Los videos se publican en YouTube y la organización los comparten en Facebook, Instagram y, en los últimos años, TikTok. Sin embargo, la difusión de la serie no se limita a los espacios digitales y, por ende, el público tampoco se limita a los adolescentes. Durante varios años, la serie fue transmitida por la televisión pública mexicana gracias al trabajo de la destacada académica y activista feminista Marta Lamas (García Hernández, Sánchez-Mejorada Ibarra y Huerta 2022). Como me explicó Espino Armendáriz (2022), "*Catolicadas* se hizo famosa aquí en México gracias al eco que le prestó Marta Lamas". Además, la serie ha sido transmitida en salas de espera de hospitales y clínicas y los aliados de CDD la han empleado también (García Hernández, Sánchez-Mejorada Ibarra y Huerta 2022).

Finalmente, es relevante destacar que, en cierto sentido, *Catolicadas* responde al sector cultural mexicano en el cual el catolicismo ha sido un tema central (Janzen 2021, 2). Por ejemplo, como muestra Rebecca Janzen (2021, 138), el cine mexicano de los siglos XX y XXI ha promocionado la devoción y, en otras circunstancias, ha servido como una crítica de la Iglesia. Las representaciones de la fe y la religiosidad mexicana en el cine han variado a lo largo de los años, reflejando los cambios y las distintas interpretaciones y prácticas de la fe. *Catolicadas,* a través de episodios cortos y accesibles, ofrece otra interpretación, una que muchas veces cuestiona las representaciones del catolicismo tanto en los medios masivos como en los medios católicos.

---

9. En *Sor Juana Inés de la Cruz and the Gender Politics of Knowledge in Colonial Mexico* (2016), Stephanie Kirk escribe que Sor Juana fue una monja devota, pero de acuerdo con las expectativas de la jerarquía católica, no fue una monja ideal (194). Su escritura desafió y cuestionó la jerarquía, específicamente su posición sobre el lugar de las mujeres dentro de la Iglesia. Siguiendo los pasos de la monja, CDDM argumenta que la devoción no requiere siempre estar de acuerdo con la jerarquía.

## La intertextualidad: revelando complejidad, contradicciones y matices

De manera general, la intertextualidad se refiere a las relaciones entre textos (Allen 2021, 1). Aunque todos los textos son intertextuales (Fairclough 1992, 270; Bakhtin 1986, 89; Kristeva 1986, 39), este estudio se enfoca en la intertextualidad explícita, es decir, las referencias explícitas a textos específicos y nombrados. Según Deborah Tannen (1989, 105), "el 'discurso reportado' no es reportado de ninguna forma sino construido de manera creativa por un hablante actual en una situación actual" ["'reported speech' is not reported at all but is creatively constructed by a current speaker in a current situation"]. Si bien su trabajo se enfoca en la conversación, también se puede aplicar a otros contextos, como demuestro en esta investigación.

Para CDDM, la intertextualidad abre nuevas posibilidades de interpretación. Aunque haya evidencia textual para fortalecer las posiciones conservadoras de la Iglesia, las prácticas intertextuales de CDDM, específicamente el discurso construido (de manera creativa), muestran que también hay evidencia para problematizarlas. Es decir, como señala Bhabha (1994, 37), "el significado y los símbolos" ["the meaning and symbols"] del catolicismo no tienen fijeza. Estas prácticas revelan matices, contradicciones y complejidades, mostrando que una posición feminista católica es posible.

En la mayoría de los episodios, CDDM cita varios textos religiosos, tales como la Biblia, el derecho canónico, documentos del Concilio Vaticano II y los textos papales, entre otros, para defender su posición. La gran variedad de textos que se citan muestra que la posición de CDDM no se basa en uno o dos textos oscuros; más bien, se desarrolla de acuerdo con un amplio corpus de enseñanzas católicas. Por ejemplo, en el sexto episodio de la primera temporada titulado "Las cuatro atenuantes", Sor Juana emplea una serie de referencias intertextuales: *Gaudium et spes* (Concilio Vaticano II), la Anunciación (Lucas 1:26–38, Nuevo Testamento) y el derecho canónico (Católicas por el Derecho a Decidir 2012b). Los textos, de diferentes fuentes y contextos, se complementan y se refuerzan.

En este episodio, Padre Beto y Sor Juana están viendo una marcha por el derecho al aborto. Cuando el cura critica la manifestación, Sor Juana le dice, "Padre Beto, ¿no sabe usted que la Iglesia ha declarado *oficialmente* que la mujer puede elegir el estilo de vida que prefiera?" Padre Beto le responde, "Y dónde dice eso '*oficialmente*'", haciendo el gesto de las comillas (el énfasis es agregado). Cuando ella menciona *Gaudium et spes*, un documento que no se enfoca solamente en las mujeres, sino que reflexiona sobre el papel de la Iglesia moderna, él reacciona con rabia y desconfianza, cuestionando la validez del texto y su relevancia para este tema. Entonces, ella sigue con su defensa, usando referencias de otros textos religiosos —construidas creativamente— que refuerzan su argumento.

La laicidad del Estado[10] es un tema fundamental para la construcción de una posición feminista católica y, por eso, los textos gubernamentales e intergubernamentales son importantes también. Al citar estos documentos, CDDM sostiene que el derecho al aborto es una cuestión de derechos humanos y salud pública, no solamente una cuestión espiritual y moral, y que requiere la protección de la ley. Por ejemplo, en el tercer episodio de la novena temporada titulado "Muchos consensos y pocos derechos", Sor Juana cuenta la historia de María Teresa, una mujer salvadoreña que fue encarcelada después de sufrir un aborto espontáneo (Católicas por el Derecho a Decidir 2017). En la pausa narrativa, la religiosa resume el acuerdo 43 del Consenso de Montevideo sobre población y desarrollo: "El Consenso de Montevideo es un acuerdo que firmaron todos los gobiernos en el 2013 en el que se comprometieron a modificar las leyes y políticas públicas sobre la interrupción voluntaria del embarazo para salvaguardar la vida y la salud de mujeres y adolescentes".

El resumen que nos proporciona Sor Juana no refleja exactamente lo que manifiesta el acuerdo. En el texto se sostiene que es necesario "instar a los demás Estados a considerar la posibilidad de modificar las leyes ..." (Naciones Unidas y Comisión Económica para América Latina 2013, 21). Parece que modificar las leyes no es un requisito, sino una recomendación, algo que no aclara Sor Juana. Sin embargo, la religiosa aprovecha el texto para presentar el aborto como un asunto de salud pública y un tema transnacional. Además,

---

10. La reforma al artículo 40 de la Constitución en 2012 reconoció oficialmente la laicidad del Estado. Sin embargo, como explica Blancarte (2013), "la introducción del principio de laicidad en la Constitución mexicana no instaura el Estado laico en México, sino que viene a consolidarlo ... En realidad, la reforma al artículo 40 no viene más que a confirmar la existencia en el país de un tipo de Estado en construcción desde por lo menos mediados del siglo XIX" (4). Al mismo tiempo, es importante notar que la construcción del Estado laico en México a lo largo de los años ha sido un proceso complejo y a veces violento (Blancarte 2013, 7, 8, 54). Al impulsar la laicidad, CDDM rechaza "la larga resistencia de la Iglesia católica al Estado laico" (Blancarte 2013, 8).

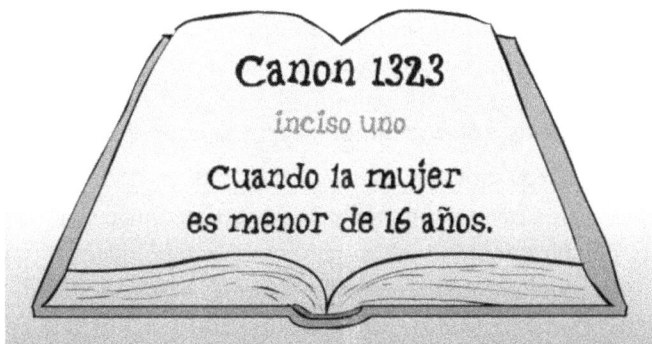

FIG. 09 Imagen del derecho canónico en "Las cuatro atenuantes"

hace hincapié en las responsabilidades de los gobiernos latinoamericanos e los insta a cumplir sus promesas.

Dado que es una serie animada, *Catolicadas* utiliza el diseño y la animación para presentar las referencias intertextuales de manera clara y accesible, especialmente para un público joven. Por ejemplo, en el episodio en el que ocurre la marcha por el derecho al aborto, Sor Juana explica las circunstancias, o "las cuatro atenuantes", en las que no se puede castigar a una mujer que aborta según el derecho canónico. La serie usa texto sencillo y sucinto sobre fondo blanco y resalta palabras y expresiones claves. Luego, un libro animado se abre y cada página tiene una de las cuatro atenuantes (fig. 09). Las páginas se pasan por sí mismas mientras Sor Juana lee el texto en voz alta. El diseño y la animación sencilla desmitifican el documento institucional, un texto desconocido para algunos, quizás muchos, católicos. De esta manera, los católicos, con la ayuda de Sor Juana, pueden interpretar el derecho canónico y su posición con respecto al aborto por sí mismos. No tienen que aceptar a ciegas lo que dice la jerarquía católica.

El trabajo de CDDM forma parte de una trayectoria histórica en la cual se utiliza la interpretación textual como una forma de resistencia femenina dentro de la Iglesia. Como se mencionó anteriormente, las mujeres religiosas y laicas del México colonial interpretaron los textos religiosos estratégicamente (Delgado 2018; Chowning 2020). Además, Jean Franco (1989, 48) destaca la interpretación textual como un tema importante para Sor Juana. Cientos de años después, el uso de la intertextualidad y la interpretación textual en

*Catolicadas* cuestiona las creencias tradicionales de los mismos católicos y les urge a reflexionar sobre sus creencias y posiciones. Para los católicos que ya apoyan el derecho al aborto pero que no saben comunicar bien su posición y reconciliarla con su fe, *Catolicadas* les provee las herramientas necesarias.

### La moderación y la negociación: llegando a un término medio

Srila Roy (2013, 108) subraya la potencia de la moderación como una práctica feminista. Esta es entendida como un tercer espacio, pues la moderación "puede responder potencialmente a las polarizaciones que plagan el feminismo contemporáneo precisamente en virtud de su inestabilidad, carácter abierto y naturaleza performativa" ["can potentially respond to the polarizations that plague contemporary feminism precisely by virtue of its instability, open-endedness, and performative nature"]. A diferencia del "feminismo moderado", que puede reforzar las mismas dicotomías que intenta eliminar, la práctica de "mediar entre opuestos o incluso permanecer dentro de un espacio intermedio desordenado" ["mediate between opposites or even to stay within a messy in-between space"] puede ser útil para los feminismos contemporáneos (Roy 2013, 110–111).

En *Catolicadas*, los discursos de moderación y negociación crean un tercer espacio en el que el feminismo y el catolicismo pueden coexistir. Una estrategia de moderación es el reconocimiento del valor del embrión o feto. En el noveno episodio de la primera temporada titulado "Una vela para San Antonino", Sor Juana está hablando con Prudencia, una parroquiana que está sufriendo de complicaciones del embarazo que constituyen una amenaza para su vida. La religiosa le dice, "Solo tienes siete semanas de embarazo, y aunque el embrión tiene un valor, aún no es un bebé" (Católicas por el Derecho a Decidir 2012c). Así, la protagonista reconoce el valor del embrión, pero lo distingue del que tiene un bebé ya nacido. Si bien esta diferenciación se opone a la doctrina católica, representa una posición intermedia que puede ser razonable para algunos católicos. Aquí, la palabra "aunque" funciona como una forma de atenuación retórica [hedging] que suaviza el mensaje (Machin y Mayr 2012, 192). De este modo, CDDM no descarta completamente la postura de la Iglesia, sino que ofrece una interpretación alternativa con relación al valor de la vida humana.

Otra estrategia es subrayar la dificultad de tomar la decisión de interrumpir un embarazo. Esto se puede ver en el tercer episodio de la primera temporada titulado "El sueño de Sor Juana". En este, Sor Juana sueña con una conversación que tiene con Dios (Católicas por el Derecho a Decidir 2012a). Este le pregunta a Sor Juana por qué las mujeres quieren abortar —sorprendentemente, el Dios omnisciente no está al tanto de la situación— y Sor Juana le explica los varios factores que influyen en las decisiones. Dios le responde, "Siempre será una decisión difícil, pero están ejerciendo su libertad de conciencia. Yo no veo mala intención en estas mujeres". Dios no condena ni acepta el aborto, sino que reconoce la dificultad de la decisión y reafirma la primacía de la conciencia.

La comprensión y la aceptación de Dios son temas importantes en la construcción de un discurso de moderación. Varios episodios incluyen oraciones como "Dios entiende tu decisión"; "Dios no te juzga. Dios te entiende"; y "Dios te acepta como eres" (Católicas por el Derecho a Decidir 2013b; Católicas por el Derecho a Decidir 2016a; Católicas por el Derecho a Decidir 2018a). CDDM no sostiene que Dios acepte completamente el aborto. Más bien, sugiere que Dios entiende los factores complejos que forman parte de la toma de decisiones y que, en última instancia, acepta las decisiones que se toman en conciencia. Estas oraciones son una forma de atenuación retórica que se usa para "reducir la fuerza de [sus] afirmaciones y, como consecuencia, reducir la posibilidad de respuestas no deseadas" ["dilute the force of (their) statements and therefore reduce chances of any unwelcome responses"] (Machin y Mayr 2012, 192). En estos ejemplos, CDDM crea un espacio discursivo en el que puede cuestionar y reinterpretar sin ser acusada de herejía.

La negociación forma parte del discurso de la moderación, específicamente en cuanto al papel de los profesionales de la salud. Según CDDM, el médico puede ser objetor de conciencia, pero el hospital no. En el séptimo episodio de la cuarta temporada titulado "¡Ni un tamal más!", Sor Juana está en la sala de espera de un hospital. Mientras espera, una mujer llega con su hija, quien se está desangrando (Católicas por el Derecho a Decidir 2013c). Sor Juana descubre que la hija está embarazada y está sufriendo una emergencia obstétrica que requiere interrumpir el embarazo. Sin embargo, el hospital se niega a practicarle un aborto. Sor Juana se enfrenta al médico y, después de discutir con él, decide negociar (fig. 10). Le dice, "Doctor, la ley de Dios consiste en amar al prójimo y aliviar el sufrimiento de los demás. Haga algo, por favor". En última instancia, el médico promete llamar a un colega que está dispuesto a practicar abortos y Sor Juana está contenta con este acuerdo mutuo. Sin embargo, es importante notar que esta negociación tiene sus límites, especialmente en hospitales y clínicas en zonas rurales que tienen pocos médicos.

FIG. 10 Sor Juana discute con el médico en "¡Ni un tamal más!"

A través de la serie, CDDM cuestiona y critica los mandatos de la Iglesia y otras instituciones, mientras que respeta las decisiones individuales de las personas. A veces, a Sor Juana le cuesta ser compasiva con Padre Beto, representante de la jerarquía católica. No obstante, casi siempre entiende a los católicos individuales que están tratando de tomar decisiones en conciencia. Estos cambios en su postura reflejan la importancia de *Dignitatis humanae*, un documento del Concilio Vaticano II, y su enfoque en la primacía de la conciencia (Navarro y Mejía 2010, 308). En situaciones difíciles, los católicos tienen la libertad de tomar sus propias decisiones, en conciencia, con tal de que no violen los derechos humanos de otros. Por consiguiente, hay espacio para la negociación y la moderación.

Estas estrategias de la moderación y la negociación en el activismo digital de CDDM contrastan con "los entornos cerrados, en general no permeados por disidencia" que caracterizan los espacios digitales (López 2019, 59). Aunque la posición de CDDM es clara, lo digital no se usa para producir un entorno cerrado en el que se ignora la otra perspectiva. Más bien, CDDM intenta abrir una conversación entre la comunidad católica mexicana para que los creyentes puedan entenderse y respetarse. Una breve revisión de los comentarios de las publicaciones de Facebook que promocionan los episodios revela que, frecuentemente, el ideal de negociación respetuosa no se realiza. Por ejemplo, en un post que comparte el episodio titulado "Una vela para San Antonino", algunos usuarios critican fuertemente la organización y varios comentarios se convierten en hilos divisivos (Católicas México 2018a).[11] Sin embargo, a pesar de estos debates, el discurso de *Catolicadas* sigue siendo un ejemplo de cómo los espacios digitales pueden promover el entendimiento y el respeto mutuos.

En última instancia, la moderación feminista puede ser una estrategia eficaz para la marea verde en América Latina. Dado el peso de la Iglesia y el número de católicos en la región, el movimiento depende del apoyo de personas católicas. Por lo tanto, es fundamental reconocer las creencias, fundamentos y valores de la tradición católica y buscar oportunidades para llegar a un término medio. Dentro del campo de estudios organizacionales, muchos critican los feminismos moderados por su "falta de compromiso con los problemas estructurales" ["lack of engagement with the structural issues"] que sostienen la desigualdad de género (Tzanakou y Pearce 2019, 1194). Sin embargo, Charikleia Tzanakou y Ruth Pearce (2019, 1207) argumentan que la práctica de moderación, como la conceptualiza Roy, puede tener impactos transformativos. Se requiere más investigación para entender la moderación como una estrategia dentro del activismo feminista latinoamericano.

## *Un repertorio afectivo complejo: de la rabia a la risa*

Dado el papel fundamental de los afectos, sentimientos y emociones tanto en la tradición feminista como en la católica, es lógico que *Catolicadas* emplee un repertorio afectivo complejo que incluye la rabia, la tristeza, la paz, el humor

---

11. Por ejemplo, en un comentario, el usuario Ibrahim KarKova escribe, "No sé porqué se ponen católicas sino no tiene nada de eso, la Iglesia jamás aceptará el ABORTO siempre será un ASESINATO. El dueño de la vida es Dios y las mujeres deberían de orar a él y ponerse en sus manos para que no se complique el parto y si es voluntad de Dios que muera la mamá hay que aceptarlo. Todos tenemos derecho a la vida y Dios tiene un plan para cada quién. Ese bebé que está por nacer podría ser un sacerdote, doctor o alguien que hará mucho bien a la humanidad". Este comentario produce un debate entre KarKova y otros usuarios, incluyendo a Dany Quiroz, quien le responde, "La religión no es estática, cambia con el tiempo y las personas, si no me crees ¿Por qué hay un nuevo testamento? El problema es que se siente con derecho a decidir sobre los demas". Otros critican el uso de la figura de Sor Juana. El usuario Joseluis Jimenez comenta, "No calumnien a sor juana x favor, ella nunca estuvo a favor del aborto, sacrilegoooos!!!"

y la risa.[12] Como explican Mariela Solana y Nayla Luz Vacarezza (2020, 2), "los feminismos han teorizado sobre las emociones en tanto diferencia capaz de desestabilizar las dicotomías generizadas que oponen emoción y razón, cuerpo y mente, privado y público, naturaleza y cultura". Las autoras escriben que los movimientos feministas latinoamericanos de los últimos años "muestran el poder de contagio de un renovado repertorio afectivo-político … [en el que] se traman, de maneras transformadoras, el duelo, la derrota, la rabia, el dolor, la esperanza, la obstinación y el orgullo" (10). Es decir, el activismo feminista latinoamericano está marcado por una variedad de afectos, sentimientos y emociones que a veces parecen "contradictorios", pero cuyos impactos son esenciales. La tradición católica, aunque en un contexto muy distinto, también está caracterizada por una variedad de afectos, sentimientos

---

12. A partir de la propuesta de Cecilia Macón, Mariela Solana y Nayla Luz Vacarezza (2021) en su libro editado, *Affect, Gender and Sexuality in Latin America*, utilizo los términos "los afectos", "las emociones" y "los sentimientos" en conjunto sin enfocarme mucho en las distinciones entre ellos. Muchos teóricos e investigadores, siguiendo a Brian Massumi (1987, 2002), entre otros teóricos, notan una diferencia entre los afectos y las emociones. Los afectos se refieren a "la habilidad de afectar y ser afectado" ["the ability to affect and be affected"], la cual "corresponde al ámbito de la intensidad y el encuentro de los cuerpos" ["corresponds to the realm of intensity and the encounter of bodies"] (Macón, Solana y Vacarezza 2021, 7). Se entienden las emociones como "expresión de afecto culturalmente codificadas" ["culturally coded expression of affect"] (Macón, Solana y Vacarezza 2021, 7). Términos como "el sentimiento" ofrecen una alternativa quizás un poco más libre y flexible ["loose"] (Macón, Solana y Vacarezza 2021, 8). Creo que estas definiciones y distinciones pueden ser útiles. Sin embargo, estas tres autoras proponen una aproximación latinoamericana convincente que cuestiona la utilidad de las distinciones entre los términos para el análisis crítico y critica la separación entre "las dimensiones somáticas y culturales" ["the somatic and cultural dimensions"] que se fundan algunas de las teorizaciones del "giro afectivo" ["affective turn"] (8). De esta manera, Macón, Solana y Vacarezza entran en diálogo con teóricas como Sara Ahmed (2004) y Margaret Wetherell (2022, 20). Intento seguir esta aproximación latinoamericana en mi trabajo, reconociendo las relaciones íntimas entre estos términos y conceptos y, por ende, no enfocándome en las distinciones entre ellos.

y emociones, a veces paradójicos, como el temor de Dios, la ira de Dios y la alegría del evangelio.

Esta sección empieza con una emoción esencial tanto en el feminismo como en el catolicismo: la rabia. Sara Ahmed (2004, 174) destaca la rabia como una herramienta feminista, escribiendo, "La respuesta al dolor, como un llamamiento a la acción, también requiere la rabia" ["The response to pain, as a call for action, also requires anger"]. Ahmed (2004, 175) cita a Audre Lorde (1984, 127), quien observa que la rabia puede ser útil como una respuesta a la opresión. En la tradición católica, la justa ira de Dios aparece como un tema central en los dos testamentos. Por ejemplo, Jesús se enoja como respuesta a la indiferencia de la gente que quiere seguir la ley en vez de ayudar a alguien que lo necesita (Marcos 3:1–5, Nuevo Testamento).

En *Catolicadas*, la rabia feminista, empleada estratégicamente junto a las enseñanzas de la Iglesia, sirve como una forma de resistencia que se emplea dentro de la Iglesia para generar cambios y crear comunidades más justas, cariñosas y tolerantes. En el episodio ocho de la octava temporada titulado "Las memelas no tienen la culpa", Sor Juana se entera de que Lupita, una parroquiana que tiene un restaurante con su esposo, sufrió un aborto espontáneo (Católicas por el Derecho a Decidir 2016b). El hospital la acusó de practicarse un aborto, y esto se convirtió en un rumor en el barrio y la parroquia. A raíz de esto, Lupita perdió a todos sus clientes y el comité organizador del festival parroquial decidió cerrar su puesto de comida. Sor Juana decide ir a la parroquia e interrumpir la reunión del comité. Casi gritando, la monja los condena por juzgar a una persona inocente y compara sus acciones a las de los fariseos. Al final del episodio, Lupita está en el festival y hay una larga fila en su puesto. Ella le da las gracias a Sor Juana, diciéndole, "Tu defensa hizo que esta comunidad cambiara". Esta escena es un ejemplo de cómo funciona la comunidad feminista católica.

Además, la serie utiliza la tristeza para producir compasión y empatía en el público. Por ejemplo, en el episodio quince de la quinta temporada titulado "No es un milagro, es una ley", una mujer indígena, junto a sus dos hijos, se acerca a Sor Juana y a Padre Beto, quienes están en la playa. Les pide comprar unas joyas y, de repente, se desmaya. Sor Juana, Padre Beto y una religiosa de la comunidad local la llevan al hospital. La mujer se desangra y los médicos tienen que practicarle un aborto. En la sala de espera, Padre Beto descubre que la mujer va a ser arrestada y puesta en prisión debido a las leyes del Estado que prohíben el aborto. Los hijos de la mujer empiezan a llorar. A pesar de sus creencias personales, Padre Beto se conmueve y, con lágrimas en los ojos, dice, "Dios, ayúdalos, por favor". Dios contesta la oración del sacerdote, pues el Estado despenaliza el aborto ese mismo día (Católicas por el Derecho a Decidir 2014b). La reacción emocional de los hijos conmueve a Padre Beto e intenta conmover al público para que reflexione de manera más crítica sobre los impactos de las leyes restrictivas.

Cabe señalar que, en muchos episodios, la compasión y la empatía parecen ser reservadas para "buenas mujeres" en situaciones extremas. De los quince episodios que se enfocan en un caso de aborto específico (de los veinte que tratan el tema), solo cinco cuentan la historia de una mujer que decide abortar porque simplemente no quiere un bebé. En los otros episodios, la mujer o sufre complicaciones de salud o fue violada. Esto refleja lo que señalan Sophie Esch y Alicia Z. Miklos (2022, 179) en su capítulo sobre las narrativas del parto en Centroamérica. Las autoras escriben que los medios masivos, en su cobertura de las leyes antiaborto, se enfocan en los casos extremos en vez de los abortos electivos. Además, la serie representa a las pocas mujeres que buscan abortos electivos como personas responsables que, en la mayoría de los casos, estudian o trabajan. Estas representaciones no reflejan el objetivo del movimiento feminista de ampliar los derechos sexuales y reproductivos, específicamente el derecho al aborto electivo (Esch y Miklos 2022, 179).

A través de la serie, se puede observar una transformación afectiva, desde la vergüenza hasta un estado de paz en las mujeres que están considerando abortar. Esta transformación afectiva muestra cómo las vidas de las mujeres, sus familias y sus comunidades mejoran tras tomar decisiones en conciencia. Esto se puede ver en la estructura de los episodios, pues muchos empiezan con mujeres que están agobiadas por la vergüenza que sienten. Tras hablar con Sor Juana o con amigos y parientes, frecuentemente optan por el aborto. Estas decisiones se toman considerando la salud —física, mental y/o económica— de ellas mismas y de sus familias. Al final de los episodios, estas mujeres se sienten más felices y tranquilas, están presentes con sus familias y participan de manera activa en sus comunidades.

Un ejemplo de lo anterior sucede en el quinto episodio de la quinta temporada titulado "La bendita primavera". En este, la nueva secretaria de la parroquia, Felipa, le explica a Sor Juana que hace poco se embarazó. La parroquiana está casada, tiene tres hijos y necesita trabajar para ayudar a mantener a su familia. Por eso, ella y su esposo tomaron la decisión de interrumpir el embarazo y ahora ella siente una vergüenza enorme. Tras hablar con Sor Juana —y tras soñar con una conversación que tiene con Dios, quien se representa como la voz de su conciencia— se siente mucho mejor. Felipa decora su oficina con flores, las cuales reflejan la "primavera" que siente en su corazón (Católicas por el Derecho a Decidir 2014a). La imagen de la primavera es coherente con las epístolas paulinas que describen a los cristianos como nuevas creaciones, libres de la ley (Gálatas 5:1; Romanos 6:14, Nuevo Testamento). De este modo, *Catolicadas* critica y cuestiona la cultura de la vergüenza que caracteriza la Iglesia y alude al mensaje de la nueva creación del Nuevo Testamento, sugiriendo que la Iglesia y la Biblia se contradicen.

En su descripción de *Catolicadas*, CDDM destaca el humor que caracteriza la serie. Además de funcionar como un gancho para el público, el humor feminista tiene impactos políticos. Según Maggie Hennefeld (2018), "No hay arma política más feroz que la risa. Las feministas siempre han sabido eso" ["There is no fiercer political weapon than laughter. Feminists have known that all along"]. Mi análisis revela que la risa, entendida como un afecto (Hennefeld 2021), o "una habilidad de afectar y ser afectado" ["an ability to affect and be affected"] (Massumi 1987, xvi, en diálogo con el trabajo de Baruch Spinoza), funciona como una forma de resistencia feminista. Específicamente, al reírse de Padre Beto, la serie critica la jerarquía católica y revela la brecha entre la feligresía y la Iglesia (Blancarte 2021, 289).

En el cuarto episodio de la tercera temporada titulado "El mejor camino", la risa compartida cuestiona el poder del clero y su relevancia en las vidas de la feligresía y, más ampliamente, el poder de un hombre para determinar lo que una mujer puede hacer con su cuerpo. Al principio del episodio, Teresita le cuenta a Padre Beto que su hija fue violada, quedó embarazada y ahora está considerando abortar (Católicas por el Derecho a Decidir México 2013a). Padre Beto la condena, diciendo que el aborto está completamente prohibido bajo cualquier circunstancia. Tras esto, Teresita habla con Sor Juana y decide que el mejor camino para su hija es interrumpir el embarazo. Al final del episodio, Teresita está celebrando el cumpleaños de su hija, quien ya no está embarazada. Sor Juana le pregunta si puede llevarle algunos tamales a Padre Beto, y Teresita le responde que puede llevarlos todos, ya que "...al Padre Beto lo prefiero con la boca llena" (Católicas por el Derecho a Decidir México 2013a). Se ríen juntas y el episodio termina (fig. 11). De nuevo, tenemos una imagen de la comunidad feminista católica: mujeres católicas resistiendo la violencia de la jerarquía y riéndose del patriarcado.

Por último, vale la pena mencionar que las capacidades afectivas producidas en *Catolicadas* se realizan de forma multimodal; es decir, existe una

FIG. 11 Sor Juana se ríe con Teresita en "El mejor camino"

combinación de texto, video, imágenes y audio para crear un repertorio afectivo impactante y polisémico. En los episodios mencionados anteriormente, la banda sonora y la animación sobresalen en su capacidad de representar emociones. En el episodio en el que la mujer indígena se desangra, se escucha música orquestal melancólica durante la escena en el hospital, la cual conmueve a la audiencia sin la necesidad de diálogo. Además, gracias a la animación creativa de la serie, se pueden ver las reacciones emocionales de los personajes. Por ejemplo, la audiencia ve cómo los ojos de Padre Beto se llenan de lágrimas después de que empiezan a llorar los niños. *Catolicadas* aprovecha elementos no textuales para representar emociones e impulsar una respuesta afectiva en la audiencia.

## Una comunidad feminista católica ... ¿digital?

En este capítulo, he analizado las estrategias que se utilizan en *Catolicadas* para criticar y cuestionar la posición antiaborto de la Iglesia y ofrecer una visión alternativa de la fe. Estas estrategias construyen un tercer espacio en el que el feminismo y el catolicismo coexisten, del cual surge una comunidad feminista católica contemporánea. En esta última sección, analizo cómo *Catolicadas*, de manera más directa, representa y forma la comunidad feminista católica en México y en América Latina. De acuerdo con Gerard Delanty (2018, 2), "comunidad" es un término disputado que se usa de maneras diferentes en varios campos. Para los fines de este estudio, se puede entender la comunidad como un concepto, en cambio constante, relacionado con "la pertenencia, el compartir y el lugar" ["belonging, sharing, and place"]. Mi análisis se enfoca justamente en estos tres componentes principales.

*Catolicadas* facilita la identificación que se requiere para la pertenencia y el compartir que caracterizan a las comunidades. Específicamente, la risa juega un papel importante en este esfuerzo. Como explica Solana (2021, 2), la risa es "parte de un proceso de identificación entre la audiencia y las cómicas". A su vez, Rebecca Krefting (2014, 506) observa que la experiencia compartida es clave para este proceso. En *Catolicadas*, la risa crea una comunidad entre los personajes que se extiende a la audiencia. Cómo se mencionó, el cuarto episodio de la tercera temporada termina con la risa compartida de Sor Juana y Teresita (fig. 3). Muchos episodios terminan de igual manera, con una broma interna y mucha risa. En algunos episodios, Sor Juana hace una broma y luego, mirando directamente a la cámara, guiña su ojo, interpelando directamente a la audiencia. Estos mecanismos repetidos revelan una experiencia compartida, tanto de subyugación como de resistencia. Entre los personajes y la audiencia, la risa compartida, que refleja una experiencia compartida, facilita la identificación, contribuyendo a la formación de una comunidad feminista católica.

Con respecto al lugar, la serie representa a la comunidad como un conjunto que existe dentro de la comunidad católica. En los episodios, la comunidad feminista católica no existe aparte de la parroquia local o de la comunidad católica más grande. Los personajes no quieren salir de sus parroquias para encontrar y/o crear un espacio intermedio. Más bien, quieren encontrar un camino dentro de la Iglesia para reconciliar sus prácticas y creencias con sus comunidades religiosas. Esto se puede ver en el octavo episodio de la octava temporada, en el que Lupita no busca una salida de la Iglesia, aunque haya sufrido mucho por los rumores falsos promovidos en su parroquia. En vez de eso, busca reconciliación, algo que encuentra al final del episodio, gracias a Sor Juana (Católicas por el Derecho a Decidir 2016b). Este episodio muestra cómo la comunidad feminista católica puede cambiar parroquias, sin reemplazarlas, para que sean más justas.

En muchos episodios, la comunidad feminista católica está vinculada a parroquias locales. Sin embargo, algunos episodios se enfocan en la comunidad transnacional. En particular, la novena temporada cuenta historias de otros países latinoamericanos para fortalecer las redes transnacionales que ya existen. Por ejemplo, como se mencionó, el episodio tres cuenta la historia de María Teresa, quien fue puesta en prisión después de sufrir un aborto espontáneo en El Salvador (Católicas por el Derecho a Decidir 2017). El episodio doce tiene lugar en Brasil, con Sor Juana hablando en portugués (Católicas por el Derecho a Decidir 2018b). En este, CDDM responde a los impactos de la epidemia de zika. En el episodio trece, Sor Juana viaja a Argentina para una conferencia religiosa y, mientras está allá, ayuda a una médica cuyo hospital se ha declarado objetor de conciencia (Católicas por el Derecho a Decidir 2018c). En estos episodios, CDDM presenta el aborto como un tema latinoamericano y destaca la importancia de la solidaridad entre mujeres de la región. Al incluir estos episodios, CDDM sostiene el diálogo con otras CDD y promueve la colaboración.

En resumen, *Catolicadas* representa e intenta desarrollar una comunidad feminista católica que es parte de la comunidad católica más grande y que se basa en la experiencia compartida de mujeres bajo la jerarquía católica. Dada la estructura de la Iglesia, la comunidad tiene que ser tanto local como nacional y transnacional, una dinámica que se ve claramente en los episodios. Herramientas digitales, como *Catolicadas*, son indispensables para el desarrollo de esta comunidad por su capacidad de conectar a la gente de diferentes lugares. Así, pensando en el tema de comunidades digitales, surgen las siguientes preguntas: ¿Existe una comunidad feminista católica digital? ¿O simplemente es una comunidad que utiliza las herramientas digitales?

Según Howard Rheingold (2000, xx), "Las comunidades virtuales son agregaciones sociales que emergen de la red cuando suficientes personas mantienen esas conversaciones públicas durante el tiempo suficiente, con la emoción humana necesaria, para formar redes de relaciones personales en el ciberespacio" ["*Virtual communities* are social aggregations that emerge from the Net when enough people carry on those public discussions long enough, with sufficient human feeling, to form webs of personal relationships in cyberspace"]. A la par, Delanty (2018, 205–206) sostiene que las comunidades digitales tienen funciones informativas y sociales y que pueden "[establecer] relaciones que no serían posibles por razones de distancia" ["(establish) relations that would no longer be possible for reasons of distance"]. Escribiendo sobre el contexto latinoamericano, Hilda Chacón (2018, 2) y David S. Dalton y Davíd Ramírez Plascencia (2022, 2) también destacan la capacidad de los medios digitales para crear comunidad que se extiende más allá de las fronteras físicas.

En su calidad de serie digital difundida por las redes sociales, *Catolicadas* tiene un alcance amplio y llega así a diferentes pueblos, ciudades y países.

Entonces, como explica Delanty (2018, 206), la serie tiene la capacidad de establecer relaciones entre personas que no se pueden conectar de manera presencial. Sin embargo, ¿hay evidencia que *Catolicadas* fomenta las redes de relaciones sociales que describen los teóricos? Las redes sociales de CDDM enseñan que los episodios han producido mucha conversación en los últimos años. Por ejemplo, el episodio "El mejor camino" tenía más de 350 comentarios en YouTube cuando se redactaron estas páginas (julio 2023) (Católicas por el Derecho a Decidir México 2013a). CDDM ha compartido el episodio varias veces en Facebook desde 2013, cuando salió por primera vez. El post de abril de 2013 generó más de 600 comentarios y fue compartido más de mil veces (Católicas México 2013). El post de octubre de 2018 tiene más de 100 comentarios y fue compartido casi 200 veces (Católicas México 2018b). Una breve revisión de estos comentarios revela que el episodio provocó varias evaluaciones negativas por parte de los espectadores y generó debates sobre qué significa ser católico.[13] También hay ejemplos de usuarios que felicitan a los creadores de la serie y muestran su apoyo.[14]

En general, la serie promueve la conversación, pero, en muchos casos, esta se convierte en debates divisivos. Como señala Marcela Fuentes (2019, 19), las redes digitales pueden funcionar como "espacios de disputa simbólica" ["spaces of symbolic contention"]. Sin embargo, estos debates en línea también pueden unir, no solamente dividir, a la gente. En su capítulo sobre el santuario de Jesús Nazareno en Tepalcingo, Morelos, Jason Dormady (2022) demuestra que los conflictos, especialmente los religiosos, pueden fomentar y sostener la(s) comunidad(es). Al ver los comentarios fundamentalistas en la página de Facebook de CDDM, es posible que los que apoyan CDDM se sientan parte de la comunidad feminista católica aún más. Además, es posible que algunas

---

13. Por ejemplo, en el post de Facebook de abril de 2013, la usuaria Lupita Mdahuar comenta, "Este no es un medio católico, el que lleve el nombre de católico no lo hace católico". Después, escribe, "'Interrumpir el embarazo' ES MATAR, llámanlo como lo quieran llamar y nunca será bueno matar".

14. En YouTube, @eduardorodrigomartinezmont2657 escribe, "Felicito enormemente a las y los creadores de esta interesante y entretenida serie, aunque yo no soy religioso si me considero creyente en la existencia de un creador y mis valores y creencias se fundamentan en la Ética y en la razón mas no en el dogma, la ignorancia, intolerancia y la estupidez...una vez mas felicidades y mi mas profunda admiración..."

conversaciones que empezaron en los comentarios de un episodio hayan producido amistades u otras relaciones entre los comentaristas, pero se requiere
más investigación para trazar esas redes.

Es necesario mencionar que las redes sociales de CDDM no son grupos
privados, sino páginas públicas. Por consiguiente, las conversaciones que tienen lugar en estos espacios digitales son fácilmente accesibles y, por eso, pueden ser peligrosas para muchas mujeres. Como sostiene Faiza Hirji (2021,
82), "Para las mujeres, especialmente mujeres racializadas y/o mujeres musul-
manas o mujeres cuyas identidades han sido 'otreadas', el ciberespacio no es
un espacio neutro ni seguro" ["For women, especially women of color and/
or Muslim women or women whose identity is Othered, cyberspace is not a
neutral or safe space"]. Dadas estas preocupaciones en cuanto a la seguridad y
privacidad,[15] la naturaleza pública de la presencia digital de CDDM limita su
habilidad de formar y desarrollar una comunidad digital con funciones sociales. CDDM utiliza las redes sociales —Facebook, Twitter, Instagram, Linke-
dIn e incluso TikTok— para comunicar sus mensajes, compartir información
y recursos y promocionar eventos y, dada la naturaleza de las redes sociales,
hay oportunidades para la interacción. Sin embargo, queda claro que las redes
sociales de CDDM tienen propósitos más comunicacionales que sociales.

En última instancia, la comunidad feminista católica en México y en América Latina es una comunidad que existe tanto en espacios presenciales como
en espacios digitales. Quizás no sea la comunidad digital que define Rheingold, un grupo en línea con un componente social sostenido, dado que *"ver,
comentar, unir, compartir* no necesariamente significan un compromiso profundo" [*"watch, comment, join, share* do not necessarily mean deep engagement"] (Fuentes 2019, 2; énfasis de la cita original). Sin embargo, lo digital es
clave para la formación y representación de la comunidad. *Catolicadas* es una
herramienta importante en este proceso, pero no es la única. En los últimos
años, tal vez como consecuencia de la pandemia de COVID-19, CDDM ha
realizado y participado en varios talleres en línea que conectan grupos distintos. Por ejemplo, en junio de 2022, realizó un foro virtual ecuménico sobre
las diversidades sexo-genéricas. Aunque estos talleres sean eventos puntales en

---

15. La falta de privacidad en espacios digitales, específicamente las "redes mundiales
    de espionaje impulsado por gobiernos sobre los ciudadanos en el ciberespacio"
    (Chacón 2018, 19), es una preocupación en todos los espacios digitales, no sola-
    mente en las páginas públicas.

vez de espacios digitales en comunicación constante, sí resultan ser un ejemplo de cómo la comunidad feminista católica (en este caso, cristiana) se crea y se mantiene en espacios digitales.

Al mismo tiempo, CDDM utiliza los medios digitales para cuestionar la noción de una comunidad feminista católica que existe en o surge de un tercer espacio. Como ya se mencionó, la comunidad que se representa en *Catolicadas* no existe aparte, sino dentro de la comunidad católica. Casi todos los episodios se centran en la parroquia y las actividades de los parroquianos. La posición feminista católica, personificada por Sor Juana, se encuentra dentro, no fuera, de la Iglesia. Por lo tanto, de acuerdo con la serie, la meta de CDDM no es crear un tercer espacio, aunque quizás que esto ya se haya realizado; más bien, el objetivo final es transformar la comunidad católica desde adentro.

## Conclusiones

En conclusión, *Catolicadas* emplea la intertextualidad, los discursos de moderación y negociación y un repertorio afectivo complejo para cuestionar y criticar la posición antiaborto de la Iglesia y ofrecer una visión alternativa de la fe, creando así un tercer espacio donde el feminismo y el catolicismo coexisten. De este tercer espacio, surge una comunidad feminista católica contemporánea que se forma y se desarrolla en espacios digitales y físicos y que se extiende a toda América Latina. Sin embargo, de manera paradójica, CDDM cuestiona el espacio intermedio que construye. Para CDDM, las dos tradiciones son coherentes y compatibles y, por ende, las personas feministas católicas pueden existir tanto en espacios católicos como en espacios feministas sin la necesidad de ocupar un espacio intermedio. Por lo tanto, *Catolicadas* imagina y representa una comunidad feminista católica que forma parte de la comunidad católica más grande.

En un país donde la mayoría de la población se identifica como católica, un feminismo católico contemporáneo permite que los católicos puedan reconciliar su fe con sus posiciones políticas. Dado el peso de la Iglesia en México y por toda la región, sostengo que esta reconciliación es esencial para la lucha por los derechos reproductivos. Además, dada la historia de resistencia femenina dentro de la Iglesia mexicana, desde el periodo colonial hasta hoy, argumento que los estudios académicos sobre el activismo feminista latinoamericano deben considerar de manera más profunda los dos lados del activismo religioso, no solamente la contraofensiva conservadora. De acuerdo con la teóloga feminista Ivone Gebara (2012), "No puedes ser feminista ignorando la pertenencia religiosa de las mujeres". Este trabajo forma parte de un esfuerzo más amplio por reconocer y estudiar los feminismos religiosos y su papel en la marea verde.

## Referencias

Acciari, Louisa. 2013. "Recognizing Religious Women as Feminist Subjects: The Case of Catholic Feminists in Brazil". *Engenderings*, septiembre 23, 2013. https://blogs.lse.ac.uk/gender/2013/09/23/recognising-religious-women -as-feminist-subjects-the-case-of-catholic-feminists-in-brazil/.

_____. 2022. "Católicas e feministas: uma identidade paradoxal?" En *Religião e democracia: desafios contemporâneos*, organizado por Américo Freire, Deivison Amaral y Evanize Sydow, 19–40. São Paulo: Alameda: FAPERJ.

Ahmed, Sara. 2004. *The Cultural Politics Of Emotion*. Edinburgh: Edinburgh University Press.

Aldaz, Evelyn, Sandra Fosado y Ana Amuchástegui. 2017. "Catolicadas: A Sexuality Education Animated Series". En *The Palgrave Handbook of Sexuality Education*, editado por Louisa Allen y Mary Lou Rasmussen, 473–491. London: Palgrave Macmillan. https://doi.org/10.1057/978-1-137-40033-8_23.

Allen, Graham. 2021. *Intertextuality*. London: Routledge. https://doi-org.proxy. lib.ohio-state.edu/10.4324/9781003223795.

Badran, Margot. 2009. *Feminism in Islam: Secular and Religious Convergences*. Oxford: Oneworld Publications.

Bakhtin, Mikhail. 1986. *Speech Genres and Other Late Essays*. Austin: University of Texas Press.

Bhabha, Homi K. 1994. *The Location of Culture*. London: Routledge.

Blancarte, Roberto. 2013. *Laicidad en México*. Colección de Cuadernos Jorge Carpizo. Para entender y pensar la laicidad. Ciudad de México: Universidad Nacional Autónoma de México.

_____. 2021. "La Iglesia católica en el México contemporáneo (1929–2020)". En *Historia mínima de la Iglesia católica en México,* editado por Antonio Rubial, Brian Connaughton, Manuel Ceballos y Roberto Blancarte, 215–316. Ciudad de México: El Colegio de México.

Butler, Matthew. 2007. "A Revolution in Spirit? Mexico, 1910–40". En *Faith and Impiety in Revolutionary Mexico*, editado por Matthew Butler, 1–20. Studies of the Americas. New York: Palgrave Macmillan.

*Catecismo de la Iglesia Católica* (2ª edición). 1997. https://www.usccb.org/sites /default/files/flipbooks/catechism/548/.

Católicas por el Derecho a Decidir. 2022a. "Catolicadas". *Católicas por el Derecho a Decidir,* S.F. https://catolicasmexico.org/catolicadas-la-serie/.

_____. 2022b. "Qué hacemos". *Católicas por el Derecho a Decidir,* S.F. *https://catolicasmexico.org/que-hacemos/.*

_____. 2022c. "Quiénes somos". *Católicas por el Derecho a Decidir,* S.F. https://catolicasmexico.org/quienes-somos/.

Católicas por el Derecho a Decidir y Population Council México. 2004. *Encuesta de opinión católica en México.* https://catolicasmexico.org/docs/encuesta -de-opinion-catolica-2003/.

Chacón, Hilda. 2018. "Introduction". En *Online Activism in Latin America,* editado por Hilda Chacón, 1–30. Routledge Studies in New Media and Cyberculture, 38. New York; Routledge.

Chowning, Margaret. 2020. "Talking Back: Nuns, Beatas, and Colegialas Invoke Rights and Constitutional Principles in Late Colonial and Early Nineteenth- Century Mexico". *Colonial Latin American Review* 29 (1): 115–138. https://doi .org/10.1080/10609164.2020.1721755.

_____. 2023. *Catholic Women and Mexican Politics, 1750–1940.* Princeton: Prince- ton University Press.

*Código de derecho canónico.* Vaticano. Consultado marzo 22, 2021. https://www .vatican.va/archive/cod-iuris-canonici/cic_index_sp.html.

Connaughton, Brian. 2021. "De las reformas borbónicas a la Reforma (1750– 1876)". En *Historia mínima de la Iglesia católica en México,* editado por Antonio Rubial, Brian Connaughton, Manuel Ceballos y Roberto Blancarte, 89–157. Ciudad de México: El Colegio de México.

Dalton, David S., y David Ramírez Plascencia. 2022. "Introduction: Imagining Latinidad in Digital Diasporas". En *Imagining Latinidad: Digital Diasporas and Public Engagement among Latin American Migrants,* editado por David S. Dalton y David Ramírez Plascencia, 1–21. Critical Latin America, 3. Boston: BRILL.

Delanty, Gerard. 2018. *Community.* Abingdon, Oxon: Routledge/Taylor & Francis Group.

Delgado, Jessica L. 2018. *Laywomen and the Making of Colonial Catholicism in New Spain, 1630–1790.* Cambridge: Cambridge University Press. https://doi .org/10.1017/9781108185639.

Dormady, Jason. 2022. "Pleito y Piedad: Clerical/Parishioner Conflict in Rural Morelos". En *Imagining Latinidad: Digital Diasporas and Public Engage- ment among Latin American Migrants,* editado por David S. Dalton y David Ramírez Plascencia, 25–41. Critical Latin America, 3. Boston: BRILL.

Esch, Sophie, y Alicia Z. Miklos. 2022. "Stories of Giving Birth in Central Ame- rica: Class, Race, and Politics in Women's Health". En *Healthcare in Latin*

*America: History, Society, Culture*, editado por David S. Dalton y Douglas J. Weatherford, 169–193. Gainsville: University Press of Florida.

Escudero Rava, Beatriz. 2008. "Feminismo y religión: apuntes sobre Católicas por el Derecho a Decidir". *Mora (Buenos Aires)* 14 (2): 114–124.

Espino Armendáriz, Saúl. 2019. "Feminismo católico en México: la historia del CIDHAL y sus redes transnacionales (c.1960–1980)". Tesis doctoral, El Colegio de México. https://colmex.userservices.exlibrisgroup.com/view/delivery /52COLMEX_INST/12929726600027162?language=en.

———. 2022. Entrevista con la autora, Ciudad de México, junio 13, 2022.

Fairclough, Norman. 1992. "Intertextuality in Critical Discourse Analysis". *Linguistics and Education* 4 (3–4): 269–293. https://doi.org/10.1016 /0898-5898(92)90004-G.

Franco, Jean. 1989. *Plotting Women: Gender and Representation in Mexico*. New York: Columbia University Press.

Fuentes, Marcela A. 2019. *Performance Constellations: Networks of Protest and Activism in Latin America*. Ann Arbor: University of Michigan Press.

García Hernández, Aidé, Paula Sánchez-Mejorada Ibarra, y Dafne Huerta. 2022. Entrevista con la autora, Zoom, junio 17, 2022.

Gebara, Ivone. 2012. "Es un derecho pensar diferente". Entrevista por Mariana Carbajal. *Página/12*, julio 23, 2012. https://www.pagina12.com.ar/diario /dialogos/21-199303-2012-07-23.html.

Gudiño Bessone, Pablo. 2013. "Experiencia, aborto y maternidad en las católicas feministas". *Nómadas. Revista Crítica de Ciencias Sociales y Jurídicas* 34 (2): 149–162. https://doi.org/10.5209/rev_NOMA.2012.v34.n2.40737.

Guillén, Beatriz. 2023. "La Suprema Corte despenaliza el aborto en México a nivel federal". *El País*, septiembre 4, 2023. https://elpais.com/mexico/2023-09-06 /la-suprema-corte-despenaliza-el-aborto-en-mexico-a-nivel-federal.html.

Gupta, Akhil, y James Ferguson. 1997. "Culture, Power, Place: Ethnography at the End of an Era". En *Culture, Power, Place: Explorations in Critical Anthropology*, editado por Akhil Gupta y James Ferguson, 33–51. Durham: Duke University Press.

Gutiérrez, David G. 1999. "Migration, Emergent Ethnicity, and the 'Third Space': The Shifting Politics of Nationalism in Greater Mexico". *The Journal of American History* 86 (2): 481–517. https://doi.org/10.2307/2567042.

Hennefeld, Maggie. 2018. "Comedy Is Part of Feminist History—and We Need It Now More Than Ever - Ms. Magazine". *Ms. Magazine*, abril 19, 2018. https:// msmagazine.com/2018/04/19/comedy-part-feminist-history-need-now-ever/.

———. 2021. "Affect Theory in the Throat of Laughter: Feminist Killjoys, Humorless Capitalists, and Contagious Hysterics". *Feminist Media Histories* 7 (2): 110–144. https://doi.org/10.1525/fmh.2021.7.2.110.

Hernández, María Teresa. 2022. "Paso a paso, el derecho al aborto avanza en México". *AP News*, noviembre 4, 2022. https://apnews.com/article/noticias -332566e176ff0438d3eadd3769ca8d9a.

Hirji, Faiza. 2021. "Claiming Our Space: Muslim Women, Activism, and Social Media". *Islamophobia Studies Journal* 6 (1): 78–92.

Instituto Nacional de Estadística, Geografía e Informática. 2020. "Porcentaje de la población que profesa la religión católica (Porcentaje), Estados Unidos Mexicanos, 2020". Consultado enero 4, 2023. https://www.inegi.org.mx/app /indicadores/?ind=6200240305&tm=6#D6200240305#D6200240305.

Janzen, Rebecca. 2021. *Unholy Trinity: State, Church, and Film in Mexico*. SUNY Series in Latin American Cinema. Albany: State University of New York Press.

Kalscheuer, Britta. 2009. "Encounters in the Third Space: Links Between Intercultural Communication Theories and Postcolonial Approaches". En *Communicating in the Third Space*, editado por Karin Ikas y Gerhard Wagner, 26–46. Routledge Research in Cultural and Media Studies, 18. New York: Routledge.

Kirk, Stephanie. 2016. *Sor Juana Inés de la Cruz and the Gender Politics of Knowledge in Colonial Mexico*. London: Routledge.

Krefting, Rebecca. 2014. *All Joking Aside: American Humor and its Discontents*. Baltimore: Johns Hopkins University Press. doi:10.1353/book.33137.

Kristeva, Julia. 1986. "Word, Dialogue, and Novel". En *The Kristeva Reader*, editado por Toril Moi, 34–61. New York: Columbus University Press.

Lamas, Marta. 2012. "Mujeres, aborto e Iglesia católica". *Revista de El Colegio de San Luis* II (3): 42–67. https://www.redalyc.org/articulo.oa?id=426239575003.

López, María Pia. 2019. *Apuntes para las militancias. Feminismos: promesas y combates*. La Plata: Estructura Mental a las Estrellas.

Lorde, Audre. 1984. *Sister Outsider: Essays and Speeches*. Berkeley: Crossing Press.

Macías, Anna. 1982. *Against All Odds: The Feminist Movement in Mexico to 1940*. Westport, Conn.: Greenwood Press.

Macón, Cecilia, Mariela Solana y Nayla Luz Vacarezza. 2021. "Introduction: Feeling Our Way Through Latin America". En *Affect, Gender and Sexuality in Latin America*, editado por Ceclia Macón, Mariela Solana y Nayla Luz Vacarezza, 1–15. Basingstoke: Palgrave Macmillan. https://doi.org/10.1007 /978-3-030-59369-8.

Machin, David, y Andrea Mayr. 2012. *How to Do Critical Discourse Analysis: A Multimodal Introduction*. Los Angeles: Sage.

Martinez-Cruz, Paloma. 2011. *Women and Knowledge in Mesoamerica: From East L.A. to Anahuac*. Tucson: University of Arizona Press.

Massumi, Brian. 1987. "Notes on the Translation and Acknowledgements". En *A Thousand Plateaus: Capitalism and Schizophrenia*, editado por Gilles Deleuze y

Félix Guattari, traducido por Brian Massumi, xvi–xix. Minneapolis: University of Minnesota Press.

_____. 2002. *Parables for the Virtual*. Durham: Duke University Press.

Melgar, Lucía. 2022. Entrevista con la autora, Zoom, agosto 26, 2022.

Moore, Mónica Susana. 2015. "La figura de la Virgen María en la construcción discursiva del colectivo disidente Católicas por el derecho a decidir (CDD)". *Pelícano* 1: 34–48. https://revistas.bibdigital.uccor.edu.ar/index.php/pelicano/article/view/1269.

Naciones Unidas y la Comisión Económica para América Latina. 2013. Consenso de Montevideo sobre población y desarrollo. Consultado 4 enero, 2023. https://repositorio.cepal.org/handle/11362/21835.

Navarro, Marysa, y María Consuelo Mejía. 2010. "The Latin American Network of Católicas por el Derecho a Decidir". En *Women's Activism in Latin America and the Caribbean: Engendering Social Justice, Democratizing Citizenship*, editado por Elizabeth Maier y Nathalie Lebon, 307–318. New Brunswick, N.J.: Rutgers University Press. https://doi.org/10.36019/9780813549514.

*Nueva Versión Internacional*. 2011. Biblica. *Bible Gateway*. https://www.biblegateway.com/.

Ogando, Mónica Andrea. 2019. "¿Un papa feminista? Estrategias discursivas en el uso de la figura de Francisco en la serie animada Catolicadas". *Aposta. Revista de Ciencias Sociales* 82: 55–71. https://www.redalyc.org/journal/4959/495962852005/.

Por el Derecho a Morir con Dignidad. 2016. *Encuesta nacional sobre muerte digna*. https://dmd.org.mx/?page_id=1417.

Rabbia, Hugo H., y Juan Marco Vaggione. 2021."The Mobilization of Religious and Nonreligious Imaginaries in Argentine Sexual Politics". En *Nonreligious Imaginaries of World Repairing*, editado por Lori G. Beaman and Timothy Stacey, 59–74. Cham, Switzerland: Palgrave Macmillan. https://doi.org/10.1007/978-3-030-72881-6_5.

Rheingold, Howard. 2000. *The Virtual Community: Homesteading on the Electronic Frontier*. Cambridge: MIT Press.

Roy, Srila. 2013. "Feminist 'Radicality' and 'Moderation' in Times of Crises and Change". *The Sociological Review* 61 (2): 100–118. https://doi.org/10.1111/1467-954X.12102.

Rubial, Antonio, Connaughton, Brian, Ceballos, Manuel y Roberto Blancarte. 2021. *Historia mínima de la Iglesia católica en México*. Ciudad de México: El Colegio de México.

Solana, Mariela. 2021. "'Soy feminista pero…': afectos, humor e identificación en The Guilty Feminist". *Descentrada* 5 (1): 1–16. https://doi.org/10.24215/25457284e135.

Solana, Mariela, y Nayla Luz Vacarezza. 2020. "Sentimientos feministas". *Revista Estudos Feministas* 28 (2). https://doi.org/10.1590/1806-9584-2020v28n272445.

Tannen, Deborah. 1989. *Talking Voices: Repetition, Dialogue, and Imagery in Conversational Discourse*. Studies in Interactional Sociolinguistics, 6. Cambridge: Cambridge University Press.

Tzanakou, Charikleia, y Ruth Pearce. 2019. "Moderate Feminism Within or against the Neoliberal University? The Example of Athena Swan". *Gender, Work & Organization* 26 (8): 1191–1211. https://doi.org/10.1111/gwao.12336.

Vaggione, Juan Marco. 2018. "Sexuality, Law, and Religion in Latin America: Frameworks in Tension". *Religion and Gender* 8 (1): 14–31. https://doi.org/10.18352/rg.10246.

Wetherell, Margaret. 2012. *Affect and Emotion: A New Social Science Understanding*. Thousand Oaks: Sage Publishing.

## Corpus analizado

Católicas México. 2013. "Qué hacer frente a un embarazo por violación, cuál es 'El mejor camino'?" Facebook, abril 25, 2013. https://www.facebook.com/CDDMexico/posts/501011966633080.

_____. 2018a. "Prudencia, una piadosa feligresa, se enfrenta a un dilema ..." Facebook, octubre 4, 2018. https://www.facebook.com/CDDMexico/videos/1966517536749175/.

_____. 2018b. "Nina, una niña de doce años fue violada y ahora tiene cuatro semanas de embarazo y esto puede poner en riesgo su vida". Facebook, octubre 11, 2018. https://www.facebook.com/watch/?v=1966536520080610&ref=sharing.

_____. 2022. "¡Catolicadas cumplió 10 años!" Foto de Facebook, diciembre 19, 2022. https://www.facebook.com/CDDMexico/photos/5841633622570861.

Católicas por el Derecho a Decidir. 2012a. "Catolicadas - Capítulo 3: El sueño de Sor Juana." Video de YouTube, marzo 15, 2012. https://www.youtube.com/watch?v=0RdM6QIvXTI&list=PL2CiQokqVy8ZtuV5hfeMLHYpStfkHpcCs&index=11.

_____. 2012b. "Catolicadas - Capítulo 6: Las cuatro atenuantes". Video de YouTube, abril 19, 2012. https://www.youtube.com/watch?v=LG19z-fgXms&list=PL2CiQokqVy8ZtuV5hfeMLHYpStfkHpcCs&index=8.

_____. 2012c. "Catolicadas - Capítulo 9: Una vela para San Antonino". Video de YouTube, mayo 31, 2012. https://www.youtube.com/watch?v=m7zuqdy_344&t=73s.

_____. 2013a. "Catolicadas 3ra Temporada - Capítulo 4: El mejor camino". Video de YouTube, abril 25, 2013, https://www.youtube.com/watch?v=Wjlz16TCBMY&list=PL2CiQokqVy8aYIDPb_nW93CKf46YuZ6ts&index=5.

_____. 2013b. "Catolicadas 4ta Temporada - Capítulo 2: Los novios del puente". Video de YouTube, septiembre 12, 2013. https://www.youtube.com /watch?v=Nxau_5LB5J4.

_____. 2013c. "Catolicadas 4ta Temporada – Capítulo 7: ¡Ni un tamal más!" Video de YouTube, octubre 23, 2013. https://www.youtube.com/watch? v=flaoPD_Pls8&list=PL2CiQokqVy8bW2AkJZJ7Y2hA3-IZPtic8&index=5.

_____. 2014a. "Catolicadas - Capítulo 5 - La bendita primavera". Video de You-Tube, marzo 6, 2014. https://www.youtube.com/watch?v=M_-JjoZF5I8&t=1s.

_____. 2014b. "Catolicadas - Capítulo 15: No es un milagro, es una ley". Video de YouTube, junio 12, 2014. https://www.youtube.com/watch?v=HN7nogb QuFo&list=PL2CiQokqVy8as6EY98WhPzTWHnoXzwaJK&index=6.

_____. 2016a. "Catolicadas T8 – Cap 5: Cerebritos en problemas". Video de You-Tube, octubre 20, 2016. https://www.youtube.com/watch?v=cVOJYRBWk4Y.

_____. 2016b. "Catolicadas T8 – Cap 8: Las memelas no tienen la culpa". Video de YouTube, diciembre 1, 2016. https://www.youtube.com/watch?v=sE7 JvsaoJuI&list=PL2CiQokqVy8aGiS_MAP9wqE2iehXx6OfH&index=7.

_____. 2017. "Catolicadas T9 – Cap 3: Muchos consensos y pocos derechos". Video de YouTube, octubre 12, 2017. https://www.youtube.com/watch?v= SXL3fdptSmA&list=PL2CiQokqVy8bybJo64qZv3Wf6xJ6O3hGB&index=4.

_____. 2018a. "Catolicadas T9 – Cap 8: El gran secreto". Video de YouTube, enero 19, 2018. https://www.youtube.com/watch?v=CBjoYl9PTHQ.

_____. 2018b. "Catolicadas T9 – Cap 12: ¡Vamos Brasil tú puedes!" Video de YouTube, marzo 22, 2018. https://www.youtube.com/watch?v=uGHg FNPRoxI&list=PL2CiQokqVy8bybJo64qZv3Wf6xJ6O3hGB&index=13.

_____. 2018c. "Catolicadas T9 – Cap 13: Una médica con ética". Video de YouTube, abril 12, 2018. https://www.youtube.com/watch?v=iZtVO LenDKk&list=PL2CiQokqVy8bybJo64qZv3Wf6xJ6O3hGB&index=14.

# 4

# Redes de solidaridad: feminismo digital contra la violencia de género en Guatemala y cooperativismo de plataforma en Señoritas Courier en Brasil

*M. Emilia Barbosa, Lily Martinez Evangelista y Emanuele de Fátima Rubim Costa Silva*

🪷

RECIENTEMENTE, JUDITH BUTLER (2020) afirma que a ciertas vidas —que están expuestas a variadas fuerzas destructivas como la guerra, el hambre y la violencia estructural— no se les considera "dignas de duelo y dolor" (17). Con la emergencia del fenómeno virtual a principios del siglo XXI, importa repensar la actual omnipresencia de la cultura digital y reflexionar sobre cuáles vidas participan y son valoradas en la masiva economía global virtual. Ya en 2002, Brian Massumi avanzó con la hipótesis de que quizás el actual problema de proporciones globales, el problema planetario, es pertenecer (88). Como impedimentos a pertenecer, está todo aquello que se interpone entre la posibilidad de vivir una vida plena sin sufrir obstáculos y opresión, ante lo que Mary Louise Pratt (2022) denomina "vías respiratorias, o la política de la respiración" (276).[1] Delante el actual cuadro de crisis planetaria, en algunos países de América Latina, como Guatemala y Brasil, comenzaron a enraizarse nuevas iniciativas de protección social con base en el empoderamiento del individuo por medio de la utilización de la

---

[1]. En concreto, Pratt (2022) hace referencia al asesinato de George Floyd en junio de 2020, víctima de violencia policial, y la situación de pandemia global, la cual hizo aún más evidentes las diferencias de valor que se les atribuye a algunas vidas frente a otras (277).

tecnología, con miras a crear comunidades de apoyo y a generar visibilidad para sus causas. Para efectos de este estudio, concebimos lo viral como una constelación de fenómenos que incluyen la transmisión masiva, la circulación, la(s) convergencia(s), temporalidades, escalas y afectos, los cuales, en conjunto, pueden promover formas particulares de activismo.[2]

Este capítulo analiza diferentes casos de Latinoamérica que retratan distintos procesos de construcción, práctica y manutención de comunidades digitales con fines específicos de activismo social, haciendo referencia explícita a Regina José Galindo, la Agencia Ocote, las etiquetas o *hashtags* de cariz feminista y denunciatorio en Guatemala y Señoritas Courier en Brasil. Desde hace ya varios años en Guatemala, un activismo virtual sin treguas viene materializando la denuncia de una lista larga de delitos e injusticias, la impunidad del Estado y la presencia innegable, entre sus víctimas, de mujeres, grupos LGBTQIA+, afrodescendientes e indígenas, entre otras comunidades. Varias acciones y eventos artísticos visibilizan la lucha contra la violencia de género, la promoción de mejores condiciones de vida de las mujeres y otros grupos, a la vez que estimulan procesos de sanación y de encuentro comunitario.[3] Muchas de estas comunidades de denuncia, resistencia y activismo feministas se centran en el fenómeno viral de *hashtags* o etiquetas como "#Estoy viva", "#Nos están matando", "#Harta" o "#LaGritA". Con el COVID-19 estamos expuestos a dos extremos. Por una parte, como Phil Shining (2023) destaca, el desequilibrio entre las relaciones de poder entre naciones y comunidades se expone durante la pandemia, por el otro, se crea una nueva normalidad a

---

2.  Emplear una perspectiva transhemisférica, entendida como "los actos colectivos on y offline [constituyen] modos de acción cooperativa con el fin de desafiar al *statu quo* y generar cambio social" (Fuentes 2020, 20), nos posibilita comprender mejor la articulación entre protestas callejeras y acción en redes sociales en este capítulo.

3.  Alison Crosby y M. Brinton Lykes (2019), por ejemplo, trabajaron con cerca de 54 lideresas Maya en un largo proceso colaborativo que culminó en su libro *Beyond Repair? Mayan Women's Protagonism in the Aftermath of Genocidal Harm*. Entre varias técnicas y métodos de investigación colaborativa, resaltan las llamadas artes creativas terapéuticas, en las cuales las mujeres en conjunto se beneficiaron de trabajar sus traumas por medio del psicodrama, el baile, la pintura, la música y otras formas expresivas (46–59), pero siempre observando su propia cosmovisión y espiritualidad mayas.

la que debemos adaptarnos rápidamente usando tecnología y satisfaciendo nuevos deseos (3–4). En toda Latinoamérica, desde el inicio de la pandemia de COVID-19, se observó un aumento significativo de la violencia de género. Las estadísticas indican un crecimiento del 22% durante 2019–2020 (Stephen 2020). Sin embargo, el COVID-19 no es el único factor culpable por ello, puesto que Latinoamérica es considerada uno de "los lugares más mortíferos del mundo para ser mujer" (Stephen 2020). Dentro del contexto de impunidad institucional, feminicidio generalizado, una marcada cultura machista y la necesidad de escapar y de ponerse a salvo que sienten muchas en toda Latinoamérica, ¿cómo mantenerse sanas y salvas? Este es el reto diario de las mujeres y de muchas comunidades en Guatemala.

De manera similar, Señoritas Courier es una cooperativa de entregadores mujeres y de personas LGBTQIA+, quienes ofrecen servicios por toda la ciudad de São Paulo. Argumentamos que las comunidades digitales posibilitan la creación de nuevas realidades espaciales. Estas comunidades se enfocan en el empoderamiento por medio de estas nuevas vías y buscan la justicia para todos en un imaginario que tiene un retorno económico y social en el presente.[4] Dentro del amplio contexto que se aborda, cabe destacar la aparición, en Brasil, de pequeños colectivos y cooperativas como alternativa a la plataformación[5] del trabajo informal dominante en este país, la cual representa una realidad en expansión. Se trata del Cooperativismo de plataforma, un movimiento que, potencialmente, puede traer impactos sociales positivos, ya que reduce la explotación de la mano de obra y representa una alternativa más justa de desarrollo económico (Grohmann 2023). Señoritas Courier representa alternativa y justicia en el contexto de los servicios disponibles en la economía brasileña.

Ante las actuales condiciones de vida en la era de la postpandemia (COVID-19), en este capítulo se repiensan las posibilidades de lo digital para crear y promover lazos entre las personas en países en desarrollo. Nos distanciamos de lo que Shining describe como un régimen de comunidades digitales

---

4. Marcela A. Fuentes investiga más profundamente cómo "lxs activistas crean imágenes y modos afectivos de relación que buscan persuadir a la opinión pública y así construir poder contrahegemónico" (2020, 23). En este capítulo, justamente consideramos esta circulación de acciones, medidas y afectos de raíz activista.

5. Plataformación se refiere a los aplicativos creados para vender servicios como comida, transporte, etc.

que brotan de los Estados debido al COVID-19 como nuevas formas de control, tal como aquellas que crean autoestimulación, avatares y memorias personales programadas (13). El nuevo normal digital implica, adicionalmente, analizar las acciones y el activismo de comunidades específicas que se dedican a practicar su forma de resistencia como las acciones del feminismo digital contra la violencia de género y el cooperativismo de plataforma.

## Marco teórico: la fuerza potencial de las comunidades digitales

Por comunidades digitales entendemos aquellos grupos de personas u organizaciones que comparten discursos de ciudadanía mediados tecnológicamente. Lo que une a dichas comunidades son intereses comunes, experiencias, ideas y creencias, los cuales se manifiestan e identifican a cada comunidad como única. En el internet, dichas comunidades comunican incesantemente, forman redes de contactos, realizan acciones/eventos y diseminan información por medio de sus propias redes sociales, de servidores de listas o de boletines informativos (Grohmann 2023). Dentro de la cultura contemporánea de la conexión global, podemos distinguir, así, una cultura virtual comunitaria, la cual, a su vez, democratiza el proceso de participación y ciudadanía por vía digital.[6] En ese proceso de interacción, los receptores también son productores de contenido, lo que posibilita la existencia de comunicación por medio de una conexión, a través de la cual todo tipo de información puede ser leída e interpretada de forma a ser recreada y retransmitida, en un efecto de *collage* y yuxtaposición constante y global. Importa destacar, dentro de estas posibilidades, la categoría del ciberactivismo,[7] la cual es de manifiesto interés para todos los usuarios de una red determinada o para los miembros de una comu-

---

6.    Hablamos de movimientos sociales en red, los cuales son definidos por Manuel Castells como movimientos sociales multimodales y de estructura descentralizada, cuya dinámica transcurre en las redes sociales de Internet, pero se convierten en movimiento al ocupar el espacio urbano, son locales y globales a la vez, son atemporales y virales. Además, la horizontalidad de las redes favorece la colaboración y la solidaridad, socavando la necesidad de un liderazgo formal (2012, 20–35).

7.    El ciberactivismo o activismo en línea fue definido por David De Ugarte como "toda estrategia que persigue el cambio de la agenda pública, la inclusión de un nuevo tema en el orden del día de la gran discusión social, mediante la difusión de

nidad que entablan repetida comunicación virtual y se organizan para crear a partir de ella acciones/eventos, ya sean regionales o globales.

David S. Dalton y David Ramírez Plascencia, en su reciente libro *Imagining Latinidad: Digital Diasporas and Public Engagement Among Latin American Migrants* (2023), exploran la conexión en el espacio virtual global y su importancia a la luz de la teorización de Benedict Anderson con su libro *Comunidades imaginadas* (2016). Anderson describe un imaginario colectivo nacional anclado en la fuerza de la palabra impresa y escrita; Dalton y Ramírez Placencia (2023) creen oportuno reconsiderar este mismo paradigma en relación con la circulación de identidades en la forma global en la que ahora todos estamos inmersos, vía el advenimiento de la tecnología digital (3). Dalton y Ramírez Placencia (2023) concluyen, basándose en Anderson, que en la actual era digital se están creando nuevos medios a través de los cuales muchas comunidades (entre ellas, las diaspóricas de Latinoamérica) pueden construir compañerismos horizontales y crear en conjunto un sentimiento de pertenencia (3–4). Con una perspectiva semejante, examinaremos la misma construcción, manutención y circulación de dichos compañerismos horizontales en el activismo feminista digital en Guatemala y el cooperativismo de plataforma en Brasil. Para ello, nos proponemos analizar los casos de *performances*/acciones/eventos y *hashtags* de Guatemala como "#Estoy viva" (2013, 2014 y 2015) y "Las escucharon gritar y no abrieron la puerta" (2017), de Regina José Galindo, y Señoritas Courier de Brasil. Para dicho análisis, usamos un enfoque basado en la teoría de los afectos,[8] que nos permite indagar la presencia y la calidad de un sentimiento de pertenencia en dichas comunidades digitales. Por otra parte, Castells teoriza como los movimientos

---

un determinado mensaje y su propagación a través del 'boca a boca' multiplicado por los medios de comunicación y publicación electrónica personal" (2007, 85).

8. El llamado "giro afectivo" o las "teorías del afecto" desde comienzos del siglo XXI surgió como enfoque de investigación en prácticas inter- y transdisciplinarias de teoría crítica y estudios culturales en la academia estadounidense. Expandiendo la afirmación de Mabel Moraña, en el "Postscriptum: el afecto en la caja de herramienta" del libro *El lenguaje de las emociones: afecto y cultura en América Latina* (2012) ("El estudio del nivel emocional [en América Latina] se ha dado en general estrechamente asociado al [nivel] ideológico" [322]), Ana Del Sarto arguye que "este recorte epistemológico ... no es ajeno a la crítica contemporánea en América Latina" (2012, 44–45).

sociales son "movimientos emocionales", resultando en "la transformación de la emoción en acción" (30). De esta forma, analizamos cómo se desencadenan las emociones y afectos que intervienen en la creación y circulación de sentimientos de pertenencia en estas comunidades.

Desde una perspectiva de la circulación masiva de los afectos en el espacio virtual, nos interesa analizar la dinámica de estas formas de activismo feminista y cooperativo en relación con la violencia de género y la precarización actual del trabajo dentro del contexto de la reciente pandemia global. Defendemos que los afectos son políticamente significativos y formas legítimas de construir y transmitir conocimiento, denunciar, concientizar y edificar solidaridades, feministas, cooperativas y de otra naturaleza. Así, revelar la vulnerabilidad de grupos marginados específicos, a través de historias personales o de acciones colectivas conexas, sigue siendo una poderosa herramienta de concienciación y compromiso social. Por añadido, expresiones virtuales de disentimiento pueden llevar a grandes protestas públicas tanto en las calles como por medio de las redes sociales, las cuales pueden llegar a propagarse de forma masiva e incontrolable, como sucede con algunos fenómenos virales y *hashtags*. Muchas veces, en dichas comunidades digitales y sus respectivas redes sociales, estos afectos circulan como forma de rechazo directo de la autoridad, violencia y abusos, y promueven exitosamente formas de acción y repudio (Petersen 2019). Colectivamente, ciertos gestos, acciones y palabras ganan mayor importancia por medio de dichas circulaciones afectivas.

Para Melissa Greg y Gregory J. Seigworth (2010), "affects arise in this intermediate space, in the capacity to act and to be acted upon" (2). El análisis de la circulación de los afectos nos permite entender mejor cómo estos moldean los cuerpos y los espacios sociales, a la vez que nos posibilita visualizar de manera panorámica la interconexión entre los afectos y los procesos económicos, sociales, políticos, estéticos y tecnológicos actualmente en curso.

Finalmente, importa repensar las comunidades digitales. Para el caso del activismo virtual se debe pensar cómo el feminismo contra la violencia de género y el cooperativismo de plataforma funcionan bajo cierto matiz, puesto que sus fronteras son borrosas. Por ejemplo, se debe repensar la diferencia entre lo público y lo privado, lo digital y la vida *offline*, lo radical y lo banal. Kathleen Stewart (2007) argumenta como los afectos cotidianos son

> sentimientos públicos que empiezan y terminan en una gran circulación, pero de igual modo constituyen aquello que es la vida íntima de cada uno/una. Proveen los circuitos y las circulaciones con una forma de

vida. Pueden ser experimentados como placer y como choque, o como una pausa vacía o una resaca que se arrastra, como una sensibilidad que encaja en su lugar o como una profunda desorientación. (2)

En dichas comunidades digitales, lo que pasa cotidianamente es un reflejo de la circulación de afectos particulares derivados de sus prácticas contrahegemónicas de resistencia y celebración feminista y cooperativista. Siempre existe la posibilidad de crear solidaridad globalmente para comunidades como las mujeres víctimas/sobrevivientes de violencia de género y los trabajadores precarios, pues el autoempoderamiento y la agencia pueden, potencialmente, cambiar el mundo. A título de ejemplo, Jennifer L. Motter (2011) sostiene que, desde la década de 2010, las mujeres se volvieron la mayoría de las participantes de las redes sociales en nivel global (115). El hecho de que más mujeres y grupos menos representados participen y se comprometan en dicho espacio virtual consolida la posibilidad de una mayor participación ciudadana e igualitaria.

## *Exempla* para una era digital: Guatemala contra la violencia de género

En Guatemala, gran parte del activismo viral centrado en prácticas artísticas y resistentes contribuye a la materialización de paradigmas de justicia social. Además, este activismo experimenta transversalmente con diversas lenguas, medios de comunicación, imágenes, actuaciones y productos literarios. Fenómenos virales actuales en Guatemala como "Estoy viva", "Nos están matando", "Harta" y "#LaGritA" han sido exitosos en denunciar injusticias, en promover mejores condiciones de vida para las mujeres en este país y a nivel global, mientras estimulan otras formas de confluir y sanar juntas. Al analizar las *performances* "Estoy viva" (2013, 2014 y 2015) y "Las escucharon gritar y no abrieron la puerta" (2017) de Regina José Galindo, y la circulación viral de *hashtags* como "#nofueelfuego", "#fueelestado" y "#CalladasNuncaMás", concluimos que las comunidades que se erigen y se congregan a través de medios virtuales son, esencialmente, comunidades de denuncia y de lucha contra la violencia de género. Defendemos que constituyen verdaderas *communitas* de dolor, resistencia y solidaridad. Por *communitas* entendemos una comunidad desestructurada en la que las personas se mueven con el mismo espíritu de lucha y en plena confianza de su existencia como iguales. Dicha igualdad, en el caso específico de las comunidades digitales mencionadas en y desde Guatemala para el mundo vía el internet, nace de experiencias comunes de sobrevivencia y resistencia a la violencia de género en el país. Estas *communitas* son fruto de la bravura y el coraje de las mujeres y otros grupos minorizados guatemaltecos, quienes a menudo enfrentan y visibilizan sus propias experiencias como sobrevivientes de la violencia de género, el duelo nacional que sienten por la situación de las mujeres y niñas en marcada situación de precariedad e inseguridad; es el rostro virtual de sus experiencias de trauma y de violencia y, también, el recuento directo e informal de cómo hacen para sobrevivir y de cómo se las arreglan para poder seguir adelante.

En el contexto latinoamericano, importa sobre todo repensar cómo circula, se vive y se combate la violencia de género de forma digital por medio de las acciones y el activismo de comunidades específicas que se dedican a practicar feminismo digital. Este activismo viral artístico y comunitario sigue muy de cerca la misma línea que posiciona históricamente a los grupos de mujeres y de minorías como potencialmente generadores de espacios de resistencia, conversión y unidad. Así, el espacio virtual que conecta estas comunidades reside directamente en la misma costumbre de recontar historias personales y de usar la palabra como un arma en defensa de una causa política mayor, sea ella la dignidad de las comunidades indígenas o la lucha contra la violencia de género, en un contexto caracterizado por la presencia extrema de la violencia de género. En Guatemala, la tasa de violencia de género es más alta que en cualquier otro país latinoamericano. Por ejemplo, algunas encuestas indican que un 58% de la población del país considera que una sospecha de infidelidad justifica el abuso físico (Romero 2022). Del mismo modo y durante el período de cuarentena de la pandemia, hubo un aumento de los casos de violencia doméstica en este país porque las mujeres no podían escapar de sus hogares (Romero 2022). En estas circunstancias, lo viral funciona como forma de expandir estos espacios de conversión, de solidaridad y de lucha directa contra la violencia de género y sus perpetradores en las redes sociales, en una economía dinámica de afectos que se alimenta y retroalimenta con cada publicación o *post*.

Conviene resaltar aquí que el llamado feminismo interseccional en conjunto con el feminismo de red y el feminismo *hashtag* son formas paralelas de lo que consideramos como feminismo digital. Estos términos y conceptos intentan designar el momento histórico actual. Por ejemplo, Akane Kanai (2017) prefiere emplear el término "feminidades digitales" (242) y Jessalynn Keller (2015) favorece la intersección entre la producción de subjetividades feministas, el activismo y las comunidades digitales como "contrapúblicos conectados" (76). Inequívocamente, es necesario teorizar dichos feminismos a la luz de la expansión de las culturas digitales y del sistema capitalista tardío caracterizado por la inmensa precariedad y desigualdad planetarias.

Según Motter (2011), el activismo feminista virtual tiene por objetivo empoderar a las voces silenciadas (107). A menudo, sus actos-eventos, como sus *posts*, son celebratorios mientras se discuten distintos problemas políticos y la precariedad nacientes de la actual conjuntura del Sur global.[9] A través de proyectos y de una continuada presencia digital, muchos trabajadores, mujeres y seres marginalizados "se vuelven ellos mismos productores de tecnología y de contenido, con el fin de promover la visibilidad y el repudio de cualquier forma de [explotación capitalista y] de violencia de género" (Motter 2011, 107–108). En Guatemala, este es el caso de la Agencia Ocote y de la artista de *performance* Regina José Galindo, quienes a través de su presencia digital crean contenido que visa repudiar injusticias y violencia de género. Por consiguiente, lo que el público en general y la comunidad en específico encuentran en estos eventos-espacios virtuales, es la posibilidad de formar redes de resistencia, espacios seguros para vivir y manifestar su propia diferencia, la autoexploración, la escucha activa de voces múltiples y silenciadas, y la posibilidad de compartir acciones y experiencias mutuas de opresión (Motter 2011, 108). Similarmente, Motter (2011) identifica el arte ciberactivista como una forma crítica, de democracia participativa y de celebración de la vida y las experiencias propias de los miembros distintos de cada comunidad digital (110). Tanto Galindo como la Agencia Ocote promueven acciones contestarias que reverberan virtualmente y logran patentar el sentimiento de *communitas*.

En el caso de las *performances* de Galindo, "Estoy viva" (2013, 2014 y 2015) y "Las escucharon gritar y no abrieron la puerta" (2017), está claro el intento de seguir denunciando y problematizando críticamente los sucesos cotidianos en Guatemala. Originalmente, "Estoy viva" empezó siendo una actuación artística de Galindo —la artista de *performance* más conocida de Guatemala[10]—

---

9. El Sur global es una expresión usada por académicos para referirse al conjunto de países en desarrollo donde han sido explotados al punto de estar afuera geopolíticamente de influencia económica.

10. Galindo se hizo famosa en 2003 con la *performance* "¿Quién puede borrar las huellas?", la cual se volvió uno de los primeros fenómenos virales de la historia de la *performance* en toda Latinoamérica. En el video que todavía sigue circulando libremente en línea, especialmente en el sitio del *Hemispheric Institute of the Americas* bajo su publicación digital *E-misféfica*, Galindo camina desde la

que implicó que se pusiera en plaza pública una escultura de hierro forjado, con las dimensiones de 475x75x3 cm. Sin embargo, y dada su popularidad en el formato mismo de las grandes carteleras de publicidad en el exterior, en 2014 y 2015 Galindo puso la estructura en una galería de arte y también viajó por varios lugares de Europa y Latinoamérica para exhibir su trabajo. Por ejemplo, una foto suya (fig. 12) circuló viralmente y en ella Galindo aparece delante de esta escultura con una camiseta donde se lee: "Mi corazón es Ixil". El alcance de este fenómeno fue local, ya que es poco probable que existan muchas personas fuera de Guatemala que conozcan lo sucedido durante esos años (2014–2015), caracterizados por el juicio del ex dictador Efraín Ríos Montt y la escalada implacable de los casos de feminicidio. A pesar de esta limitación, el hecho de que aún hoy se escuche en la estratosfera virtual este grito artístico y simbólico, ahora transformado en un *hashtag*, resulta sintomático de la existencia de una comunidad digital. Esta se une y se identifica alrededor de lo que está pasando en Guatemala y de la lucha contra el enemigo común: la violencia de género y la impunidad del Estado.

Los *hashtags* o etiquetas constituyen marcas de la evolución del activismo virtual y del feminismo en línea. A menudo los usan grupos activistas y comunidades de resistencia como forma privilegiada de circulación de campañas, memes, peticiones, y boicoteos. También son usados como un mecanismo sencillo de difusión de información sobre temas y sucesos relevantes o amenazadores para las mujeres y otros grupos marginalizados.[11] En términos cronológicos, los *hashtags* se volvieron manifiestas armas digitales feministas en escala global con campañas como "#MeToo" (2006),[12] "#HeforShe" (2014), "#niunamenos" (2015), "#viajasola" (2016) y "#unvioladorentucamino"

Corte de Constitucionalidad hasta el Palacio Nacional de Guatemala, dejando un recorrido de huellas hechas con sangre humana en memoria de las víctimas del conflicto armado en ese país y en rechazo a la candidatura presidencial del ex militar Efraín Ríos Montt.

11. Para una lectura sobre el papel del *hashtag* en el feminismo latinoamericano del siglo XXI, véase Yunuen Ysela Mandujano Salazar y Luis Antonio Becerra-Soria (2021, 82–84); y Amanda L. Petersen (2019).

12. Aunque #MeToo se originó en 2006, ganó notoriedad recientemente cuando fue apropiado por mujeres blancas y otros agentes sociales poderosos. A tal efecto, véase Carly Gieseler, *The Voices of #MeeToo—From Grassroots Activism to a Viral Roar* (2019).

FIG. 12 Galindo con su escultura de hierro forjado. "Estoy viva" (2013, 2014 y 2015)

(2019), para nombrar solo algunos. Una característica de los *hashtags* es su diseminación dentro de una o múltiples plataformas como Twitter, Facebook e Instagram para viralizar campañas y acciones-eventos concretos contra enemigos comunes.

Más recientemente, *hashtags* como "#nofueelfuego", "#fueelestado", "#CalladasNuncaMás" marcan la difracción resultante ante la lucha continua contra el silencio, la impunidad y la invisibilidad de lo sucedido a las 56 niñas del Hogar Seguro Virgen de la Asunción en la ciudad de Guatemala el 8 de marzo del 2017. En virtud de condiciones de vida inhumanas y con ganas de escaparse, durante la noche del 7 de marzo se produjo una fuga masiva de niñas adolescentes. La misma institución había ya sido blanco de varias denuncias, como indicios de maltratos, abusos sexuales y físicos, e infraestructura deficiente, entre otras violencias cometidas. Como forma de amotinarse, supuestamente las jóvenes decidieron empezar un incendio, lo cual, pensaban, pondría fin a su encierro. No obstante, las autoridades encargadas de vigilarlas, considerándolas indignas de protección, decidieron dejarlas sufrir las consecuencias de su mismo acto de rebeldía. Así, varias niñas sufrieron

FIG. 13 Página web del Memorial por las Niñas de la Agencia Ocote del 8 de septiembre en Guatemala

quemaduras de primero, segundo y tercer grado, y varias murieron *in situ* o más tarde en el hospital donde recibieron tratamiento. La conmoción fue inmediata en el país y en el mundo y los *hashtags* relacionados con la tragedia y la denuncia de la barbaridad de lo sucedido se volvieron virales (fig. 13).

En Guatemala, varios artistas denunciaron la impunidad, como hizo Galindo (2017) con su *performance* "Las escucharon gritar y no abrieron la puerta". En particular, la Agencia Ocote, en su página web, creó un memorial permanente en solidaridad con las víctimas y sus familiares. La Agencia Ocote también crea a menudo eventos para seguir denunciando la tragedia, como el del 8 de septiembre del 2020, en el que se reunieron varios ciudadanos en la capital del país, en la recién renombrada por ellas Plaza de las Niñas: "Desde La Plaza de las Niñas 8 de Marzo, a 42 meses, acá estamos". En letras mayúsculas, puede leerse: "LAS NIÑAS DE GUATEMALA, NO MURIERON POR AMOR, MURIERON PORQUE EL ESTADO LAS QUEMÓ". Como resultado de la tragedia, se lesionaron 56 niñas y además murieron 41, lo que provocó la aparición de los *hashtags* "#NosDuelen56" y "#NosFaltan41" (fig.13).

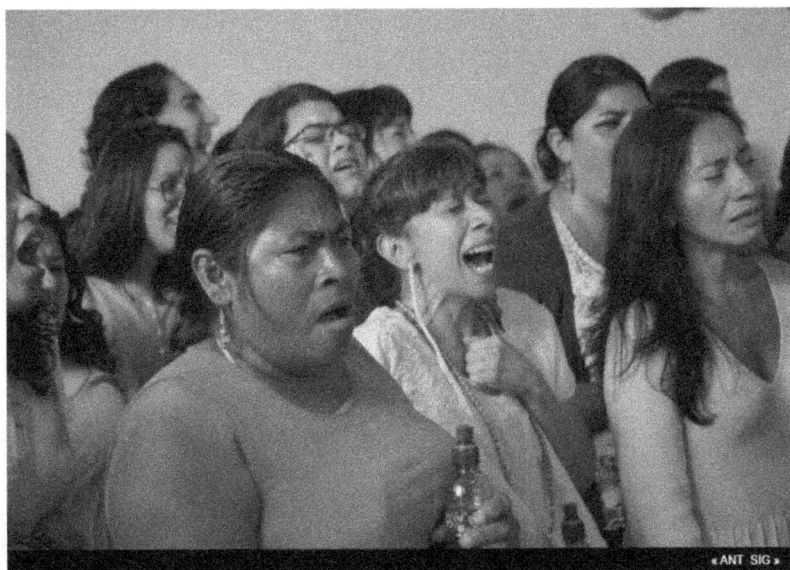

LAS ESCUCHARON GRITAR Y NO ABRIERON LA PUERTA

FIG. 14 El grito de Galindo y 40 mujeres guatemaltecas, incluyendo algunas de las madres de las niñas del Hogar Seguro. "Las escucharon gritar y no abrieron la puerta" (2017)

Galindo, por su parte, creó una *performance* que impacta inmediatamente a quienes la ven y escuchan por su fuerza y crudeza. Se trata de una *performance* marcadamente sonora en la que la performera y otras 40 mujeres de Guatemala permanecen encerradas dentro de una pequeña habitación y gritan durante 9 minutos seguidos (fig.14). Estos minutos corresponden a la misma cantidad de tiempo que las niñas gritaron para que las salvasen sin respuesta. La experiencia resulta desgarradora y ese grito múltiple podría también representar a un coro de la población de Guatemala, y de todo el mundo, contra la misma precariedad y desigualdad de tratamiento. Algunas madres de las niñas que perdieron la vida en el refugio del Hogar Seguro de la Virgen de Asunción también participaron de esta *performance*, lo que la hace todavía más conmovedora. Este grito es más que una difracción, pues actúa a modo de un corte epistemológico y cognitivo con una realidad que implica una total indiferencia y falta de respeto por la vida humana por parte del Estado y las fuerzas sociales dominantes.

Según Jill Robbins (2019), tragedias y sucesos masivos que ocurrieron en los últimos años bajo ataques terroristas y casos de gran injusticia e impunidad resultan difíciles de entender, dado que a menudo existen versiones de lo sucedido marcadamente contradictorias, imprecisas o difíciles de aceptar (11). Según esta crítica, "It is not surprising that these basic memorials become palimpsests with messages that compete or complement each other, like sites of public reading and writing, whose creators are active producers of meaning and symbolism" (Robbins 2019, 11). Siempre existe un deseo insatisfecho de cohesión social, lo que "lleva a crear una forma de solidaridad sin consenso" (Siebers 2019, 11). Aunque es posible que no haya una total coherencia en relación con lo sucedido en Guatemala, sobre todo dada la naturaleza conmovedora de las niñas indefensas, no pensamos encontrar ningún eco de discordia en este caso, como menciona Robbins, si se le compara con los ataques terroristas ocurridos en Madrid en el 2004, los cuales dejaron cerca de 192 muertos. En el caso del terrorismo de Estado en Guatemala, lo que circula viralmente es la memoria de la tragedia y un esfuerzo continuo de no silenciar lo sucedido, exigiendo reparación directa y el total rechazo de la impunidad reinante.

En conclusión, en Guatemala el activismo feminista digital se manifiesta de distintas formas. Estas se pueden reunir cohesivamente alrededor de una lucha común contra la violencia de género y la impunidad del Estado. Sea circulando como videos, *performances* o *hashtags*, lo que se destaca es la circulación misma de un imaginario colectivo de denuncia y participación ciudadana. Dicho imaginario se expresa a través de los afectos que humanizan, materializan y dan cuerpo visible a experiencias múltiples de precarización, inseguridad y violencia, nivelando horizontalmente la solidaridad espontánea de todos cuantos participan en ello. Sus medios son digitales y plenamente partícipes de la actual economía global de afectos y de ese deseo tan humano de pertenecer.

## La plataformación del trabajo, el cooperativismo de plataforma y Señoritas Courier en Brasil

A partir de la década de 1980 y ante el aumento del uso de las redes sociales de comunicación, se intensificó el cambio del milenio. Esto afectó de manera sustancial al mundo del trabajo que ya se había visto afectado por una profunda metamorfosis resultado de procesos de acumulación capitalista, de financiación, reestructuración productiva y flexibilización de las relaciones laborales.

Conforme afirma Wendy Brown (2018), al trabajo le colocaron la mordaza y el capital fue liberado. La tutela para garantizar el derecho incondicional a la propiedad por parte del capital, junto a la disminución de la soberanía estatal, la descentralización de la gobernanza y la delegación de autoridad, típicas de la racionalidad neoliberal, les causaron un sacrificio desmedido a los trabajadores. Luis Bértola y José Antonio Ocampo (2013) identifican la primera globalización en el siglo XIX como una tendencia para denominar "la expansión económica mundial" (Bértola y Ocampo 2013, 22). En la historia económica de la región, los estudiosos destacan la crisis de la deuda latinoamericana de los años ochenta, la crisis del mundo en desarrollo en 1997, y la Gran Recesión mundial del 2008–2009 (Bértola y Ocampo 2013, 34).

No cabe dudas de que sucedieron muchas transformaciones en el siglo XX en el mundo del trabajo a partir de una fuerte crisis económica que surgió en las décadas de los setentas, que expandía el pensamiento neoliberal en su agenda, basada en la desregularización de mercados, y que propagaba cambios, flexibilidad, empleabilidad y emprendimiento, mientras disminuía la protección institucional ganada por los trabajadores. El capitalismo exigió que las empresas buscaran constantemente nuevos caminos para tener más lucros, nuevos mercados, nuevas mercadurías, y nuevos medios de extracción (Srnicek 2017).

Siendo así la dinámica moderna económica influenciada por la gobernanza neoliberal, hubo una mudanza brusca en las condiciones sociales y salariales de los empleadores, que condujo a la precarización del trabajo, la vulnerabilidad social de las masas, el desempleo estructural, la tercerización de las actividades y la degradación de la condición social (Castel 1998). Sobre fuerte influencia del toyotismo, en la era de acumulación flexible y de la fabricación ajustada, se destacan las empresas que empleaban la menor fuerza de trabajo con la posibilidad de aumentar sus índices de productividad debido al avance tecnológico (Harvey 2012).

La Revolución Industrial 4.0 intensificó los procesos productivos automatizados, en toda la cadena generadora de valor, en tal modo que la logística empresarial fue toda controlada por el modo digital al igual que la racionalidad capitalista que conduciría a la búsqueda de mayor exploración del trabajo humano (Coutinho 2021). Consecuentemente, conviene notar la noción de sacrificio compartido, exaltado por la gobernanza neoliberal, que alaba al ciudadano emprendedor de sí mismo y, por tanto, responsable de su propia iniciativa emprendedora. De la misma manera, esta perspectiva elogia una economía flexible en donde hay minimización de la función del Estado y del derecho al trabajo. Por ello se nota la pérdida de la centralidad del trabajo asalariado estable, con el incremento de la desigualdad, fruto de la crisis de empleo del trabajo protegido (Castel 1998).

En esta coyuntura, se legitima el trabajo de la manera lo más flexible posible: sin jornadas predeterminadas, sin remuneración fija, sin protección social, sin organización sindical, con metas cada vez mayores de sobreproducción. En paralelo, el trabajador, envuelto en una consecuente atmósfera de miedo, de resignación y de profunda inseguridad, afectado en su subjetividad ante su precaria situación de empleo, se vuelve descartable, mercantilizado, cautivo de un proyecto neoliberal que coloca en juego al trabajo y a la propia vida humana. Todo este impacto psicológico lo soporta, de forma pasiva, el ciudadano sacrificado. Se revela, entonces, una crisis civilizacional en donde hay ausencia de empleos. La pandemia evidenció innumerables contradicciones —el neoliberalismo se puso en duda—, un problema que se profundizó con la tercerización de dichas actividades productivas. En este contexto, la "uberización", como un amplio proceso de informalización y de flexibilización del trabajo por medio de la gestión "algorítmica" de la labor, muestra una forma feroz de subordinación, visible, sobre todo, en la manera como las empresas de aplicativo llevan a cabo las normas de certificación y de fiscalización de este tipo de trabajo precario. Existe una transferencia de los riesgos, de los costos y de la carga de trabajo de las empresas a los trabajadores (Abilio 2020). De hecho, vemos cada vez más casos donde nadie, incluso las empresas, se responsabilizan de la muerte de uno de sus empleados en el trabajo.

Se pone en evidencia que el trabajo en las plataformas digitales constituye un modelo de negocios desfavorable para los sujetos en precariedad económica. Se observa que, en el contexto de la pandemia, el mercado autorregulado demostró sus propios límites. Países con Estados más articulados, aquellos con mejor infraestructura como las principales potencias mundiales, fueron los que salieron mejor parados. La solución pasa por reafirmar la centralidad del trabajo. En algunos países, empezaron a surgir nuevas iniciativas de protección social y se pensó en alternativas para enfrentar los problemas laborales. Es fundamental estimular formas de producción de bienes y de servicios que sean ecológicamente sostenibles, que traigan impactos sociales positivos, que reduzcan las desigualdades sociales, que sean promotoras de nuevas relaciones sociales no mercantilizadas, con nuevos horizontes para la juventud periférica (Zhu y Marjanovic 2020). De esta forma, con el fin de reconstruir los sentidos del trabajo en un contexto de democratización de las relaciones laborales, de autogestión y diálogo entre los trabajadores, el cooperativismo de plataforma se presenta como una alternativa a la "plataformación" del trabajo dominante, teniendo por fondo la justicia social y la democracia participativa. Decimos "por fondo", como afirmó el investigador Rafael Zanatta (2021), pues dicha "plataformación" del trabajo dominante siempre se presenta como algo centrado en la innovación empresarial, en vez de anunciar un énfasis en la justicia social y en la democracia económica (73). De esta forma, se puede localizar el cooperativismo de plataforma como una herramienta de resistencia para los trabajadores "plataformizados". Esta herramienta evidencia la centralidad de lo humano, la solidaridad y el activismo de los propios trabajadores, con miras al beneficio de todos y no a la absorción del lucro por pocos, así como reconocer el valor social del trabajo (Caldas 2021).

En julio del 2020, en Brasil aparecieron pequeños colectivos y cooperativas como alternativas a la "plataformación" del trabajo dominante en este país y en el mundo, lo que representa una nueva realidad en expansión. Se trata del cooperativismo de plataforma, un horizonte de esperanza, no una utopía, sino más bien una economía emergente (Scholz 2016). Considerando que Brasil tiene grupos activistas muy activos, el cooperativismo de plataforma constituye la respuesta a "la onda económica inevitable" o capitalismo de plataforma, término utilizado por Srnicek (2017), que es parte de un sector económico contemporáneo más dinámico.

El cooperativismo de plataforma consiste en una búsqueda de empleos estables y de protección social más fiable, en contraste significativo con los modelos extractivos tradicionales (Caldas 2021). Los miembros de las cooperativas buscan un trabajo digno y emancipador, con impactos sociales positivos, con una mayor igualdad social, productos de su activismo, de la propiedad colectiva y de la democracia participativa. Eso es posible una vez que las plataformas son propiedad de los trabajadores, lo que posibilita la puesta en marcha de mecanismos de remuneración justa, políticas de datos y de algoritmos que favorezcan al obrero, siguiendo medidas de transparencia, desarrollo sostenible, como también la construcción de tecnología e infraestructura propias.

De las innumerables experiencias de cooperativismo de plataforma fuera de Brasil, tomamos como ejemplos a Mensakas (Barcelona), Olvo (París), Resto. Paris (París), Cousiers Bordelais (Bourdeaux), Stocksy (Canadá), Loconomics (San Francisco) y Fairmondo (Alemania) (Grohmann 2022). Ello pone de manifiesto la experiencia de estas cooperativas en Brasil, y, en concreto, una

FIG. 15. Señoritas Courier promoviendo igualdad de género

de las propuestas de enfoque de este capítulo: Señoritas Courier. Esta cooperativa es un colectivo de entregadoras mujeres y de personas LGBTQIA+,
quienes ofrecen servicios por toda la ciudad de São Paulo por medio del uso
de bicicletas con horarios fijos. El grupo lucha contra el estigma de que las
mujeres son menos autónomas y más lentas al navegar por el tránsito urbano,
por lo que apoya su empoderamiento como mujeres cis y trans (fig. 15). Señoritas Courier tiene como actividades principales la realización de entregas en
el sector de cosméticos, flores, regalos, libros, así como de documentos ante el
registro, a la vez que de productos de alimentación y platos preparados, aunque con menor frecuencia (Grohmann 2022). Señoritas Courier representan,
además, una oportunidad de trabajo digno para personas trans, en un sector
en el que las grandes empresas tradicionales del sector de entregas complican
la oportunidad de trabajo debido al cambio de nombre que se da en sus documentos oficiales (fig. 16).

Señoritas Courier tiene su propia página de Facebook en la que el grupo
se auto promueve como un "colectivo de impacto socioambiental" (Señoritas Courier 2023). Una diferencia muy visible del grupo es el hecho de que
su página de Facebook tiene la intención de familiarizar al consumidor con
el trabajador que le entrega sus productos. Este cuidado especial se logra

FIG. 16 Una bicicleta modificada para hacer entregas de Señoritas Courier

mediante la muestra de fotos de sus trabajadores en las entregas, en eventos, e incluyendo *posts* más personales como, por ejemplo, de cuando eran pequeños para el Día de los niños. De esa manera, invocan la celebración de buenos recuerdos y la felicidad que el propio cliente pueda tener en este día festivo, mediante la asociación de las entregas con la infancia y con el montar en bicicleta. Por añadido, el grupo se preocupa por la salud mental de sus trabajadores en sus publicaciones (*posts*), al igual que entra en diálogo abierto sobre las relaciones étnicas y raciales que se enfrentan en Brasil. El 22 de junio, en Facebook, Señoritas Courier publicaron:

Ocupar espaços

No trânsito, na cidade, nos lugares abertos para ouvir nossas vozes.

Nós temos muito a dizer.

Já demos a largada há muito tempo: fazemos entregas assim como também falamos de diversidade, dos nossos corpos no mundo, dos territórios que habitamos e que estamos ocupando.

Não temos nada a perder. Nem tempo.

A revolução já está em curso.

FIG. 17 Señoritas Courier mostrando a sus representantes

Esta publicación en particular abre un espacio de discusión sobre sus trabajadores, para que los consumidores no solo piensen que les están proporcionando un servicio, sino que los trabajadores también forman opiniones
sobre cómo habitan el espacio que ocupan. Estos son miembros de la misma
sociedad y del espacio de trabajo, primordialmente visibilizando la cooperativa con su propio derecho de contribuir a los diálogos sociales en sus plataformas digitales. En su página de Facebook, Señoritas Courier cuenta con
casi mil seguidores y en ella les ofrecen a los clientes información básica sobre
la cooperativa, como su correo electrónico, su número de teléfono y la descripción de sus actividades y servicios. En su página web, Platform Cooperativism Consortium afirma que una de las ventajas del cooperativismo de
plataforma radica en el hecho de mantener el control de la dirección de la

FIG. 18 Trabajadores de Señoritas Courier divirtiéndose y entregando los pedidos

empresa por parte de los trabajadores, al igual que ofrecer trabajos de mejor calidad (Platform Cooperativism Consortium 2023). De esta forma, Señoritas Courier provee talleres de empoderamiento destinados a los trabajadores del oficio, como también dentro de la comunidad. Por ejemplo, existen oficinas de mecánica para bicicletas (28 de marzo del 2022) (fig. 17); se integran a movimientos y conferencias que se centran en propuestas emprendedoras de mujeres negras e indígenas en el país (23 de abril del 2022); y, también, participan en conferencias internacionales como *Owning the Future: Sustainably Scaling Platform Cooperatives with the Global South* (Señoritas Courier 2023). Adicionalmente, sus trabajadoras participaron en el *Festival Feira Preta* entre noviembre y diciembre del 2022, el cual tiene como objetivo la venta de productos por emprendedores afrodescendientes en São Paulo.

Señoritas Courier dispone, además, de una cuenta en Instagram donde tienen casi siete mil seguidores. Sus *posts* en Instagram relatan la misma narrativa que la de su cuenta de Facebook, lo que revela que se trata de un colectivo independiente cuya misión radica no solo en proveer un servicio al consumidor, sino también en crear una comunidad digital (fig. 18). Con más acceso a la información, se posibilita que el movimiento cooperativo se fortalezca y erija como parte de las soluciones socioeconómicas necesarias contra fenómenos como la uberización. Como último objetivo, se busca y se apoya a aquellas fuentes que no explotan al ser humano, y la actividad emprendedora se presenta como una solución ante la precariedad reinante.

Dicha comunidad se crea de manera continuada al dejar que sus clientes tengan acceso y creen lazos íntimos con la cooperativa. Por ejemplo, los trabajadores participan en eventos y talleres para adquirir conocimiento práctico e intelectual y ponen fotos de todo ello en sus redes sociales, al igual que postear en sus redes sociales sobre las ideologías de igualdad que promueve la cooperativa. Por consiguiente, las publicaciones funcionan como una invitación al cliente a que forme parte del movimiento social en el que se integra Señoritas Courier. Este promueve los derechos de todos los trabajadores y también garantiza sus derechos sociales al rodearlos de apoyo y de fuentes de conocimiento. Esto lo realizan tomando conocimiento de su agencia desde una perspectiva interseccional, que incluye factores como la clase social, el género, el sexo, la etnicidad, la edad, la orientación sexual, y de su propia realidad caracterizada por la violencia y precariedad.

Considerando la grave persecución que sufrió la comunidad brasileña LGBTQIA+ durante la presidencia de Jair Bolsonaro (2018–2022), en junio del 2021, la comunidad realizó la siguiente publicación en todas sus redes sociales:

Para quem carrega a bandeira, todo dia é dia de luta.

As conquistas de cada pessoa LGBTQIA+ devem ser as conquistas de todes.

Os espaços acessados por cada pessoa LGBTQIA+ devem ser acessados por todes.

E a luta por melhores condições de trabalho e vida, deve ser a luta de todes.

Só assim estaremos falando e vivendo com orgulho.

Criem vagas, capacitem e valorizem as pessoas LGBTQIA+

Isso sim, é motivo para orgulho!

Considerando la tensión nacional en la época, donde se tenía que defender cada derecho conquistado por y de los grupos menos empoderados social y económicamente, esta publicación terminó siendo uno de los muchos actos revolucionarios que se llevaron a cabo en Brasil durante los últimos cuatro años. La publicación también se refiere a uno de los principales derechos de la comunidad transgénero que consiste en poder garantizar su derecho al trabajo sin discriminación. En relación con una publicación de Instagram del 30 de septiembre del 2021 por parte de una víctima de agresión física, Señoritas Courier pidió ayuda a toda su comunidad digital para ayudarlos a identificar a la persona que agredió a uno de sus trabajadores, Joaquim. Para ello, se suministró información acerca del lugar y el horario de la agresión, un correo para entrar en contacto y una foto de la violencia corporal sufrida. De esta forma, la comunidad digital logró apoyar la lucha contra la homofobia y la violencia sufrida por Joaquim, un ser humano que tiene nombre, cara e historia para la comunidad digital de seguidores de Señoritas Courier, mediante el *hashtag* "#justiçaparajoaquim".

Señoritas Courier forma parte de un movimiento social insatisfecho con la desigualdad producida por el capitalismo, particularmente para aquellos trabajadores desapoderados. La aplicación *Justo* se creó con el objetivo de construir un servicio de entrega con más justicia social e igualdad. Sus creadores tuvieron la idea de poner en marcha una plataforma de impacto social y de código abierto *(open source)* a mediados de julio del 2020, tras sentirse molestos por las condiciones laborales y la remuneración de sus entregadores (Caldas 2021). Además, la pandemia exacerbó las diferencias sociales de los más vulnerables, tanto en lo relativo a su acceso a la tecnología, como también al del empleo de calidad. Las redes sociales resultan fundamentales para la organización y para la comunicación entre los trabajadores, como también para los consumidores y para establecimientos comerciales como los restaurantes. Algunas de las comunidades virtuales más utilizadas para la organización de trabajo y la manutención de las relaciones personales entre los trabajadores son Telegram y WhatsApp (Grohmann 2022). Se puede afirmar que la tecnología es bienvenida, siempre que se utilice de forma justa en torno de las necesidades de los trabajadores.

Como contrapartida a los desafíos socioeconómicos que se enfrentan en el área laboral, esta sección analizó el cooperativismo de plataforma en Brasil como un movimiento que todavía está en su infancia, pero que tiene el

potencial de traer consigo impactos sociales positivos, reduciendo la explotación de la mano de obra y representando una alternativa más justa y menos
desigual a una *gig economy*. En desarrollo paralelo, las comunidades digitales
ayudan a materializar los objetivos del cooperativismo de plataforma, y como
se pudo evidenciar con Señoritas Courier, a reconectar al consumidor con el
proceso laboral, y específicamente, con los trabajadores, al darles caras, nombres e historias, y al humanizar el proceso de consumo para garantizar los
derechos de cada trabajador, cada vez más perdidos en medio a la ideología
neoliberal.

## Conclusión

El neoliberalismo y el Estado son cómplices al apoyar políticas, o la falta de
ellas, que aumentan las desigualdades en cada comunidad, a fin de promover
lucros para una minoría y condiciones de vida desfavorables para la mayoría.
Sin embargo, las mismas fuentes de opresión, a las cuales corresponden diversas formas de tecnología, se han transformado recientemente en armas sociales, políticas y económicas, con el objetivo central de empoderar a aquellos
que tradicionalmente se han visto privados de sus derechos. Al crear puentes
entre conocimiento, activismo, derechos y las masas, se han construido con
éxito comunidades digitales que proponen formas alternativas de vivir y de
consumir, centradas en beneficiar al sujeto oprimido. Dichas comunidades
digitales, que usan medios como Facebook, Instagram, y *hashtags*, hacen posible lo cotidiano, lo vuelven más habitable y justo al crear espacios donde no
se tiene que ser invisible y donde cada uno puede integrarse como ciudadano,
con todos sus derechos garantizados y con la posibilidad de vivir una vida
digna. Este capítulo expuso dos movimientos populares, uno presentado al
principio del capítulo, explorando la construcción de voces feministas populares en el mundo del arte y del activismo social en Guatemala como parte
del empoderamiento de género. Desde Guatemala, emergen estos *exempla*
por medio de la actividad de comunidades digitales que sirven para protes-
tar, dialogar y que, existiendo, simbolizan la voz de las mujeres, muchas veces
de ascendencia indígena, silenciadas a lo largo de la historia. El segundo, en
Brasil, con el cooperativismo de plataforma, es vivido por los trabajadores de
Señoritas Courier, como ejemplo de empoderamiento laboral, en resistencia contra los estereotipos y limitaciones sociales hacia mujeres, personas de

color y la comunidad LGBTQIA+. En conclusión, este trabajo presenta las formas de participación en nuestras comunidades, repiensa las posibilidades de lo digital para crear lazos entre las personas y marca la iniciativa global por medio del feminismo digital y el cooperativismo de plataforma con el fin de crear una concienciación socioeconómica y política desde y para todos.

## Agradecimientos

Agradecemos a la profesora Sandra María Pérez López de la Universidade de Brasília por editar este artículo.

## Referencias

Abílio, Ludmila Costhek. 2020. "Uberização: a era do trabalhador just-in-time?". *Estudos Avançados* 34 (abril): 111–126.

Agencia Ocote. "¿NO FUE EL FUEGO?" Agencia Ocote, n.d. https://nofueelfuego .agenciaocote.com/.

Anderson, Benedict. 2016. *Imagined Communities: Reflections on the Origin and Spread of Nationalism.* London: Verso.

Bértola, Luis y José Antonio Ocampo. 2013. *El desarrollo económico de América Latina desde la independencia.* México, D.F.: Fondo de Cultura Económica.

Brown, Wendy. 2018. *Cidadania sacrificial: neoliberalismo, capital humano e políticas de austeridade.* Río de Janeiro: Zazie Edições.

Butler, Judith. 2020. *The Force of Non-Violence–An Ethico-Political Bind.* New York: Verso.

Caldas, Josiane. 2021. "Cooperação: uma saída emergente frente à plataformização do trabalho". Tese de doutorado, Universidade Federal do Paraná.

Castel, Robert. 1998. *As metamorfoses da questão social: Uma crônica do salário.* Petrópolis: Vozes.

Coutinho, Raianne Liberal. 2021. *Subordinação algorítmica: há autonomia na uberização do trabalho?* São Paulo: Dialética.

Crosby, Alison y M. Brinton Lykes. 2019. *Beyond Repair? Mayan Women's Protagonism in the Aftermath of Genocidal Harm.* New Brunswick, USA: Rutgers University Press.

Dalton, David S. y David Ramírez Plascencia. 2023. "Introduction: Imagining Latinidad in Digital Diasporas." *Imagining Latinidad: Digital Diasporas and Public Engagement Among Latin American Migrants*, editado por David Dalton y David Ramírez Plascencia, 1–21. Boston: Brill.

Del Sarto, Ana. 2012. "Los afectos en los estudios culturales latinoamericanos. Cuerpos y subjetividades en Ciudad Juárez". *Cuadernos de Literatura* 32 (jul.-dic.): 41–68.

De Ugarte, David. 2007. *El poder de las redes: manual ilustrado para personas, colectivos y empresas abocados al ciberactivismo*. Barcelona: El cobre.

Dutra, Renata Queiroz. 2017. "Trabalho, regulação e cidadania: a dialética da regulação social do trabalho em call centers na Região Metropolitana de Salvador". Tese de doutorado, Universidade de Brasília.

Ferreira, António Casemiro. 2012. *Sociedade da austeridade e direito do trabalho de exceção*. Porto: Vida Económica.

Ferreras, Isabelle, Julie Battilana, Dominique Méda, Flávia Máximo, Ana Virginia Moreira Gomes y Eduardo Rocha Dias. 2021. *O manifesto do trabalho: democratizar, desmercantilizar, remediar*. Río de Janeiro: Lumen Juris.

Fuentes, Marcela A. 2020. *Activismos tecnopolíticos—constelaciones de performance*. Buenos Aires: Eterna Cadencia.

Gieseler, Carly. 2019. *The Voices of #MeeToo – From Grassroots Activism to a Viral Roar*. Lanham: Rowman & Littlefield Publishers.

Gregg, Melissa y Gregory J. Seigworth. 2010. "An Inventory of Shimmers." *The Affect Theory Reader*, editado por Melissa Greg y Gregory J. Seigworth, 1–25. Durham: Duke.

Grohmann, Rafael. 2022. "Plataformas de propriedade de trabalhadores: cooperativas e coletivos de entregadores." *Matrizes* 16 (1): 209–233.

_____. "Not just platform, nor cooperatives: worker-owned technologies from Communication." *Communication, Culture and Critique* 16 (4): 274–282.

Haraway, Donna J. 1997. *Modest_Witness @ Second_Millenium. FemaleMan Meets_ OncoMouse*. New York: Routledge.

Harvey, David. 2012. *A condição pós-moderna*, traducido por Adail Ubirajara Sobral y Maria Stela Gonçalves. São Paulo: Loyola.

Kanai, Akane. 2017. "Beyond Repudiation: The Affective Instrumentalization of Feminism in Girlfriendly Spaces." *Australian Feminist Studies* 93 (32): 240–258.

Keller, Jessalynn. 2015. *Girls' Feminist Blogging in a Postfeminist Age*. New York: Routledge.

Mandujano-Salazar, Yunuen Ysela y Luis Antonio Becerra-Soria. 2021. "Social Media as an Instrument of Activism for Feminist University Students in Mexico: The Cases of MOFFyL and Uni Unida." *The Politics of Technology in Latin America* (Volume 2), eds. David Ramírez Plascencia, Barbara Carvalho Gurgel y Avery Plaw, 81–95. New York: Routledge.

Massumi, Brian. 2002. *Parables for the Virtual–Movement, Affect, Sensation*. Durham: Duke UP.

Moraña, Mabel. 2012. "Postcriptum: el afecto en la caja de herramientas". *El lenguaje de las emociones: afecto y cultura en América Latina*, eds. Ignacio Sánchez Prado y Mabel Moraña, 313–338. Madrid: Iberoamericana; Vervuert.

Motter, Jennifer L. 2011. "Feminist Virtual World Activism: 16 Days of Activism Against Gender Violence Campaign, Guerrilla Girls BroadBand, and subRosa." *Visual Culture & Gender* 6: 107–118.

Petersen, Amanda L. 2019. "Breaking Silences Revealing Ghosts: Spectral Moments of Gendered Violence in Mexico." *México Interdisciplinario*, 8.16: 21–40.

Pratt, Mary Louise. 2022. *Planetary Longings*. Durham: Duke University Press.

Robbins, Jill. 2019. *Poetry and Crisis: Cultural Politics and Citizenship in the Wake of the Madrid Bombing*. Toronto: University of Toronto Press.

Romero, Teresa. 2022. "Growth of Domestic Violence and Sexual Abuse Reports During COVID-19 Lockdown in Selected Latin American Countries as of April 2020." *Statistica*. Accessed on March 1, 2022.

Scholz, Trebor. 2016. *Cooperativismo de plataforma: os perigos da uberização*. São Paulo: Elefante.

Shining, Phil. 2023. "Biopolitics, Sexuality and Eroticism in a Post-pandemic World." *Sexuality and Eroticism in a Post-pandemic World*, 1–79. Leiden: Brill.

Siebers, Tobin. 2010. *Disability Aesthetics*. Ann Arbor: U of Michigan Press.

Srnicek, Nick, 2017. *Platform Capitalism*. Cambridge: Polity.

Stephen, Lynn Marie. 2020. "A Pandemic Within a Pandemic Across Latin America." U.S. News, October 10, 2020.

Stewart, Kathleen. 2007. *Ordinary Affects*. Durham: Duke University Press.

Zanatta, Rafael. *Cooperativismo de Plataforma no Brasil: dualidades, dialógos e oportunidades*. Rio de Janeiro: Platform Cooperativism Consortium. Accessed May 2024. https://itsrio.org/wp-content/uploads/2022/07/Relatorio -Cooperativismo-de-Plataforma-Port.pdf

Zhu, Joang y Olivera Marjamovic. 2020. *How Do Platform Cooperatives Contribute to Sustainable Development Goals?* Salt Lake City: AMICIS.

# PARTE II

# Raza y etnicidad: expresiones virtuales de inclusión y exclusión

# 5

# Visiones eurocéntricas en los tuits de mexicanos y argentinos.

*Erika Maribel Heredia*

꒓

## Introducción

EN ESTE CAPÍTULO SE exploran ideas sobre "nosotros" versus "los otros" que usuarios argentinos y mexicanos dejan traslucir cuando escriben un tuit. Estos tuits son fragmentos de discurso que muestran actitudes y pensamientos aprendidos durante la socialización de los individuos que permanecen fuertemente arraigados en la mente y son, a menudo, compartidos en las comunidades a las que estos individuos pertenecen. Estas ideas, en palabras de Cornelius Castoriadis (1997), constituyen una representación mental del mundo (9) y, en consecuencia, se enuncian de manera acrítica pues forman parte de un imaginario social. De esta manera, me propuse estudiar los fragmentos de discurso social contenidos en los 280 caracteres que conforman un tuit para detectar aquellas ideas que colaboran con el mantenimiento de una estructura social que privilegia a ciertos grupos y margina a muchos otros. En este sentido, los tuits actuarían como una válvula de escape de un malestar social latente, oculto bajo la idea de una única nación hegemónica. Es decir, siguiendo a Benedict Anderson (1991, 24–25) y Oscar Oszlac (1982, 3), la nación actuaría como una superestructura aglutinante que licúa todas las expresiones identitarias y las agrupa en una única identidad colectiva, reafirmada cada vez que sus miembros se definen a sí mismos como mexicanos o argentinos, como es en este caso. Sin embargo, las diferencias culturales, lingüísticas, políticas, y étnicas entre sus miembros permanecen latentes, provocando polarizaciones y malestar social que pueden ser decodificados en los tuits como testimonios de expresión cultural. Este malestar podría responder a lo que Jean-Luc Nancy denomina "estar-en-común" (2000, 39); es decir, la experiencia de coexistir unos con otros sin alcanzar jamás la comunión homogénea que la nación aspira a imponer. En las redes sociales, esta fragmentariedad se hace aún más visible, evidenciando las tensiones y fisuras dentro del tejido social.

Para encontrar estos rastros de malestar social en mexicanos y argentinos, entre enero y julio de 2020, recolecté aquellos tuits que contenían dos frases peyorativas de amplio uso en el lenguaje cotidiano utilizando una herramienta de scrapping (Giroux 2020) aplicada sobre la interfaz de programación o API de Twitter (actualmente llamada X). Así, para identificar a los usuarios mexicanos utilicé la frase "pinche prieto", obteniendo 2408 tuits, mientras que para identificar a los usuarios argentinos utilicé "negros de mierda", obteniendo 16836 tuits. Tras una selección de muestreo al azar realizada en el software de minería de datos Orange (Demsar et al. 2013), analicé 375 de ellos por cada frase, aplicando criterios del análisis crítico del discurso, inspirados en las propuestas de André Brock (2018) y Teun van Dijk (1994). De esta forma, clasifiqué cada tuit según su complejidad, su nivel narrativo, el imaginario social inserto, su correspondencia con un recuerdo personal del usuario —lo cual daba idea de su implicación emotiva—, su intertextualidad, y su uso del léxico propio de red social. Todo ello me permitió ubicarlos en una red más amplia de significados que involucraban su carácter social.

## De negros y prietos

La palabra prieto significa "de piel morena, trigueño" (Gómez de Silva 2001, 182) mientras que "trigueño/a" es un eufemismo para no decir "negro" (Fuentes 2018); es como decir oscuro o marrón. Este fenómeno está vinculado a la noción de pigmentocracia donde el acceso al capital económico y cultural en México es directamente proporcional a la claridad de la piel (Lipschutz 1944; Telles 2014; Vargas Cervantes 2015). La combinación de "pinche" con "prieto" es una expresión idiomática netamente mexicana ya que "pinche" corresponde a una grosería que solo usan los mexicanos siempre antepuesta al sustantivo al que modifica.

Por su parte, en el imaginario social argentino, la presencia de lo oscuro está directamente marcada por la palabra "negro", y sus eufemismos —oscuro, oscurito, negrito, trigueño, pardo, morocho, cabecita negra, marrón—. Según Alejandro Mamaní (2020), activista por la identidad marrón: "El lingüista

Saussure habla de significante/significado. ¿Cómo traduces ese binomio cuando dices 'negro de mierda'? El significado se refiere claramente a una persona de los barrios pobres, de los márgenes, de bajos recursos, marginal" (2020). En este sentido, como apuntaba Ignacio Aguiló en su entrevista con Fuentes, el concepto de negro "implica estatus social y falta de comportamiento adecuado" (Fuentes 2018, 18'40"). De todo esto podemos inferir que un "negro de mierda" no es un buen ciudadano, sino todo lo contrario, asociado históricamente con la pobreza, la marginación y la incivilización (Alberto 2022, 16). Asimismo, quiero aclarar que "negro de mierda" no es una expresión de uso exclusivo en Argentina; sin embargo, los significados que describí anteriormente sólo son atribuibles al imaginario social argentino y la extensión de su uso está demostrada en la cantidad de tuits recolectados. En ese sentido, si un texto es un nodo en una red de significados (Foucault 2004, 23), "negro de mierda" o "pinche prieto" tienen connotaciones propias y exclusivas ligadas al contexto de uso. En consecuencia, sostengo que analizando el lenguaje de los tuits e infiriendo lo que expresan tácitamente, es posible encontrar hechos sociales, geográficos, hábitos, costumbres y giros idiomáticos propios de cada país registrados en ellos.

Es así como, en el periodo en que se recolectaron los datos para esta investigación, dos sucesos importantes tuvieron lugar. Por un lado, la pandemia motivada por el COVID-19, y, por el otro, el asesinato de George Floyd, víctima de violencia policial. Este segundo acontecimiento, si bien sucedió en Minneapolis, Estados Unidos, reavivó las discusiones sobre cómo el racismo afecta a otras sociedades alrededor del mundo. En este sentido, los usuarios de Argentina y México también participaron en estos debates exponiendo sus experiencias. Por ejemplo, un usuario mexicano relató sus vivencias a través de frases que escuchó durante su vida: "es aguantar los chistes de mis 'amigos' con palabras como negro o esclavo. Es ir a pedir trabajo y que te lo nieguen por tu color de piel o como dicen ellos 'no cumplir con los estándares de imagen' y es escuchar el típico 'pinche prieto'" (tuit 879). Por su parte, un usuario argentino invitó a la reflexión respecto a la etiqueta (*hashtag*) que se usó para expresar el apoyo al movimiento antirracista estadounidense: "#Blacklives-Maters (sic) usemos esto y hagamos una autocrítica, el racismo no existe solo en Estados unidos (sic), también es racista tratar a la gente de la villa como negros de mierda y decir que se merecen la muerte, que hay que matarlos a todos, un pensamiento que en nuestro país está" (tuit 6621).

Como lo señalan Patricio Solís et al. (2019), las prácticas cotidianas de discriminación son clave en la reproducción de la desigualdad en México y afectan a la población de manera transversal, ubicando a quienes son más oscuros en los lugares de mayor marginalidad social (2019, 22). En el caso argentino, ser llamado "negro de mierda" implica que hay algo mal en el origen del individuo, algo que no es del todo correcto y que no es digno de confianza porque ya es disfuncional desde el principio y no se puede superar con nada, ni siquiera exhibiendo los colores "correctos" vinculados a la blancura y las características europeas. En este sentido, encontré tuits que se dirigían a "negros de mierda" mientras afirmaban que no se referían al color de la piel "que conste en actas que pueden ser rubios y de ojos celestes, pero con un corazón NEGRO DE MIERDA (y mierda en el cerebro)" (tuit 14077). En consecuencia, en ambos casos, ser prieto y ser negro —cuando se definen de manera peyorativa— se asocian con ciertas formas de vestir, ciertas formas de hablar, cierta educación, ciertos lugares de residencia, ciertos hábitos y ciertos consumos culturales que son diferentes de quienes no se consideran así. Los imaginarios representados en los tuits sobre los "pinches prietos" y los "negros de mierda" demostraron que estas sociedades heterogéneas están más polarizadas de lo que sus narrativas nacionales se atreven a admitir. En ese sentido, quienes llevan la pesada carga de ser catalogados de esa manera son identificados prácticamente como invasores del espacio público cuando se les encuentra circulando por lugares supuestamente destinados a sectores blancos.

A este respecto, Eugenia Iturriaga Acevedo (2015) detalla cómo, entre los sectores privilegiados de México, la imagen estereotipada de un "otro" interpretado como peligroso o invasor se extiende hacia todo aquel que no pertenece a ciertos círculos sociales determinados no solo por la clase, sino también por las características físicas, vestimentas y otras prácticas culturales (102, 110). Por su parte, Gastón Gordillo (2016) argumenta que la frase "negros de mierda" demuestra que existen personas que no son aceptadas plenamente como miembros de la nación argentina, por tanto, son relegados a áreas rurales, barrios obreros y villas miseria. Se los llama "negros" y se los vincula con lo salvaje e incivilizado. Consecuentemente, se supone que no deben integrar los espacios urbanos destinados a los que sí son miembros de la nación y se identifican, tácitamente, como blancos, ya que la blanquedad incluye lugares, costumbres y consumos (243). En este sentido, como señala Sara Ahmed (2007), la blanquedad se habita (157). Esto no significa que fuera de los círculos privilegiados no haya personas con fenotipos europeos, simplemente, se refleja aquí la complejidad y la cadena de negociaciones que implica ser definido dentro o fuera de la blanquedad cuando los mitos nacionales establecen poblaciones homogéneas, de mestizos como es el caso de México y de blancos en el caso de Argentina, cada cual con características propias. Por su parte, quienes no se consideran a sí mismos prietos o negros se esfuerzan por desvincularse de los no blancos, adoptando una estrategia defensiva, asumiendo tácitamente que comparten con los demás miembros de su grupo estos mismos pareceres. Por sus dichos se puede inferir que, para ellos, caer del lado de los no blancos significa merecer la marginación y la carencia de privilegios y oportunidades para el progreso social: "Jajaja sigue chillando pinche prieto miserable, jamás dejarás de ser un resentido de mierda creyendo que todos tienen la culpa por tu pinche color de indio" (tuit 1050).

Ese tipo de comportamientos que observé en los tuits fue estudiado previamente por George Lipsitz (2006) quien lo llama *possessive investment in whiteness* en el cual se estigmatiza y explota a comunidades consideradas no europeas al mismo tiempo que se sobrevalora a los blancos manteniendo la estructura que los privilegia (2–3). Este concepto fue retomado por Mónica Moreno Figueroa y Emiko Saldívar Tanaka (2016) al observar la lógica del mestizaje en la sociedad mexicana donde, desde cierto sector de la élite intelectual, se propicia una negación del racismo presente en aras de mantener el mito de que todos son mestizos e iguales (522); es decir, con las mismas oportunidades de ascenso social (Palou 2014, 26). En consecuencia, argumento que hay un *possessive investment in whiteness* o una capitalización de lo eurocéntrico a través de tuits donde los usuarios que buscan desvincularse de lo no europeo y racializado exhiben ciertas conductas para diferenciarse y aliarse con otros usuarios similares, a los que probablemente no conocen, pero con los que imaginan compartir los mismos valores. "Desde que nací no me avergüenzo del color de mi piel, cabello, ojos e idiosincrasia (sic) europea ... Y quiero seguir viviendo y trabajando con gente como yo, no con negros de mierda como uds (sic)" (tweet 13810).

Los pensamientos y opiniones expresados en el tuit 13810 reproducen y reafirman un *statu quo* de privilegios sociales que siempre será negado a prietos y negros. Sin embargo, estas aserciones supremacistas son expresadas en la convicción de que hay una audiencia supuesta, una comunidad imaginada en términos de Anderson (1991, 24–25), que estará de acuerdo con tales aserciones. Es así como cada usuario, desde su avatar virtual, lanza al ciberespacio tuits cuidadosamente creados, curados y pensados para conectar con cierta audiencia. En este sentido, personas reales encuentran en Twitter la oportunidad de participar en una nueva esfera social conservando la consistencia entre su identidad virtual y su identidad real, para así mantener lazos de pertenencia con su grupo de allegados y gente afín, sin por ello sacrificar la posibilidad de alcanzar nuevos públicos (Brock 2012; Maragh 2018; Marwick y Boyd 2010). Someten así al escrutinio potencial de miles de desconocidos, actitudes y comportamientos que antes solo compartían con su círculo más íntimo (Hensman Kettrey y Laster 2014; Kanjere 2018). De esta manera, las actitudes supremacistas y eurocéntricas, profundamente arraigadas y naturalizadas por los usuarios que las comparten, circulan por el discurso cotidiano de Twitter, en una batalla lingüística por mantener el *statu quo* entre personas que no se definirán nunca como blancas o privilegiadas, porque ser blanco y privilegiado es sinónimo de ser "gente normal" (Dyer 1997, 3). En este sentido, este grupo social está dispuesto a defender sus privilegios, aunque eso signifique vivir en sociedades desiguales y racializadas. Por ello, me concentré en encontrar a estas comunidades privilegiadas a partir de aquello con lo que no se identifican y rehúyen y que puede verse expresado en sus tuits.

Es importante resaltar una vez más que la mayoría de estos procedimientos de exclusión del diferente se realiza de manera acrítica. Como expresa Steve Garner (2007) "la blancura se vuelve invisible bajo el peso de los privilegios acumulados" (35). Es decir, los privilegios que detentan las personas no racializadas son concebidos como algo natural, esperable y, por lo tanto, invisible e indiscutible. En eso descansa la retórica de la blanquedad: en excluir a los diferentes y considerar normales a los que cumplen con sus estándares. Por eso, no es mi intención juzgar a los hablantes en su individualidad sino como manifestación de toda una cultura que avala conductas discriminatorias para salvaguardar su estructura. Tal como señaló oportunamente Castoriadis (1997), cada uno de nosotros como miembros de una sociedad tenemos el potencial de desplegar todos los aspectos negativos y positivos de nuestra cultura que fueron aprendidos en nuestros procesos de socialización (3). Consecuentemente, los patrones sociocognitivos —prejuicios, creencias, conocimientos compartidos socialmente— que nos permiten interpretar el mundo de cierta manera según Teun van Dijk (1994, 31) son continuamente influenciados y manipulados por los grupos dominantes quienes "saben que para controlar los actos de los otros es necesario controlar sus estructuras mentales" (10) y lo logran a través de la manipulación de los discursos. Para Teun van Dijk (1994), las personas más pobres y con menos educación tienen acceso limitado a los discursos pues acceden a discursos cotidianos y consumen pasivamente lo que le ofrecen los medios (14). No obstante, las élites tienen acceso preferencial a discursos empresariales, educativos, científicos y políticos y pueden determinar "quién debe hablar, sobre qué y en qué momento" (13). Así, las élites legitiman ideas que les permiten mantener su poder vigente en detrimento de los otros grupos.

Es cierto que en este mundo cada vez más hiperconectado parecería que el control de los discursos ha retornado a las masas. No obstante, Sam Hinton y Larissa Hjorth (2013), sugieren que aunque es tentador pensar que las plataformas de redes sociales promueven una nueva democratización de la información porque los usuarios pueden generar contenido y hacerlo circular, siempre es preciso recordar que las redes sociales son modelos de negocio donde los usuarios ceden el control de sus actividades a corporaciones que venden estos datos a terceras partes buscando rentabilidad (22). Esto es, los algoritmos rastrean las preferencias de los usuarios y establecen un perfil de consumidor (van Dijck 2013, 82). De esta forma, datos privados se convierten en mercancías sobre las que se establecen nuevos centros de poder (Hinton y Hjorth 2013, 29). Asimismo, aunque no fueron pensadas como medio de comunicación y expresión personal (Baym 2010, 13), las redes sociales fomentan el contacto personal y la conexión entre individuos y grupos (Meikle 2016, X) y han servido como instrumento de protesta y activismo (Tufekci 2017; Brock 2012; Anton Mahfoud et al. 2020), incluida la campaña #BlackLivesMatter, cuyos efectos fueron reportados en esta muestra.

Así y todo, cada red social tiene un perfil de usuario definido siendo Twitter la red social por la que hablan las élites, ya que es la red social que más atención recibe de la prensa, la que tiene más perfiles de usuarios institucionales y gubernamentales y a la que más recurren 5 millones de usuarios argentinos y 11 millones de mexicanos *centennials* y *millennials* urbanos, pertenecientes a clases acomodas, en busca de información oficial y política (Kemp 2021a; 2021b; Instituto Federal de Telecomunicaciones 2018; Romo de la Cruz 2020; Dumčiuvienė 2016, 98; BCW 2020).[1] Esto no quiere decir que en Twitter no haya diversidad, sino que, hasta el momento, Twitter ha sido la red social

---

1.   Los centennials o GenZ son la generación nacida entre 1995 y 2010 cuyos miembros de mayor edad comienzan ahora a integrarse al mercado laboral. Son el primer grupo etario que pasó toda su vida en la era de Internet, por lo que las empresas están comenzando a explorar sus hábitos de consumo que pueden diferir de los millennials nacidos entre 1980 y 1994 (Ortega Cachón, Soto San Andrés y Cerdán Carbonero 2016, 3).

preferida de los gobiernos para hablarle a las élites de sus países y del mundo. En este sentido, se constituye en otro instrumento para el control del discurso social, jerarquizado, donde la información circula desde el ápice superior hacia la base de la pirámide social en la que se hallan los sectores con menor poder de modificación del discurso. Por eso, en el siglo XIX, supuestamente post-racial, es de suma importancia abordar el funcionamiento de Twitter en nuestras sociedades hiperconectadas y desmantelar el eurocentrismo promulgado desde los sectores de poder que ahora se difunde también en los espacios virtuales.

Por otra parte, siguiendo a Michele Back y Virginia Zavala (2017), presupongo que nadie realmente quiere ser clasificado como racista, por lo que los usuarios necesitaron fabricar alguna justificación para la estratificación social que respaldan en sus tuits. De esta manera, en la muestra los "pinches prietos" fueron acusados de ser pobres, jodidos, muertos de hambre y de trabajar como albañiles en deliberada alusión a las clases bajas donde supuestamente están los oscuros. También fueron caracterizados como indígenas y faltos de intelecto, por ejemplo: "Puro pinche Prieto abuelo indio [...] gente estúpida" (tuit 1806), donde se infiere que ser prieto y estúpido es consecuencia de la ascendencia indígena. Otras alusiones que desprecian a lo indígena y autóctono encontradas consistieron en denominar a los "prietos" como pelos de nopal, come conchas, servil, traes el nopal en la cara, miserable, huasteco, oaxaco, indio paisa, bigotes de indio aguamielero, color indio, pinche indio acomplejado, y gente color mole. Asimismo, ejemplos como el siguiente: "pinche prieto ... Eres un muerto de hambre y no dejarás de ser un jodido aspiracionista LLORÓN" (tweet 1870) expresan, de acuerdo con Hernández (2015) cómo el paso del sistema colonial delimitado por castas raciales al sistema capitalista democrático dividido en clases sociales implicó que las clases dominantes se erigieran como racialmente superiores (267). Al hacerlo, las élites estigmatizaron a aquellos a quienes consideraban inferiores para dominarlos, construyendo todas las estructuras sociales destinadas a mantener los privilegios de clase para sí mismos.

Como bien argumentaba Aníbal Quijano (2000), "las 'clases sociales', en América Latina, tienen 'color'" (241). Esto quiere decir que, al igual que la raza, la clase social es un *habitus*, una forma de vida, y muchas veces se suele utilizar la raza como estructura integradora de clases sociales (Hernández 2015; Moreno Figueroa 2010). Eso explica por qué, en varias oportunidades, se encontraron tuits que integraban la ideología eurocéntrica con la formación de clases sociales dentro de la muestra. Esta asociación entre clase baja y piel oscura se presenta con frecuencia en la sociedad mexicana y constituye estereotipos raciales deshumanizantes muy difundidos (Moreno Figueroa 2010; Navarrete 2016; Pérez 2017). Por ejemplo, en un tuit leemos, "Hasta acá huele a ignorancia, pobreza y humedad. Ya quítenle el celular a ese pinche prieto, cara de macaco con aires de sureño" (tuit 263). Asimismo, en la muestra los 'prietos' también fueron calificados de feos, resentidos, frustrados, incivilizados, incapaces de formar ciudadanía y de integrarse sin reservas al tejido social: "Puro pinche prieto pendejo acomplejado que se siente inferior te trata mal por ser blanco y con dinero no es nuestra culpa haber nacido perfectos" (tuit 900). De acuerdo con Pedro Ángel Palou, a partir de la Revolución Mexicana, fue necesaria la construcción de un nuevo proyecto de nación que integrara a las masas campesinas e indígenas. En este sentido, el mestizaje fue el mito que pretendió homogenizar a las diversas etnias convivientes en México persuadiendo a la población de que todos estaban en igualdad de condiciones para alcanzar la movilidad social (Palou 2014, 13–26). No obstante, en sus aspectos prácticos, este proyecto intelectual finalmente fracasó por diversos motivos. Para Palou (2014) su declive ocurrió después de la crisis de 1984 cuando la movilidad social terminó (27). No obstante, para otros teóricos el color de la piel nunca dejó de ser central en el acceso a los bienes de la cultura y el capital, estableciendo una pigmentocracia que estratifica a la población por color (Telles 2014, 3). Esto es, aunque el mito del mestizaje celebra la mezcla, para Moreno Figueroa no todas las mixturas son interpretadas como equivalentes puesto que algunas son más celebradas que otras (El Colegio de México 2015, 04'02"). Asimismo, Erika Vázquez Flores (2015) señala que mientras se pondera la herencia cultural de las antiguas civilizaciones mayas y aztecas, se desprecia al indígena contemporáneo, caracterizándolo como criminal o invasor (162).

Por su parte, en la muestra, a los "negros de mierda" se les acusó de ser el impedimento para el avance social y económico de Argentina, "Negros de mierda....está (sic) es la gente que hace de este país un desastre...no.salimos más.con (sic) este negraje" (tuit 2387). En este tuit subyace la idea de que hay un progreso por alcanzar, que se ve impedido por el comportamiento incivilizado de ciertos grupos. Para los argentinos, el mito de constitución nacional no es el mestizaje sino, en palabras de Amy Kaminsky (2009), la Argentina monocultural donde su población fue importada directamente de Europa a finales del siglo XIX y principios del XX y trasplantada sin intermediarios en suelo argentino (15). Asimismo, el proyecto civilizatorio tampoco avanzó como las élites esperaban, pese a la violencia y silenciamiento ejercidos sobre indígenas y africanos. Es así como la Argentina se percibe como un crisol de razas europeas con un destino de grandeza que no ha logrado realizar (Geler 2016; Kaminsky 2009; Alberto 2022; Joseph 2000; Gordillo 2016). Es importante destacar que en la idiosincrasia argentina subyace la idea que la inmigración europea traía consigo "la cultura del trabajo", elemento que les habría permitido ascender rápidamente en la escala social a diferencia de las poblaciones indígenas y criollas. En este sentido, se puede leer en el tuit 2387 que la única razón por la cual el país no progresaría sería la carencia del componente europeo en los "negros". Asimismo, los supuestos "no europeos" también son calificados de ignorantes, incapaces de funcionar como ciudadanos, vagos, inútiles y una carga para el gasto público: "negros de mierda. (sic) piqueteros ociosos y delincuentes los quiero afuera porque no podemos ser un país civilizado es una pesadilla esto" (tweet 15797), indicando que no pertenecen al espacio público ni a la nación.[2] De la misma manera, se les tilda de salvajes e incivilizados, al tiempo que se subraya su supuesta criminalidad, equiparándolos con ser ladrones y asesinos.

En este sentido, para lidiar con esta contradicción entre el mito y la realidad, en muchos tuits argentinos se sugiere aplicar el eliminacionismo, como en el siguiente ejemplo: "En serio hay gente que defiende a estos negros de mierda? (sic) lo minimo (sic) que se merecen es un tiro en la cabeza" (tuit 4644). El eliminacionismo, según Daniel Goldhagen (2009), surge cuando las personas y los grupos de poder encuentran enemigos para justificar su miedo ante situaciones que perciben amenazantes y les causan ansiedades sociales. De esta manera, intentarán eliminarlos para neutralizar cualquier daño que pudieran causar (2009, 14). Por su parte, David Neiwert (2009), considera que el eliminacionismo comienza cuando se considera a otras personas o grupos como sub-humanos y desde la retórica se plantea la posibilidad

---

2.   Piquetero se refiere al "conjunto de personas que recorren las calles o se paran en determinados lugares para denunciar en una plataforma de protesta o impedir que se trabaje cuando se ha convocado una huelga" (Lexico Dictionaries 2021). Los piqueteros cobraron importancia tras la crisis de 2001 como un movimiento político con diferentes alineaciones partidarias, generalmente integrado por desocupados que exigían fines muy específicos como alimentos o subsidios estatales, apelando al tranque para llamar la atención de las autoridades (Birss 2005).

de eliminarlos. Cuando un hecho de eliminacionismo sucede, la retórica se usa para justificar tales actos de violencia (212).

## Mitos nacionales y la creación de la otredad

En ambos contextos sociales, los tuits demostraron claramente que los mitos nacionales seguían vivos en la mente de los usuarios. Estas narrativas nacionales cuya función era la de unir a grupos heterogéneos de personas dentro de un mismo Estado, contenían mecanismos inclusivos y excluyentes al mismo tiempo (Geler 2016; Moreno Figueroa 2010; Oszlak 1982). Es decir, por un lado, se imagina una sociedad mestiza mexicana o un crisol de razas argentino-europeo y se iguala a todos los ciudadanos bajo esas denominaciones; pero, por otro lado, se excluye a los que no logran integrar estos ideales, ya sea por ser indígenas o negros o pobres. De esta manera, son arrojados a una zona gris donde no terminan de ser ciudadanos argentinos o mexicanos del todo porque son interpretados como inadecuados, como si les faltara algo que pudiera hacerlos verdaderamente aptos para integrarse a la nación. "Que los caguen a tiros a todos por negros de mierda, lo llevan en la sangre, en el alma. Es otra raza, otra cultura esa gente! (sic) No entienden ... por eso mátenlos si son un estorbo" (tweet 1804). Según el autor del tuit, es necesario eliminarlos porque es imposible arreglarlos ya que la raíz del mal la llevan en su constitución biológica y se extiende a las características espirituales. En ese sentido, el autor del tuit encuentra difícil integrarlos a la sociedad argentina porque no hay nada genético ni espiritual que los haga identificarse con el conjunto de la población y por eso deben morir. En el caso de los tuits mexicanos encontramos frases como "Pinche Prieto órale a tu cerro a bailar" (tweet 822).[3] El eurocentrismo en este caso tiene una referencia de espacialidad, donde Twitter, como parte de la esfera pública tradicionalmente ocupada por los "blancos", no es un espacio para los "indios" en tanto son interpretados como individuos incapaces de ejercer derechos ciudadanos, según el autor del tuit. Por eso, el tuit impera a que sean excluidos y silenciados inmediatamente cuando expresa "órale". A su vez, la referencia al cerro entraña la imagen del espacio rural en el cual el no europeo debería recluirse, según el autor del tuit.

---

3.  Se alude a las costumbres de los indígenas católicos que vivían en las partes altas de los cerros, que eran los lugares donde eran desplazados por los colonizadores.

Claro está que los ideales nacionales contenidos en los mitos se basan en el eurocentrismo que distribuye privilegios de manera no equitativa, distinguiendo tipos de mestizaje y modelos de ciudadanos, fomentando ansiedades sociales por todo lo que es diferente (El Colegio de México 2015; Joseph 2000; Kaminsky 2009; Keeling 2017; Moreno Figueroa 2010; Vargas Cervantes 2015; Vázquez Flores 2015). En ese sentido, los malestares sociales se expresaron a través de la deshumanización, "siempre me asombra la cantidad de mugre que los nacos sueltan cuando se meten al agua. Like wtf (sic) desde cuando no te bañas pinche prieto ... Creen que por que son color mugre no se nota" (tweet 1107). Aquí el autor del tuit asocia ser prieto con falta de cuidado personal y pereza. Algunos otros que tuitean en la misma línea llaman directamente a los "prietos" como pinche prieto mugroso o pinche prieto asqueroso. Según Wiener (2020), en las culturas hispanoamericanas el color marrón es frecuentemente inscrito con la suciedad o los excrementos. Este comportamiento tiene su reflejo en la escuela cuando los alumnos en sus primeros años aprenden a asociar el lápiz rosa claro con el "color de piel" como si las únicas pieles deseables o válidas fueran las claras. En la muestra encontré ejemplos de esta actitud: "Cállese pinche prieto color kaki" (tweet 481), señalando la no blancura del interlocutor imaginado y, al mismo tiempo, intentando silenciarlo, es decir, dominar al otro denigrando el color de la piel. Asimismo, la piel, en los tuits mexicanos, fue asociada con otros elementos como el chapopote, las llantas, y la piel color cartón mojado, acentuando el rasgo deshumanizador en la comparación con objetos que muchas veces forman parte de basureros.[4]

El problema de deshumanizar a las comunidades es que instaura la creencia de que no merecen derechos, respeto, dignidad o protección porque no son seres humanos en su totalidad. En este sentido, el discurso es poderoso, solo se necesita una pequeña chispa para encender el polvorín del eliminacionismo que surge cuando las personas se sienten amenazadas y encuentran enemigos para justificar su miedo ante situaciones que generan ansiedades sociales (Goldhagen 2009; Neiwert 2009). Por eso, las palabras tienen significado y peso propio en sociedades donde la desigualdad es palpable. Normalmente, esos enemigos se encuentran dentro de las personas marginadas. Es decir, en Twitter la gente practica eliminacionismo —al menos en el sentido teórico— a través del discurso, de alguna manera actualizando lo que históricamente se

---

4. Chapotote se refiere a alquitrán.

practicó de manera concreta mediante la aplicación de políticas de Estado que diezmaron poblaciones amerindias, desaparecieron y asesinaron a "elementos subversivos", o promovieron la asociación positiva con personas de piel clara y características europeas. Esta presencia del eurocentrismo, la deshumanización y el eliminacionismo en el discurso de Twitter no es un hecho menor ya que para que una población naturalice condiciones injustas y contrarias a la dignidad humana, primero debe aceptar las desigualdades a un nivel mental, en los patrones sociocognitivos. Esto se logra a través de la adaptación del lenguaje a los intereses de las clases poderosas que necesitan mantenerse en la cúspide de la pirámide social (Back y Zavala 2017; Gamarnik 2017; van Dijk 1994; Vázquez Flores 2015), con lo cual, la privación de derechos del diferente es perfectamente funcional a su causa. Siguiendo las nociones de Jean-Luc Nancy (2000), es crucial destacar que los usuarios que buscan la confrontación entre "nosotros" y "los otros" están manifestando un profundo deseo de comunidad: un anhelo de reconocimiento, conexión, afinidad y resonancia, que emerge en la interacción con los demás. Sin embargo, lo que obtienen a cambio son fragmentos dispersos de discurso, momentos fugaces e incluso conflictivos, en los cuales no se forja una identidad clara y el sentido de pertenencia se mantiene siempre contingente. Esto ocurre porque la comunidad, en su esencia, es una entidad incompleta y vacía de propósito, donde la singularidad de los individuos se encuentra en la diferencia con el otro. De esta forma, emerge una multiplicidad de voces y opiniones divergentes. Cualquier intento de homogeneización, ya sea mediante un aglutinamiento nacional o prácticas eliminacionistas, es, al final, un acto insostenible e imposible.

A pesar de todas las afirmaciones dañinas y potencialmente peligrosas que se encontraron en las muestras, como mencioné al principio del capítulo, también fue posible observar cómo otros usuarios de Twitter se apropiaron de la plataforma y sus posibilidades para expresar cómo la marginación y la racialización los habían alcanzado a lo largo de su vida. "A mí el racismo me tocó crudo y salvaje... hasta que llegué a odiarme sólo por ser moreno. 'Es buen Niño, lástima que sea moreno' 'es que Luis es prieto' 'los morenos van atrás para que no se vean en la foto' 'pinche prieto', 'si no fuera por su mamá hubiera salido blanco'" (tweet 992). Este tuit demuestra el argumento de Moreno Figueroa (El Colegio de México 2015, 5'01") de que el racismo se vive en un plano íntimo, porque el protagonista de la historia se compara y es comparado con los integrantes de su grupo de pertenencia. En este sentido, hubo usuarios deseosos de contribuir con sus experiencias o sus reflexiones a un cambio que aún no se ha producido, tendiente a cuestionar la discriminación en todos los niveles (intrafamiliar, social, laboral, escolar) y señalar la hipocresía para así dejar de normalizar estos comportamientos. "Todos subiendo fotos a ig (sic) en contra del racismo y desps(sic) somos los primeros en decir 'negros de mierda'" (tuit 10704). En este sentido, es claro que nadie quiere ser etiquetado como racista en un mundo donde, en cierto modo, los procedimientos propios de las clases medias y altas de los Estados Unidos en los que "se apoyó el multiculturalismo por blancos de clase media" son imitados por las élites latinoamericanas siguiendo el modelo multicultural impuesto (Nelson et al. 2018, 240). En ese sentido, lo que realmente les importa es cultivar una imagen propia que no se pueda vincular con el racismo y Twitter, en este caso, ofrece el ambiente perfecto para este tipo de pronunciamientos. No obstante, estas acciones suelen carecer de sinceridad; más bien, son actos performativos que los interlocutores llevan a cabo con el fin de no parecer racistas (Back y Zavala 2017, 13–14; Moreno Figueroa y Saldívar Tanaka 2016, 516).

Como mencioné más arriba, para van Dijk (1994), dominar los actos lingüísticos de una población es moldear sus patrones cognitivos y definir, ultimadamente, la visión del mundo que compartirán. Este control lo realizan las élites a través de la persuasión, dejando circular ciertas ideas y bloqueando otras; de tal manera, comprender los discursos sociales es comprender el funcionamiento de la sociedad que los construye (1994, 9–11). A raíz de la explosión de las nuevas tecnologías de la comunicación digital, los individuos y las comunidades llevaron sus actos lingüísticos también a la arena virtual. En este sentido, Internet es un lugar —o un no lugar por su carácter efímero, transaccional y provisional en términos de Marc Augé (2000, 98–107)— donde además de adquirir bienes y servicios, comerciar, informar, jugar, conocer gente, opinar y suscribirse a canales de cocina, las personas también reproducen visiones del mundo conectadas con su manera de organizar las sociedades y distribuir privilegios. Así, aunque mucho de lo que circula en Twitter puede ser etiquetado como diálogo superficial (Rogers 2013, 3), todo lo que decimos diariamente proviene de nuestras concepciones culturales, el sistema social del cual participamos y de nuestra visión de la realidad teñida de nuestros propios prejuicios, miedos y esperanzas. A su vez, André Brock (2012) argumenta que muchas veces las concepciones culturales relacionadas con nuestra etnicidad configuran y dan forma al uso que las comunidades hacen de Twitter (531).

Es decir, antes de la era de Internet, el eurocentrismo se reproducía a través de todo el conjunto de prácticas discursivas que tienen lugar dentro de una comunidad: familia, escuela, libros, ciencia, relaciones laborales, religión, arte, cine, y medios masivos de comunicación (Berger et al. 2004; Daniels 1997; Guaraná 2018; Kerr, 2017; Roediger 2007; Wiegman 1999). Sin embargo, por la ubicuidad de las redes en la vida cotidiana, ahora Twitter también forma parte de estas prácticas comunitarias en la reproducción del eurocentrismo. Cuando las personas que se reconocen, consciente o inconscientemente, dentro de los grupos de blancos o privilegiados llevan a cabo comportamientos racistas están, de hecho, construyendo y reconstruyendo su propia afiliación (Lipsitz 2006, 2–3). Se trata de una capitalización económica y cultural que involucra toda la red de relaciones que establecen los individuos, los lugares que visitan, las escuelas donde educan a sus hijos, las profesiones que desempeñan, los barrios que habitan, entre otros símbolos de pertenencia a un determinado grupo social. Asimismo, intentan proteger todos los derechos inherentes a su posición privilegiada dificultando que otras comunidades con menor capital económico y cultural —usualmente comunidades no blancas, empobrecidas o marginadas— accedan a derechos y bienes económicos y culturales. Este fenómeno, de capitalización de la blanquedad (Lipsitz 2006, 2–3), sucede también en otras comunidades privilegiadas alrededor del mundo con características propias arraigadas en sus formas de construir cultura (Aidoo 2018; Alberto y Elena 2016; Guaraná 2018; Kerr 2017; Moreno Figueroa y Saldívar Tanaka 2016; Quijano 2000; Sansone 2003). En este sentido, las sociedades en Hispanoamérica realizan continuamente prácticas vinculadas a mantener el eurocentrismo vigente.

Actualmente, a través de las redes sociales y plataformas virtuales, es posible visualizar estas prácticas a través de instrumentos de las humanidades para, al diseccionarlas y observarlas de cerca, cuestionarlas. Asimismo, coincido con Livio Sansone (2003) en que la globalización produce nuevas identidades multiculturales y nuevas formas de racismo donde las sociedades hispanoamericanas reflejan la influencia cultural de los Estados Unidos como poder hegemónico (5–7). Más aún, a lo largo del texto intenté comprobar que, al recopilar tuits correspondientes a usuarios de Argentina y México, podemos observar características culturales vinculadas a su imaginario social que se construyen bajo la influencia del eurocentrismo imperante. Desafortunadamente, no hay sociedades humanas que hoy puedan declararse libres de desigualdades. Sin embargo, el Análisis Crítico del Discurso nos permite desenmascarar las estrategias discursivas de las élites y grupos de poder, y descubrir cómo operan en la cotidianidad. A su vez, siguiendo a André Brock (2018), el Análisis Crítico del Discurso aplicado a las tecnologías digitales revela que Twitter no es una plataforma mecánica neutra, sino un artefacto cultural en el cual la intervención académica puede desentrañar sus implicaciones en el tejido social. Si antes los humanistas analizábamos textos fijos sobre un soporte, hoy asistimos a textos efímeros que duran unos segundos antes de ser sustituidos por otros en una iteración sin fin. Esto también ofrece testimonios sobre la era contemporánea ejecutada en tiempo real. Por tanto, el estudio de las redes sociales y plataformas virtuales es valioso y no debe ser subestimado ni banalizado, pues cada uno de los tuits está revestido de prejuicios, cargas simbólicas y puntos de vista, reflexiones que evocan a todo un grupo humano y las luchas por el poder que se viven por el dominio del discurso.

## Conclusiones

Como he demostrado en este capítulo, México y Argentina, a pesar de ser dos países cuyo devenir histórico y posición en el mundo los hace completamente diferentes, preservan ciertos rasgos comunes derivados de la colonización española y de su constitución como naciones modernas. De esta manera, sus habitantes navegan en el eurocentrismo como una característica que define su ingeniería social. En este sentido, ambas sociedades se encuentran organizadas por parámetros raciales que se entremezclan con otras clasificaciones como el estatus social, el nivel educativo o la participación ciudadana que son coincidentes con depositar en la cúpula de la pirámide social a aquellas personas con mayor poder económico y capital cultural quienes desde esa posición de privilegio dominan el discurso social. Las comunidades de Twitter analizadas aquí parecen pertenecer a esos grupos privilegiados ya que se apartan a sí mismos de los grupos marginales de la base de la pirámide, a través de comportamientos y actitudes descriptas utilizando los discursos de 280 caracteres que lanzan a la ciber esfera. Asimismo, en esos tuits se pueden leer discursos supremacistas absolutamente normalizados en el habla cotidiana a través de prácticas continuas que validan la exclusión social como si fuera algo natural y deseable. Es así como los individuos racializados son percibidos como un obstáculo al progreso del país, y por ello deben ser excluidos, silenciados y hasta eliminados en un sentido figurado. Sin embargo, no puede decirse que Twitter propicie estos comportamientos. Más bien, parece ser que estas ideas ya estaban presentes y Twitter las amplifica y expande mucho más allá del ámbito privado y familiar. En este sentido, los individuos emiten sus pareceres para alinearse con una comunidad imaginada a la que creen pertenecer puesto que concuerda con sus valores. Al mismo tiempo, saben que sus dichos se opondrán a los de otras comunidades a las que imaginan cargadas de antivalores, y eso refuerza su lazo de pertenencia. En este sentido en Twitter, como en la vida *offline*, se vive una lucha por el dominio del discurso social, donde es necesario imponer ideas que luego se traduzcan en comportamientos y actitudes favorables a los grupos privilegiados.

A pesar de la tendencia general a plegarse en actitudes eurocéntricas y supremacistas, aún es posible vislumbrar algún atisbo de crítica a este sistema desigual y opresor cuando ciertos usuarios, presumiblemente más jóvenes y animados por las recientes nociones de multiculturalidad, se atreven a desafiar aquello aprendido en sus procesos de socialización y demandar una nueva distribución de privilegios, un poco más equitativa. En este sentido, percibo que dadas las ideas recientes que promueven la diversidad y la multiculturalidad, y luego de la fuerza que cobró el movimiento #blacklivesmatter en 2020, se inicia una etapa de revisión de viejos valores heredados. Esta situación se sumó a cambios aún por implementarse en un mundo postpandemia e hiperconectado, en el que los mitos nacionales basados en el racismo "científico" empiezan a ser discutidos desde la perspectiva de los ciudadanos comunes usando efímeros tuits. En consecuencia, sostengo que las percepciones de la gente común, en un futuro cercano contribuirán a la historia oficial, terreno tradicionalmente reservado a gobiernos y teóricos, que hoy parece estar democratizándose, de cierta manera, al ser discutida entre audiencias más amplias. Es tarea de los humanistas digitales distinguir hasta qué punto Twitter nos permite acceder a la realidad, y a través de qué lentes vamos a analizar los nuevos problemas que plantea la ciber esfera. En ese sentido, invito a continuar monitoreando los espacios virtuales y la incorporación de nuevas audiencias de usuarios más jóvenes, ya que su comportamiento y actitudes ante el eurocentrismo definirán la creación o no de sociedades más igualitarias.

## Referencias

Ahmed, Sara. 2007. "A Phenomenology of Whiteness." *Feminist Theory* 8 (2): 149–168. https://doi.org/10.1177/1464700107078139.

Aidoo, Lamonte. 2018. "Diluting the 'African' Nation: European Immigration, Whitening, and the Crisis of Slave Emancipation." *Alternativas* 8. https://alternativas.osu.edu/en/issues/spring-8-2018/miscellany2/aidoo.html.

Alberto, Paulina, y Eduardo Elena, eds. 2016. *Rethinking Race in Modern Argentina*. Cambridge: Cambridge University Press. https://www .cambridge.org/core/books/rethinking-race-in-modern-argentina /28D4716943399AE5161DA1741E2415B3.

Alberto, Paulina L. 2022. *Black Legend: The Many Lives of Raúl Grigera and the Power of Racial Storytelling in Argentina*. New York: Cambridge University Press.

Anderson, Benedict. 1991. *Imagined Communities: Reflections on the Origin and Spread of Nationalism*. 2nd ed. London: Verso.

Anton Mahfoud, Alexandra, Ashley Brown, Dara Dawson, Dennis Espejo, Sofia Jacalone, Stephanie Jiménez, Isabel Morales, y Abby Neiser. 2020. "Black Lives Matter: A Panorama of the Movement Across Latin America and the Caribbean." *Panoramas*. November 15, 2020. https://www.panoramas.pitt .edu/news-and-politics/black-lives-matter-panorama-movement-across -latin-america-and-caribbean.

Augé, Marc. 2000. *Los no lugares. Espacios del anonimato. Una antropología de la sobremodernidad*. Barcelona: Gefisa Editorial.

Back, Michele, y Virginia Zavala, eds. 2017. *Racismo y lenguaje*. Lima: Fondo Editorial. Pontificia Universidad Católica del Perú.

Baym, Nancy K. 2010. *Personal Connections in the Digital Age*. Cambridge - Malden: Polity.

BCW. 2020. "The 50 Most Followed World Leaders." *Twiplomacy* (blog). September 11, 2020. https://twiplomacy.com/ranking/the-50-most-followed-world -leaders-on-twitter/.

Berger, Maurice. 2004. *White: Whiteness and Race in Contemporary Art*. Issues in Cultural Theory. New York: Distributed Art Publisher.

Birss, Moira. 2005. "The Piquetero Movement: Organizing for Democracy and Social Change in Argentina's Informal Sector." *Journal of the International Institute* 12 (2). http://hdl.handle.net/2027/spo.4750978.0012.206.

Brock, André. 2012. "From the Blackhand Side: Twitter as a Cultural Conversation." *Journal of Broadcasting & Electronic Media* 56 (4): 529–549. https://doi .org/10.1080/08838151.2012.732147.

———. 2018. "Critical Technocultural Discourse Analysis." *New Media and Society* 20 (3): 1012–1030. https://doi.org/10.1177/1461444816677532.

Castoriadis, Cornelius. 1997. "El imaginario social instituyente." *Zona Erógena* 37: 9.

Daniels, Jesse. 1997. *White Lies: Race, Class, Gender and Sexuality in White Supremacist Discourse*. 1st. New York & London: Routledge.

Demsar, Janez, Tomaz Curk, Ales Erjavec, Crt Gorup, Tomaz Hocevar, Mitar Milutinovic, Martin Mozina, et al. 2013. "Orange: Data Mining Toolbox in Python." *Journal of Machine Learning Research* 14: 2349–2353.

Dijck, José van. 2013. *The Culture of Connectivity. A Critical History of Social Media*. New York: Oxford University Press. https://www.scribd.com /document/363134602/Jose-van-Dijck-The-culture-of-connectivity-a -critical-history-of-social-media-Oxford-University-Press-2013.

Dijk, Teun A. van. 1994. "Discurso, poder y cognición social." *Cuadernos* 2 (2). Maestría en Lingüística. Escuela de Ciencia del Lenguaje y Literaturas de la Universidad del Valle.

Dumčiuvienė, Aušra. 2016. "Twiplomacy: The Meaning of Social Media to Public Diplomacy and Foreign Policy of Lithuania." *Lithuanian Foreign Policy Review* 35 (June). https://doi.org/10.1515/lfpr-2016-0025.

Dyer, Richard. 1997. *White*. Abingdon, England: Routledge.

El Colegio de México, dir. 2015. *Racismo y belleza comentarios por Mónica Moreno Figueroa*. Programa de Educación Digital. México. https://www.youtube .com/watch?v=A9zAsou7Ido&list=PLT5SeUnLUWXmL9UaJwz_SfJMjNK --AYL3&index=23&t=407s.

Foucault, Michel. 2004. *Archeology of Knowledge*. Classic. New York & London: Routledge.

Fuentes, Pamela. 2018. *Ignacio Aguiló, The Darkening Nation: Race, Neoliberalism, and Crisis in Argentina (U. Wales, 2018)*. Podcast. New Books Network. Pace University, NYC Campus. https://newbooksnetwork.com/ignacio -aguilo.

Gamarnik, Cora. 2017. "La imagen de la 'subversión': cómo se construyó la imagen del enemigo (1976–1979)." *Sudamérica* 7: 19–52.

Garner, Steve. 2007. *Whiteness, an Introduction*. London & New York: Routledge.

Geler, Lea. 2016. "African Descendent and Whiteness in Buenos Aires." In *Rethinking Race in Modern Argentina*, edited by Paulina Alberto y Eduardo Elena, 213–240. Cambridge: Cambridge University Press.

Giroux, Amy L. 2020. "Twitter Data Scraping Tutorial. Understanding Digital Culture: Humanist Lenses for Internet Research." In *NEH Summer Institute*. Orlando, Florida: University of Central Florida.

Goldhagen, Daniel Jonah. 2009. *Worse than War. Genocide, Eliminationism, and the Ongoing Assault on Humanity*. 1st ed. New York: PublicAffairs.

Gómez de Silva, Guido. 2001. *Diccionario breve de mexicanismos*. México: Academia Mexicana - Fondo de Cultura Económica.

Gordillo, Gastón. 2016. "The Savage Outside of White Argentina." In *Rethinking Race in Modern Argentina*, edited by Eduardo Elena y Paulina Alberto, 241–267. Cambridge: Cambridge University Press.

Guaraná, Bruno. 2018. "Taís Araújo: The Black Helena against Brazil's Whitening Television." *Black Camera* 10 (1): 42. https://doi.org/10.2979 /blackcamera.10.1.03.

Hensman Kettrey, Heather, y Whitney Nicole Laster. 2014. "Staking Territory in the 'World White Web': An Exploration of the Roles of Overt and Color-Blind Racism in Maintaining Racial Boundaries on a Popular Web Site." *Social Currents* 1. https://doi.org/10.1177/2329496514540134.

Hernández, Franklin Gil. 2015. "'Estar en el mundo de los blancos'": las tensiones entre clase y raza en las experiencias de personas racializadas como negras en sectores medios en Bogotá D.C." *Revista De Antropologia* 52 (2): 263–287. https://doi.org/10.11606/2179-0892.ra.2015.124243.

Hinton, Sam, y Larissa Hjorth. 2013. *Understanding Social Media*. London: SAGE Publications Ltd.

Instituto Federal de Telecomunicaciones. 2018. "Encuesta Nacional de Consumo de Contenidos Audiovisuales 2018." Survey. México: Instituto Federal de Telecomunicaciones. http://www.ift.org.mx/sites/default/files/contenidogeneral/medios-y-contenidos-audiovisuales/encca18nacional.pdf.

Iturriaga Acevedo, Eugenia. 2015. "La ciudad blanca de noche: las discotecas como espacios de segregación." *Alteridades* 25 (50): 101–111.

Joseph, Galen. 2000. "Taking Race Seriously: Whiteness in Argentina's National and Transnational Imaginary." *Identities Global Studies in Culture and Power* 7 (3): 333–371. https://doi.org/10.1080/1070289X.2000.9962671.

Kaminsky, Amy. 2009. "Argentina White." In *At Home and Abroad: Historicizing Twenty-Century. Whiteness in Literature and Performance*, edited by Delois Jennings. Knoxville: The University of Tennessee Press.

Keeling, David. 2017. "Sociocultural and Territorial Aspects of Argentine Identity." In *Scaling Identities: Nationalism and Territoriality*, edited by Guntram H Herb y David H Kaplan, 302. Boulder, CO: Rowman & Littlefield Publishers.

Kemp, Simon. 2021a. "Digital 2021 Argentina (January 2021) V01." October 2. https://www.slideshare.net/DataReportal/digital-2021-argentina-january-2021-v01.

———. 2021b. "Digital 2021 Mexico (January 2021) V01." August 2. https://www.slideshare.net/DataReportal/digital-2021-mexico-january-2021-v01.

Kerr, Ashley. 2017. "From Savagery to Sovereignty: Identity, Politics, and International Expositions of Argentine Anthropology (1878–1892)." *Isis* 108 (1): 62–81. https://doi.org/10.1086/691395.

Lexico Dictionaries. 2021. "Spanish Oxford Dictionaries definitions." Lexico Dictionaries | Español. 2021. https://www.lexico.com/es/definicion/groncho.

Lipschutz, Alejandro. 1944. *El indoamericanismo y el problema racial en Las Américas*. 2nd ed. Santiago, Chile: Editorial Nascimento.

Lipsitz, George. 2006. *The Possessive Investment in Whiteness. How White People Profit from Identity Politics*. 2nd ed. Philadelphia: Temple University Press.

Mamaní, Alejandro. 2020. "Negros de alma." *Cosecha Roja* (blog). January 30, 2020. http://cosecharoja.org/negros-de-alma/.

Maragh, Raven S. 2018. "Authenticity on 'Black Twitter': Reading Racial Performance and Social Networking." *Television & New Media* 19 (7): 591–609.

Marwick, Alice E., y danah boyd. 2010. "I Tweet Honestly, I Tweet Passionately: Twitter Users, Context Collapse, and the Imagined Audience." *New Media & Society* 13 (1): 114–33. https://doi.org/10.1177/1461444810365313.

Meikle, Graham. 2016. *Social Media: Communication, Sharing and Visibility.* New York: Routledge.

Moreno Figueroa, Mónica G. 2010. "Distributed Intensities: Whiteness, Mestizaje and the Logics of Mexican Racism." *Ethnicities* 10 (3): 387–401. https://doi.org/10.1177/1468796810372305.

Moreno Figueroa, Mónica G., y Emiko Saldívar Tanaka. 2016. "'We Are Not Racist. We Are Mexicans': Privilege, Nationalism and Post-Race Ideology in Mexico." *Critical Sociology* 42 (4–5): 515–533. https://doi.org/10.1177/0896920515591296.

Nancy, Jean-Luc. 2000. *La comunidad inoperante.* Translated by Juan Manuel Garrido Wainer. Santiago de Chile: Libros Arces-lom.

Navarrete, Federico. 2016. "Alfabeto racista mexicano (I)." *Horizontal*, March 3, 2016. https://horizontal.mx/alfabeto-racista-mexicano-1/.

Neiwert, David. 2009. *The Eliminationist. How Hate Talk Radicalized The American Talk.* 1st ed. Sausalito, U.S.: PoliPointPress.

Nelson, Jacqueline K, Maria Hynes, Scott Sharpe, Yin Paradies, y Kevin Dunn. 2018. "Witnessing Anti-White 'Racism': White Victimhood and 'Reverse Racism' in Australia." *Journal of Intercultural Studies* 39 (3): 339–358. https://doi.org/10.1080/07256868.2018.1459516.

Ortega Cachón, Iñaki, Iván Soto San Andrés, y Cecilio Cerdán Carbonero. 2016. "Resumen ejecutivo Generación Z. El último salto generacional." Bilbao, España: Atrevia Consultora Global de Comunicación. Deusto Business School. http://ethic.es/wp-content/uploads/2016/04/ResumenEjecutivo_GeneracionZ_140315-2.pdf.

Oszlak, Oscar. 1982. "Reflexiones sobre la formación del estado y la construcción de la sociedad argentina." *Desarrollo Económico Revista de Ciencias Sociales* XXI (March):18.

Palou, Pedro Ángel. 2014. *El fracaso del mestizo.* México: Paidós.

Pérez, Mónica Isabel. 2017. "La belleza de ser mexicano." *The New York Times*, September 6, 2017. https://www.nytimes.com/es/2017/06/09/espanol/america-latina/la-belleza-de-ser-mexicano.html.

Quijano, Anibal. 2000. "Coloniality of Power and Eurocentrism in Latin America." *International Sociology* 15 (2): 215–232. https://doi.org/10.1177/0268580900015002005.

Roediger, David R. 2007. *The Wages of Whiteness. Race and the Making of American Working Class.* 3rd ed. London & New York: Verso.

Rogers, Richard. 2013. "Debanalizing Twitter: The Transformation of an Object of Study." In *Proceedings of the 5th Annual ACM Web Science Conference on - WebSci '13*, 356–365. Paris, France: ACM Press. https://doi.org/10.1145 /2464464.2464511.

Romo de la Cruz, Jesús. 2020. "Facebook en México: usuarios por generaciones y nivel socioeconómico." *ConsumoTIC*, February 20, 2020. https://www .consumotic.mx/tecnologia/facebook-en-mexico-usuarios-por-generaciones -y-nivel-socioeconomico/.

Sansone, Livio. 2003. *Blackness Without Ethnicity. Constructing Race in Brazil.* 1st ed. New York: Palgrave Macmillan.

Solís, Patricio, Alice Krozer, Carlos Arroyo Batista, y Braulio Güémez Graniel. 2019. "Ethnic/Racial Discrimination in Mexico: A Taxonomyof Discrimination Practices." *El Colegio de México.*

Telles, Edward. 2014. *Pigmentocracies. Ethnicity, Race and Color in Latin America.* 1st ed. Chapel Hill: The University of North Carolina.

Tufekci, Zeynep. 2017. *Twitter and Tear Gas.The Power and Fragility of Networked Protest.* New Haven & London: Yale University Press.

Vargas Cervantes, Susana. 2015. "México: la pigmentocracia perfecta." *Horizontal*, February 6, 2015. https://horizontal.mx/mexico-la-pigmentocracia-perfecta/.

Vázquez Flores, Erika Julieta. 2015. "El imaginario sobre el indígena en la prensa chiapaneca. Un análisis comparativo en los periódicos *Tiempo* y *El Cuarto Poder*, 1988–1994." *Letras Históricas* 12. https://doi.org/10.31836/lh.12.1781.

Wiegman, Robyn. 1999. "Whiteness Studies and the Paradox of Particularity." *Boundary 2* 26 (3): 115–150.

Wiener, Gabriela. 2020. "Orgullo marrón." *The New York Times*, July 14, 2020. https://www.nytimes.com/es/2020/07/14/espanol/opinion/identidad -racismo-america- latina.html.

# 6

# Redes sociales y mantenimiento de una lengua minorizada: San Basilio de Palenque

*Covadonga Lamar Prieto, Miriam Villazón Valbuena y Miguel Muñoz Valtierra*

## Introducción

L A PRESENCIA DE HABLANTES de lenguas minorizadas en redes sociales posibilita el establecimiento de comunidades de práctica. Antes del salto a lo digital, Wenger-Trayner et al. (2023) habían definido las comunidades de práctica como "formed by people who engage in a process of collective learning in a shared domain of human endeavor" (11). A través del análisis de estas comunidades de práctica, se puede ahondar más en el estudio de los hablantes de una lengua. En el caso de este texto, analizamos la situación del palenquero desde una perspectiva sociolingüística que nos permita comprender las restricciones sobre la variación del lenguaje (Holmes y Meyerhoff 1999). Se introducen nuevas variables en el análisis cuando estas comunidades participan o forman parte de redes sociales online (Tynes et al. 2011). Estas comunidades de práctica online facilitan o pueden facilitar la transmisión y el mantenimiento de la lengua pero, al mismo tiempo, esta presencia digital puede provocar que las personas hablantes de esas lenguas sean objeto de discriminación y ataques —desde microagresiones a violencia física— por usar esta lengua (Bonilla-Silva 2006; Flores y Rosa 2015). Además, las necesidades materiales —tanto técnicas como de infraestructuras— para tener presencia en redes sociales pueden complicar la participación de esos hablantes y, como consecuencia, minorizar aún más lenguas y comunidades ya de por sí minorizadas (Mehra et al. 2004).

La presencia de lenguas minorizadas en redes sociales ha despertado el interés de diversos investigadores en años recientes. Al tratarse de un asunto relativamente reciente, se ha abordado desde diferentes perspectivas y en torno a múltiples lenguas (Rospigliosi y Greener 2014). Algunos ejemplos de este fenómeno son la revitalización comunitaria del maori (Mato y Keega 2013; Tynes et al. 2008), las posibilidades de los corpus masivos o *big data* para la investigación sobre lenguas minorizadas en el caso del euskera (Fernández de Landa et al. 2019), la creación literaria en limbu (Lawati y Rana 2022) y el detenimiento del declive en el número de hablantes en el caso de las lenguas nativoamericanas (McCarty y Lee 2014).

Este trabajo tiene por objetivo examinar la identidad lingüística digital y el uso de redes sociales de 64 personas residentes en San Basilio de Palenque, Colombia, y hablantes de la lengua palenquera. Se trata de 33 hombres y 31 mujeres, con una media de edad de 32 y 26 años, respectivamente. Para ello, se realizaron entrevistas de alrededor de una hora con cada participante en las que se cuestiona en paralelo el uso del español y la lengua palenquera en la gestión de las identidades digitales de los participantes. El objetivo del equipo era retornar a la comunidad y devolver los resultados obtenidos en persona. Los acontecimientos mundiales desde 2020 lo imposibilitaron.

El trabajo de campo en San Basilio de Palenque permite vislumbrar las distintas actitudes que los hablantes de esta lengua minorizada tienen sobre el uso de su lengua en redes sociales. En el palenquero vemos que la marginalización histórica influye en las actitudes lingüísticas hacia esta lengua (de Friedemann 2002; Lipski 2016 y 2021). La situación de diglosia en la que se encuentra el palenquero (Lipski 2015), así como su origen criollo (Patiño Roselli 1992) han sido abundantemente estudiados (Lipski 2021; Schwegler 2011). La evolución de los estudios filológicos en Colombia ha sido analizada a partir de presencias documentales (Carrera de la Red 2023) pero también, y esto es especialmente cierto en el caso de Palenque, de alusiones (Gutiérrez Maté 2017). En tiempos recientes, en la medida en que se ha facilitado el acceso a Internet en la comunidad, podemos ver cómo esas actitudes sociolingüísticas que se habían instalado en la comunidad históricamente y que comenzaron tímidamente a romperse en las últimas décadas del XX se redefinen también a través y por medio de las redes sociales. En las siguientes páginas, examinaremos la frecuencia de uso y los motivos para la participación en una red social determinada, así como la manera en que la existencia en espacios digitales permite vislumbrar los caminos que la comunidad está escogiendo para mantener su lengua, bien sea a través de la creación conjunta de espacios diaspóricos (Dalton y Ramírez Plascencia 2022), de modos emergentes de resistencia (Chacón 2019) o múltiples otros.

## La comunidad de Palenque y la lengua palenquera

La comunidad de San Basilio de Palenque está ubicada cerca de Cartagena, en Colombia (de Friedemann 2002). En San Basilio residen alrededor de 4.000 personas (Moñino 2012) cuya mayoría (Schwegler y Green 2009) es bilingüe en español y lengua criolla. Esta última es la única lengua criolla con base léxica española conservada en América. Específicamente, es una lengua criolla cuyo sustrato corresponde a lenguas africanas como bantú, kikongo, una koiné (Parkwall y Jakobs 2020) que fue lexificada por el español (superestrato).

Aunque la fecha de fundación de la comunidad palenquera no puede ser determinada con precisión a través de los testimonios que han llegado a nuestros días (Lipski 2005; Navarrete 2003; Price 1996; de Friedemann 2002; y Patiño Rosselli 2002), existe un acuerdo comunitario que señala que el pueblo fue fundado alrededor del siglo XVII por personas de origen africano esclavizadas (Dieck 2011). Estos pequeños grupos, conocidos como "cimarrones", crearon comunidades de resistencia activa contra los comerciantes de personas esclavizadas (Navarrete Peláez 2008) y contra el sistema colonial. Muchos palenqueros fueron inscritos como "libre" en el censo de 1777 (Blanco 2014).

Debido a la unión de comunidad que se mantuvo históricamente dentro de Palenque, existen una serie de tradiciones y prácticas culturales que la comunidad ha conseguido preservar y transmitir intergeneracionalmente. Entre ellas se pueden destacar las relacionadas con la expresión lingüística a través de la música o del relato oral. Adicionalmente, las estructuras raciolingüísticas relacionadas con la colonialidad provocaron la construcción de estereotipos negativos que se sustanciaron, entre otros aspectos, en el rechazo a la lengua palenquera y sus hablantes. La raciolingüística examina la relación que se establece entre la identidad racial y la lingüística, así como las múltiples opresiones que brotan del cruce entre ambos conceptos. La marginalización histórica a la que ha sido sometida esta comunidad alcanza el hecho de que el palenquero llegara a considerarse una variante incorrecta del español (Morton 2005). Las dificultades económicas y estructurales relacionadas con el racismo y la marginalización de la comunidad provocaron a su vez un éxodo forzado en busca de mejores condiciones económicas, especialmente con destino a Cartagena (Schwegler 2011).

Las percepciones negativas que se generan en la lengua mayoritaria han hecho mella en la autopercepción lingüística de la comunidad de hablantes de Lengua. Charles Ferguson define la diglosia como "two or more varieties of the same language used by some speakers under different conditions in speech communities—the standard language and a regional dialect" (1959, 329). En el caso de Palenque, la diglosia ha provocado que generaciones enteras evitaran hablar en palenquero y se abstuvieran de transmitir la lengua a las siguientes generaciones (Lipski 2021). Lipski denomina este hecho como "Lost Generation" ("Generación perdida"): es decir, aquellas generaciones resultantes de una ausencia del uso de la lengua palenquera. Como consecuencia, el número de hablantes se redujo paulatinamente.

Desde mediados del siglo XX, ha emergido una nueva conciencia alrededor del mantenimiento de lenguas minorizadas, ligada a diversos eventos nacionales e internacionales. Entre otros muchos aspectos, el avance en el reconocimiento social de las minorías y las lenguas minorizadas, solidificado en el interés de los propios hablantes y de la comunidad en general, ha contribuido a que el mantenimiento y la transmisión de la lengua se hayan visto beneficiadas. Esto se opone a la tradición plasmada en la Constitución colombiana de 1886 donde se promovía un proceso de "colombianización". Este proceso vinculaba la idea de nacional colombiano al catolicismo y a la lengua española. Sin embargo, esto empieza a cambiar con la Constitución de 1991. Los miembros de la NARP (negros, afrodescendientes, raízales y palenqueros) lucharon porque sus derechos fueran reconocidos y plasmados en dicha constitución (Ramírez Gallego 2007). Años más adelante, se promulga la *Ley sobre reconocimiento, fomento, protección, uso, preservación y fortalecimiento de las lenguas de los grupos étnicos de Colombia y sobre sus derechos lingüísticos y los de sus hablantes* (Ley No. 1.381 de 2010). Así, esta ley y la Constitución de 1991 enfatizan la cooficialidad de 68 lenguas diferentes al español en el territorio de Colombia, incluido el palenquero. Como consecuencia de la ley del 2010, así como una serie de reformas educativas, el palenquero fue introducido en el currículum escolar de las escuelas de San Basilio en 1992. Se espera que ese cambio facilite, en las décadas venideras, la extensión de la lengua en la comunidad.

En paralelo, el reconocimiento del palenquero y de la cultura que lo rodea como Patrimonio Intangible de la Humanidad (UNESCO 2005) contribuyó al aumento del interés en la lengua y en sus hablantes. Se ha fortificado un orgullo por las tradiciones culturales como el lumbalú, un rito funerario que consiste en bailar y cantar alrededor del fallecido, y, tras su entierro la celebración de nueve días de luto también denominada ritual de acompañamiento (Moñino y Schwegler 2013). Muchas de las tradiciones palenqueras son practicadas e incluso reestructuradas en nuevas producciones culturales como las realizadas por muchos de los grupos musicales originados en San Basilio como "Kombilesami" o "Sexteto Hijos de Benkos". En esta línea, el Festival de los Tambores de San Basilio (Camargo y Lawo-Sukam 2015) ha logrado un posicionamiento y una representación de palenqueros en el Carnaval de Barranquilla, lo que ha provocado también una presencia de palenqueros a nivel nacional. Este Carnaval, declarado *Obra Maestra del Patrimonio Oral e Intangible de la Humanidad*, supone uno de los escenarios culturales más importantes del país.

La llegada del Internet ha tenido también un papel importante en la forma en que se conciben las comunicaciones de San Basilio. Según los datos del Departamento Administrativo Nacional de Estadística de Colombia (DANE) (2022), el total nacional de hogares con acceso a Internet era de 59,5%. Se aprecia una diferencia sustancial entre las áreas de cabecera, con un 67,5%, frente a las áreas más rurales y dispersas, donde la cifra desciende hasta el 32,5%. Muchas familias se mudan fuera de San Basilio, lo que ha provocado una voluntad por usar medios de comunicación alternativos. Por lo que respecta a los dispositivos que se emplean para acceder a Internet y con referencia al total nacional, el 90% utiliza su celular, el 72,8% accede a Internet desde cualquier lugar, mientras que el 33,9% tiene acceso a Internet desde su propia computadora o tableta (DANE 2022, 16). En las cabeceras, esas cifras son más altas: 92,2%, 78,9% y 39,5% respectivamente. Por el contrario, en las zonas más rurales o alejadas las cifras descienden a 82,6%, 52,6% y 15,4% respectivamente. La lengua palenquera, históricamente marginalizada y hablada en zonas rurales, se apropia ahora de un nuevo método de comunicación, las redes sociales.

## Redes sociales y lenguas minorizadas

Las redes sociales se popularizaron dentro de las investigaciones académicas hacia la mitad de la primera década de los años 2000. Estudios previos han analizado desde el inicio de los blogs hasta las herramientas de comunicación que se usan hoy en día (McCay-Peet y Quan-Haase 2016), tales como mensajería directa, o redes sociales. La definición de "red social" resulta compleja. En la década de 2010 se produce un cambio de denominación, los investigadores se referían a Facebook como un Servicio de Red Social (Social Networking Site o SNS por sus siglas en inglés). Sin embargo, se produjo un cambio sobre los términos usados al principio de la década de 2010, cuando la popularidad del sintagma "red social" (en inglés, "social media") saltó del uso diario a las revistas académicas, y esto provocó que otras plataformas que ya eran mundialmente famosas como Twitter (actualmente X) e Instagram entrasen a formar parte del paraguas que recogía este término. Estas nuevas plataformas que definen el término "red social" no requieren la construcción de conexiones sociales (Sloan y Quan-Haase 2016). Los teléfonos móviles inteligentes han provocado que el proceso de socialización se vuelva más ambiguo también, creando nuevas oportunidades de interacción entre individuos. Para entender mejor lo que es una red social, tenemos que centrarnos en los tres aspectos a los que hace referencia: qué tipos de actividades permite, cómo son permitidas, y el contenido de las mismas (Sloan y Quan-Haase 2016).

En algunas partes del mundo el acceso a Internet es muy limitado o incluso inexistente; sin embargo, existen otras partes, tanto geográficas como sociales, que están suprarrepresentadas. La diferencia en el acceso a la información condiciona los modos de participación, movilización y toma de decisiones. La brecha no se ha eliminado en las dos últimas décadas (Castells 2004). A la par, según el Pew Research Center, el 70% de los usuarios de Facebook de América se conectan a esta red social al menos una vez al día (Smith y Anderson 2018). Por ejemplo, los usuarios de X, anteriormente conocido como Twitter, o tuiteros, utilizan la plataforma con la intención principal de obtener información (Kwak et al. 2010), no para interactuar con otros usuarios. Estas dos plataformas, Facebook y Twitter, son las redes sociales que se han estudiado con mayor intensidad en los últimos años, ya que representan a la mayor parte de usuarios de SNS en Norteamérica (Sloan y Quan-Haase 2016).

Dos elementos interactúan, espacio y acceso, pero son distintos entre ellos. De un lado está el acceso geográfico, que consiste en la disponibilidad de conexión a Internet en un área concreta. Esa disponibilidad está marcada por lo geográfico, donde las áreas más rurales experimentan una mayor dificultad para acceder a contenidos más contemporáneos —y, por lo tanto, más pesados en términos de imágenes o vídeos—. De otro lado, está la disponibilidad temporal: quiénes pueden permitirse, y en qué condiciones, estar varias horas al día dedicados al ocio, y de ellos quienes optan por utilizar ese ocio en las redes sociales. Rodeando los dos elementos anteriores, y entrelazado con ellos irremediablemente, se encuentra el acceso económico: qué comunidades disponen de las estructuras necesarias para proporcionar acceso bien sea gratuito, bien de pago, y en ellas qué individuos o familias pueden acceder a los dispositivos y a las conexiones —en minutos, suscripciones mensuales u otros métodos—.

En el caso de Colombia, la OCDE sitúa el acceso a Internet en el 59,5% de la población (OCDE 2023). El acceso móvil por 100 habitantes ha subido del 61,1% en 2019 al 78,5% en 2023. El *Boletín* (primer trimestre de 2023) del Ministerio de Tecnologías de la Información y las Comunicaciones (MINTIC) sitúa el acceso fijo a internet por cada 100 habitantes en 17,3%, mientras que en el tercer trimestre de 2019 cuando se realizó la recogida de datos era de 13,9%. Existen obviamente diferencias muy notables entre los 28,9 hogares por cada 100 habitantes en Bogotá y los 0,2 de Vaupés. En el caso de Bolívar, la cantidad es de 11,84%.

Para las lenguas minorizadas, la creación de espacios comunicativos digitales ha significado una transformación en la lucha para su supervivencia (Pietikäinen y Kelly-Holmes 2013), aumentando los hablantes de dichas lenguas en las redes sociales. Pensado tradicionalmente como una entidad atada a la geografía de un lugar, el concepto de comunidad de habla ha cambiado desde la popularización de las redes sociales (Belmar y Glass 2019). Sin embargo, hoy en día, existen diferencias terminológicas a la hora de establecer redes sociales dentro de comunidades minorizadas. Pietikäinen y Kelly-Holmes establecieron tres pasos para entender la incursión y mantenimiento de las lenguas minorizadas en las redes sociales: la era del apoyo a la lengua (*gifting era*), la era del servicio (*service era*) y la era performativa (*performance era*) (Pietikäinen y Kelly-Holmes 2011, 51–70). En el primer paso, la era del apoyo a la lengua, la ayuda del gobierno nacional es necesaria para establecer los medios que se van a utilizar para promover el uso de las lenguas minorizadas. Durante la era del servicio, la comunidad se da cuenta de que el estar presente en las redes sociales no es suficiente. Es en este momento cuando se dan varios factores que generan una conversación sobre las plataformas de redes sociales. Esto provoca que las comunidades piensen cómo generar las herramientas o estructuras necesarias para tener presencia en estas redes sociales, tales como chats de Whatsapp, grupos de Facebook, o meta-usuarios. Esto es, usuarios que no son personas físicas sino grupos de personas. Los grupos *¡Palenque alma libre!* o *Famia ri tabalá* en Facebook son algunos de los múltiples ejemplos que podrían mencionarse a este respecto. La experiencia de los usuarios se vuelve más sencilla gracias a la existencia de estos grupos, ya que facilitan la transmisión de la cultura, el uso de la lengua en redes sociales, y también la visibilización de los procesos sociales que, desde la sociedad, transpiran en las redes. De esta manera, en el último paso, la era performativa, la definición de una lengua minorizada no se define ya a través de un territorio geográfico.

## Metodología

Este proyecto recogió datos cualitativos y cuantitativos para entender mejor la comunidad de San Basilio de Palenque y su uso de las plataformas de medios sociales. Nos interesaba conocer qué tipo de redes sociales empleaban los habitantes de Palenque, con qué frecuencia y con qué objetivos. Al mismo tiempo, queríamos saber cuál era la interacción que se producía entre las dos lenguas habladas en el área, el español y el palenquero, con el objeto de visualizar de qué manera ambas eran usadas digitalmente. En este proyecto se utilizó un enfoque de métodos mixtos para generar una imagen numérica del uso actual de los medios sociales. Además, para complementar se pusieron en paralelo las respuestas personales con las observaciones generales realizadas a partir de los datos numéricos recopilados. Se observó quién utiliza las redes sociales y qué plataformas son las más populares. Estos datos cuantitativos permiten comprender de manera general el uso de los medios sociales, mientras que los datos cualitativos se centraron en los testimonios de la comunidad. El análisis de los datos ayudó a establecer para qué se utilizan las redes sociales, cómo se sienten los participantes con respecto al uso de los medios sociales y al uso del palenquero en línea.

La recogida y el análisis de datos se realizaron en tres etapas distintas: posicionalización de las preguntas, recogida de datos en la comunidad y análisis de los mismos. La primera fue la reflexión metodológica sobre cómo decolonializar las preguntas de investigación (Smith 2012). Como personas ajenas a la comunidad, el equipo investigador debatió sobre la posicionalidad tanto del equipo como de la bibliografía existente. A partir de la experiencia de trabajo como hablantes de (otras) lenguas minorizadas y como investigadores de lenguas minorizadas, se desarrolló un instrumento que consistía de una serie de preguntas estructuradas y posteriormente una encuesta semiestructurada. San Basilio es una comunidad muy unida (de Friedemann 2002) y su marginación histórica, incluye la marginación lingüística (Morton 2005), lo cual motivó la elección del anonimato para la recogida de datos. De este modo, se evitaría cualquier duda sobre la exposición de sus respuestas a la hora de responder a las preguntas sobre las opciones lingüísticas. Además del anonimato, el segundo paso de la recogida de datos, el enfoque etnográfico, permitió que fluyera una conversación genuina a partir de la sección de preguntas abiertas de la encuesta.

Dos miembros del equipo residieron en San Basilio de Palenque durante dos semanas en el verano de 2019. Esta estancia se concibió dentro del proyecto PIRE (Partnerships for International Research and Education) de la *National Science Foundation* bajo la dirección de Guili P. Dussias, Judith F. Kroll y John Lipski. El acceso a la comunidad así como la posibilidad de residir en ella fueron facilitadas por la larga relación entre Lipski, uno de los principales expertos académicos en Palenque, y la comunidad. Es posible que residir en la comunidad mientras se recogían los datos y establecer una relación con los residentes hayan permitido recoger anécdotas y opiniones adicionales en el área semiestructurada de la encuesta.

Para poner en práctica la idea de que la comunidad participe en estudios realizados sobre sí misma (Rice 2006), nos pusimos en contacto con un individuo representativo y valorado de la comunidad para colaborar con él como nuestro guía comunitario. Su trabajo como docente lo pone en contacto con muchas familias de la comunidad y gracias a ello pudo ser el guía de nuestro grupo de investigación. Él nos proporcionó un hogar en el cual pudimos hospedarnos en la comunidad durante dos semanas. En este periodo de tiempo, contactamos a los vecinos que participarían en el estudio y solicitamos el consentimiento de participación a los entrevistados para interactuar con quienes quisieran y pudieran participar en el proyecto (Rice 2006). Para limitar la molestia del día a día de los participantes, se solicitó la ayuda de nuestro aliado local como intermediario entre participantes e investigadores, planificando el horario de la entrevista para no importunar el horario típico del día. Además, se le solicitó que localizara participantes que fueran bilingües en palenquero y español. Como investigadores ajenos a la comunidad, confiamos que los participantes nos pudieran dar suficiente tiempo como para hacer entrevistas fructíferas en las cuales los participantes pudieran compartir sus experiencias e ideologías del uso de las redes sociales. Por su tiempo, los participantes y nuestro aliado local en la investigación recibieron una compensación.

Se eligió un espacio privado y bien conocido por la comunidad para que la recogida de datos fuera lo más consistente posible y para que los participantes no se sintieran incómodos durante la entrevista y pudieran llegar sin problema. El patio de la casa de nuestro guía funcionó como dicho espacio comunitario. Los participantes fueron entrevistados durante 40 a 60 minutos (Levon 2018) siguiendo un cuestionario ya preparado que incluía preguntas desde su biografía personal hasta sus percepciones o actitudes sobre redes sociales. La tercera etapa de la investigación consistió en transcribir las entrevistas. Para grabar las respuestas se usaron grabadoras de audio profesionales Zoom h4n Pro. Las grabaciones abarcan 7 horas y 52 minutos de conversación con 64 participantes, con una media de 7 minutos por persona y un rango entre 17 minutos y 32 segundos de la más extensa y 2 minutos y 51 segundos de la más breve.

Se eligió excluir información visual para crear un perfil anónimo del participante. Del mismo modo, se han procurado eliminar todos los datos identificables de los participantes para preservar el anonimato (Baez 2002). Se contrató un traductor de la comunidad para traducir cualquier comentario hecho en palenquero. Se tuvo precaución con el proceso de traducción, entregándole a la persona que tradujo solo las secciones que se requería traducir, pero sin proveer la información personal de la persona que había realizado el comentario. Las grabaciones de audio luego fueron transcritas y organizadas en una base de datos relacional creada para el proyecto. Cada audio fue transcrito por dos individuos distintos usando la misma guía de transcripción. El producto final es una transcripción que mantiene la estructura original del audio.

Estas transcripciones se analizaron siguiendo técnicas de análisis de sentimientos. En el caso de las transcripciones, se seleccionó la clasificación a nivel de frase porque permite un análisis de cada respuesta hecha a las preguntas de la encuesta en lugar de indicar una perspectiva general, positiva o negativa del uso general de los medios sociales. Las frases se clasificaron utilizando las preguntas de la encuesta como etiquetas. Por ejemplo, si el participante respondía a una pregunta y se centraba en una única plataforma de medios sociales, la frase se etiquetó con esa categoría de medios sociales. También se incluyó la opinión o el sentimiento comunicado, ya fuera positivo, negativo o neutro. Al etiquetar las frases utilizando las preguntas de la encuesta como categorías, la respuesta cualitativa del participante corrobora las observaciones realizadas a partir de los resultados cuantitativos. Se trata de una metodología innovadora que hemos desarrollado y aplicado a otros estudios (Lamar Prieto y González Alba 2022; González Alba 2023; Villazón Valbuena 2023; Lamar Prieto 2023) en la que seguimos trabajando.

Tabla 01. Edad y género de los participantes.

| | Hombre | Mujer |
|---|---|---|
| 18–25 | 13 | 16 |
| 26–35 | 6 | 9 |
| 26–45 | 10 | 5 |
| 46+ | 4 | 1 |
| TOTAL | 33 | 31 |

## Participantes y datos

Como se ha mencionado anteriormente, se realizaron entrevistas con 64 participantes, 33 hombres y 31 mujeres, de edades comprendidas entre los 18 y los 63 años (tabla 01). El contenido del estudio puede haber condicionado el deseo de los participantes de aceptar entrevistarse con el equipo, dado que es más frecuente la presencia de individuos más jóvenes en las redes sociales. De hecho, 29 de los 64 participantes tienen menos de 25 años. En cuanto al género, se trataba de una pregunta abierta en la que las personas que participaron tenían la opción de describirse como prefirieran. Las dos categorías sobre el género que emplearemos son las dos que las personas entrevistadas ofrecieron como respuesta.

Por lo que respecta al origen de los participantes, el 87,5% reportaron haber nacido en San Basilio o sus alrededores, mientras que el 11% habría nacido en otro lugar de Colombia. Tan solo una persona de las entrevistadas había nacido fuera del país. Independientemente del origen, todos declaran Palenque como su residencia. Además, en relación con el nivel de escolaridad, el 31% completó un grado universitario y el 17% está en proceso de completarlo. El 28% disponía del título de bachillerato, mientras que el 24% restante habría realizado estudios de primaria o secundaria. Se aprecia una tendencia hacia más años de escolarización entre los participantes más jóvenes, pero conviene notar que la muestra tiene más participantes jóvenes que de otras edades, lo que puede alterar estos porcentajes. En 2019, Bolívar matriculaba algo menos del 3%, o 77.000, de los universitarios del país, cifra que se encuentra por debajo de la media nacional. Conviene tener en cuenta, además, que el acceso a las instituciones educativas no es el mismo en las zonas rurales que en las más urbanas, como Cartagena. En cuanto al factor empleo, el 64% no tenía trabajo en el momento de la encuesta, mientras que el 36% sí. A la hora de

Tabla 02. Participación en redes sociales

| | Respuestas | 18–25 | | 25–35 | | 35–45 | | 46+ | |
|---|---|---|---|---|---|---|---|---|---|
| | | 28 | | 15 | | 16 | | 5 | |
| | | Participantes | % | Participantes | % | Participantes | % | Participantes | % |
| Facebook | 55 | 27 | 96.42 | 15 | 100 | 12 | 75 | 1 | 20 |
| Twitter | 7 | 4 | 14.28 | 1 | 6.66 | 2 | 12.5 | 0 | 0 |
| Instagram | 14 | 8 | 28.57 | 5 | 33.33 | 1 | 6.25 | 0 | 0 |
| Whatsapp | 36 | 17 | 60.71 | 12 | 80 | 7 | 43.75 | 0 | 0 |
| Fb Messenger | 31 | 13 | 46.42 | 11 | 73.33 | 6 | 37.5 | 1 | 20 |
| Snapchat | 2 | 2 | 7.14 | 0 | 0 | 0 | 0 | 0 | 0 |

hacer el análisis, las áreas de trabajo se agruparon en cuatro: el campo y la agricultura (17%), la música y las artes (13%), la docencia (43%) y el comercio (17%). Con porcentajes más pequeños se encuentran representados los oficios manuales técnicos y el turismo (4,5% cada uno).

Una vez que nos adentramos en las preguntas acerca de las redes sociales, las respuestas reflejaron, como era de esperar, un mayor interés por parte de las generaciones más jóvenes. Examinaremos estos datos más adelante, por el momento la tabla 02 provee información sobre el índice general de uso y la participación en redes sociales en el momento en el que se realizó el estudio.

## Breve explicación del cuestionario

En este capítulo, nos centramos en reportar los hallazgos de un subconjunto de las preguntas del cuestionario, específicamente, las relacionadas con la participación en redes sociales y con los usos de las dos lenguas en cuestión (español y palenquero). Dichas preguntas corresponden a en qué redes sociales participan, y qué lenguas utilizan para ello, el tiempo que destinan a esa actividad, así como las potenciales emociones, del tipo que sean, que les genera a los participantes el uso de una lengua u otra en esas interacciones. Del análisis de este subconjunto de preguntas se deduce una negociación identitaria en que los vínculos identitarios con ambas lenguas se desplazan en un continuo que va de la sinergia al rechazo. Como miembros de una comunidad lingüística minorizada, los participantes reflexionan sobre el hecho de que cada uso de cada una de sus lenguas supone una importante decisión.

## Análisis

En esta sección se presentan los resultados sobre tres preguntas centrales: 1) ¿Cuál consideran su lengua nativa? 2) ¿Qué redes sociales usan de manera habitual? y 3) ¿Cómo instrumentalizan su conocimiento y habilidades lingüísticas en esas redes sociales? Los resultados muestran un ejercicio de agencia que permite negociar entre el palenquero y el español. También se encontró que la presión que ejerce la lengua mayoritaria sobre la minorizada constituye por sí misma un incipiente motor para mantener el palenquero.

### Soy hablante nativo/a de...

A través de la pregunta sobre la lengua nativa de cada participante buscamos saber cómo se definen los miembros de la comunidad. La situación del palenquero en San Basilio es semejante a la de otras lenguas en contacto en las que la lengua minorizada carece del mismo apoyo social e institucional que la lengua dominante. Este fenómeno sucede en todos los ámbitos geográficos, como se prueba con la situación del asturiano en Pola de Siero (Bleorțu 2022). En estos casos, y más en concreto en el área de las lenguas criollas, se trata de un continuum lingüístico tal y como ha sido descrito por Bickerton (2007) en el que los hablantes se mueven entre las dos lenguas, en este caso, el palenquero y el español. Las presiones sociales para favorecer unas lenguas sobre otras también tienen que ser consideradas a este respecto (García León 2013), así como también la noción de *varilingualism* que Valerie Youssef describe en los niños y niñas de Trinidad y Tobago (2009). La alternancia de códigos que se establece entre el español y el palenquero refleja la complejidad cultural, pragmática y estilística, de la relación de los hablantes con sus dos lenguas. El paralelismo de las situaciones de las lenguas criollas y su origen y contactos es una materia que ha sido ampliamente estudiada (García León 2014) y en la que no nos detendremos en este estudio.

Como observamos en la tabla 03, todos los participantes se consideran hablantes de ambas lenguas, pero hacen referencia a la lengua en la que se consideran más fluidos. Este mantenimiento queda representado, entre otros, en el testimonio del participante 005: "Con mis compañeros que terminé el bachillerato tenemos un grupo donde hablamos en lengua palenquera en Facebook. También en los demás" (en adelante se notará el participante como P más su número). La mayoría de los participantes en este estudio, no obstante, consideran que se comunican mejor cuando hablan en español. Se descubren, además, algunas reticencias ante la posibilidad de no alcanzar los resultados comunicativos deseados: "eh... sí, porque hay personas de fuera que no la saben la lengua. Poquito desacuerdo y un poquito de acuerdo" (P020).

El arraigo cultural juega un papel muy importante en el desarrollo lingüístico de los hablantes. La especificidad del contexto también es importante: "Yo uso español y lengua también porque con muchos amigos hablo que son de aquí, hablamos lengua palenquera, publicaciones que son de aquí" (P006). Adicionalmente, P009 menciona que domina ambas lenguas, pero que utiliza "más la lengua palenquera porque en Instagram usa el palenquero", ya que tiene un perfil musical, y su música va muy arraigada a la lengua. De forma similar, P023 alude a la "musicalidad palenquera" como algo que aprendió en casa junto con la lengua, después de haber recorrido Colombia, y como acercamiento a sus raíces, tanto lingüísticas como culturales. También P035

Tabla 03. Resultados de la pregunta "Soy hablante nativo/a de…".

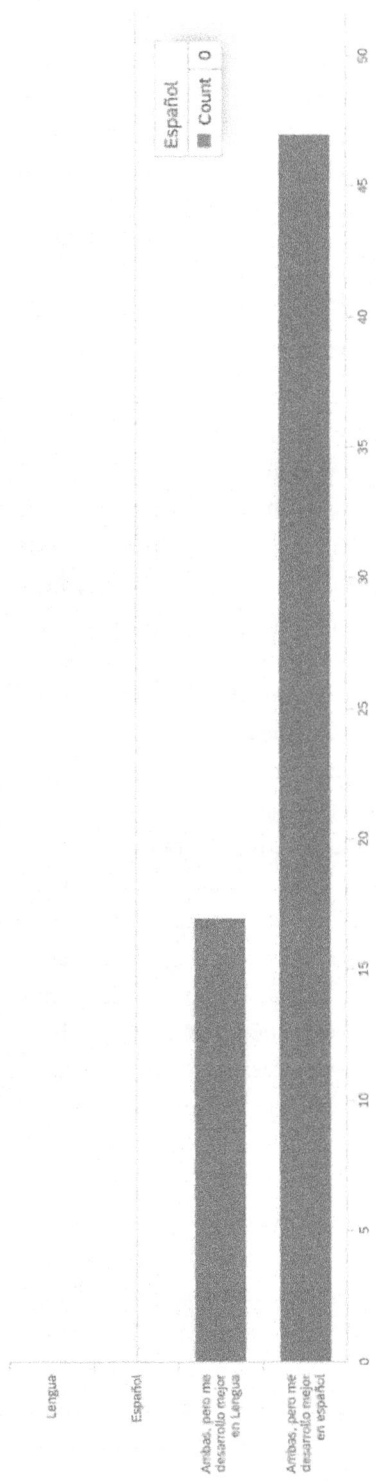

relaciona la importancia de la lengua a la cultura musical de San Basilio, "Y tenemos por último una maraca [...] a eso todo le llamamos rap folclórico palenquero, ya que tenemos canto, así como su musicalidad es totalmente de origen palenquero. También tenemos juego de playback o de estrofas en lengua palenquera y español". El uso de una lengua como una continuación de las tradiciones y hábitos culturales es algo común entre las lenguas minorizadas (McCarty et al. 2018).

## ¿Tienes perfiles en las redes sociales?

La pregunta confirma el uso o el conocimiento general de redes sociales y si los participantes tienen acceso a aparatos con acceso al Internet o planes de Internet sin tener que preguntar directamente (tabla 04). Cuando se hizo este estudio, los planes mensuales tenían una cantidad determinada de datos o acceso ilimitado a wifi. Los minutos son una determinada cantidad de datos celulares, los cuales incluye un cupo de llamadas, mensajes, y acceso a Internet. El modo de acceder al Internet que tiene un participante influye en el conocimiento, el tiempo y el uso general de las redes sociales. Somos conscientes de que la limitación de acceso puede establecer diferencias con otros entornos culturales o sociales en los que el acceso es constante.

Al respecto, el participante 047 nos cuenta, "Eh, hay días que no entro a Facebook porque no tengo teléfono... Cuando voy al colegio, que entramos a la sala de informática, o que me prestan un teléfono". Vemos que el acceso a dispositivos con acceso al Internet no es algo universal; sin embargo, el participante tiene red social sin tener un aparato que le permita acceso a esta red. Esto indica que el conocimiento y creación de redes sociales no está conectado al acceso diario de aparatos, sino al acceso intermedio del Internet. Este acceso intermedio se puede encontrar en varias ubicaciones alrededor de San Basilio de Palenque. Este tercer espacio queda reflejado en los datos que el DANE proporciona sobre acceso a Internet que hemos visto más arriba.

## ¿Qué redes sociales usas?

Lenhart et al. (2010) afirman que, en las investigaciones sobre redes sociales, los participantes más jóvenes son los que suelen ser más propensos a tener perfiles en al menos una y frecuentemente múltiples plataformas distintas: tres cuartas partes de los adultos que utilizan internet y tienen menos de 25 años cuentan con un perfil en una red social. Aquellos que tienen más de 45 años están menos presentes que el resto de franjas de edad. Los datos de nuestro

**Tabla 04.** Resultados de la pregunta ¿Tienes perfiles en las redes sociales?

Q49 - Tienes perfiles en las redes sociales?

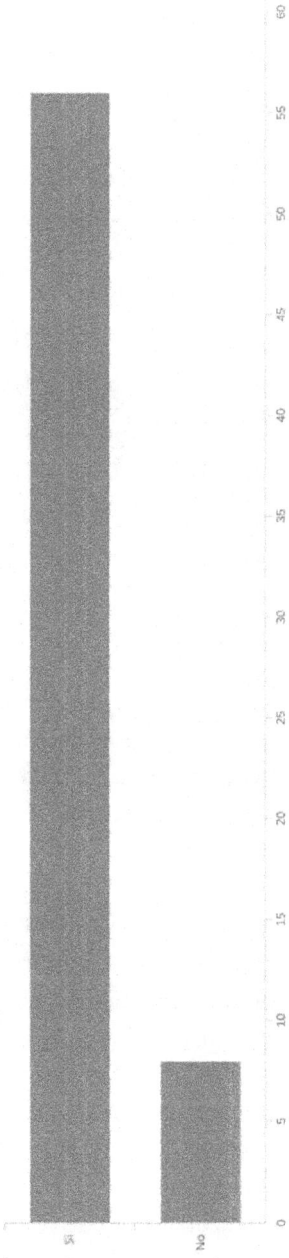

estudio corroboran esas franjas de edad y participación. Mientras que estos mismos datos son los que nos encontramos en este estudio, en nuestro caso puede ser el resultado de la elección de quienes participaron en este estudio. Para este caso concreto, no es posible despejar la duda de si los participantes son jóvenes porque se autoseleccionaron para el estudio, o porque las personas de menos edad están más presentes en las redes sociales.

Al preguntar "¿Qué redes sociales usas?" utilizamos estas palabras en concreto con un propósito determinado. El término "uso" en la pregunta incluye tanto el consumo de contenido como la creación o contribución de contenido. Nos interesaba captar las respuestas no solamente de las personas que son emisores de información en una o las dos lenguas, sino también la de aquellas personas que son receptoras de esos contenidos.

Como veremos a continuación, algunos de los entrevistados son usuarios de más de una de las plataformas de redes sociales, otros solo están presentes en una de ellas. Aunque hay variación, Facebook y Facebook Messenger suelen ser los representados. De manera similar, no todas las redes sociales tienen usuarios. Snapchat y Pinterest, que son básicamente redes en las que el contenido generado son imágenes, reciben una menor respuesta de interés, incluso inexistente en algunos casos. Aquellas con una mayor respuesta de participación son las que generan texto —Facebook, WhatsApp, Messenger, y, en menor medida, Instagram—. Como se puede ver en las tablas 05 y 06, la suma de los participantes en esta encuesta da como resultado un total de 145 cuentas de redes sociales, divididas entre siete plataformas distintas, con Facebook y su versión de mensajería instantánea, Facebook Messenger, como las más populares.

La media de perfiles por individuo es de 2,26, siendo una media mayor cuando nos centramos en el grupo de edad que concurre entre los 26 y los 35 años (2,93), seguido del grupo de edad más joven (2,54). Hay un notable declive en el grupo de edad que va entre los 36 y los 45 años (1,75) (tablas 3 y 4). El grupo con menor representatividad digital es el de mayor edad, con una media de 0,40 perfiles en redes sociales por individuo. Estas respuestas parecen llevar a los mismos resultados obtenidos en el estudio del *Pew Research Center* acerca de la participación en redes sociales en plataformas de los Estados Unidos (Smith y Anderson 2018; Auxier y Anderson 2021), toda vez que el número de participantes mayores de 65 años parece estar incrementándose también (Faverio 2022). La Asociación de Internet México (AMIPCI), una consultora no académica, ofrece resultados semejantes para México (2023)

**Tabla 05.** Número de perfiles en redes sociales por grupo de edad

|  | Total | 18–25 | 26–35 | 36–45 | 46+ |
|---|---|---|---|---|---|
| Número de perfiles en redes sociales por grupo de edad | 145 | 71 | 44 | 28 | 2 |
| Número de participantes en cada grupo de edad | 64 | 28 | 15 | 16 | 5 |
| Media de perfiles: participantes en cada grupo de edad | 2,26 | 2,54 | 2,93 | 1,75 | 0,40 |

**Tabla 06.** Uso de plataformas de redes sociales por edad

| Plataforma de red social | Total | 18–25 | 26–35 | 36–45 | 46+ |
|---|---|---|---|---|---|
| Facebook | 55 | 27 | 15 | 12 | 1 |
| Messenger | 31 | 13 | 11 | 6 | 1 |
| Twitter | 7 | 4 | 1 | 2 | 0 |
| Instagram | 14 | 8 | 5 | 1 | 0 |
| WhatsApp | 36 | 17 | 12 | 7 | 0 |
| Snapchat | 2 | 2 | 0 | 0 | 0 |
| Pinterest | 0 | 0 | 0 | 0 | 0 |

con respecto a los jóvenes, pero no así para las poblaciones de mayor edad. Se trata de dos contextos disparejos con Palenque, pero que de todas formas apuntan en idéntica dirección.

Los resultados son similares cuando examinamos el género de los entrevistados (tabla 07). Aunque parece equilibrado con respecto al uso de las redes sociales, existe una menor participación en Instagram por parte de las encuestadas. Esto difiere de los datos de Smith y Anderson (2018) para los Estados Unidos, así como de los datos sobre México presentados por AMIPCI.

De acuerdo con Salaberry (2001), es posible emplear las plataformas sociales con un objetivo educacional. Tanto el aprendizaje de idiomas como el mantenimiento de lenguas minorizadas a través de los medios sociales ha visto un aumento, y este incremento es especialmente notable con algunas de estas herramientas (McMonagle y Ní Bhroin 2023), como WhatsApp (Suárez-Lantarón et al. 2022). El uso total de WhatsApp entre los residentes de San Basilio de Palenque demuestra una preferencia significativa hacia él, como se

Tabla 07. Uso de las plataformas de redes sociales por género

|  | Total | Hombre | Mujer |
|---|---|---|---|
| Total | 64.0 | 33.0 | 31.0 |
| Facebook | 55.0 | 27.0 | 28.0 |
| Twitter | 7.0 | 4.0 | 3.0 |
| Instagram | 14.0 | 10.0 | 4.0 |
| Whatsapp | 36.0 | 17.0 | 19.0 |
| Messenger | 31.0 | 14.0 | 17.0 |
| Snapchat | 2.0 | 1.0 | 1.0 |
| Pinterest | 0.0 | 0.0 | 0.0 |

aprecia en las tablas 06 y 07. Según los datos cualitativos recogidos, era una de las tres plataformas más utilizadas por los palenqueros. Los residentes de San Basilio de Palenque han mencionado ampliamente su uso de WhatsApp debido a que solo requieren conexión a Internet para utilizarlo en lugar de necesitar minutos. Los datos cualitativos también demuestran el uso de WhatsApp, que se utiliza para la comunicación con amigos, familiares y grupos sociales. P018 afirma: "WhatsApp es el que más lo utilizo porque toca... comunicarme con algunos papás y... entonces a todas horas estoy en el WhatsApp".

Los participantes también mencionaron el uso de WhatsApp como herramienta educativa mediante la creación de un grupo social en esta plataforma dedicado al uso y práctica del idioma palenquero. P026 relata: "El tema del WhatsApp se ha creado en la institución y en otros lugares como una estrategia para que los jóvenes puedan también, a partir de esa tecnología, trabajar la lengua palenquera en el sentido de que se crea un WhatsApp para solamente hablar todo lo relacionado con la lengua palenquera...". Los informantes reiteran que este grupo de WhatsApp funciona como un lugar de aprendizaje y práctica para la lengua palenquera. P026 comenta su éxito de la siguiente manera: "Ha funcionado mucho, de hecho, los que muy poco manejan la lengua palenquera, allí han aprendido...". El uso de WhatsApp como herramienta lingüística en San Basilio de Palenque es único respecto a otras plataformas porque requiere una interacción más cercana que una plataforma como Facebook. En los grupos de WhatsApp de idiomas debe recibirse una invitación directa para de esta manera poder unirse, por oposición a lo que sucede en Facebook donde, si el grupo es abierto, basta una publicación pública. Campañas semejantes se han llevado a cabo con éxito para otras lenguas minorizadas, tales como el galés o el euskera, entre otros (Cunliffe 2021; Goirigolzarri, Amorrortu y Ortega 2019).

Las personas que participaron en el estudio ofrecen perspectivas muy interesantes al respecto del uso de las redes sociales como estrategia para el mantenimiento y la transmisión intergeneracional de la lengua palenquera. Cuando se le pregunta en qué contextos usa esta lengua en las redes sociales, P030 comenta sobre la escala de los grupos lingüísticos de WhatsApp: "La lengua la utilizo en un grupo de WhatsApp que hay muchos miembros... y la idea es que en el grupo solo se hable lengua". La noción de uso exclusivo alude claramente a un esfuerzo por crear un espacio protegido para la lengua palenquera como único vínculo comunicativo. Adicionalmente, P026 menciona el énfasis recurrente en el uso exclusivo del palenquero dentro de estos grupos lingüísticos: "El tema del Whatsapp se ha creado en la institución y en otros lugares como una estrategia para que los jóvenes puedan también a partir de esa tecnología, trabajar la lengua palenquera en el sentido de que se crea un WhatsApp para solamente hablar todo lo relacionado con la lengua palenquera". P030 concuerda con este participante quien añade a lo anterior una última reflexión: "La lengua la utilizo en un grupo de WhatsApp que hay muchos miembros y estamos complementando eso, y la idea es que en el grupo solo se hable lengua".

Además del uso de esta red social, P037 menciona que se crearon estos grupos como parte de una motivación más amplia: "...se han hecho muchas estrategias y se ha incorporado la tecnología...", refiriéndose a WhatsApp como herramienta para la práctica lingüística. Y no solo esto, sino que además el hecho de escoger qué lengua usar, y usar cualquiera de ambas de manera electiva nos habla de la agencia que tienen los hablantes de palenquero a la hora de diseñar su identidad y su experiencia digitales. Dentro del escasísimo espacio que las lenguas mayorizadas le conceden a las minorizadas, e incluso dentro de un entorno en el que el inglés puede ser concebido como una koiné de facto, los movimientos de mantenimiento y transmisión de lenguas minorizadas son una acción política de diferenciación voluntaria e intencional. Esta acción es, además, sostenible en el tiempo porque no depende de liderazgos concretos, sino que se trata de una acción colectiva y colectivizada, en la que la comunidad depende de sí misma. Obviamente el acceso a Internet y la alfabetización digital continúan siendo impedimentos, pero no constituyen bloqueos completos.

## En un día normal, ¿cuántos minutos pasas en cada plataforma de redes sociales?

Múltiples variables como la edad y el acceso a Internet influyen en el uso de plataformas de redes sociales. Los estudios sobre el uso de Internet han demostrado que los medios sociales ocupan la mayor parte, si no todo el tiempo que se pasa en línea, como se muestra en el análisis de Domínguez Pozos y López González (2015) sobre el uso de los medios sociales en México. El estudio concluye que un usuario promedio pasa 5 horas y 36 minutos diarios en todas las plataformas combinadas. El *Pew Research Center* llega a una conclusión similar en su observación de los estadounidenses que utilizan los sitios de medios sociales a menudo durante 5 a 6 horas al día (Smith y Anderson 2018). Nuestro estudio encuentra un patrón similar en el uso de los medios sociales, especialmente en los patrones de uso de Facebook.

Nuestro estudio muestra que Facebook es la plataforma social más popular para los usuarios de Internet en San Basilio de Palenque que han sido encuestados, con 55 usuarios totales de los 64 participantes que tienen un perfil de Facebook. 31 de los usuarios de Facebook pasan más de una hora participando en actividades de Facebook. De los usuarios que pasan más de una hora en Facebook, 16 de ellos lo utilizan durante dos horas o más.

La frecuencia de uso parece estar dividida para todas las plataformas de medios sociales utilizadas por los participantes de este estudio (tabla 08). La división del tiempo dedicado a cada plataforma de medios sociales indica que los usuarios tienden a inclinarse hacia un extremo para todas las plataformas, ya sean bien usuarios activos que contribuyen con contenidos o bien usuarios "silenciosos" (o *lurkers*) que solamente los consumen.

Al analizar la correlación entre el uso de las redes sociales y la edad, nuestra investigación descubrió que los participantes de entre 26 y 35 años son más propensos a participar en las redes sociales durante periodos de tiempo más largos que otros grupos. Los jóvenes de entre 18 y 25 años ocupan el segundo lugar, con algo más de 200 minutos al día. Estos resultados añaden el uso de los medios sociales en todas las plataformas que utilizan los participantes y la correlación que tiene con la edad (tabla 09).

## Usar una determinada lengua en una red social me hace sentir...

En general, las respuestas a esta pregunta han sido muy positivas hacia las dos lenguas español y palenquero, por lo que no existen prejuicios entre los hablantes sobre por qué usar una u otra. Algunas respuestas generalizan sobre

**Tabla 08.** Tiempo medio diario (en minutos) en distintas plataformas por número de usuarios.

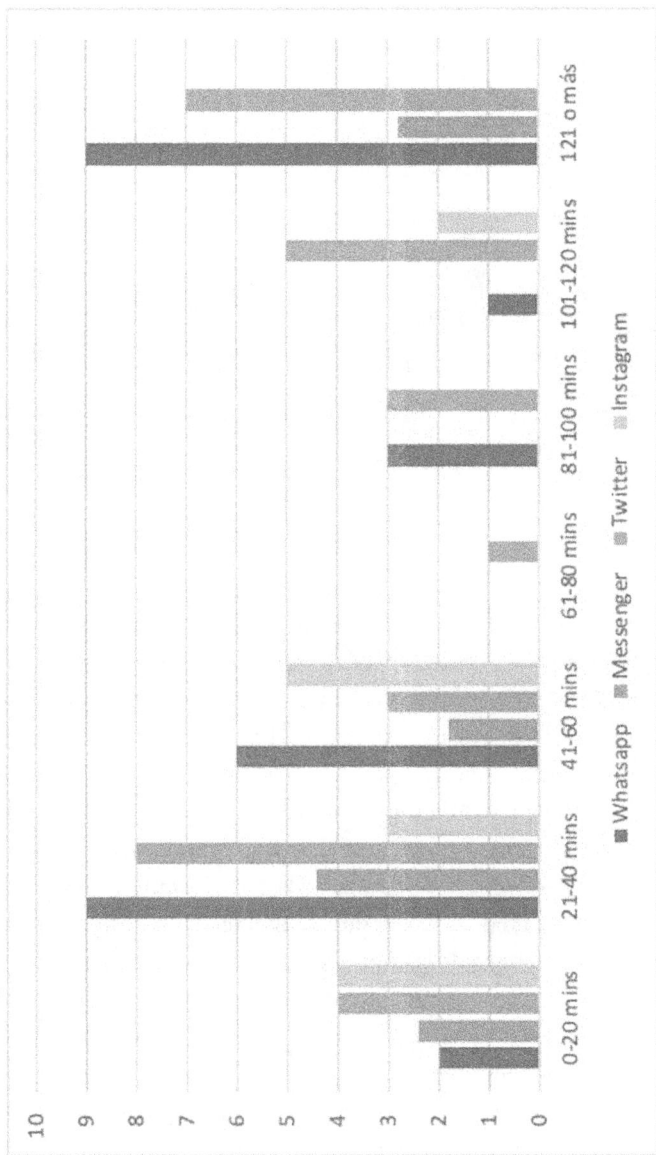

**Tabla 09.** Tiempo (en minutos) que pasa cada franja de edad en redes sociales.

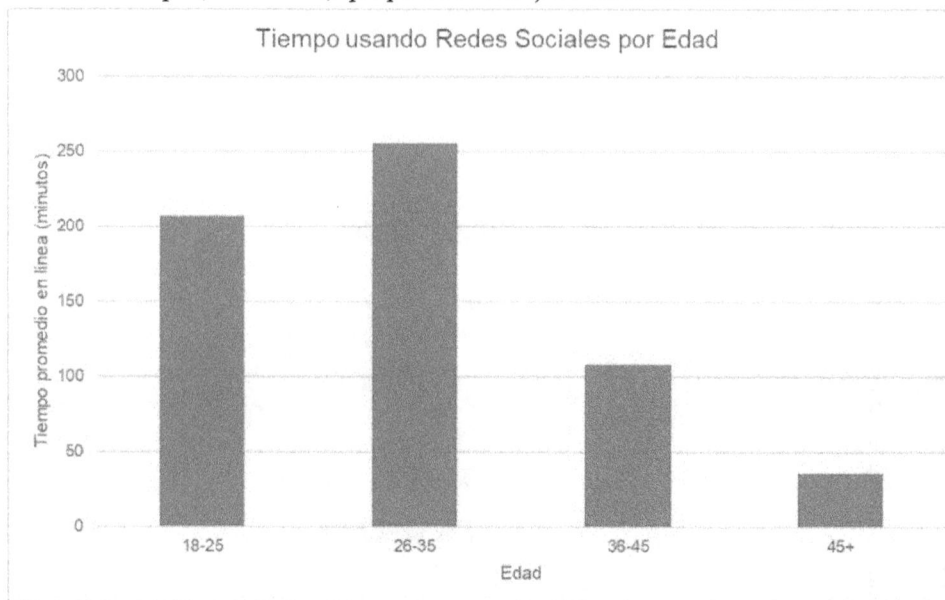

Tiempo usando Redes Sociales por Edad

[Gráfico de barras: eje vertical "Tiempo promedio en línea (minutos)" de 0 a 300; eje horizontal "Edad". Barras aproximadas: 18-25 ≈ 205, 26-35 ≈ 253, 36-45 ≈ 105, 45+ ≈ 35.]

el uso de ambas lenguas, dejando ver que los hablantes tratan por igual al palenquero y al español. El utilizar una determinada lengua en redes sociales es para algunos de los participantes un motivo de orgullo y arraigo a las tradiciones de un territorio, en este caso, Palenque. P059 menciona que "cuando utilizamos una lengua en redes sociales nos sirve para esparcir y para dar a conocer gran parte de nuestra cultura y nuestras tradiciones", haciendo de la lengua una herramienta más para mantener viva una comunidad.

Otras respuestas muestran la particularidad de esta comunidad, y por qué el uso del palenquero en redes sociales puede significar una demarcación por parte del usuario con el resto de la comunidad. P037 menciona que, cuando quiere compartir algo para que todo el mundo lo sepa, usa el español; pero utiliza la lengua palenquera cuando busca compartir algo solo con los miembros de esta comunidad. Aunque, como nos recuerda P046, "[Es] bueno que las redes sociales de alguna o cierta manera sirven para establecer relaciones con los demás, pero si no se les da un buen uso a estas pueden ser perjudiciales". Para evitar causar daños potenciales, hemos decidido no utilizar *posts verbatim* dentro de este estudio. Se busca con ello proteger las identidades de los usuarios de redes sociales que emplean Lengua.

La creación de espacios para la comunidad, tanto virtuales como físicos, requiere de la interacción y de la intencionalidad de las personas y entidades involucradas en esa actividad. Por este motivo, se considera que la presencia de lenguas minorizadas en redes sociales puede contribuir al sostenimiento de la comunidad lingüística. El sentimiento de pertenencia a la comunidad que los y las participantes reflejan a través de las entrevistas especialmente cuando mencionan el orgullo que sienten cuando emplean la lengua palenquera en las redes sociales constituye un foco de esperanza no solamente para el palenquero, sino también para otras lenguas minorizadas. Aunque todos los participantes en este estudio tienen su residencia en San Basilio de Palenque, el acceso a internet les permite estar en comunicación con otros palenqueros y otras personas fuera de la comunidad, tal y como lo refleja P044: "no solo nosotros, los miembros de la comunidad, estamos luchando por el fortalecimiento y el reconocimiento de nuestra lengua, sino que también personas de fuera se interesen en contribuir con ese granito de arena que a diario venimos luchando por sacar adelante". Se trata por lo tanto de una nueva forma de entender las comunidades, incluidas las de la diáspora, y de generar comunicación entre los que se fueron y los que permanecen.

## Conclusiones

Las redes sociales han permitido que el palenquero se mantenga vigente dentro y fuera de Colombia como se puede ver en la presencia de usuarios transnacionales en los grupos de Facebook dedicados a la cultura o la música de Palenque. Entre estos grupos convendría mencionar @kombilesami, @cienolafilms y @lenguapalenque, que existían en el momento en que se realizó esta investigación tanto en Facebook como en Instagram. A través de este estudio, hemos podido observar cómo los palenqueros utilizan ambas lenguas, el español y el palenquero, para generar sus identidades digitales.

Además, estos hablantes utilizan estas redes sociales como elemento de altavoz para compartir las tradiciones y características culturales de su comunidad como la música, el arte, etc. Como se ha visto, la existencia de determinados grupos donde solo se usa la lengua palenquera, o el contenido generado solo en esta lengua, sirve como método de comunicación y signo de pertenencia y de identificador digital para demostrar su pertenencia a la comunidad. Debido a las infraestructuras de San Basilio, el teléfono móvil es el método más utilizado para mantenerse conectado a Internet, lo que facilita el acceso a las redes sociales. De las plataformas preguntadas, aquellas que permiten generar texto son las favoritas de los usuarios, como Facebook, Facebook Messenger y WhatsApp a la cabeza. El uso de estas redes sociales indica que son las dominantes en relación con el tiempo que los palenqueros pasan en Internet.

Cuando se hacen las últimas correcciones de este texto, asistimos a la posible prohibición del uso de TikTok en Estados Unidos. Esto nos permite reflexionar acerca de la materialidad, la presencia y la permanencia de las redes sociales. Cuando se recopilaron los datos para este estudio, TikTok no formaba aún parte del horizonte investigador. Sin embargo, estudios recientes muestran un aumento en el número de usuarios hablantes de una lengua minorizada que utilizan esta plataforma para comunicarse en dicha lengua (Willis 2024), algo que contrasta con el uso que las instituciones hacen de sus cuentas oficiales, donde su presencia en TikTok no es aún tan desarrollada.

Los resultados indican que estas redes sociales también funcionan como una herramienta educativa para que los hablantes más expertos de la comunidad practiquen la lengua con los jóvenes y para comunicar en línea sobre los eventos culturales. Las plataformas de mensajes como WhatsApp funcionan como una herramienta de práctica en línea. Miembros de la comunidad, estudiantes, jóvenes y adultos jóvenes utilizan WhatsApp como un espacio en línea para practicar la lengua palenquera, creando grupos en los que se busca utilizar exclusivamente la lengua palenquera con el objeto de promover su uso y enseñanza: "En español, pero hay chats se puede decir eso bueno, sí que tenemos un grupo de amigas y a veces hablamos en lengua Palenquera" (P014).

El análisis del tiempo de uso indica que Facebook y WhatsApp son ampliamente aceptados como una plataforma que forma redes de comunicación en lengua a lo largo del día. Estos resultados también apuntan hacia el crecimiento y desarrollo de los métodos de enseñanza de idiomas de San Basilio a medida que se introducen nuevas plataformas de medios sociales. Investigaciones en los próximos años podrían dar lugar a la observación de cómo las plataformas de medios sociales se introducen en la comunidad y cómo estas plataformas se convierten en herramientas de enseñanza de idiomas.

Algunas de las personas encuestadas aún recuerdan los tiempos en los que estaba prohibido —o al menos no estaba permitido— hablar en la lengua palenquera: "antes, antes era. Bueno antes prohibieron que se hablara la lengua" (P037). El camino que ha avanzado la comunidad ha sido largo y muy doloroso, pero uno del que los miembros se sienten orgullosos: "Que el mundo reconozca que hay una lengua en Colombia especialmente en San

Basilio de Palenque que es una lengua criolla y la idea es que lo divulguen ante todo el mundo entero y que la gente pueda saber que la lengua se viene manteniendo y conservando" (P031). Como testigos externos a la comunidad, quedamos muy agradecidos de haber tenido la oportunidad de que nos compartieran las estrategias y avances que han desarrollado, y continúan desarrollando, para preservar, transmitir y conservar *su* lengua.

## Referencias

Asociación de Internet México (AMIPCI). *19° Estudio sobre los hábitos de usuarios de internet en México 2023*. Disponible en: https://irp.cdn-website .com/81280eda/files/uploaded/19%20Estudio%20sobre%20los%20Hai -bitos%20de%20Usuarios%20de%20Internet%20en%20Mei-xico%202023%20 .pptx.pdf

Auxier, Brooke, y Monica Anderson. "Social Media Use in 2021." Pew Research Center: Internet, Science & Tech, April 7, 2021. https://www.pewresearch.org /internet/2021/04/07/social-media-use-in-2021/.

Baez, Benjamin. 2002. "Confidentiality in Qualitative Research: Reflections on Secrets, Power and Agency." *Qualitative Research* 2 (1): 35–58.

Belmar, Guillem, y Maggie Glass. 2019. "Virtual Communities as Breathing Spaces for Minority Languages: Re-framing Minority Language Use in Social Media." *Adeptus* 14: 1–24. DOI: 10.11649/a.1968.

Bickerton, D. 2007. "Language Evolution: A Brief Guide for Linguists." *Lingua* 117: 510–526. https://doi.org/10.1016/j.lingua.2005.02.006

Blanco B., José A. 2014. "Censo de San Basilio del Palenque 1777. Análisis, comentarios y documentos." *Memoria y Sociedad* 1: 117–126.

Bleorțu, Cristina. 2021. *Aproximación al habla de la Pola Siero. Variación lingüística: descripción y percepción*. Oviedo: Academia de la Llingua Asturiana.

Bonilla-Silva, Eduardo. 2006. *Racism Without Racists: Color-blind Racism and the Persistence of Racial Inequality in the United States*. Maryland: Rowman and Littlefield Publishers.

Camargo, Blanca, y Allain Lawo-Sukam. 2015. "San Basilio de Palenque (Re)visited: African Heritage, Tourism, and Development in Colombia." *Afro-Hispanic Review* 34(1): 25–45.

Carrera de la Red, Micaela. 2023. "Lingüística y filología en Colombia: orígenes en la Romanística y prospectiva actual." En *Perspectives de recherche en linguistique et philologie romanes*, editores literarios Dolores Corbella Díaz, Josefa Dorta Luis, Rafael Padrón Fernández, 1375–1388. Zurich: Éditions de Linguistique et de Philologie (ELiPhi) de la Société de Linguistique Romane.

Castells, Manuel (ed.). 2004. *The Network Society. A Cross-cultural Perspective.* Cheltenham: Edwar Elgar.

Chacón, Hilda (ed.). 2020. *Online Activism in Latin America.* New York: Routledge.

Cunliffe, Daniel. 2021. "Minority Languages in the Age of Networked Individualism: From Social Networks to Digital Breathing Spaces." En *Language Revitalisation and Social Transformation. Language and Globalization,* editado por Lewis, H. y W. McLeod, 67–97. London: Palgrave Macmillan. https://doi.org/10.1007/978-3-030-80189-2_3

Dalton, David S. y Ramírez Palencia, David (eds.). 2023. *Imagining Latinidad. Digital Diasporas and Public Engagement Among Latin American Migrants.* Boston: Brill. DOI: https://doi.org/10.1163/9789004519671_002

Departamento Administrativo Nacional de Estadística de Colombia, Gobierno de Colombia. 2022. *Encuesta de Calidad de Vida. Boletín Técnico 2022.* Disponible en: https://www.dane.gov.co/files/investigaciones/condiciones_vida/calidad _vida/2022/Boletin_Tecnico_ECV_2022.pdf

Dieck, K. 2011. "La época de formación de la lengua de Palenque: datos históricos y lingüísticos." *Forma y Función* 24 (1): 11–24.

Domínguez Pozos, Fernando de Jesús, y Rocío López González. 2015. "Uso de las redes sociales digitales entre los jóvenes universitarios en México. Hacia la construcción de un estado del conocimiento (2004–2014)." *Revista de Comunicación* 14: 48–69.

Faverio, Michelle. 2022. "Share of Those 65 and Older Who Are Tech Users Has Grown in the Past Decade." Pew Research Center, January 13, 2022. https:// www.pewresearch.org/short-reads/2022/01/13/share-of-those-65-and-older -who-are-tech-users-has-grown-in-the-past-decade/.

Ferguson, Charles. 1959. "Diglossia." *Word* 15: 325–340.

Fernandez de Landa, Joseba, Rodrigo Agerri, e Iñaki Alegria. 2019. "Large Scale Linguistic Processing of Tweets to Understand Social Interactions among Speakers of Less Resourced Languages: The Basque Case." *Information* 10 (6): 212–242. https://doi.org/10.3390/info10060212.

Flores, Nelson, y Jonathan Rosa. 2015. "Undoing Appropriateness: Raciolinguistic Ideologies and Language Diversity in Education." *Harvard Educational Review* 85 (2): 149–171. doi: /10.17763/0017-8055.85.2.149.

de Friedemann, Nina S. 2002. "El Palenque de San Basilio: hito histórico-cultural en América." En *Palenque, Cartagena y Afro-Caribe: istoria y lengua,* editado por Yves Moñino y Armin Schwegler, 1–10. Berlín/Boston: Max Niemeyer Verlag. https://doi.org/10.1515/9783110960228.1

García León, Javier Enrique. 2013. "'Being successful meant speaking well, and speaking well meant speaking standard English'. Aproximación al estudio de las actitudes lingüísticas en hablantes trilingües: inglés criollo, inglés estándar y español." *Forma y Función* 26 (1): 11–53.

García León, Javier Enrique. 2014. "Una visión global de las lenguas criollas: perspectivas y retos de la criollística." *Folios* 39: 51–64. DOI: https://doi .org/10.17227/01234870.39folios51.64

Goirigolzarri, Jone, Estibaliz Amorrortu, y Ane Ortega. 2019. *Neohablantes de lenguas minorizadas en el Estado español*. Berlín: Iberoamericana.

González Alba, Álvaro. 2023. *Does Social Media Shape Who We Are? A Mixed-Method Study on the Use of the Spanish Language on Social Media Platforms From Latinx Individuals in California*. Doctoral Dissertation, University of California Riverside.

Gutiérrez Maté, Miguel. 2017. "La partícula focal jue (español fue) en el criollo palenquero: ¿gramaticalización y/o sustrato?" *Revista Internacional de Lingüística Iberoamericana* 30: 7–46.

Holmes, Janet, y Miriam Meyerhoff. 1999. "The Community of Practice: Theories and Methodologies in Language and Gender Research." *Language in Society* 28 (2): 173–183. doi: 10.1017/S004740459900202X.

Kwak, Haewoon, Lee Changhyun, y Sue Moon. 2010. "What is Twitter, a Social Network or a News Media?" *Proceedings of the 19th international conference on World wide web.* 2010: 591–600. Association for Computing Machinery New York: NY. DOI: https://doi.org/10.1145/1772690.1772751

Lamar Prieto, Covadonga. 2023. "Lujos identitarios y la cooficialidad del asturiano." En *Distinctiveness, Identity and Officiality of the Asturian Language*, editado por Avelino Corral Esteban, 59–67. Berlín: Peter Lang.

Lamar Prieto, Covadonga y Álvaro González Alba. 2022. "Perception of Cultural Values on Display on Instagram: A Case study of SA for HS Spanish." En *Cultural Diversity in Intercultural (Cross-cultural) Communication: Global Case Studies*, editado por Tamila Mammadova, 151–172. Newcastle-upon-tyne: Cambridge Scholars Publishing.

Lawati, Dig Dhoj, y Karna Rana. 2022. "Limbu Poets' Experiences of Using Facebook for Promoting Endangered Indigenous Language." *Journal of Underrepresented & Minority Progress* 6 (1): 97–120. DOI: https://doi.org/10.32674 /jump.v6i1.4099

Lenhart, Amanda, Kristen Purcell, Aaron Smith, y Kathryn Zickuhr. 2010. "Social Media and Mobile Internet Use among Teens and Young Adults". *Internet Science & Tech,* February https://www.pewresearch.org /internet/2010/02/03/social-media-and-young-adults/

Levon, Erez. 2018. "Ethnographic Fieldwork". In *Data Collection in Sociolinguistics: Methods and Applications*, 2nd ed., ed. Christine Mallinson, Becky Childs, y Gerard Van Herk, 85–106. London: Routledge.

*Ley sobre reconocimiento, fomento, protección, uso, preservación y fortalecimiento de las lenguas de los grupos étnicos de Colombia y sobre sus derechos lingüísticos y los de sus hablantes* (Ley No. 1.381 de 2010)

Lipski, John M. 2005. *A History of Afro-Hispanic Language.* Cambridge: Cambridge University Press.

_____. 2015. "From 'More' to 'Less'. Spanish, Palenquero (Afro-Colombian Creole) and Gender Agreement." *Language. Cognition and Neuroscience* 30 (9): 1144–1155. DOI: 10.1080/23273798.2014.975727

_____. 2021. "Language Revitalization as L2 Shadow Boxing: The Case of Palenquero Plural-marking." *Studies in Second Language Acquisition* 43 (1): 220–235. doi:10.1017/S0272263120000339

_____. 2016. "Palenquero and Spanish: A First Psycholinguistic Exploration". *Journal of Pidgin and Creole Languages* 31 (1): 42–81 DOI: https://doi.org /10.1075/jpcl.31.1.03lip

Lizcano Arango, Oscar Mauricio. 2023. Boletín Trimestral de Las TIC. Bogotá: Ministerio de Tecnologías de la Información y las Comunicaciones. https://colombiatic.mintic.gov.co/679/articles-276966_archivo_pdf.pdf.

Mato, Paora, y Te Taka Keegan. 2013. "Indigenous Tweeting for Language Survival: The Māori-Language Profile." *International Journal of Technology and Inclusive Education* 2 (2): 184–191.

McCarty, Teresa, y Tiffany Lee. 2014. "Critical Culturally Sustaining/ revitalizing Pedagogy and Indigenous Education Sovereignty." *Harvard Educational Review* 84 (1): 101–124. https://doi.org/10.17763/haer .84.1.q83746nl5pj34216.

McCarty, Teresa L, Sheilah E. Nicholas, Kari B. Chew, Natalie G. Diaz, Wesley Y. Leonard y Louellyn White. 2018. "Hear Our Languages, Hear Our Voices: Storywork as Theory and Praxis in Indigenous-Language Reclamation." *Daedalus* 147 (2): 160–172, https://doi.org/10.1162/daed_a_00499.

McCay-Peet, Lori, y Anabel Quan-Haase. 2016. "What is Social Media and What Questions Can Social Media Research Help Us Answer." En *The SAGE Handbook of Social Media Research Methods*, editada por Luke Sloan y Anabel Quan-Haase, 13–26. Londres: Sage Publications. https://doi.org/10.4135 /9781473983847

McMonagle, Sarah, y Niamh Ni Bhroin. 2023. "Across the Cyberwaves. Twitter Campaigns for Gaeilge." *Social Media + Society* 9 (January - March): 1–14. doi: 0.1177/20563051231161296.

Mehra, Bharat, Cecelia Merkel y Ann Peterson Bishop. 2004. "The Internet for Empowerment of Minority and Marginalized Users." *New Media & Society* 6 (6): 781–802.

Moñino, Yves. 2012. "Pasado, presente y futuro de la lengua palenquera". In *Palenque Colombia: oralidad, identidad y resistencia*, 221–256. Bogotá: Editorial Pontificia Universidad Javieriana.

Moñino, Yves, y Armin Schwegler. 2013. "Aportes de la lingüística a la historia afrocaribeña: contribuciones y controversias." En *Palenque, Cartagena y Afro-Caribe: historia y lengua*, editado por Yves Moñino y Armin Schwegler, i-xi. Berlín/Boston: Max Niemeyer Verlag. https://doi.org/10.1515 /9783110960228.xi

Morton, Thomas Barry. 2005. "Sociolinguistic Variation and Language Change in El Palenque De San Basilio (Colombia)." Order No. 3197717, University of Pennsylvania. https://www.proquest.com/dissertations-theses /sociolinguistic-variation-language-change-el/docview/305454399/se-2.

Navarrete, María Cristina. 2003. "Cimarrones y palenques en el siglo XVIII". Cali Col: Ed. Univ. del Valle.

Navarrete Peláez, María Cristina. 2008. *San Basilio De Palenque: memoria y tradición, surgimiento y avatares de las gestas cimarronas en el Caribe colombiano* 2a. ed. Santiago de Cali: Programa Editorial Universidad del Valle.

OECD (2024), Internet access (indicator). doi: 10.1787/69c2b997-en (Accessed on 20 January 2024) https://data.oecd.org/ict/internet-access.htm

Parkwall, Mikael, y Bart Jacobs. 2020. "Palenquero Origins. A Tale of More Than Two Languages." *Diachronica* 37 (4): 540–576. https://doi.org/10.1075 /dia.19019.par

Patiño Roselli, Carlos. 1992. "La criollística y las lenguas criollas de Colombia." *Thesaurus: Boletín del Instituto Caro y Cuervo* 47 (2): 233–264.

_____. 2002. "Sobre origen y composición del criollo palenquero." En *Palenque, Cartagena y Afro-Caribe: historia y lengua*, editado por Yves Moñino y Armin Schwegler, 21–34. Berlín/Boston: Max Niemeyer Verlag. https://doi.org/10.1515 /9783110960228

Pietikäinen, Sari y Helen Kelly-Holmes. 2011. "Gifting, Service and Performance: Three Eras in Minority Language Media Policy and Practice." *International Journal of Applied Linguistics* 21 (1): 51–70. https://doi.org/10.1111/j.1473-4192 .2010.00257.x

_____. (eds.). 2013. *Multilingualism and the Periphery*. New York: Oxford University Press. DOI: https://doi.org/10.1093/acprof:oso/9780199945177.001 .0001

Price, Richard (ed.). 1996. *Maroon Societies: Rebel Slave Communities in the Americas*. Baltimore: JHU Press.

Ramírez Gallego, Andrés Felipe. 2007. "La etno-Constitución de 1991: criterios para determinar derechos comunitarios étnicos indígenas." *Revista Estud. Socio-Juríd.* 9 (enero-junio): 130–153. https://www.redalyc.org/articulo .oa?id=73390105

Rice, Keren. 2006. "Ethical Issues in Linguistic Fieldwork: An Overview." *Journal of Academic Ethics* 4 (1–4): 123–155. https://doi.org/10.1007/s10805-006-9016-2

Rospigliosi, Asher, y Sue Greener (eds.). 2014. *Proceedings of the European Conference on Social Media*. Brighton: Academic Publishing.

Salaberry, M. Rafael. 2001. "The Use of Technology for Second Language Learning and Teaching: A Retrospective." *The Modern Language Journal* 85 (1): 39–56. DOI: 10.1111/0026-7902.00096

Schwegler, Armin. 2011. "Palenque (Colombia): Multilingualism in an Extraordinary Social and Historical Context." En *The Handbook of Hispanic Sociolinguistics*, editado por Manuel Díaz Campos, 446–472. Londres: Wiley /Blackwell Publishing. DOI: https://doi.org/10.1002/9781444393446.ch21

Schwegler, Armin, y Kate Green. 2009. "Palenquero (Creole Spanish)." En *Comparative Creole Syntax: Parallel Outlines of 18 Creole Grammars*, editado por John Holm y Peter L. Patrick, 273–306. London: Battlebridge. https://doi .org/10.1075/jpcl.24.1.13kih

Sloan, Luke, y Anabel Quan-Haase (eds.). 2016. *The Sage Handbook of Social Media Research Methods*. London: SAGE Publications Ltd. https://doi .org/10.4135/9781473983847.

Smith, Aaron, y Monica Anderson. "Social Media Use in 2018." Pew Research Center: Internet, Science & Tech, March 1, 2018. https://www.pewresearch .org/internet/2018/03/01/social-media-use-in-2018/.

Smith, Linda Tuhiwai. 2012. *Decolonizing Methodologies: Research and Indigenous Peoples*. Bloomsbury Publishing.

Suárez-Lantarón, Belén, Yolanda Deocano-Ruíz, Nuria García-Perales, y Irina Sherezade Castillo Reche. 2022. "The Educational Use of WhatsApp." *Sustainability* 14 (17): 1–14. DOI: org/10.3390/su141710510

Tynes, Brendesha M., Elizabeth L. Garcia, Michael T. Giang, y Nicole E. Coleman. 2011. "The Racial Landscape of Social Networking Sites: Forging Identity, Community, and Civic Engagement." *ISJLP* 7: 71–100.

Tynes, Brendesha M., Micheal T. Giang, David R. Williams, y Geneene N. Thompson. 2008. "Online Racial Discrimination and Psychological Adjustment among Adolescents." *Journal of Adolescent Health* 43 (6): 565–569. DOI: 10.1016/j.jadohealth.2008.08.021.

Villazón Valbuena, Miriam. 2023. "Señaldá y el fútbol de antes, la identidad futbolística de una lengua". En *Distinctiveness, Identity and Officiality of the Asturian Language*, editado por Avelino Corral Esteban, 115–121. Berlín: Peter Lang.

Wenger-Trayner, Etienne, Beverly Wenger-Trayner, y Claude Bruderlein. 2023. *Communities of Practice within and across Organizations*. Sesimbra: Social Learning Lab.

Willis, Craig. 2024. *Minority Issues in Europe: Purpose and Challenges of Minority Language Media*. Europa-Universität Flensburg, PhD dissertation.

Youssef, Valerie. 2005. "Varilingualism: A Discrete Sub-type of Language Competence." *Journal of Multilingual Communication Disorders* 3 (3): 216–226. DOI: 10.1080/14769670500066248

# 7

# ¿Cómo explotar la legalidad liminal? Modelos de ciudadanía inclusiva en el discurso en línea de *United We Dream*

*David S. Dalton*

꙳

A PRINCIPIOS DE 2018, FUNCIONARIOS de *US Immigration and Customs Enforcement* [Servicio de Inmigración y Control de Aduanas de Estados Unidos] (ICE) de Peekskill, Nueva York, detuvieron al inmigrante ecuatoriano Manuel Zhinin mientras se preparaba para ir a trabajar. Lo trasladaron a un centro de detención en Alabama, y no se le permitió ni ver a su esposa e hija ni hablar ante un juez hasta septiembre de 2019, casi dos años después de la detención (News12 West Chester 2019; United We Dream 2019c). Tras escuchar las pruebas, el juez dictaminó que Zhinin había sido detenido injustamente. Los funcionarios de ICE lo habían detenido por no presentarse ante la corte, pero esto no había sido su culpa. Tras mudarse recientemente y a pesar de haber informado a la corte su dirección de domicilio actualizada, la citación fue enviada a su antigua dirección (curiosamente, los funcionarios de ICE sabían exactamente dónde encontrarlo cuando lo detuvieron). Tras el fallo, a Zhinin se le permitió finalmente regresar a casa y reunirse con su familia (News12 West Chester 2019). Aunque ganó su caso basándose en sólidos argumentos jurídicos, uno de los factores más importantes de su eficaz defensa fue una campaña en las redes sociales que *United We Dream* (UWD) coordinó en su nombre.[1] La organización publicó una

---

1. UWD es la "mayor red liderada por jóvenes inmigrantes" ["largest immigrant youth-led network"] de Estados Unidos. Véase United We Dream (2019a).

petición en su sitio web invitando a la gente a "apoyar a la esposa de Manuel y a su hija" ["stand with Manuel's wife and his daughter"] (United We Dream 2019c), y también publicó breves entrevistas con su familia en las redes sociales (United We Dream 2019d). Dado que se ha demostrado que este tipo de intervenciones mejoran las probabilidades de que los inmigrantes detenidos ganen sus casos (Kocher 2017, 169), se podría concluir que la intervención de UWD también benefició a Zhinin.

Desde su fundación entre 2008 y 2009, UWD ha desempeñado un papel decisivo a la hora de dar relevancia nacional a la difícil situación de los jóvenes inmigrantes y sus familias (Anguiano 2011, 128; de la Torre y Germano 2014, 461–462).[2] El compromiso de la organización con los jóvenes inmigrantes ha llevado a muchos estudiosos a compararla favorablemente con la NAACP, LULAC y otros grupos de derechos humanos (Castañeda et al. 2020, 181).[3] UWD facilita la comunicación entre activistas proinmigrantes al coordinar hábiles campañas en las redes sociales a través de su sitio web, unitedwedream. org. Por un lado, sus operaciones permiten el intercambio de ideas entre aliados ideológicos para comunicar y planificar manifestaciones sociales —y otros actos— en lugares físicos. Por otro lado, también sirve como un recurso que pone en contacto a las personas indocumentadas que necesitan apoyo jurídico, técnico o moral con expertos que pueden ayudarles. En este trabajo, sostengo que el hábil uso que UWD hace de la tecnología y las redes sociales ha producido un contrapeso al discurso mordaz —tanto en línea como en el espacio físico— que representa a todos los inmigrantes como amenazas para Estados Unidos; al hacerlo, UWD afirma los derechos de los jóvenes inmigrantes y sus familias a vivir en el país.

UWD está compuesto casi en su totalidad por jóvenes de la llamada generación 1.5, un término que describe a las personas que nacieron en el extranjero pero se trasladaron a Estados Unidos —generalmente sin documentos— cuando eran niños. A principios de la década de 2000, este grupo demográfico

---

2.  Para un análisis de cómo UWD se convirtió en la organización de jóvenes inmigrantes más importante de Estados Unidos, véase Claudia A. Anguiano (2011, 125–133).

3.  NAACP se refiere a The National Association for the Advancement of Colored People y es una de las organizaciones de derechos civiles más destacadas en Estados Unidos. LULAC se refiere a la League of United Latin American Citizens, la asociación hispana más reconocida en el país.

empezó a crear redes localizadas de acción política que acabarían uniéndose en UWD. La mayoría de estos activistas se enteraron de su supuesta ilegalidad poco a poco a medida que avanzaban en la escuela secundaria y a la graduación (Abrego 2014, 146–158; Rodríguez et al. 2019, 64–65). A menudo, esta revelación resultaba traumática, pues estos jóvenes se daban cuenta de repente de que eran diferentes de sus compañeros (Chávez et al. 2015, 1–3; de la Torre y Germano 2014, 459; Gonzales y Suárez 2013; Nicholls 2013b, 2–7). No obstante, estos inmigrantes aprovecharon su aparente inocencia para animar a los legisladores y votantes estadounidenses a acercarse a ellos con simpatía. El propio nombre de *United We Dream* hace referencia al *Development, Relief, and Education for Alien Minors Act* [Ley de Desarrollo, Ayuda y Educación para Menores Extranjeros] (DREAM Act por sus siglas en inglés). Se trata de un proyecto general de reforma de la inmigración que ha contado con apoyo (y oposición) bipartidista desde su creación y que fue presentado por primera vez en 2001 por el senador republicano Orin Hatch y el senador demócrata Dick Durbin (Olivares 2013, 82). El marco básico acordado para el *DREAM Act* era que los *DREAMers* podrían embarcarse en un camino de seis años hacia la ciudadanía que incluiría o la obtención de un título universitario o dos años de servicio militar honorable (Chávez 2014, 95; Hartelius 2015, 9–10).[4] El *DREAM Act* ha pasado por numerosas iteraciones en las últimas dos décadas sin llegar a convertirse en ley (American Immigration Council, 2019; Olivares 2013, 85–99).

El hecho de que el Congreso estuviera dispuesto a considerar siquiera el *DREAM Act* puso de relieve la llamada "legalidad liminal" de la generación 1.5. Cecilia Menjívar (2006) describe este término como "los espacios *entre* las categorías legales convencionales" ["the spaces *between* conventional legal categories"], en particular las de documentado e indocumentado (1003, énfasis en el original; véase también Heredia 2015, 77–80). Aunque muchos académicos han pedido que se elimine la palabra "ilegal" —y, por extensión, legal— de los debates sobre inmigración debido a su potencial deshumanizador (Anguiano 2015, 93), la insistencia de Menjívar en este término refleja el simple hecho de que la (il)legalidad del inmigrante es una construcción social que da forma a cómo la gente percibe el derecho de un inmigrante a estar en el país. Menjívar (2006) subraya el hecho de que la línea divisoria entre "legal"

---

4. El acrónimo DREAM se refiere a la palabra "dream" que quiere decir soñar o sueño. El término se refiere a los jóvenes que buscan el susodicho sueño americano.

e "ilegal" suele ser difícil de definir; es más, esta línea nunca es estable ya que el Estado a menudo ilegaliza incluso a quienes tienen la documentación en regla (1002–1009; véase también Golash-Boza 2014; Menjívar y Knastroom 2014, 9). Los activistas y políticos a favor de los *DREAMers* intentaron aprovechar su propia legalidad liminal hacia un estatus más permanente haciendo hincapié en que el *DREAM Act* proporcionaría una vía hacia la ciudadanía a aquellos niños cuyas entradas no autorizadas se hubieran producido "sin culpa propia" ["through no fault of their own"]. Lejos de cuestionar la noción de que dichas entradas representaban un delito, dicho discurso "trasladaba la culpa únicamente a los padres" ["shift(ed) the blame solely to parents"] (López 2015, 23; véase también Abrego 2014, 148; Mahatmya y Gring-Pemble, 2014). Así, estos activistas argumentaron que los jóvenes indocumentados eran demasiado jóvenes para ser acusados de entrar ilegalmente en el país cuando llegaron, y sería cruel castigarlos ahora.[5] A pesar de estos poderosos argumentos, no debería sorprendernos que el Congreso estadounidense finalmente no aprobara el *DREAM Act*. A lo largo del siglo XX y principios del XXI, los legisladores han respaldado políticas que producen una especie de "temporalidad permanente" para los inmigrantes liminalmente legales (Bailey et al. 2002, 138–140; Menjívar y Kanstroom 2014, 3–4). Los múltiples intentos fallidos de aprobar el *DREAM Act* sugieren que la situación de legalidad liminal de la generación 1.5 experimentará pocos cambios sustanciales en un futuro próximo.

Evidentemente, la continua presencia de una persona —o de un grupo de personas— en Estados Unidos, sea o no legal, hace que esta establezca fuertes lazos con su nuevo país de residencia. En consecuencia, los *DREAMers* han empezado a reivindicar lo que Yazmín Lazcano-Pry (2015) denomina "ciudadanía inclusiva", un término que toma prestado de la teorización de Robert Asen (2004) sobre la ciudadanía como un desempeño de responsabilidades cívicas más que como una condición burocrática. Las nociones de ciudadanía inclusiva, popular y cultural han ocupado durante mucho tiempo un lugar central en el discurso de los *DREAMers*, pues los inmigrantes llevan mucho

---

5.   William J. Brennan, un juez de la Corte Suprema de Estados Unidos, encontró una justificación constitucional para tal perspectiva cuando escribió la opinión mayoritaria del caso Plyler contra Doe (1982), la decisión judicial que garantizó que los niños inmigrantes indocumentados pudieran recibir una educación K-12. Véase William A. Schwab (2013, 17–19).

tiempo resaltando sus vínculos con la comunidad como forma de afirmar que merecen permanecer en el país (Corrunker 2012, 163–165). Estas amplias definiciones de ciudadanía pueden carecer de las credenciales jurídicas de las definiciones más burocráticas (136), pero debemos tener en cuenta que la tensión entre la "ciudadanía como identidad" y la "ciudadanía como estatus" se ha manifestado en las cortes de todo el país durante décadas (Keyes 2013, 115–116). Incluso cuando los jueces defienden la "ciudadanía como estatus", la noción de "ciudadanía como identidad" proporciona herramientas políticas a los inmigrantes para desafiar la política existente o conseguir mayores derechos (Keyes 2013, 123–127; García Rodríguez 2014, 102–106). El potencial de los inmigrantes sin ciudadanía burocrática de abogar por una forma alternativa de pertenencia genera serias amenazas a quienes tienen un interés personal en erigir barreras a la ciudadanía. Como han señalado numerosos estudios recientes, las invocaciones de los inmigrantes de modelos de ciudadanía inclusiva desafían necesariamente las nociones preconcebidas de ciudadanía que, en Estados Unidos, han favorecido históricamente a las personas blancas de habla inglesa frente a los inmigrantes y las personas de color (Amaya 2013, 2; Guzmán 2019, 6; Valdez 2016). Claramente, el discurso de los *DREAMers* amenaza los sistemas de privilegios que han beneficiado a los ciudadanos (particularmente blancos) sobre los extranjeros durante más de un siglo.

Situada en el límite de lo legal y lo ilegal, la legalidad liminal crea un estado de excepción agambiano que hace especialmente vulnerable a la generación 1.5. Giorgio Agamben (2005) define el estado de excepción como "un campo de tensiones jurídicas en el cual un mínimo de vigencia formal coincide con un máximo de aplicación real, y viceversa" (77). Esta cita es especialmente válida en el caso de la ley de inmigración en Estados Unidos, donde la construcción de la ilegalidad migratoria sigue siendo un tema central (de Genova 2014, 38–47). Esto lo vemos al considerar el hecho que cada intento de la llamada reforma migratoria sólo ha restringido aún más las vías legales de entrada (de Genova 2014, 39). Agamben (1998) puede ayudar a explicar por qué ocurre esto; según argumenta, los estados biopolíticos dividen a los humanos en dos grupos: *bios* (la vida buena) y *zoē* (la vida animal) (8–12). Mientras que el primero pertenece a la clase política, el segundo existe fuera del ámbito político y jurídico. Durante los estados de excepción, el Estado puede interpelar a los *zoē* como *homines sacri* (el singular es *homo sacer*): personas contra las que el Estado puede actuar con una violencia desproporcionada precisamente porque sus vidas nudas no se registran como particularmente importantes en la escala biopolítica (8). Los inmigrantes, indocumentados o no, suelen ser relegados a cierta clase de *zoē* ya que carecen de una voz política y no pueden participar en las elecciones. Por ello, es fundamental que estos —y sobre todo los que se encuentran en el umbral entre la legalidad y la ilegalidad— se opongan a cualquier intento de los que ostentan el poder de negarles una voz política y social. Históricamente, UWD ha conseguido esto al destacar la "americanidad" de los jóvenes inmigrantes a través de su defensa tanto en el ciberespacio como en el espacio físico. Estas estrategias humanizan a estos jóvenes y atraen el apoyo de una amplia franja de la población estadounidense.

No es ningún error que UWD haya operado durante las presidencias de Barack Obama y Donald Trump, las dos administraciones con quizá las políticas de inmigración más draconianas de la historia de Estados Unidos (Nowrasteh 2019). Obama se ganó el apodo de Deportador en Jefe durante su presidencia —especialmente su primer mandato— debido al elevado número de deportaciones que se produjeron bajo su presidencia. Por su parte, Trump logró cierta notoriedad por su retórica descarada y deshumanizadora contra los inmigrantes, incluso cuando las deportaciones disminuyeron bajo su mando ya que había menos personas que expulsar del país (Nowrasteh 2019). Cada presidente tenía un estilo distintivo con el que UWD tenía que lidiar. Trump empleó diatribas abiertamente racistas en Twitter que los activistas de UWD intentaron contrarrestar mediante sus propias campañas en las redes sociales. El caso de Obama fue más matizado; el primer presidente negro del país identificó los derechos civiles y la igualdad como componentes clave de su plataforma durante sus dos campañas presidenciales. Por ello, su política de inmigración parecía ir en contra de la visión del mundo que defendía públicamente. En estas circunstancias, UWD se esforzó por presionar a Obama para que respaldara sus supuestos ideales a través de una sólida agenda legislativa y de acciones ejecutivas. De este modo, afirmaban que él protegería a los jóvenes inmigrantes y a otros grupos de inmigrantes "meritorios" del país.

## Activismo digital y la era de la esperanza y el cambio

Durante la presidencia de Obama, los *DREAMers* reivindicaron su derecho a vivir en el país desafiando el marco biopolítico que seguía relegándolos a la periferia. Así, UWD empezó a experimentar con formas de animar a los miembros de la generación 1.5 a compartir sus historias en las redes sociales. Si querían impugnar el estado de excepción y hacerse oír políticamente, los *DREAMers* tendrían que defender una narrativa que resonara con los valores de los responsables políticos estadounidenses —especialmente el presidente— y los votantes (Gonzales et al. 2014, 175; Nicholls 2014, 226). UWD desempeñó un papel clave a la hora de ayudar a los jóvenes migrantes a producir mensajes eficaces "proporcionando capacidad allí donde la organización [era] necesaria pero inexistente" ["providing capacity where organizing (was) necessary but non-existent"] (Anguiano 2011, 67; véase también Schwab 2013, 123). De este modo, la generación 1.5 pudo explotar lo que Walter J. Nicholls (2013a) denomina "aperturas de nicho" ["niche openings"], o pequeñas fisuras dentro del discurso antiinmigración que permiten a determinados actores —como los jóvenes indocumentados— abogar con éxito por sí mismos.

La organización empleó una combinación de tecnología y formación práctica para crear "mensajeros disciplinados que [pudieran] transmitir el discurso de forma coherente y controlada" ["disciplined messengers who (could) deliver the discourse in a consistent and controlled way"] (Nicholls 2014, 235; véase también Nichols 2013b, 13–18). Los *DREAMers* centraron su limitado capital político en los problemas a los que se enfrenta la generación 1.5 combatiendo las afirmaciones de ilegalidad y destacando su propio merecimiento de estar en el país (Keyes 2013, 102; Pérez Huber 2015, 26–27).[6] Numerosos estudiosos han argumentado que las narrativas de los *DREAMers* eran perjudiciales para aquellos inmigrantes —de generación 1.5 o no— que no encajaban en el molde de estudiantes de gran éxito (Bishop 2017; Campos Ramales 2019; Fiorito 2019; Ironside y Corrigan 2015; Nicholls 2014, 234; Nichols y Fiorito 2015, 88; Schmenner 2014). Al centrarse en los *DREAMers*, UWD —sobre todo en los primeros años— a menudo consiguió logros para los jóvenes indocumentados a expensas de otros grupos de inmigrantes. La organización coordinó su estrategia mediática a través de conferencias telefónicas entre sus líderes y luego utilizó plataformas en línea —en particular las redes sociales y el correo electrónico— para llegar a los activistas de base (Nichols 2014, 236). Esta comunicación en línea facilitó el contacto entre activistas de diferentes estados y les permitió compartir tácticas que habían funcionado en un contexto con personas que luego podrían intentar usarlas en otro contexto (García de Mueller 2016, 176–180). UWD cosechó grandes éxitos; en conjunto, los estadounidenses simpatizan más con los *DREAMers* que con otras clases

---

6. Véase Yukich (2013, 309), quien proporciona una lista de estrategias para hacer valer el merecimiento en contextos más allá del de UWD.

de inmigrantes indocumentados (Wright et al. 2016, 240–246). En 2018, casi tres cuartas partes de los ciudadanos estadounidenses estaban a favor de algún tipo de "legalización" y una vía hacia la ciudadanía para este grupo demográfico en particular (Doherty 2018; Tyson 2018).

Una de las principales contribuciones de UWD al discurso nacional fue su apoyo a la campaña *Undocumented and Unafraid* [Indocumentados y sin miedo], que comenzó en 2009 y continúa en la actualidad. Esta iniciativa dirigida por UWD puso de relieve a personas de la generación 1.5 que "salían del clóset" con orgullo como indocumentados a través de videos en línea (Nicholls y Fiorito 2015, 89; Schwab 2013, 124). La clave de estas actuaciones fue que los jóvenes adoptaran la etiqueta *DREAMer* —que "proporciona una designación alternativa a una población estigmatizada que connota determinación, idealismo y promesa" ["provides an alternative designation to a stigmatized population that connotes ambition, idealism, and promise"] (de la Torre y Germano 2014, 458) — por encima del peyorativo, ilegal (Bishop 2017). Los *DREAMers* hicieron esto corriendo un riesgo personal y familiar muy real; incluso aquellos que evitaron la deportación podrían delatar a sus familiares, muchos de los cuales no tenían ningún vínculo con la legalidad liminal. En muchos casos, los jóvenes inmigrantes salieron del clóset en contra de los deseos de sus familias (Bishop 2017, 421). Aunque los líderes de UWD reconocían los riesgos que suponía para los individuos y sus familias salir del clóset, también creían que los DREAMers no podían empoderarse permaneciendo invisibles (Corrunker 2012, 158–163). El costo del silencio era mayor que el de la denuncia. A medida que más *DREAMers* hablaban, creaban una masa crítica que replanteaba el debate sobre la inmigración de forma favorable (Piñeros Shields 2014, 204). UWD apoyó a aquellos que querían contar su propia historia con autenticidad, proporcionándoles indicaciones sobre cómo ganarse la simpatía del público estadounidense (Nicholls y Fiorito 2015, 87). Los críticos de *Undocumented and Unafraid* se burlaron de las narrativas estereotipadas que promovían los activistas, pues la mayoría de los videos se centraban en las personas más destacadas en lo académico y/o deportivo (Bishop 2017, 424). No obstante, no podemos ignorar la eficacia de estas campañas a la hora de condicionar a elementos clave del electorado estadounidense para que adoptasen un enfoque más positivo hacia la generación 1.5.[7]

---

7.  Jacqueline Villarrubia-Mendoza y Roberto Vélez-Vélez (2017) ven la campaña *Undocumented and Unafraid* como la heredera en línea de los movimientos artísticos chicanos de los 1960 y 1970.

Las campañas para salir del clóset representaron una fascinante articulación de activismo en línea que pretendía provocar una "politización de los *zoë*" (Dalton 2023, 10), la cual desafiaría la relegación a la periferia de la generación 1.5. Al publicar sus historias en línea, estos activistas "contrarrestaron las estructuras de poder establecidas con el objetivo de cambiar la opinión legal y pública" ["counter(ed) established power structures with the aim of changing legal and public opinion"] (Rodríguez et al. 2019, 68). Al participar en estos *performances* en línea, los *DREAMers* se situaron a sí mismos dentro de un contexto biopolítico decididamente cibernético/cyborg desde el que podían resistirse a la deshumanización antiinmigrante. Según Donna Haraway (1995), una sociedad *cyborg* es aquella en la que "la gente no tiene miedo de su parentesco con animales y máquinas ni de identidades permanentemente parciales ni de puntos de vista contradictorios" (154). Haraway (1995) basa su teoría en el argumento cientificista de que no existe una distinción creíble entre humano y animal, pero su argumento también se aplica a este contexto, donde las redes cibernéticas permiten a las personas impugnar distinciones de *bios* y *zoë* de una manera que exige una representación política más igualitaria.

Chela Sandoval (2000) conecta a Haraway con el pensamiento chicano e inmigrante cuando afirma que la subjetividad cyborg produce una forma de mestizaje radical "en la que la subjetividad se libera de la ideología a medida que amarra y une la realidad" ["where subjectivity becomes freed from ideology as it ties and binds reality"] (169). *Undocumented and Unafraid* resulta especialmente útil para desentrañar el potencial y los límites del ciberactivismo para los jóvenes inmigrantes en Estados Unidos. Los que participaron deseaban liberarse del discurso de la ilegalidad haciendo hincapié en sus vínculos con la ciudadanía inclusiva. A través de este medio, operaron hábilmente dentro de lo que N. Katherine Hayles (1999) se ha referido como una esfera social "posthumana" que favorece los flujos de información sobre lo corporal (2–4). Bishop (2017) afirma esta idea cuando observa que, aunque muchos *DREAMers* compartieron con entusiasmo sus historias en línea, la mayoría optó por no aparecer en televisión. Lo hicieron porque preferían un medio que permitiera una mayor comunicación entre el productor cultural y el consumidor cultural (420–421). Estos migrantes negociaban así su legalidad liminal y su ciudadanía popular en tiempo real en conversaciones a través del internet en las que primaba la libre circulación de información entre las personas. Lo más importante es que los videos sobre la salida del clóset no cuestionaban la ideología general ni el discurso de la ilegalidad (Valdez 2016,

643). En lugar de cuestionar el estatus excepcional de cualquier inmigrante, los *DREAMers* durante la presidencia de Obama intentaron clasificarse a sí mismos como un tipo particular de inmigrante que merecía un trato especial (Ironside y Corrigan 2015, 176).[8] Los *DREAMers* lograron una mayor libertad para expresar sus necesidades e intereses particulares, pero lo hicieron distanciándose a sí mismos de las construcciones del inmigrante "malo", un acto que terminó validando dicha construcción en el discurso político en relación con otras clases de migrantes (Rodríguez y Paredes 2014, 75).

A pesar de los avances que lograron entre los votantes y los líderes políticos de todo el país, estos manifestantes no consiguieron que el Congreso aprobara al *DREAM Act*, que terminó siendo obstruido en el Senado estadounidense en 2010. Nicholls (2014) señala que gran parte de esto se debió a poderosos discursos (aunque minoritarios) dentro de Estados Unidos que veían a todos los inmigrantes, independientemente de su inocencia o edad, como un virus metafórico cuya sola presencia en el territorio nacional conduciría a la propagación de una nueva etnia amenazante (228). Ahora bien, el fuerte activismo de los jóvenes inmigrantes tampoco permitió que la administración de Barack Obama se limitara a permitir que el statu quo siguiera vigente. En octubre de 2011, un grupo de *DREAMers* patrocinados por UWD entregó un mensaje al director de ICE, John T. Morton, exigiendo que la administración ejerciera una "discreción procesal" con los *DREAMers* (Schwab 2013, 125). Unos meses más tarde, en junio de 2012, dos activistas de UWD protagonizaron una sentada de 134 horas y una huelga de hambre en la oficina de campaña de Obama en Denver (Behar 2012; Suro 2015, 13). Ante la creciente presión política y la posibilidad de perder el apoyo de los votantes latinx a su candidatura a la reelección, Obama firmó la popular, aunque controvertida, orden ejecutiva *Deferred Action for Childhood Arrivals* [Acción Diferida para los Llegados en la Infancia] (DACA) el 15 de junio de 2012, sólo dos días después de la demostración. *US Citizenship and Immigration Services* [Servicio de Ciudadanía e Inmigración de Estados Unidos] (USCIS) comenzó a aceptar solicitudes el 15 de agosto, sólo dos meses después (y sólo tres meses antes de la elección). La gran mayoría de los jóvenes indocumentados del país se enteraron de DACA

---

8. El uso que hago aquí del término excepcional no debe confundirse con el que emplea Luisa Laura Heredia (2015). Para Heredia, los *DREAMers* y los beneficiarios de DACA son "excepcionales" no en un sentido biopolítico, sino porque encarnan las nociones del llamado buen inmigrante.

poco después de que se instituyera (Chávez et al. 2015, 82–85), un hecho que subraya hasta qué punto el cambio de política afectaría a sus vidas.

Cabe señalar que esta orden ejecutiva no extendería un estatus legal —y mucho menos una vía hacia la ciudadanía— a la generación 1.5. Sólo el Congreso tiene autoridad para normalizar el estatus de los indocumentados. En su lugar, el presidente se limitó a ordenar a ICE que no deportara ni procesara a los jóvenes que habían entrado al país siendo niños y que, por lo demás, cumplían la ley. La implementación del programa difería significativamente dependiendo del estado de residencia de una persona (Cebulko y Silver 2016; Muñoz y Vigil 2018). Alabama y Carolina del Sur, por ejemplo, han prohibido explícitamente a los beneficiarios de DACA asistir a cualquier universidad pública (Rodríguez et al. 2019, 66), mientras que estados como California, Texas y Utah les permiten pagar la matrícula estatal. Independientemente de esta falta de uniformidad, DACA a fin de cuentas proporcionó a los jóvenes indocumentados mayores oportunidades de las que habían disfrutado anteriormente. Los partidarios de la orden ejecutiva de Obama la defendieron en términos morales, alegando que el presidente finalmente había actuado después de que el Congreso hubiera eludido sus obligaciones (Rendón et al. 2019, 13–15). Una visión más cínica sería que el presidente buscaba apuntalar el apoyo de los votantes latinx en estados clave como Nevada, Florida y Colorado antes de las elecciones (Schwab 2013, 126). DACA no se aplicó exclusivamente a personas latinx, pero la gran mayoría de sus beneficiarios procedían de México (558,050 de 699,350) y Centroamérica (61,320 de 699,350) (USCIS 2018). Al final, DACA dio a las personas indocumentadas un estatus normalizado, aunque no totalmente codificado, dentro del país.

Estatus legalmente ambiguos como la "acción diferida" pueden proporcionar a la gente una muestra de *bios* y vida política, pero los receptores del programa siguen existiendo en un estado liminalmente legal. Ryan Evely Gildersleeve (2017) llega a este hecho cuando argumenta que "el estudiante indocumentado es producido como una forma de vida digna de entrar en el cuerpo político, sin embargo, al hacerlo, los migrantes [...] simultáneamente son producidos como concomitantes con amenazas a los intereses nacionales, tanto económicos como de seguridad" ["the undocumented student is produced as a form of life worthy of entering the body politic, however, in so doing, migrants (...) simultaneously are produced as concomitant with threats to national interests, both economic and security"] (10). Al crear el ambiguo estatus de la "acción diferida", Obama reconoció tácitamente el estado excepcional que los inmigrantes indocumentados seguían ocupando y hasta produciendo con su mera presencia en el país. Incluso cuando protegió a algunos de la deportación, reafirmó implícitamente la noción de que aquellos que no cumplían los requisitos para DACA debían ser expulsados. Los inmigrantes (independientemente de su situación legal) que hubieran cometido actos delictivos —incluso infracciones de papeleo relacionadas con la inmigración, como vemos en el caso de Zhinin— se enfrentaban a la deportación, un castigo al que ningún ciudadano se enfrentaría jamás. Los beneficiarios de DACA podían ahora aprovechar su legalidad liminal para obtener una educación y una carrera profesional mediante el buen comportamiento y la defensa de los valores del sueño americano, pero estos logros seguían siendo precarios.

## Soñando en los días del muro: UWD durante la primera administración de Trump

Sin estar nunca plenamente legalizados, los beneficiarios de DACA disfrutaban de un estatus de legalidad liminal institucionalizada que, muchos temían, podría desaparecer si un futuro presidente lo revocara. Los detractores del programa se referían a él como una solución extralegal, aseverando que sólo el Congreso tenía la autoridad de instaurar un programa así. Por su lado, el Congreso —quizá complaciente por la solución temporal-permanente de DACA— había fracasado una vez más en su intento de aprobar una versión del *DREAM Act* que codificara la acción diferida en una ley (Chávez 2014, 97). La continua legalidad liminal de los casi 700,000 beneficiarios de DACA en Estados Unidos los convirtió en uno de los principales objetivos de Donald Trump durante y después de las elecciones de 2016. No obstante, mientras que Trump revocó inmediatamente varias políticas de inmigración basadas en la acción diferida a otros grupos de inmigrantes durante su primera semana en el cargo (Kocher 2017, 165–167), no intentó revocar DACA hasta el 5 de septiembre de 2017, casi un año después de su elección. Incluso entonces, el presidente sólo anunció que planeaba eliminarlo gradualmente y que USCIS no aceptaría nuevas solicitudes ni renovaciones (Shear y Davis 2017). El presidente pidió al Congreso que aprobara un *DREAM Act* en un plazo de seis meses que normalizara el estatus de los *DREAMers* ya en el país a la vez que aumentaría la "seguridad" en la frontera. Cuando esto fracasó, Trump pasó a cancelar DACA por completo. La relativa tibieza con la que Trump abordó DACA puso de relieve el hecho de que la generación 1.5 gozaba de mayores privilegios que otros grupos de inmigrantes. Al darse cuenta de que no podía enfrentarse a ellos inmediatamente, tanteó el terreno con otros grupos protegidos a los que podía tachar más fácilmente de amenazas indignas de vivir en el país.

La decisión de Trump de rescindir DACA no deshizo la legalidad liminal de la generación 1.5 en el país; surgieron demandas en todo Estados Unidos, cuestionando la autoridad del presidente para derogar el programa (Clinic Legal). Cuando la Corte Suprema de Estados Unidos anunció el 12 de noviembre de 2019 que escucharía los argumentos sobre la legalidad de la decisión del presidente de rescindir DACA en la sesión de verano de 2020, Trump (2019) afirmó en Twitter (actualmente X) que "muchas de las personas en DACA, ya no muy jóvenes, están lejos de ser 'ángeles'.⁹ Algunos son criminales muy duros y endurecidos" ["many of the people in DACA, no longer very young, are far from 'angels.' Some are very tough, hardened criminals"]. Al describir a los beneficiarios de DACA como malos, Trump intentó alterar los fundamentos biopolíticos e ideológicos de los que dependía DACA. Con ello, no sólo pretendía inclinar la opinión popular a su favor, sino también crear un panorama jurídico que beneficiara su causa. El tuit insinuaba erróneamente que los beneficiarios de DACA tenían más probabilidades de participar en actividades delictivas que los ciudadanos estadounidenses nacidos en el país. Sin embargo, uno de los requisitos para acogerse a DACA era que los beneficiarios no tuvieran antecedentes penales. Los datos cuantitativos muestran que los *DREAMers* (beneficiarios o no de DACA) tienen menores tasas de encarcelamiento que sus homólogos ciudadanos (Landgrave y Nowrasteh 2017). Además de criminalizar a los inmigrantes, Trump también señaló que los beneficiarios de DACA ya no eran jóvenes. Lo hizo, por supuesto, para despojar a la generación 1.5 de la protección que la infancia y la edad adulta temprana les habían proporcionado en el pasado. El tuit ignoraba el hecho de que todos estos adultos que ya no eran jóvenes habían entrado en el país siendo niños pequeños, y Estados Unidos seguía siendo el país que la gran mayoría veía como su hogar (Bishop 2017, 422; Nicholls 2014; Pérez Huber 2015).

---

9. En una decisión de 5 a 4, la Corte finalmente anuló la medida de Trump de rescindir DACA sobre la base de que violaba la Ley de Procedimiento Administrativo debido a su "naturaleza arbitraria y caprichosa" ["arbitrary and capricious nature"]. Véase Departamento de Seguridad Nacional y otros contra Regentes de la Universidad de California (2019).

El presidente "re-energizó y re-activó" los movimientos *DREAMer* y de jóvenes inmigrantes a través de sus tuits antagónicos (Fiorito 2019, 352) y UWD se encontró una vez más a la vanguardia de la resistencia. Aunque muchos jóvenes indocumentados han ido más allá de afirmar solamente los discursos del inmigrante modelo (Nicholls y Fiorito 2015, 91), UWD sigue especialmente comprometido con los beneficiarios de DACA, los niños inmigrantes y sus familias. Es por algo que Nicholls (2013b) clasifica a UWD como una organización *mainstream* [convencional], pues centra gran parte de su energía en promover legislación a favor de aquellos inmigrantes cuya posición en el país es menos controvertida (116). Más allá de proporcionar una red y ayudar a controlar la narrativa *DREAMer* para una nueva generación de inmigrantes (Piñero Shields 2014, 145–146), UWD también aprovechaba su presencia en línea para contrarrestar la desinformación en torno a DACA que seguía llegando desde el Twitter presidencial. UWD y el Twitter presidencial formaron una relación antagónica entre sí que en gran medida reverberaba con los hallazgos de Nadya Jaworksi (2016), donde las comunidades en línea dedicadas a los derechos de los inmigrantes y a la contención de la inmigración compiten en el ciberespacio (11–20). En lugar de enfrentarse directamente entre sí, estos grupos promueven visiones del mundo muy diferentes a sus audiencias deseadas. Su objetivo no es persuadir al llamado otro lado, sino movilizar a sus respectivas bases.

El conjunto de tuits de Trump en torno a DACA en concreto y a la inmigración en general plantean importantes cuestiones sobre sus estrategias de nulificar las estrategias de UWD de organizarse en línea. El discurso del presidente evidencia una respuesta calculada para socavar a quienes intentan extenderles acceso al discurso político a los inmigrantes, y en particular a los llamados ilegales. Ciertamente, el presidente utilizó Twitter para afirmar que la inmigración producía un estado de emergencia que le permitiría tomar medidas extraordinarias contra los llamados ilegales. El 19 de junio de 2018, tuiteó que los demócratas "quieren que los inmigrantes ilegales, sin importar lo malos que sean, se viertan e infesten nuestro País [sic], como las MS-13" ["want illegal immigrants, no matter how bad they may be, to pour into and infest our Country (sic), like MS-13"] (Trump 2018). Los críticos no tardaron en señalar que, al utilizar un término asociado a alimañas e insectos, el presidente estaba deshumanizando a las personas de nacimiento extranjero, equiparándolas a plagas así justificando su erradicación (Zimmer 2019). La frase "como las MS-13" es clave en el tuit. MS-13 no es el único grupo de inmigrantes que, según él, está "infestando" al país, aunque, eso sí, es el más notorio. La administración fue incluso más lejos que el tuit de Trump en la deshumanización de los inmigrantes con el memorándum "What you Need to Know about the Violent Animals of MS-13" ["Lo que necesitas saber sobre los animales violentos de las MS-13"], que publicó en whitehouse.gov en 2018. El memorándum describe muchos actos atroces que la banda transnacional ha llevado a cabo tanto en Estados Unidos como en toda América Latina. Por supuesto, lo más inquietante de esta publicación oficial de la Casa Blanca es que niega sin reparos y peligrosamente la humanidad de los miembros de las MS-13. Al contextualizar el discurso del presidente dentro de su énfasis en el endurecimiento de la seguridad fronteriza, queda claro que su objetivo es presentar a las MS-13 como la amenaza tácita que los *DREAMers* y DACA suponen para el país.

Trump también se ha centrado en personas indocumentadas concretas, como José Inés García Zárate, deportado en múltiples ocasiones e inmigrante mexicano indocumentado que fue detenido en relación con la muerte de Kate Steinle en 2016. Trump se refirió a este hombre en múltiples ocasiones a lo largo de su primera carrera presidencial como el ejemplo perfecto de una persona que no debería haber estado en el país, e incluso mencionó la muerte de Steinle en la Convención Nacional Republicana de 2016 (Trump 2016). Las cortes declararon a García Zárate no culpable de asesinato el 30 de noviembre de 2017 (Associated Press 2017). El abogado de García Zárate, Francisco Ugarte, declaró que el veredicto era "una reivindicación para los inmigrantes" ["a vindication for immigrants"] (Associated Press 2017), pero Trump se aseguró de ganar la batalla discursiva a pesar de perder la legal. Lamentó el veredicto en Twitter, tachándolo de "vergonzoso" antes de proclamar: "No es de extrañar que la gente de nuestro País [sic] esté tan enfadada con la Inmigración [sic] Ilegal [sic]" ["No wonder the people of our Country (sic) are so angry with Illegal (sic) Immigration (sic)]" (Trump 2017). Trump calificó de peligrosa la presencia indocumentada de García Zárate en Estados Unidos. No ayudó que García Zárate, aunque absuelto de asesinato, hubiera tenido un comportamiento cuestionable. Las pruebas forenses demostraron que se le había caído un arma que había robado de un policía, y que posteriormente esta se había disparado, dándole en la espalda a Steinle. Como demostraron los tuits de Trump, la mera mención de García Zárate —independientemente del veredicto de inocencia— dirigió el debate sobre inmigración hacia la seguridad y lo alejó de la igualdad. Sería menos probable que los ciudadanos y votantes estadounidenses estuvieran a favor de disposiciones para proteger a los indocumentados si las conversaciones sobre inmigración se centraran en estos casos criminales.

UWD y otros grupos de defensa de los derechos de los inmigrantes se han esforzado por disociar a los *DREAMers* de criminales como García Zárate y las MS-13. Uno de los principales medios a través de los cuales UWD impugnaba la biopolítica trumpiana fue a través de peticiones en línea, que circulaban tanto en las redes sociales como en su sitio web. Podemos dividirlas en dos bandos: peticiones dirigidas al cambio estructural y peticiones en nombre de individuos que se enfrentan a la deportación. Mientras que las primeras impugnan las estructuras biopolíticas que han relegado a los inmigrantes a un estatus de segunda clase, las segundas tratan de lograr lo que Schwab (2013) denomina "pequeñas victorias" salvando a individuos concretos de la expulsión (125). En el momento de escribir este trabajo, cualquier persona que visite unitedwedream.org puede ver inmediatamente un ejemplo de petición dirigida a un cambio estructural; en la parte inferior de la página de inicio hay una sección titulada *Take Action* [Actúa], con varios enlaces en los que se puede hacer clic. En el 2019, uno de estos se titulaba "Trump es la verdadera emergencia nacional" ["Trump is the Real National Emergency"] (United We Dream 2019a). Este enlace llevaba a una petición para revocar la declaración de emergencia nacional que Trump utilizó para financiar la construcción de un muro fronterizo (Credo Action 2019). UWD invierte así el estado de emergencia que Trump ha establecido a través de tuits y del discurso presidencial y sugiere que él representa la verdadera amenaza para Estados Unidos. Otras peticiones incluyen El Pueblo vs la Fuerza de Deportación [The People v. the Deportation Force] (2019b), que cuestiona el gasto masivo de la administración de Trump en el aparato de deportación. Cada una de las peticiones mencionadas cuestiona la naturaleza excepcional de los inmigrantes en el país a través de términos bastante impersonales con un enfoque en el cambio estructural.

Como sabe UWD, una de las formas más eficaces de bloquear la deportación de una persona es la buena publicidad. Dado el volumen de casos que se tramitan al año, que se cifra sistemáticamente en cientos de miles (Immigration and Customs Enforcement 2017), la mayoría de los procedimientos de deportación se llevan a cabo con relativa ignominia. Sin embargo, Donald M. Kerwin Jr. (2014) ha señalado el hecho problemático de que los legisladores "instan regularmente a los funcionarios federales a no aplicar la ley en situaciones particulares" ["regularly urge federal officials not to enforce the law in particular situations"] (342). Kerwin hace hincapié, con razón, en los problemas éticos y jurídicos inherentes a esta práctica, sobre todo cuando los legisladores supuestamente contrarios a la inmigración buscan excepciones individuales para aplacar a sus principales electores. No obstante, las personas que se enfrentan a la deportación suelen utilizar cualquier medio a su alcance para evitar la expulsión. UWD puede ser un aliado especialmente útil para las personas que quieren permanecer en el país porque llega a mucha gente. Como muestra el ejemplo de Manuel Zhinin —mencionado al principio de este capítulo—, la organización ha facilitado la liberación de numerosos migrantes de centros de detención mediante la concienciación (Kocher 2017, 169). Dicho esto, UWD selecciona y comparte cuidadosamente historias que favorezcan sus intereses (Jaworsky 2016; Nicholls 2014, 231). Así, cuando UWD apoya a alguien, destaca los casos que promueven la causa de los "buenos" inmigrantes.

UWD emplea numerosas estrategias retóricas para presentar a las personas como merecedoras de permanecer en el país. Entre ellas se incluyen, aunque no exclusivamente, el papel de una persona como padre afectuoso, sus contribuciones a organizaciones comunitarias, su excelencia en la escuela y en actividades extraescolares, etc. (Lazcano-Pry 2015, 135–137). Estos énfasis afirman el merecimiento de una persona de tener acceso a la vida política y ayudan a socavar las afirmaciones en estos casos particulares, pero no eliminan necesariamente el estado de excepción ni la idea que otros migrantes no merecen el mismo trato que aquellos considerados como excepcionales. Una vez más, el caso de Zhinin resulta instructivo para comprender la estrategia de UWD cuando aboga por la liberación de una persona. La petición a favor de Zhinin encapsuló la observación de Jaworski (2016) de que UWD "entrelaza cuestiones de legalidad con preocupaciones de moralidad" ["intertwines issues of legality with concerns of morality"] (3). En lugar de debatir si el Estado podría o no destituir legalmente a Zhinin, por ejemplo, se preguntan si tal acción *debería* ser legal (Heredia 2015, 80–81). Los que firmaron la petición de liberación de Zhinin lo reconocieron como una sinécdoque para otros migrantes en situaciones parecidas. Su eventual liberación representó un gran éxito para UWD, incluso cuando sus veintiún meses en un centro de detención sirvieron como una acusación contra las políticas que habían facilitado su detención, en particular la decisión de Trump de revocar las órdenes ejecutivas que protegían a los inmigrantes respetuosos de la ley. Incluso cuando

UWD ayudó a Zhinin y a su familia a reunirse, la familia también ayudó a la organización a promover sus propios objetivos políticos, en particular su compromiso con la refundición de los fundamentos biopolíticos del debate sobre la inmigración.

Mi comparación del discurso digital de Trump y UWD pone de relieve la tensión entre los defensores de los derechos de los inmigrantes y sus homólogos de contención de la inmigración. Sin duda, tanto el presidente como UWD esperaban atraer aliados a sus respectivas causas a través de sus mensajes. Como Jaworsky (2016) deja claro, sin embargo, la razón principal por la que las personas y organizaciones de cada una de las comunidades mencionadas permanecen activas es mantener sus respectivas bases vigorizadas e invertidas. Lo que más destaca en este caso concreto es el papel central que ha desempeñado la tecnología a la hora de permitir a los defensores de ambos bandos proyectar sus ideales. Este estudio también aclara la naturaleza del discurso y el activismo en línea. El Twitter presidencial empleó un discurso alarmista que amplificó las afirmaciones de un estado de excepción; ciertamente, Trump acabó declarando una emergencia nacional para eludir al Congreso y conseguir fondos para su muro fronterizo (Levine y Arkin 2019). Las redes sociales sirvieron como uno de los principales medios para argüir que la migración ilegal había creado un estado de emergencia en el país. Por supuesto, UWD utilizó sus propias campañas en las redes sociales para afirmar exactamente lo contrario a través de críticas al presidente, por un lado, y de historias que destacaban la humanidad y el merecimiento de los inmigrantes individuales, por otro.

Como se ha visto en este capítulo, *United We Dream* ha desempeñado un papel fundamental en la defensa de los derechos de los inmigrantes. La tecnología ha estado en el centro de sus operaciones. La organización defiende nociones del inmigrante modelo que resuenan con los valores y la simpatía de los responsables políticos y los votantes estadounidenses en general. La estrategia de UWD se centra, por tanto, en su capacidad para aprovechar la legalidad liminal de la generación 1.5 de forma que les garantice mayores derechos y privilegios. Tanto *Undocumented and Unafraid* como los videos y peticiones más recientes contra las políticas de inmigración de Trump defienden a los inmigrantes que, por su aparente bondad, merecen vivir en el país. Las campañas en línea de UWD fueron más eficaces durante la presidencia de Barack Obama, pues culminaron con la institución de DACA en junio de 2012. Durante la presidencia de Trump, UWD proporcionó un contrapeso en línea a las publicaciones de Trump en las redes sociales al rebatir las afirmaciones del presidente sobre DACA específicamente y la inmigración en general. Por supuesto, como he señalado, muchos han criticado a UWD por su enfoque especialmente estrecho en los *DREAMers* y sus familias, una estrategia que le lleva a validar tácitamente la ilegalización de ciertos sectores de la población inmigrante. Estas críticas, aunque válidas, no suelen apreciar la magnitud de los logros que UWD ha conseguido con esta estrategia. Cuando un grupo negocia desde una desventaja biopolítica, tiene que explotar cualquier "hueco" que pueda encontrar (Nicholls 2013a). Ciertamente, los logros de los *DREAMers* aún pueden acabar sirviendo de plataforma para catalizar otras reformas significativas en el futuro.

## Referencias

Abrego, Leisy J. 2014. "Latino Immigrants' Diverse Experiences of 'Illegality'." En *Constructing Immigrant "Illegality"*, eds. Menjívar y Kanstroom, 139–160.

Agamben, Giorgio. 1998. *Homo Sacer: Sovereign Power and Bare Life*, traducido por Daniel Heller-Roazen. Stanford: Stanford University Press.

_____. 2005. *Estado de excepción: Homo sacer, II, I*, traducido por Flavia Costa e Ivana Costa. Buenos Aires: Adriana Hidalgo editora.

Amaya, Héctor. 2013. *Citizenship Excess: Latinas/os, Media, and the Nation*. New York: New York University Press.

American Immigration Council. 2019. The Dream Act, DACA, and Other Policies Designed to Protect Dreamers. https://www.americanimmigrationcouncil. org/research/dream-act-daca-and-other-policies-designed-protect-dreamers.

Anguiano, Claudia Alejandra. 2011. "Undocumented, Unapologetic, and Unafraid: Discursive Strategies of the Immigrant Youth DREAM Social Movement." Tesis doctoral, The University of New Mexico.

_____. 2015. "Dropping the 'I-word': A Critical Examination of Contemporary Immigration Labels. En *The Rhetorics of US Immigration*, ed. Hartelius, 93–111.

Asen, Robert. 2004. "A Discourse Theory of Citizenship." *Quarterly Journal of Speech* 90 (2): 189–211.

Associated Press. 2017, 30 de nov. "Mexican Man Found Not Guilty of Murder in San Francisco Case Trump Condemned." https://www.theguardian.com /us-news/2017/nov/30/kate-steinle-jose-ines-garcia-zarate-trump-immigration.

Bailey, Adrian J., Richard A. Wright, Alison Mountz e Inés M. Miyares. 2002. "(Re)producing Salvadoran Transnational Geographies". *Annals of the Association of American Geographers* 92 (1): 125–144.

Behar, Saadia. 2012, 13 de jun. "DREAMers End Sit-In at Obama Office." *People's World*. https://www.peoplesworld.org/article/dreamers-end-sit-in-at-obama -office/.

Bishop, Sarah. C. 2017. "Undocumented Immigrant Media Makers and the Search for Connection Online." *Critical Studies in Media Communication* 34 (5): 415–431.

Campos Ramales, Liliana. 2019. "A Political Action Against the Good Immigrant Narrative." *Geneaology* 3 (69): 1–9.

Castañeda, Ernesto, Angelina Torres, Bárbara Martínez, Madison Guare y Emily Glover. 2020. *Social Movements, 1768–2018*. New York: Routledge.

Cebulko, Kara y Alexis Silver. 2016. "Navigating DACA in Hospitable and Hostile States: State Responses and Access to Membership in the Wake of Deferred Action for Childhood Arrivals." *American Behavioral Scientist* 60 (13): 1553–1574.

Chavez, Leo R. 2014. "'Illegality' Across Generations: Public Discourse and the Children of Undocumented Immigrants". En *Constructing Immigrant "Illegality"*, eds. Menjívar y Kanstroom, 84–110.

Chávez, María, Jessica Lavariega Monforti y Melissa R. Michelson. 2015. *Living the Dream: New Immigration Policies and the Lives of Undocumented Latino Youth*. New York: Routledge.

Clinic Legal. Sin año. "Multiple Lawsuits Challenge DACA Recision". *Clinic Legal*. https://cliniclegal.org/resources/humanitarian-relief/multiple-lawsuits -challenge-daca-rescission.

Corrunker, Laura. 2012. "Coming Out of the Shadows: DREAM Act Activism in the Context of Global Anti-Deportation Activism". *Indiana Journal of Global Legal Studies* 19 (1): 143–168.

Credo Action. 2019. Revoke Trump's National Emergency Declaration. https:// actionnetwork.org/petitions/revoke-trumps-national-emergency-declaration

Dalton, David S. 2023. *Robo Sacer: Necroliberalism and Cyborg Resistance in Mexican and Chicanx Dystopias*. Nashville, TN: Vanderbilt University Press.

De Genova, Nicholas. 2014. "Immigration 'Reform' and Migrant 'Illegality'". En *Constructing Immigrant "Illegality,"* eds. Menjívar y Kanstroom, 37–62.

de la Torre, Pedro y Roy Germano. 2014. "Out of the Shadows: DREAMer Identity in the Immigrant Youth Movement". *Latino Studies* 12 (3): 449–467.

Department of Homeland Security et al. v. the Regents of the University of California et al. 2019. (Supreme Court 2019). https://www.supremecourt.gov /opinions/19pdf/18–587_5ifl.pdf.

Doherty, Carroll. 2018, 18 de jun. "Americans Broadly Support Legal Status for Immigrants Brought to the U.S. Illegally as Children". *Pew Research Center*. https://www.pewresearch.org/fact-tank/2018/06/18/americans-broadly -support-legal-status-for-immigrants-brought-to-the-u-s-illegally-as-children/.

Fiorito, Tara R. 2019. "Beyond the Dreamers: Collective Identity and Subjectivity in the Undocumented Youth Movement". *Mobilization: An International Quarterly* 24 (3): 345–363.

García de Mueller, Genevieve. 2015. "Shifting Dreams: Intersections of the Rhetorical Imagination of U.S. Immigration Policy and the Writing Practices of Dreamers." Tesis doctoral, The University of New Mexico.

García Rodríguez, Marisa C. 2014. "Mediated Narratives On Citizenship, Immigration and National Identity: The Construction of DREAMer Identities in Public Discourse Surrounding President Obama's 2012 Deferred Deportation Announcement." Tesis doctoral, The University of New Mexico.

Gildersleeve, Ryan Evely. 2017. "Making and Becoming in the Undocumented Student Policy Regime: A Post-Qualitative [Discourse] Analysis of U.S. Immigration and Higher Education Policy". *Education Policy Analysis Archives* 25 (31): 1–13.

Golash-Boza, T. 2014. "From Legal to 'Illegal': The Deportation of Legal Permanent Residents from the United States". En *Constructing Immigrant "Illegality"*, eds. Menjívar y Kanstroom, 203–222.

Gonzales, Roberto G. y Carola Suárez-Orozco. 2013. "No Place to Belong: Contextualizing Concepts of Mental Health among Undocumented Immigrant Youth in the United States". *American Behavioral Scientist* 57 (8): 1174–1199.

Gonzales, Roberto G., Luisa Laura Heredia, y Genevieve Negrón-Gonzales. 2014. "Challenging the Transition to New Illegalities: Undocumented Young Adults and the Shifting Boundaries of Inclusion". En *Constructing Immigrant "Illegality"*, eds. Menjívar y Kanstroom, 161–180.

Guzmán, Andrés. 2019. *Universal Citizenship: Latina/o Studies at the Limits of Identity*. Austin: University of Texas Press.

Haraway, Donna. 1995. *Ciencia,* cyborgs *y mujeres. La reinvención de la naturaleza*. Madrid: Ediciones Cátedra.

Hartelius, E. Johanna (ed.). 2015. *The Rhetorics of US Immigration: Identity, Community, Otherness*. University Park: The Pennsylvania State University Press.

_____. 2015. "Introduction." En *The Rhetorics of US Immigration*, ed. Hartelius, 1–22.

Hayles, N. Katherine. 1999. *How We Became Posthuman: Virtual Bodies in Cybernetics, Literature, and Informatics*. Chicago: University of Chicago Press.

Heredia, Luisa Laura. 2015. "Of Radicals and DREAMers: Harnessing Exceptionality to Challenge Immigration Control". *Association of Mexican American Educators Journal* 9 (3): 74–85.

Ironside, Emily y Lisa M. Corrigan. 2015. "Constituting Enemies through Fear: The Rhetoric of Exclusionary Nationalism in the Control of 'Un-American' Immigrant Populations". En *The Rhetorics of US Immigration*, ed. Hartelius, 157–182.

Jaworksy, Bernadette Nadya. 2016. *The Boundaries of Belonging: Online Work of Immigration-Related Social Movement Organizations*. New York: Palgrave Macmillan.

Kerwin, Donald. 2014. "'Illegal' People and the Rule of Law.'" *Constructing Immigrant "Illegality"*, eds. Menjívar y Kanstroom, 327–352.

Keyes, Elizabeth. 2013. "Defining American: The DREAM Act, Immigration Reform and Citizenship". *Nevada Law Journal* 14: 101–155.

Kocher, Austin. 2017. "The New Resistance: Immigrant Rights Organizing in an Era of Trump". *Journal of Latin American Geography* 16 (2): 165–171.

Landgrave, Michelangelo y Akes Nowrasteh. 2017. "The DREAMer Incarceration Rate". *Immigration and Research Policy Brief no. 3. CATO Institute*. https://www.cato.org/publications/immigration-research-policy-brief/dreamer-incarceration-rate

Lazcano-Pry, Yazmín. 2015. "Documenting Dreams: A Rhetorical Performance of Inclusive Citizenship and Collaborative Expertise." In *The Rhetorics of US Immigration*, ed. Hartelius 133–154.

Levine, Marianne y James Arkin. 2019, 11 de sep. "Republicans Support Trump's Wall Even after He Grabs Military Funds from Their States". *Politico*. https://www.politico.com/latest-news-updates/trump-national-emergency-border-wall.

López, Ruth María. 2015. "Through no Fault of Their Own? A Critical Discourse analysis of the DREAM Act and Undocumented Youth in Evening Television News." Tesis doctoral, University of Colorado.

Mahatmya, Duita y Lisa M. Gring-Pemble. 2014. "DREAMers and Their Families: A Family Impact Analysis of the DREAM Act and Implications for Family Well-Being". *Journal of Family Studies* 20 (1): 79–87.

Menjívar, C. 2006. "Liminal Legality: Salvadoran and Guatemalan Immigrants' Lives in the United States". *American Journal of Sociology* 111 (4): 999–1037.

Menjívar, C. y Kanstroom, D. (eds). 2014. *Constructing Immigrant "Illegality": Critiques, Experiences, and Responses*. Cambridge: Cambridge University Press.

_____. 2014. "Introduction—Migrant 'Illegality': Constructions and Critiques." *Constructing Immigrant "Illegality"*, eds. Menjívar y Kanstroom, 1–33.

Muñoz S. M., y Vigil, D. 2018. "Interrogating Racist Nativist Microaggressions and Campus Climate: How Undocumented and DACA College Students Experience Institutional Legal Violence in Colorado." *Journal of Diversity in Higher Education* 11 (4): 451–466.

News12 West Chester. 2019, 24 de sep. "'Today Is a Day of Relief': Peekskill Father Reunited with Family after ICE Detention". *News12 West Chester*. http://westchester.news12.com/story/41090392/today-is-a-day-of-relief-peekskill-father-reunited-with-family-after-ice-detention.

Nicholls, Walter J. 2013a. "From Political Opportunities to Niche-Openings: The Dilemmas of Mobilizing for Immigrant Rights in Inhospitable Environments". *Theory and Society* 43 (1): 23–49.

_____. 2013b. *The DREAMERs: How the Undocumented Youth Movement Transformed the Immigrant Debate*. Stanford: Stanford University Press.

_____. 2014. "Voice and Power in the Immigrant Rights Movement". En *Constructing Immigrant "Illegality,"* eds. Menjívar y Kanstroom, 225–245.

Nicholls, Walter J. y Tara Fiorito. 2015. "DREAMERs Unbound: Immigrant Youth Mobilizing". *New Labor Forum* 24 (1): 86–92.

Nowrasteh, Alex. 2019. Deportation Rates in Historical Perspective. CATO Institute. https://www.cato.org/blog/deportation-rates-historical-perspective

Olivares, Mariela. 2013. "Renewing the Dream: DREAM Act Redux and Immigration Reform". *Harvard Latinx Law Review* 16: 79–124.

Pérez Huber, Lindsay. 2015. "Constructing 'Deservingness': DREAMers and Central American Unaccompanied Children in the National Immigration Debate". *Association of Mexican American Educators Journal* 9 (3): 22–34.

Piñeros Shields, Thomas. 2014. "DREAMers Rising: Constituting the Undocumented Student Immigrant Movement." Tesis doctoral, Brandeis University.

Plyler v. Doe 457 U.S. 202 (Supreme Court 1982).

Rendón, Héctor, María de Moya y Melissa A. Johnson. 2019. "'Dreamers' or Threat: Bilingual Frame Building of DACA Immigrants". *Newspaper Research Journal* 40 (1): 7–24.

Rodríguez, Darlene Xiomara, Sanjuana C. Rodríguez, y Banti C. V. Zehyoue. 2019. "A Content Analysis of the Contributions in the Narratives of DACA Youth." *Journal of Youth Development* 14 (2): 64–78.

Rodríguez, Néstor y Cristian Paredes. 2014. "Coercive Immigration Enforcement and Bureaucratic Ideology". En *Constructing Immigrant "Illegality,"* eds. Menjívar y Kanstroom, 63–83.

Sandoval, Chela. 2000. *Methodology of the Oppressed*. Minneapolis: University of Minnesota Press.

Schmenner, Drew. 2014. "Countering the DREAMer Narrative: Storytelling, Immigration Reform, and the Work of 67 Sueños". Tesis de maestría, University of San Francisco.

Schwab, William A. 2013. *Right to DREAM: Immigration Reform and America's Future*. Fayetteville: University of Arkansas Press.

Shear, Michael D. y Julie Hirshfeld Davis. 2017, 5 de sep. "Trump Moves to End DACA and Calls on Congress to Act". *The New York Times*. https://www.nytimes.com/2017/09/05/us/politics/trump-daca-dreamers-immigration.html.

Suro, Roberto. 2015. "California Dreaming: The New Dynamism in Immigration Federalism and Opportunities for Inclusion on a Variegated Landscape". *Journal on Migration and Human Security* 3 (1): 1–25.

Trump, Donald J. 2016, 21 de julio. "Donald Trump's 2016 Republican National Convention speech." *Politico*. https://www.politico.com/story/2016/07/full-transcript-donald-trump-nomination-acceptance-speech-at-rnc-225974.

_____. 2017. TWEET. https://twitter.com/realDonaldTrump/status /936437372706836480?ref_src=twsrc%5Etfw%7Ctwcamp%5Etweetembed %7Ctwterm%5E936437372706836480&ref_url=https%3A%2F%2Fwww .theguardian.com%2Fus-news%2F2017%2Fnov%2F30%2Fkate-steinle -jose-ines-garcia-zarate-trump-immigration

_____. 2018. TWEET. https://twitter.com/realDonaldTrump/status /1009071403918864385?ref_src=twsrc%5Etfw%7Ctwcamp%5Etweetembed %7Ctwterm%5E1009071403918864385&ref_url=https%3A%2F%2Fwww .cnn.com%2Fpolitics%2Flive-news%2Fimmigration-border-children -separation%2Findex.html

_____. 2019. https://twitter.com/realDonaldTrump/status/1194219655717642240

Trump White House Archives. 2018. What You Need to Know about the Violent Animals of MS-13. Trump White House Archives. https://trumpwhitehouse .archives.gov/articles/need-know-violent-animals-ms-13/

Tyson, Alec. 2018, 19 de enero. "Public Backs Legal Status for Immigrants Brought to U.S. Illegally as Children, but Not a Bigger Border Wall". Pew Research Center. https://www.pewresearch.org/fact-tank/2018/01/19/public-backs -legal-status-for-immigrants-brought-to-u-s-illegally-as-children-but-not-a -bigger-border-wall/.

United States Citizenship and Immigration Services. 2018, 31 de agosto. Approximate active DACA recipients. https://www.uscis.gov/sites/default /files/USCIS/Resources/Reports%20and%20Studies/Immigration%20 Forms%20Data/All%20Form%20Types/DACA/DACA_Population_Data _August_31_2018.pdf

United States Immigration and Customs Enforcement. 2017. Fiscal Year 2017 ICE Enforcement and Removal Operations Report. https://www.ice.gov/sites /default/files/documents/Report/2017/iceEndOfYearFY2017.pdf.

United We Dream. 2019a. Home page. https://unitedwedream.org/.

_____. 2019b. The People v. The Deportation Force. https://actionnetwork.org /forms/the-people-v-the-deportation-force

_____. 2019c. Tell ICE: Release Manuel Zhinin Now! https://actionnetwork.org /petitions/tell-ice-release-manuel-zhinin-now

_____. 2019d. "Manuel Zhinin's Family #DefundHate." Accessed 13, January 2019 at https://www.facebook.com/UnitedWeDream/videos/677489929334205 /UzpfSTE3ODI3NjQ1OjEwMTA1NDczNzkoNDkzOTI5/

Valdez, Inés. 2016. "Punishment, Race, and the Organization of U.S. Immigration Exclusion". Political Research Quarterly 69 (4): 640–654. https://doi.org /10.1177/1065912916670515.

Villaurubia-Mendoza, Jacqueline, y Robert Vélez-Vélez. 2017. "Iconoclastic Dreams: Interpreting Art in the DREAMers Movement". The Sociological Quarterly 58 (3): 350–372.

Wright, Matthew, Morris Levy, y Jack Citrin. 2016. "Public Attitudes Toward Immigration Policy across the Legal/Illegal Divide: The Role of Categorical and Attribute-Based Decision-Making." *Political Behavior* 38: 229–253.

Yukich, Grace. 2013. "Constructing the Model Immigrant: Movement Strategy and Immigrant Deservingness in the New Sanctuary Movement". *Social Problems* 60 (3): 302–320.

Zimmer, Ben. 2019, 29 de julio. "What Trump Talks about When he Talks about Infestations: The Frightening Political History of the Word 'Infest.'" *Politico.* https://www.politico.com/magazine/story/2019/07/29/trump-baltimore -infest-tweet-cummings-racist-227485

# 8

# "Estamos todas en la línea": la formación de coaliciones entre las mujeres de color de los EE. UU. a través del giro hacia lo digital

*Andrea Pitts*

TRADUCIDO POR ROMINA MUNI

☙

*Blackfoot   amiga Nisei hermana   Down Home Up Souf Sistuh
sister El Barrio suburbia   Korean   The Bronx Lakota   Menominee
Cubana Chinese Puertorriqueña reservation Chicana   campañera
and letters   testimonials   poems   interviews   essays   journal
entries   sharing   Sisters of the yam   Sisters of the rice   Sisters
of the corn   Sisters of the plantain putting in telecalls to each other.
And we're all on the line.*

*[Blackfoot   amiga Nisei hermana   Down Home Up Souf Sistuh
sister El Barrio suburbia   Korean   El Bronx Lakota   Menominee
Cubana Chinese Puertorriqueña reservación Chicana   compañera
y cartas   testimoniales   poemas   entrevistas   ensayos compartir
lo escrito en el diario personal   Hermanas del ñame   Hermanas del
arroz   Hermanas*

*del maíz   Hermanas del plátano poniéndonos en telellamadas las unas
a las otras.*

*Y estamos todas en la línea.*][1]

—Toni Cade Bambara (1983)

E L PROYECTO *MEMORIA DIGITAL chicana por mi raza* es un revolucionario archivo digital que fundaron y organizaron María Cotera y Linda Garcia Merchant, iniciado en 2009 cuando Cotera y Garcia Merchant (dos académicas activistas radicadas en los Estados Unidos que fueron criadas por mujeres que participaron en importantes colectivos de feministas chicanas de los EE. UU. en los años sesenta y setenta) buscaban documentar las primeras historias de militancia e influencia de sus madres. Cotera y Garcia Merchant, en colaboración con grupos de estudiantes, catalogaron y curaron una enorme cantidad de material impreso, fotografías y colecciones personales de activistas chicanas durante ese periodo de acción política. Al ser "witnesses"/"testigos" de esos "restos de [su] pasado olvidado", y "sifting"/"tamizarlos", Cotera, Garcia Merchant y sus estudiantes comenzaron a considerar "the archive as both noun and verb, as a process of *encuentro* and a path to *conocimiento*"/el "archivo tanto verbo como sustantivo y, en tanto verbo, como un proceso de *encuentro* y un camino hacia el *conocimiento*" (Cotera 2018, 305). A su vez, comenzaron a analizar las tecnologías de los años sesenta y setenta ("la cámara de video fijo producida en masa, el mimeógrafo, el film de 16 mm y la cinta magnética") como un enlazamiento de momentos históricos entre las generaciones de feministas chicanas anteriores y las actuales. Cotera y Garcia Merchant observan el optimismo visionario que las escritoras chicanas, y otras escritoras de color, comenzaron a expresar a través de estos medios durante los años sesenta y setenta. Adicionalmente, ellas ahora sitúan estas colecciones de archivos en el espacio digital para facilitar la co-creación y el trabajo conjunto entre las activistas de hoy en día, muchas de las cuales, en gran medida, dependen de los medios digitales para la comunicación y la acción política. De esta manera, y haciendo uso de términos de la obra de la autora *queer* chicana Gloria Anzaldúa, Cotera y Garcia Merchant se

---

1.   N. de la T.: Se traduce esta línea de la forma más literal para honrar la connotación del inglés. Véase explicación sobre esta frase idiomática en página 233–234.

convirtieron en *atravesadas* o *nepantleras*[2] históricas para poder cruzar mundos temporales muy diferentes, en cuanto al sentido y a las modalidades materiales de expresión entre las activistas de estos distintos momentos históricos. Como continuación de esta obra de construcción de puentes, este capítulo destaca momentos de reflexión en la obra de Gloria Anzaldúa, y de algunas de sus contemporáneas, en los cuales tanto ella como sus compañeras escritoras y activistas describen sus experiencias durante el giro digital ocurrido entre los años ochenta y principios del nuevo milenio. Por consiguiente, este capítulo delinea un novedoso flujo de información que subyace en los diálogos y en las referencias a máquinas tipográficas, teléfonos, computadoras y correos electrónicos encontrados en la obra de Anzaldúa y de algunas de las muchas interlocutoras de este periodo, entre las que destacan Toni Cade Bambara y Deborah Miranda (Pueblo Ohlone-Costanoan Esselen).[3]

Si bien los teóricos del "Movimiento de mujeres del Tercer Mundo",[4] como suele describirse a este grupo (Mohanty, Russo y Lourdes 1991), toman en cuenta muy a menudo los esfuerzos de publicación de estas autoras y su obra escrita, no le prestan la misma atención a las propias reflexiones de las autoras sobre las innovaciones en telecomunicaciones que se estaban llevando a cabo durante los ochenta y hasta principios del nuevo milenio. Por ejemplo, como se menciona en el epígrafe citado con anterioridad, tomado del prólogo de la segunda edición de *This Bridge Called My Back: Writings by Radical Women of Color*,[5] los medios materiales para la comunicación (cartas, testimonios, poemas, entrevistas, ensayos y registros en diarios) conectan a las escritoras dentro de la antología revolucionaria de Anzaldúa. Sin embargo, las palabras

---

2. N. de la T.: *Nepantla* es una palabra de origen nahuatl cuyo significado aproximado es "en medio de" (https://nahuatl.wired-humanities.org/searchview/s1-all-fields?search_api_views_fulltext=nepantla).

3. Toni Cade Bambara, activista y educadora feminista afroamericana, y Deborah Miranda, poeta y educadora indígena, colaboraron en libros editados por Anzaldúa, entre ellos *This Bridge Called My Back* (1981) y *This Bridge We Call Home* (2002).

4. A menos que se indique lo contrario, todas las traducciones fueron realizadas por Romina Muni.

5. La primera edición de esta obra fue traducida como *Esta puente, mi espalda: voces de mujeres tercermundistas en los Estados Unidos* (Moraga y Castillo 1988). El error gramatical ("esta puente") se encuentra en el título original.

de Bambara, de igual manera dirigen la atención de los lectores hacia la tecnología de las teleconferencias en particular, ya que en estas varias personas pueden participar en una misma conversación telefónica. Si bien estas tecnologías son algo común en la actualidad de los Estados Unidos, tanto las aplicaciones de videoconferencia como Zoom, Microsoft Teams, Facetime y, con anterioridad, Skype en los comienzos de la década del 2010, la historia de las teleconferencias (o llamadas en grupo) a través de la tecnología de las telecomunicaciones se remonta en realidad a fines del siglo XIX. Según Donovan, "the widespread adoption of home phones begins with the party line in the late 1880s" / "la adopción generalizada de los teléfonos en el hogar comienza con la línea telefónica compartida, a fines de la década de 1880" (2016, 604). Ya que los teléfonos hogareños dentro del vecindario necesitaban un operador que conectase todas las llamadas manualmente a través de un conmutador, hasta cuatro personas podían estar solicitando llamadas, escuchando o comunicándose al mismo tiempo en "the party line" / la "línea compartida" de la zona (604–605). De hecho, para 1946, la compañía telefónica AT&T tuvo que publicar videos instructivos para recordarles a los vecinos cómo compartir y cooperar en el uso de las líneas telefónicas compartidas regionales (605). A pesar de que esta tecnología ya se encontraba disponible, solo comenzó a emerger la teleconferencia pública y automatizada (en lugar de los operadores humanos) después de que compañías como AT&T y MCI comercializaran dichas tecnologías a empresas y agencias gubernamentales en los años sesenta y setenta (608). De este modo, la referencia de Bambara a las llamadas telefónicas con múltiples participantes en 1983 marca el incipiente uso público de esta tecnología, lo que probablemente implicaría un costo significativo en ese momento.[6] Con la expansión de la infraestructura de la fibra óptica en las telecomunicaciones digitales en los Estados Unidos y en todo el mundo a finales de la década del ochenta, esta referencia de Bambara es un temprano ejemplo de un grupo mujeres latinas, negras, indígenas y asiáticas en su mayoría de clase trabajadora, conectándose mediante recursos de telecomunicaciones que se habían diseñado y empleado por empresas y agencias gubernamentales durante la era de la Guerra Fría. En concreto, según destaca

---

6. Una revista de telecomunicaciones de 1990 publica el costo de los servicios de audioconferencias de MCI Communications Corp a "45 centavos por minuto y $6 por ubicación, más un cargo de instalación por única vez de $35" (Taff 1990, 13).

un historiador de comunicaciones, "the history of teleconferencing is a story of knowledge, innovation, and coordination" / "la historia de la teleconferencia es una historia de conocimiento, innovación y coordinación" (Donovan 2016, 615). Recurriendo a ejemplos y descripciones similares de las tecnologías emergentes de los años ochenta y noventa, este trabajo destaca las formas a través de las cuales las escritoras y activistas, tanto chicanas como otras mujeres de color, negociaron la creación de sentido y la construcción de coaliciones durante las transiciones tecnológicas y políticas finiseculares en los Estados Unidos. Aún más, con dicho análisis me propongo demostrar cómo tales escritoras todavía siguen siendo una guía para quienes seguimos navegando las nuevas tecnologías y la elaboración de estrategias políticas bajo las condiciones de injusticia actuales.

Este capítulo se organiza en tres partes. La primera sección comienza con el análisis de la obra de Anzaldúa, y de otras feministas de color, y de la documentación de las condiciones materiales de sus vidas durante los años ochenta y noventa, incluidas las innovaciones tecnológicas de ese momento. A través del análisis de sus obras, esta sección demuestra cómo las mujeres de color de EE. UU. formaron nuevas comunidades y negociaron con las tecnologías emergentes de su época y, a veces, las recibieron con gran optimismo. La segunda sección, entonces, explora cómo tales tecnologías materiales facilitaron nuevos diálogos en lo que respecta a las relaciones entre mujeres situadas en lugares diferentes, mujeres que buscaban formar alianzas a través de las diferencias raciales, sexuales y étnicas. Finalmente, la última sección extrae algunas enseñanzas de estas escritoras feministas de color radicadas en los EE. UU. sobre la infraestructura tecnológica disponible en el país en ese momento, el movimiento global de "mujeres del Tercer mundo" y las formas de tecnología que continúan moldeando los proyectos de coaliciones feministas en la actualidad. La creación del movimiento de mujeres tercermundistas, como sugiero, se basó en las telecomunicaciones digitales recientemente distribuidas, incluidas las conferencias telefónicas y las primeras redes de correo electrónico.

### Tecnologías de conectividad entre las escritoras de color de EE. UU.

Tal como se cita en el anterior epígrafe de Bambara, Anzaldúa y otras escritoras de color de EE. UU. durante los ochenta y noventa exploraban y expandían el uso de las tecnologías a disposición del público en esa época. Como observa Cotera al respecto de los medios materiales disponibles para la militancia feminista chicana en los años sesenta y setenta, el surgimiento de las tecnologías de producción en masa en esa época "enabled their own kind of distributed and horizontal circuits of knowledge exchange" / "habilitó su propia clase de circuitos distribuidos y horizontales de intercambio de conocimiento" (2018, 307). En las siguientes décadas, un circuito similar de conexiones mediante telecomunicaciones, correo electrónico y procesamiento informático también fortaleció las alianzas y las huellas de los archivos de las militantes de color. En esas décadas y como escritoras, un cambio evidente, surge con el paso de la máquina tipográfica a la computadora personal (PC) como medio principal para el procesamiento de textos. Por ejemplo, los lectores pueden encontrar referencias a las máquinas de escribir en "Speaking in Tongues: A Letter to Third World Women Writers" / "Hablar en lenguas: una carta a escritoras tercermundistas" de Anzaldúa, escrito en 1981 y traducido en 1988 en particular en la sección titulada "Hablar en lenguas", donde la autora comienza con la siguiente descripción: "I sit here naked in the sun, typewriter against my knee, trying to visualize you" (Anzaldúa 2009, 26)/ "Aquí al sol, estoy sentada encuerada, máquina de escribir contra las rodillas, tratando de representármelas en mi mente (Moraga y Castillo 1988, 219)." Esta carta es en sí misma un testamento de la necesidad de espacios para formar coaliciones entre las escritoras negras, indígenas, asiáticas y latinas/chicanas. Las descripciones de Anzaldúa sobre la escritura también incluyen escenas de mujeres escribiendo, tal como

> Black woman huddles over a desk in the fifth floor of some New York tenement, a Chicana fanning away mosquitos and the hot air, trying to arouse the smouldering [sic] embers of writing. Indian woman walking to school or work, lamenting the lack of time to weave writing into your life. Asian American, lesbian, single mother, tugged in all directions by children, lover, or ex-husband, and the writing. (2009, 26)
> [Una Negra arrebujada sobre un escritorio en el quinto piso de alguna casa de vecindad en Nueva York. Una chicana sentada en un porche en el sur de Tejas, abanicándose contra los zancudos y el aire cálido, tratando de estimular las chispas ardientes de la escritura. Una mujer indígena andando a la escuela o al trabajo lamentando la falta de tiempo para tejer la escritura en su vida. Una madre soltera lésbica asiáticoamericana, jalada en todas direcciones por sus hijos, amante o exmarido, y la escritura.] (1988, 219)

Las descripciones de esas escenas comienzan a nombrar, en concreto, muchas de las condiciones materiales de las escritoras de color en los EE.

UU. Estas imágenes de pensiones, calor e insectos, trabajo y estudio y responsabilidades en conflicto, contrastan con las imágenes euro y anglo céntricas
de producción intelectual. En concreto, Anzaldúa escribe varias páginas más
adelante, en respuesta ante la provocadora declaración de Virginia Woolf de
1929 en la que afirma que "a woman must have money and a room of her own
if she is to write fiction" / "una mujer debe tener dinero y un cuarto propio si
quiere escribir ficción" (Woolf 2015, 3):

> Forget the room of one's own—write in the kitchen, lock yourself up in
> the bathroom. Write on the bus or the welfare line, on the job or during
> meals, between sleeping or waking. I write while sitting on the john. No
> long stretches at the typewriter unless you're wealthy or have a patron—
> you may not even own a typewriter. While you wash the floor or clo-
> thes listen to the words chanting in your body. When you're depressed,
> angry, hurt, when compassion and love possess you. When you cannot
> help but write. (Anzaldúa 2009, 32)
>
> [Olvídate del "cuarto propio"—escribe en la cocina, enciérrate en el
> baño—. Escribe en el autobús o mientras haces fila en el Departamento
> de Beneficio Social o en el trabajo durante la comida, entre dormir y
> estar despierta. Yo escribo hasta sentada en el excusado. No hay tiem-
> pos extendidos con la máquina de escribir a menos que seas rica, o ten-
> gas un patrocinador (puede ser que ni tengas una máquina de escribir).
> Mientras lavas los pisos o la ropa escucha las palabras cantando en tu
> cuerpo. Cuando estés deprimida, enojada, herida, cuando la compasión
> y el amor te posea. Cuando no puedas hacer nada más que escribir.]
> (Moraga y Castillo 1988, 224–225)

Durante este periodo, otras escritoras de color se hicieron eco de la respuesta de Anzaldúa frente a las palabras de Woolf sobre las condiciones materiales de la escritura. La autora *womanista*[7] afroestadounidense Alice Walker

---

7. N. de la T.: Adaptación castellana de *womanism*, que también se ha traducido
como "mujerista", término que considero ambiguo. El womanismo fue una de
las primeras y más conocidas alternativas al feminismo occidental y la principal
corriente dentro del movimiento feminista negro. Fue un término definido por
la escritora afroamericana Alice Walker, en su libro *In Search of Our Mothers'
Gardens: Womanist Prose* (1983). Es la ideología basada en el pensamiento crítico
de escritoras africanas y afroamericanas sobre temas relativos a la situación de las
mujeres negras. Véanse las referencias.

publicó una respuesta a Woolf en 1983, citando la vida de Phillis Wheatley (c.1753–1784), una poeta negra esclavizada, que marcaba un claro contraste con las condiciones materiales de las autoras blancas de su época.[8] Por otro lado, Sandra Cisneros (1984) crea un personaje de una joven chicana que igualmente analiza la necesidad de "a house all of [her] own" / "una casa toda para sí misma" como un espacio para la creatividad y la reflexión que también se apoya en los temas propuestos inicialmente en el ensayo de Woolf (Bayindir 2009, 209). Escenificada de esta manera, la descripción de Anzaldúa de las escritoras de color estadounidenses denota algo más que la simple necesidad de estabilidad financiera y alivio de las "interruptions, trespassing, and the breaching of boundaries" / "interrupciones, transgresiones y la ruptura de límites" por parte de otras personas, como sostiene un intérprete de Woolf (Goldman 2007, 71, citando a Kamuf 1982, 17). Por el contrario, Anzaldúa recurre a las necesidades materiales de muchas chicanas y otras mujeres de color de los Estados Unidos: transporte público, acceso a servicios de asistencia social, tiempo para dormir, tiempo para usar el baño, tareas domésticas. Como consecuencia, estos puntos diferencian a las autoras inglesas como Woolf de la mujer trabajadora de color de los EE. UU.

En este sentido, Zimmerman (2012) menciona que, si bien Woolf no se imaginó a mujeres negras u otras mujeres de color que escapan a los confines de la pobreza feminizada como escritoras capaces de conseguir "un cuarto propio", el énfasis de la autora sobre las brechas materiales, entre las que se incluyen las tecnológicas y epistémicas, continúa estimulando el diálogo y la crítica entre las autoras de fines del siglo XX y principios del siglo XXI. Esto es, Zimmerman sostiene que las declaraciones de Woolf de 1929 continúan incitando a la crítica en cuanto a las restricciones que sufren las escritoras que viven en el capitalismo impulsado por la tecnología, incluso por la demanda de "cheap gendered labor" / "mano de obra barata diferenciada por género" (37). En concreto, así como en las citas acerca de las críticas de Jane Marcus (1994) sobre la posición de Woolf en temas raciales, Zimmerman indica que la capacidad de las mujeres británicas para obtener riqueza material depende de la explotación de las colonias que habían pertenecido a Gran Bretaña y, por lo tanto, de las mujeres colonizadas también. En este sentido, relata: "In Woolf's essay, the narrators are white Englishwomen of privilege who are not subject to racial discrimination nor to the restraints imposed on the working class; for them, separate gendered spheres, such as a room of one's own, are

---

8. Véase Walker (1983).

possible, though hierarchies based on gender and gendered divisions of labor remain intact" / "En el ensayo de Woolf, las narradoras son mujeres inglesas blancas privilegiadas que no están sujetas a la discriminación racial ni a las restricciones impuestas sobre las clases trabajadoras; para ellas, es factible la existencia de dos esferas separadas según el género, tal como tener un cuarto propio, aunque las jerarquías y la división del trabajo basadas en el género permanezcan intactas" (38). Uno de los reclamos centrales de Zimmerman es que ese capitalismo colonial de vanguardia continúa sustentándose en la división del trabajo por género y raza y en el extractivismo colonial. En este contexto, Zimmerman sostiene que:

> in a global context women play little part in developing technology or even using it. However, women are clearly forming and reproducing the material basis for its development, which includes erratic and irregular work schedules, required overtime and enforced parttime labor, sexual exploitation and the threat of one's job being taken away and filled by cheaper labor at any moment, creating potentially political silence for fear of losing one's position, along with rivalry between women over limited resources. (43)
>
> [en un contexto global las mujeres desempeñan un papel ínfimo en el desarrollo de la tecnología o incluso en su utilización. Sin embargo, es evidente que son las mujeres las que forman y reproducen las bases materiales para su desarrollo, el cual incluye horarios de trabajo irregulares y erráticos, horas extras obligatorias, trabajo forzado de medio tiempo, explotación sexual y la amenaza de que, en cualquier momento, les quiten el puesto de trabajo para reemplazarlo por mano de obra más barata. Esto puede generar un potencial silencio político, por miedo a perder el puesto de trabajo, además de la rivalidad entre mujeres por recursos limitados.]

Por consiguiente, Anzaldúa (y antes de ella Walker), describieron cómo tales condiciones materiales dependen, en el contexto estadounidense, de la mano de obra racializada, la explotación y el silenciamiento epistémico para que otros acumulen riqueza y estatus. Walker, Anzaldúa, Cisneros y otras escritoras de color de la época reaccionan ante estos términos materiales, narrando y teorizando sus propias experiencias y las posibilidades para la resistencia. Por ende, la comprensión de las maneras mediante las cuales las escritoras de color aprovechan, utilizan y se conectan las unas con las otras a través de las tecnologías materiales de sus respectivas épocas es una forma fundamental de acción feminista, una que busca criticar la mismísima oblite-ración del acceso y el control de las tecnologías para la producción creativa.

Las teóricas chicanas feministas de los ochenta y los noventa eran ple-namente conscientes de las cuestiones analizadas por Zimmerman. Chela Sandoval es un ejemplo notable ya que su trabajo abordó directamente las condiciones laborales racializadas y basadas en el género experimentadas por la mano de obra bajo el capitalismo de vanguardia del momento. En "Regreso al ciberespacio: ciencias de resistencia" (1994), Sandoval describe la composi-ción de la "vida cíborg" de la siguiente manera:

> workers who are not in the administrative sector but in labor grade sec-tors are U.S. peoples of color, peoples indigenous to the Americas, those whose ancestors were brought here as slaves or indentured servants, and peoples who immigrated to the U.S. in the hopes of a better life, only to be integrated into a society hierarchized by race, gender, sex, class, lan-guage, and class position. (76)
>
> [los trabajadores que se encuentran en sectores de trabajo operativo, en lugar del administrativo, son las personas de color de los EE. UU., las personas indígenas de América, aquellos cuyos ancestros fueron traídos aquí como esclavos o sirvientes, y personas que emigraron a los EE. UU. con la esperanza de una vida mejor, solo para integrarse en una sociedad jerarquizada por raza, género, sexo, clase social, idioma y ubicación den-tro del sistema productivo.]

Sandoval crea una narrativa de las "oppositional technologies of power" / "tecnologías de oposición de poder" que tales operarios desarrollaron, en comunidad y en la práctica, contra las tecnologías de dominación (78).[9] Es decir, en concreto Sandoval hace referencia a Anzaldúa y a Donna Haraway para sustentar que los escritos de la primera ofrecen herramientas básicas para interpretar "the grounds for coalition, making possible community across difference" / las "bases para la coalición, haciendo posible la comunidad a través de las diferencias" bajo el yugo del capitalismo de vanguardia (79). A principios de la primera década del nuevo milenio, Anzaldúa criticó tam-bién la riqueza corporativa acumulada por IBM, argumentando que "They

---

9. Para obtener más información sobre los usos chicanx de las imágenes y la política cyborg, véase Dalton (2023).

abandoned the 574,000 workers who have lost their jobs since 9/11 when they give IBM a $1.4 billion tax rebate and large sums to other corporations but refuse to give unemployment insurance to those laid off because of the post-9/11 economic changes," / "Ellos abandonaron a los 574.000 trabajadores que han perdido sus trabajos desde el 9/11 cuando le dieron una exención de impuestos de $1,4 mil millones de dólares a IBM, además de grandes sumas a otras corporaciones, pero se rehusaron a brindar un seguro de desempleo a aquellos que perdieron su trabajo debido a los cambios económicos posteriores", Sandoval, en cambio, enfocó su atención en la obra anterior de Anzaldúa (2009, 308). Esto es, Sandoval escribe sobre la cantidad de obreros que estaban siendo desplazados y reemplazados ante la expansión del auge de la industria de las telecomunicaciones y la informática en los años ochenta y noventa al observar el surgimiento de "Silicon Valley, esa gran tierra de Lockheed, IBM, Macintosh, Hewlett Packard".

En paralelo a estas percepciones críticas, Sandoval cita el trabajo previo de Anzaldúa de 1987, *Borderlands/La Frontera,* para brindar recursos útiles para la comprensión de términos de oposición política y disenso entre los trabajadores de color de EE. UU. durante este periodo de finales de siglo XX. El foco de Sandoval sobre los primeros trabajos de Anzaldúa llama también la atención de los lectores sobre los métodos a través de los cuales Anzaldúa critica el expansionismo corporativo estadounidense en México. Aunque no se cita directamente en el trabajo de Sandoval, los lectores pueden percatarse de la referencia de Anzaldúa sobre las maquiladoras de las zonas fronterizas entre EE. UU y México en los ochenta, y nombrando a "IT&T" como el dañino "conglomerado estadounidense" que estaba explotando a trabajadores y creando mercados financieramente dependientes entre los dos países en ese momento, época previa al Tratado de Libre Comercios de América del Norte (TLC). Anzaldúa estaba quizás refiriéndose erróneamente a AT&T, que comenzó a construir establecimientos de manufactura en México en los ochenta o estaba mencionando a la International Telephone & Telegraph (ITT), que también tenía importantes subsidiarias corporativas en México en esa época (Ledbetter 1985; Martínez 2008). Más allá de referirse a este caso en concreto, la mirada de Anzaldúa a la "crisis" de México y a la dependencia de los obreros mexicanos a las compañías y mercados extranjeros de los EE. UU. señala los términos que definen este periodo de globalización y desregulación corporativa de la historia económica y que se expandió con rapidez en la posterior época del TLC.

Bajo esta óptica, las descripciones de Anzaldúa de los medios materiales de las escritoras de color es un llamado a los esfuerzos colectivos y creativos contra tales formas de explotación y daño. Ella subraya que entre las escritoras de color "the loneliness of writing and the sense of powerlessness can be dispelled" / "la soledad de la escritura y el sentimiento de impotencia pueden esfumarse" (2009, 33). Además, afirma que escribir las mantiene "en comunión con las demás" (33). A diferencia de los conceptos individuales de autodominio o privatización, el proceso de escritura, incluidos sus procesos tecnológicos, se podría emplear como forma de expresión colectiva, de creación de significado y empoderamiento grupal. En este sentido, para los años noventa, ante la creciente disponibilidad de las PCs en Estados Unidos, las referencias de Anzaldúa a "the hum of the computer" / el "zumbido de la computadora" también es una convocatoria a dicho proyecto colectivo (ver imagen 1). En la introducción de otra de las colecciones de trabajos de escritoras de color que Anzaldúa editó, *Making Face, Making Soul/ Haciendo Caras: Perspectivas creativas y críticas de mujeres de color* (1990), escribió: "Ultimately alone with only the hum of the computer, accompanied by all my faces (and often yours as well), the monitor's screen reflects back the dialogue among 'us'" / "En profunda soledad, con la única compañía del zumbido de la computadora y de todas mis caras (y a menudo, las suyas también), la pantalla del monitor refleja el diálogo entre 'nosotras'" (1990, xxiv). En lugar de simplemente describir el proceso de escritura como un acto individual de expresión y creatividad, el prefacio de Anzaldúa a la colección que edita (en sí misma un ejemplo de la utilización por parte de las mujeres de color de la cultura impresa como una nueva tecnología) considera la necesidad de incluir teorías desarrolladas por y para mujeres de color:

> we need teorías that will enable us to interpret what happens in the world, that will explain how and why we relate to certain people in specific ways, that will reflect what goes on between inner, outer, and peripheral 'I's within a person and between the personal 'I' and the collective 'we' of our ethnic communities. Necesitamos teorías that will rewrite history using race, class, gender, and ethnicity as categories of analysis, theories that cross borders, that blur boundaries-new kinds of theories with new theorizing methods. (xxv)

[necesitamos teorías que nos habiliten la interpretación de qué es lo que ocurre en el mundo, que expliquen cómo y por qué nos relacionamos con ciertas personas de cierta manera, que reflejen lo que sucede entre los "yoes" internos, externos y periféricos de una persona y entre los "yoes" personales y el "nosotros" colectivo de nuestras comunidades étnicas. Necesitamos teorías que vuelvan a escribir la historia utilizando a la raza, clase, género y etnia como categorías de análisis, teorías que crucen fronteras, que difuminen los límites. Nuevos tipos de teorías con nuevos métodos teóricos.]

De esta manera, Anzaldúa ayuda a quienes la leen a teorizar los medios materiales de la producción cultural y política con los que contaban las escritoras de color de la época. Lleno de poesía, ensayos personales y prosa, Anzaldúa considera todo el mundo material de las escritoras como parte del medio y método teórico. En este sentido, las mujeres estadounidenses de color, de diferentes sitios geopolíticos, contextos y con diferentes experiencias de opresión, a través de la narración compartida y la escucha colectiva a través de las telecomunicaciones digitales encontraron puntos en común y lucharon para unirlas. Los proyectos editoriales fundacionales entre escritoras del Tercer Mundo en las décadas de 1980 y 1990 marcan un momento histórico de posibilidad compartida y fuerza de coalición en un momento en que importantes cambios neoliberales, incluida la política nacional e internacional de Estados Unidos, están diezmando las vidas de mujeres racializadas y pobres en todo el mundo. De esta manera, el aprovechamiento de las nuevas tecnologías de telecomunicaciones a su disposición se convirtió en una reutilización de las mismas herramientas utilizadas para los métodos de dominación. Si bien hoy en día las redes sociales y el correo electrónico suelen considerarse algo común y herramientas para conectar a activistas de todo el mundo, en las décadas de 1980 y 1990 las tecnologías de comunicación digital, como las conferencias telefónicas y el correo electrónico, apenas estaban abriendo camino y ayudando a forjar nuevos espacios comunitarios.

Si bien Anzaldúa a menudo podría dar la sensación de ser una escritora sola con su computadora (como se ve en la figura 19), el contenido de sus obras y trabajo editorial recuerda al lector que ella consideraba aprovechar todas las tecnologías materiales de creación como herramientas políticas para la cimentación de colectivos y comunidades. Como tal, las reflexiones perspicaces sobre el sonido de las computadoras, el color de la tinta, el sonido y los detalles escénicos fruto de la imaginación, son todas experiencias relevantes que las escritoras y lectoras usan para conectarse entre sí y con las realidades políticas de sus vidas. Los escritos de Anzaldúa describen todas estas experiencias y su trabajo destaca la necesidad sensual de conexión y relación con otras personas para impregnar el proceso creativo de significado (Pitts 2021).

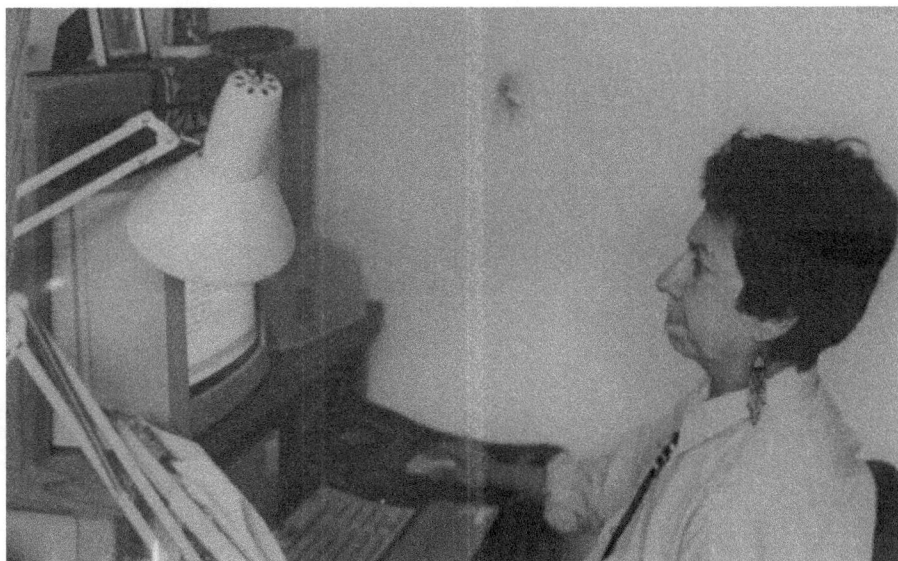

FIG. 19 Gloria Evangelina Anzaldúa Papers, LLILAS Benson Latin American Collection, The University of Texas at Austin, Caja 146, Carpeta 5 c. 1990–2002

Estas observaciones perceptuales sirven como experiencias vinculantes para crear puntos de conexión compartida entre mujeres de color estadounidenses (negras, latinas, asiáticoamericanas y indígenas) que, a pesar de enfrentar diferentes formas de opresión, son capaces de considerar sus experiencias encarnadas de la tecnología —sus promesas y sus problemas— como medios para formar alianzas. Por consiguiente, en la próxima sección se explora cómo, durante las décadas del ochenta y noventa, las escritoras de color de EE. UU. reconcibieron sus propias relaciones políticas a través de las tecnologías disponibles en ese periodo.

## Cerebros nepantleros y la reconfiguración de las dinámicas intra e intergrupales

Así como con el zumbido de la computadora, Anzaldúa (y otras mujeres de color) analizaron durante este periodo la manera en que las tecnologías de la época, tanto las computadoras como el correo electrónico, estaban transformando a su vez la comprensión íntima de las relaciones que tenían entre sí. Por ejemplo, en los últimos trabajos de finales de la década del noventa y

principios del nuevo milenio, Anzaldúa escribió que las experiencias de desu-
bicación y conflicto cultural, de género, sexual y comunitario requieren que
ella, y otras, desarrollen "perspectives from the cracks" / "puntos de vista desde
las grietas" o de "lugares nepantleras" / "lugares nepantleras" [sic], en los cuales
sería posible navegar las condiciones sociales y materiales, a menudo difíciles,
para lograr conexión y supervivencia (Anzaldúa 2015, 81). Hablando directamente de la falta de unidad y puntos en común entre las mujeres de color
(incluidos aquellos aspectos sociales de la representación y la identidad como
raza, sexualidad, discapacidad, idioma, etc.), Anzaldúa trató de desarrollar
herramientas para reconfigurar la manera tan dispar que tienen las mujeres
situadas en los Estados Unidos de entender sus relaciones las unas con las
otras. En "Geographies of Selves: Nos/Otras (Us/Other), las Nepantleras,
and the New Tribalism," / "Geografías de nosotras mismas: Nos/Otras, las
nepantleras y el nuevo tribalismo" (2015), escrito hacia finales de su vida y
como capítulo de su tesis doctoral inconclusa con la Universidad de California en Santa Cruz, Anzaldúa analiza nuevas maneras de concebir la formación de los grupos sociales. Aborda conflictos como conflicto de "nosotras"
versus "ellos", entre los que incluye sus preocupaciones acerca de los patrones de silenciamiento entre grupos racializados y politizados discrepantes.
Escribe que "The dialogue between the old male vanguard and Chicanas/
Latinas feministas who challenge it has become polarized on many campu-
ses ... Chicanas silence indigenous women, and indigenous women lambast
Chicanas for appropriating Indian identity" / "el diálogo entre la vieja vanguardia masculina y las feministas chicanas/latinas que la desafiaban se pola-
rizó en distintos frentes...Las chicanas silenciaron a mujeres indígenas y estas
a su vez arremetieron contra las chicanas por apropiarse de la identidad india"
(76). Al recalcar los graves conflictos entre activistas que se dieron también
durante este periodo, sugiere que hay que aprender a negociar las diferencias
y la cimentación teórica de la formación de identidad de grupos sociales de
maneras más complejas.

En la búsqueda de comprender la fuente del conflicto y su fundamento
en las necesidades y demandas materiales, su propuesta se ofrece como una
estrategia potencial para la negociación del conflicto intra e intergrupal. En
este sentido, declara:

> An identity born of negotiating the cracks between worlds, nos / otras
> accommodates contradictory identities and social positions, creating a
> hybrid consciousness that transcends the us versus them mentality of

irreconcilable positions, blurring the boundary between us and others. We are both subject and object, self and other, haves and have-nots, conqueror and conquered, oppressor and oppressed. Proximity and intimacy can close the gap between us and them. (2015, 79)

[Nos / otras, una identidad nacida de la negociación de las grietas entre mundos, aloja identidades y posiciones sociales contradictorias, crea una conciencia híbrida que trasciende las posiciones irreconciliables de una mentalidad de nosotras contra ellas y desdibuja los límites entre ambos bandos. Somos sujetos y objetos, nosotras mismas y las otras, lo que tiene que ser y lo que no debe ser, conquistador y conquistado, opresor y oprimido. Proximidad e intimidad pueden cerrar la brecha entre nosotras y ellas.]

Esta "conciencia híbrida" no incluye simplemente una conciencia intencional sobre las diferencias politizadas y utilizadas como armas que pueden emplearse para dividir a comunidades que difieren entre sí, sino que a su vez incluye herramientas de percepción para escuchar, responder y comprender las diferencias tanto dentro como entre esos grupos. Por lo tanto, el término "nos/otras" ofrece un registro visual y semántico para distinguir la manera en que el "nosotras" se construye en relación con las "otras". La barra o "rajadura" entre las palabras indica las "paredes" o divisiones levantadas entre categorías de identidades sociales dispares (81) y dentro de las mismas. Por ejemplo, Anzaldúa alude a "the limits, the places some people are stopped or stop themselves, the lines they're not allowed to cross" / "los límites, los lugares en los cuales algunas personas se detienen, o las detienen, las líneas que no se les permite cruzar" como las maneras en las cuales se presentan los distintos "thresholds"/ "umbrales" que señalan la pertenencia e identidad grupales (81). Metafóricamente hablando, esto alude a las maneras en que la definición de límites podría demarcar la forma en que los grupos raciales o de género deberían "comportarse" o sostener creencias en común. Sin embargo, de manera más concreta, esto podría también referirse a cómo los diferentes grupos son, literalmente, vigilados, perseguidos y confinados dentro de distintos espacios geopolíticos.

Anzaldúa es profundamente consciente de la discriminación por características raciales que sufre la población árabe y musulmana en E.E. U.U. durante este periodo, tras la intensificación de la seguridad por parte del Estado luego de los ataques al World Trade Center y el Pentágono del 11 de septiembre de 2001. Es más, sus escritos desde 1970 han rastreado las formas de las heridas comunitarias que la frontera entre EE. UU. y México ha causado, inclusive la militarización y el estatus diferenciado dentro de los mismos EE. UU. Un ejemplo notable de tales diferencias entre mexicano-estadounidenses con ciudadanía y migrantes mexicanos sin documentación puede encontrarse en su libro bilingüe para niños *Friends from the Other Side / Amigos del otro lado* (1993), en el que una niña mexicana-estadounidense se hace amiga de un pequeño niño migrante mexicano y lo protege de una redada del Servicio de Inmigración y Ciudadanía en una ciudad fronteriza. La narrativa y los personajes demarcan varias diferencias específicas que, tanto niños como adultos, experimentan según el estatus de ciudadanía frente a la vigilancia y persecución de las fuerzas de seguridad inmigratoria de los EE. UU. Finalmente, la referencia de Anzaldúa al nos/otras, mencionado con anterioridad, también marca el conflicto entre las feministas chicanas e indígenas del momento. En una entrevista escrita por correo electrónico en 2002 (y publicada en 2003), Anzaldúa declara que:

> During the "Color of Violence" conference in Santa Cruz organized by Andy Smith, la caca between Chicanas and Native women surfaced with a lot of finger pointing, basing the conflict on "intra-racism at the kitchen table." They saw Chicanas' use of the indigenous as a continuation of the abuse of native spirituality and the Internet appropriation of Indian symbols, rituals, vision quests, and spiritual healing practices like shamanism. Some natives put Chicanas/os on the side of the dominators and claim that our fantasies are similar to those of "whites." (2009, 284)
>
> [Durante el congreso "El color de la violencia" que Andy Smith organizó en Santa Cruz, la caca entre las chicanas y las mujeres nativas surgió con un montón de acusaciones cruzadas, apuntándose con el dedo las unas a otras y centrando el conflicto en torno a un "racismo interno por asuntos cotidianos". Estas últimas consideraron la utilización de lo indígena por parte de las chicanas como una continuidad del abuso de la espiritualidad de las personas nativas, y la apropiación de símbolos, rituales, búsqueda de visión y prácticas de sanación espiritual indias, como el chamanismo en la Internet. Algunas nativas pusieron a las chicanas y chicanos del lado de los dominadores y reclamaron que nuestras fantasías son parecidas a las de los "blancos".]

Por tanto, las inquietudes de Anzaldúa con respecto a las divisiones y conflictos entre las diferentes mujeres de color se basan en varias décadas

de militancia y teorización como educadora, escritora y activista. En su propuesta para lograr una mejor comprensión de la división material entre las
comunidades de color del momento, presenta un nuevo marco teórico para
la década de los noventa y relata:

> We're no longer locked in the outsider / other / victim place so pre-
> valent in the 1970s and '80s. The nepantla mind-set eliminates pola-
> rity thinking where there's no in between, only "either/or"; it reinstates
> "and." Because our perceptions and thinking contain subtle and hidden
> biases, we need a nepantla brain to prompt the questioning of our usual
> assumptions and beliefs. Such a brain would facilitate our ability to look
> at the world with new eyes. (2015, 82)
>
> [Ya no estamos atrapadas en el lugar de víctima, del otro, de persona
> ajena, tan prevalente en las décadas del setenta y ochenta. La mentalidad
> de nepantla elimina ese pensamiento polarizado en el cual no hay grises,
> que es un "esto o lo otro" y, por el contrario, reinstala el "y". Debido a
> que nuestras percepciones y pensamientos contienen prejuicios sutiles
> y ocultos, necesitamos un cerebro nepantlero que nos incite al cuestio-
> namiento de nuestras presunciones y creencias habituales. Esta clase de
> cerebro facilitaría nuestra capacidad para mirar al mundo con nuevos
> ojos.]

La nota a pie de página a su referencia del "nepantla brain" / "cerebro
nepantlero" dice: "Our brain has the processing power of a hundred billion
personal computers joined together" / "Nuestro cerebro tiene un poder de
procesamiento equivalente a la de cien mil millones de computadoras conectadas entre sí" (2015, 234). Es interesante como Anzaldúa compara las PCs
con el cerebro humano en esta nota, observando que este funciona como una
red neural que se asemeja al poder de procesamiento de "a hundred billion" /
"cien mil millones" de PCs. Si bien no explora directamente cuestiones feno-
menológicas en cuanto a la intencionalidad y otras diferencias entre la inteli-
gencia artificial y la humana, Anzaldúa al menos está imaginando el potencial
del poder de procesamiento de los sistemas en red, ya sean de carne y hueso
o de fibra óptica.

Más aún, aferrarse a los sistemas en red demuestra cuán consciente era en
ese tiempo de las implicancias de la globalización y de la negociación de las
mismas. Starosielski (2015), en sus trabajos sobre el auge de la expansión transoceánica del cable de fibra óptica que comienza en la década de los noventa,

argumenta que "deregulation and privatization [of telecommunications systems] have helped pioneer new cable geography, which nonetheless is layered into a geopolitical matric of preexisting colonial and national routes"/ "la desregulación y la privatización [de los sistemas de telecomunicaciones] ha ayudado a originar una nueva geografía del cableado, el cual, por el contrario, se distribuyó dentro de una matriz geopolítica de rutas nacionales y coloniales preexistentes" (30). Starosielski vincula las estructuras del telégrafo, construidas mediante el expansionismo colonial británico a fines del siglo XIX, con las densas redes de fibra óptica que hoy unen el tráfico transoceánico de información. Tal como pasó con los cables de cobre del telégrafo a principios del siglo XX, los cables coaxiales de teléfono de los años cincuenta y sesenta proporcionaron la infraestructura para la transmisión de información durante la Guerra Fría (22). Starosielski sostiene que el nuevo cable coaxial y un sistema submarino de repetición, que permitía la amplificación de las señales de cable a través de largas distancias "made transoceanic speech transmission possible" / "hizo posible la transmisión transoceánica de audio" y para mediados de la década de los cincuenta, "were able to carry not only telephone conversations, but also telegraph messages, telex transmissions, photo telegrams, and even slow-scan television" / "podían transportar no solo conversaciones telefónicas si no también mensajes telegráficos, télex, telegramas fotográficos e incluso televisión de barrido lento" (38) y, continúa, que a esto le siguió la primera implementación transoceánica de esta tecnología, construida para conectar Florida con Cuba en 1950, lo cual "perhaps... forecast[ed] the coming of a new era" / "quizás...pronostic[ó] la llegada de una nueva era" (38). En este sentido, Anzaldúa y otras activistas y educadoras que escribieron durante el giro de las redes de comunicación analógicas a las digitales (coaxial a fibra óptica) experimentaron grandes cambios tanto en cuanto a la infraestructura de la información como a los usos represivos a los cuales podían aplicarse esas mismas tecnologías. Al respecto, el académico activista José Angel Gutiérrez ha documentado la vigilancia y operaciones del FBI contra los militantes y organizaciones políticas durante el movimiento chicano entre la década de los cuarenta hasta los ochenta (2021). Y la militancia chicana de ese periodo estaba bien al tanto de las medidas tomadas por el gobierno para aplacar su movilización política. Anzaldúa escribe al respecto en una de sus obras posteriores:

> Attacks on activist organizations violate the First Amendment giving us the right to advocate for change and guaranteeing free speech. Illegal

search and seizures violate the Fourth Amendment, and being forced to answer the FBI's or INS's questions violates the Fifth Amendment (the right to remain silent). When people are jailed without being charged and are indefinitely detained, the land becomes a police state invasive with security checks and surveillance. (2015, 14)

[Los ataques contra las organizaciones activistas violan la Primera Enmienda, que nos da el derecho de abogar por el cambio y nos garantiza la libre expresión. Los registros e incautaciones ilegales violan la Cuarta Enmienda. El forzar a las personas a responder las preguntas del FBI o el INS viola la Quinta Enmienda (el derecho a permanecer en silencio). Cuando encarcelan a las personas sin acusación formal y las detienen de manera indefinida, el país se convierte en un estado policial invasivo con rastreos de seguridad y vigilancia.]

Los comentarios de la misma Anzaldúa destacan las violaciones de las protecciones legales para militantes y disidentes políticos y los modos de obtención de información que a menudo buscaban alterar y aplacar a los chicanos y a otros movimientos políticos de base racial de esa época, como el *Black Panther Party* y los *Young Lords*, entre otros. En esta cuestión, Anzaldúa tiene plena conciencia de lo divisivas que pueden ser las tácticas de información implementadas por las estructuras institucionales opresivas como el FBI, el INS o las mismas instituciones académicas. Sobre estas últimas, en una entrevista realizada en el 2002, plantea: "Ethnic groups are thrown a few crumbs in the form of teaching positions, grants, decision-making in hiring, etc., and we fight each other for them. It's the old divide-and-conquer strategy" / "A los grupos étnicos nos tiran unas muy pocas migajas de pan en lo que respecta a puestos docentes, becas, participación en la toma de decisión durante contrataciones, etc., y terminamos luchando entre nosotros para conseguirlas. Es la vieja estrategia del divide y vencerás" (2009, 285). En este sentido, Anzaldúa considera que las instituciones gubernamentales crean obstáculos para las coaliciones multiétnicas y multirraciales y ya en su *Borderlands/La Frontera* de 1987, escribió que el término "hispano" fue "designated by the U.S. government to make it easier to handle us on paper" / "asignado por el gobierno de EE. UU. para facilitar nuestro tratamiento administrativo" (1999, 96).[10]

---

10. N. de la T.: Cita original de la versión en español publicada de *Borderlands/La Frontera*.

Por consiguiente, el hacer uso de estas tecnologías de la información transnacional (como las llamadas en conferencia y el correo electrónico, al igual
que la vasta correspondencia escrita que precedió a este periodo y que llenó las
gavetas de autores como Anzaldúa) se convirtió en una forma de praxis radical para la construcción de alianzas políticas sólidas a través de la distancia y
las diferencias. De hecho, el término "mujeres del Tercer mundo", que aparece
en el subtítulo de "Hablar en lenguas" de Anzaldúa (1980) (que se menciona
con anterioridad para analizar su referencia a las máquinas de escribir) no se
refiere solamente a las mujeres de color estadounidenses afectadas por las tácticas represivas del gobierno de EE. UU., sino que también abarca a las mujeres
de todo el mundo que se han visto afectadas de la misma manera por las formas
de racialización y colonialismo sexista y de opresión. Para ampliar este punto,
Mohanty, Russo, y Torres (1991) sostienen en la antología *Mujeres del Tercer
mundo y la política del feminismo* de principios de la década de los noventa, que:

> *Third world* refers to the colonized, neocolonized or decolonized coun-
> tries (of Asia, Africa, and Latin America) whose economic and poli-
> tical structures have been deformed within the colonial process, and
> to black, Asian, Latino, and indigenous peoples in North America,
> Europe, and Australia. Thus, the term does not merely indicate a hie-
> rarchical cultural and economic relationship between "first" and "third"
> world countries; it intentionally foregrounds a history of colonization
> and contemporary relationships of structural dominance between first
> and third world peoples. (ix–x)
>
> [*Tercer Mundo* se refiere a los países colonizados, neocolonizados o
> decolonizados (de Asia, África y América Latina) cuyas estructuras polí-
> ticas y económicas se deformaron con el proceso colonial y, a su vez, a
> los pueblos negros, asiáticos, latinos e indígenas de América del Norte,
> Europa y Australia. Por lo tanto, el término no indica meramente una
> relación de jerarquía cultural y económica entre países del "primer" y
> "tercer" mundo; sino que, de manera intencionada, pasa a primer plano
> una historia de colonización y relaciones contemporáneas de domina-
> ción estructural entre los pueblos del primer y tercer mundo.]

En este marco, la obra de Anzaldúa y de otras mujeres de este movimiento
buscaron construir puentes sobre las fronteras coloniales y la violencia mili-
tarizada a través del fomento de múltiples espacios de coalición y alianzas, es decir, generando unión a través de los diferentes puntos de acceso y
conocimiento.

Uno de los diálogos representativo de esta "construction of bridges" / "construcción de puentes", en el que convergen el llamado de Anzaldúa sobre la necesidad de construir una coalición multirracial y multiétnica con el uso de las nuevas tecnologías de la información, es la publicación del intercambio de correos electrónicos entre Deborah Miranda y AnaLouise Keating en *This Bridge We Call Home* (2002), la antología coeditada con Anzaldúa, quién lo consideró una ampliación de *This Bridge Called My Back* (1981). Más precisamente Miranda, autora indígena de la nación Ohlone-Costanoan Esselen, en un intercambio epistolar electrónico sobre el ensayo original que fue su contribución para dicho volumen, describe una posible nota al pie de página que podría llegar a incluir en el ensayo. Keating, que coeditó el libro, le pide, dado lo sustancial de dicha nota, que considere publicar ese contenido en su formato original de correo electrónico, lo que finalmente ocurriría en agosto del año 2000. Cabe destacar que el contenido de la nota al pie de Miranda es sobre la potencial "heresy of inclusion" / "herejía de incluir" a las chicanas "as members of the Indigenous peoples of North America" / "como miembros de los pueblos indígenas de América del Norte" (Miranda 2002, 203). Hablando directamente desde sus propias dudas sobre este tipo de inclusionismo político e identitario, Miranda observa diferencias muy concretas entre los pueblos indígenas, sujetos al colonialismo de los EE. UU., y las personas chicanas: "despite all genetic logic, U.S. Indians still deal with the social reality of being treated differently than any other people of difference in this country, and much differently than Chicana/os. Three things seem to define the construction of Indian in the United States: reservations, treaties, and paternalism" / "a pesar de toda la lógica genética, los indígenas de los EE. UU. todavía lidian con la realidad social de que se les trate de un modo diferente al de cualquier otro pueblo en este país, y bastante diferente al de las personas chicanas. Tres cosas parecen definir la construcción de lo indio en los Estados Unidos: reservas, tratados y paternalismo" (205). Miranda describe estas diferencias materiales: 1) la sujeción al sistema estadounidense de reservas, 2) los tratados que codifican políticamente las relaciones gubernamentales entre el gobierno federal de los EE. UU. y los gobiernos indígenas y 3) "paternalistic rules and regulations" / las "leyes y reglamentaciones paternalistas" a las cuales los pueblos indígenas están sometidos debido a el control colonial de los EE. UU. de la tierra, el agua y otros medios materiales para la supervivencia y el florecimiento. Aquí podemos observar como Miranda dibuja "una rajadura" entre la categoría socio grupal de "nosotras" y "ellas", como sugiere Anzaldúa mediante su uso del término "nos/otras". Por lo tanto, destaca los muy distintivos términos de organización y estrategia política que desarrollan los pueblos indígenas sometidos a la lógica colonial estadounidense.

Así durante este periodo, identificarse como "mestiza", "sangre mezclada" o "híbrida", como lo hacen feministas chicanas como Anzaldúa, Moraga y otras, podría amenazar la estabilidad de las relaciones indígenas con la tierra a la vista del gobierno de los EE. UU. Al respecto, Miranda escribe:

> What we have in this essay is the reality of Indians who must constantly "prove" their Indianness to a government that holds tremendous power. Thus, as I see our situation now, U.S. Indians can accept the indigenous lineage and hearts of Chicanas, but still resist embracing our own mestiza identity until we are more assured that our indigenous survival is provided for. When we omit Chicanas from the "Indian Rolls," then, what we are also doing is resisting our own coming out as Mestizas. (2002, 206)
>
> [Lo que tenemos en este ensayo es la realidad de los indios, que deben estar constantemente "demostrando" su cualidad de indios a un gobierno que tiene un poder gigantesco. Por lo cual, como yo veo nuestra situación en este momento, las indias de los EE. UU. pueden aceptar el linaje y corazones indígenas de las chicanas pero aún así resistir nuestra propia identidad de mestizas hasta que tengamos mayor certeza de que nuestra supervivencia como indígenas esté asegurada. Cuando omitimos a las chicanas de los "Rollos Indios", entonces lo que hacemos es resistir también a nuestro propio reconocimiento como Mestizas.]

Llegado a ese punto, el diálogo de Miranda da un giro sorprendente, que se manifiesta en la propia descripción de las autoras como "suddenly realiz[ing]" / "darse cuenta de repente" de que el uso del término "mestiza" por parte de Anzaldúa

> is much larger than simply blood or genetics ... even larger than gender, despite its gendered origins. Mestiza means that which does not obey or even see boundaries; that which blurs sharp distinctions in favor of what is best or most appropriate; that which thrives in ambiguity because ambiguity means survival, creation, movement. Mestiza is all that is transgressive to "the norm," all that breaks the rules of male/female, white/not-white, normal/abnormal. (207)
>
> [es mucho más amplio y va más allá de referirse a la sangre o la genética...incluso más amplio que el género, a pesar de su origen relacionado

al género. Mestiza significa aquello que no obedece (o incluso que no distingue) límites; aquello que borronea esas diferencias precisas a favor de lo que es mejor o lo más apropiado; lo que prospera en la ambigüedad, porque esta significa supervivencia, creación, movimiento. Mestiza es todo aquello que transgrede "la norma", todo lo que rompe las reglas de lo masculino/femenino, blanco/no blanco, normal/anormal.]

La transgresión de normas, la ruptura de límites, la violación de normas son formas de actos a los que Miranda regresa, considerándolos parte del significado al que Anzaldúa quiso referirse en un principio con el uso de esa frase.

Además, hay que recordar que todo este intercambio ocurre vía correo electrónico, en un diálogo entre la autora de un capítulo y la editora. Las reflexiones de Miranda ofrecen una exploración más profunda dentro de un tema muy complejo, tanto que ella como su editora acuerdan que es "a topic for another paper" / "un tema para un ensayo aparte" (207). Sin embargo, Miranda explora estas relaciones intra e intergrupales, que algunas personas podrían considerar "heréticas", debido a los verdaderos peligros de las conclusiones que se pueden extraer de ellas. Asimismo, Miranda elige publicar "the ultimate in heresies" "lo último en herejías" al acordar con Keating que conservar el formato de correo electrónico desafiaría a su vez las convenciones establecidas. Keating escribe:

here's why we like the idea [of publishing the email exchange]:

- it mixes a conventional genre (the essay) w/ a new genre form (e-mail)
- It gives readers more of an idea about the process that went into writing your essay & into editing the anthology
- it gets the ideas out there & demonstrates that you're not glossing over the issue, that you're not making simplistic divisions between groups.
- it creates a mini-dialogue, & really, when you think about it, dialogue is a vital component to writing. (207–208)

[por esto es que nos gusta la idea [de publicar el intercambio de correos electrónicos]:

- combina un género convencional (el ensayo) c/una nueva forma de género (correo electrónico)
- A quienes lo leen les da una mejor idea del proceso que hubo detrás de la escritura del ensayo y la edición de la antología.

- expone las ideas y demuestra que no estás pasando por alto el problema, que no estás haciendo divisiones simplistas entre grupos.
- crea un mini diálogo, y si lo piensas bien, el diálogo es un componente vital de la escritura.]

Después Miranda se manifiesta de acuerdo en el siguiente correo electrónico y acoge entusiasmada la idea:

And keeping our dialogue in e-mail format is, again, fantastic. Several pieces in the original Bridge were written as letters to Gloria or Cherríe, & this continues that more intimate connection, while highlighting the fact that the radical women of color behind Bridge are not sitting around our communal cornfields tapping out our writing in traditional petroglyphs. LOL You mean they actually use e-mail???

!Viva la e-mail! (sic) (208)

[Y mantener nuestro diálogo en formato de correo electrónico es, y reitero, fantástico. Varias piezas en el libro original[11] fueron escritas como cartas a Gloria o Cherríe, y de este modo continúa esa conexión más íntima, a la vez que resalta el hecho de que las mujeres de color radicales detrás de *Esta puente* no están sentadas alrededor de los campos maizales comunitarios tipeando sus escritos en petroglifos tradicionales. JAJAJA O sea que ellas realmente usan el correo electrónico??

!Viva la e-mail! (sic)].

Principalmente, para Miranda, uno de los clichés anti-indígenas más usados por los antropólogos y otras disciplinas, es la primitivización de estos pueblos, a través de la cual "Indians are a separate race to be studied, used, documented, and filed away" / "los indios son una raza separada a ser estudiada, utilizada, documentada y archivada" (2002, 206). El borrado de prácticas activas y transformativas entre las comunidades indígenas es además otro de los métodos de los colonos para fantasear con la aniquilación de los pueblos indígenas. Empleando otras formas de primitivización que afectan a las autoras de color, lo que incluye tanto a Moraga como Anzaldúa, dos chicanas de la frontera sudoeste de EE. UU., y a ella misma, una mujer nativa, nacida en California, bromea al referirse a los "communal cornfields," / "campos maizales comunitarios", creando una imagen de mujeres a la distancia utilizando

---

11. N. de la T.: *Esta puente, mi espalda* (1981).

métodos de comunicación y expresión de uso común hace decenas de miles de años. Desafiando las imágenes de estas mujeres como congeladas en el pasado, Miranda acoge los nuevos modos de comunicación y expresión para conectarse, celebrándolo con su comentario "¡Viva la e-mail!". Con esto, el intercambio entre Miranda y Keating demuestra la importancia de un modelo de diálogo que da la bienvenida a nuevos modos de comunicación facilitados por el amplio uso de las computadoras personales para las escritoras y editoras. De esta manera, encontramos una meta-conversación sobre cómo las mujeres están utilizando las tecnologías emergentes de su época para facilitar proyectos de coaliciones y para crear comunidades digitales más amplias.

## Tecnologías transformadoras para la formación de coaliciones

Estos momentos de intercambio e innovación tecnológica entre las escritoras de color de los EE. UU. durante los años ochenta y noventa, dejan varias lecciones importantes para los lectores de la actualidad. Volviendo al epígrafe de Bambara, hace referencia a las relaciones y tecnologías distintivas entre las autoras de *Esta puente, mi espalda*. Al citar formas escritas como cartas, testimonios, poemas, entrevistas, ensayos y diarios personales, se observa cómo esas mujeres están generando materialmente sus medios de comunicación y términos de negociación. Sin embargo, más allá de esto, enumera a la vez los alimentos y cultivos de las distintas mujeres de color del mundo: ñame, arroz y plátanos, y así caracteriza los modos materiales del conocimiento encarnado en las participantes. El conocimiento de estos alimentos, cómo cultivarlos, prepararlos y apreciarlos, es algo distintivo de muchas de las autoras del libro: mujeres de las diferentes diásporas africanas, asiáticas, caribeñas y americanas. Asimismo, el compartir el alimento (así como el compartir palabras) como una forma de conexión puede ser una ofrenda y un gesto de profunda vulnerabilidad y alianza. El alimento, no obstante, se puede utilizar como arma, puede tomarse en apropiación, acumularlo, robarlo, envenenarlo y destruirlo. En la observación que agrega Bambara para quienes contribuyen al libro se afirma que "we're all on the line" / "estamos todas en la línea". Esto hace referencia a ambos significados (de la expresión idiomática del inglés) de "estar en la línea"; es decir, participar en una llamada telefónica, pero también se refiere a la frase coloquial que implica poner algo o a alguien "en la línea" (de fuego). Este último significado se asocia con el riesgo y el peligro. Ponerse a sí mismo "en la línea" (de fuego) es exponerse al peligro. Por consiguiente, lo brillante del fraseo de Bambara en este caso es que tales tecnologías (el cultivo, las

palabras y las alianzas) son un trabajo riesgoso. Ubica, a veces, a quienes realizan tales trabajos en lugares de transigencia "herejes", exigiendo así conexiones
fuertes con la tierra, con los recursos y entre nosotros para poder sustentarlos.

Esta es una de las lecciones que deja este periodo de teorización feminista
en los EE. UU. Por ejemplo, Bambara, como mujer afroestadounidense;
Miranda, como mujer nativa de América, y Anzaldúa, como mujer mexicana-estadounidense, cada una de ellas consideran el riesgo y la ambigüedad
como una faceta de la lucha coalicional. Por consiguiente, los medios materiales a través de los cuales pueden participar en ella exigen, a su vez, incluir face-
tas de nuestros mundos materiales, que pueden no estar hechos para usarse
con el propósito de armar coaliciones y cruzar fronteras. O sea, Starosielski
nos recuerda que los cables transoceánicos, que hicieron posible la comunicación a través de la Internet hoy en día, se remontan a las mismísimas rutas
de establecimiento de políticas de la era colonial y de la Guerra Fría. Tales términos de telecomunicaciones, a menudo construidos por compañías privadas
buscando ellas mismas cruzar fronteras y conformar una curiosa manera de
"construir puentes", se diseñaron para su propia ganancia material. Del mismo
modo, en la actualidad, los críticos de las plataformas de redes sociales y su
control corporativo observan las muchas maneras en las cuales la información
de los usuarios se almacena, convertida en mercancía o *commodity* y se vende,
para generar ganancias y con fines de vigilancia, mucho de lo cual perpetúa
los patrones de explotación económica y perjuicio contra las mujeres racializadas e integrantes de otros grupos oprimidos (Benjamin 2019; Noble 2018;
O'Niel 2016). Sin embargo, como sucedió con las tecnologías del pasado, las
tecnologías actuales han facilitado también nuevas maneras de crear comunidad y politización a través de las fronteras nacionales y geográficas. Por ejemplo, Pitman (2007) describe el activismo apoyado en el uso de Internet en
las décadas de los años noventa y del nuevo milenio del Ejército Zapatista de
Liberación Nacional y sostiene: "by hook or by crook, grassroots and activist
organisations in [Latin America] have contrived to make strategic use of the
Internet—and earlier, more localised networks—for pro-democratic networking and consciousness-raising activities, as well as some hactivism proper,
since the late 1980s" / "por las buenas o por las malas, las organizaciones de
base y activistas en [América Latina] han planeado hacer un uso estratégico
de la Internet (y, con anterioridad, de redes más locales) para generar redes
pro-democráticas y actividades de generación de conciencia, así como algún

*hacktivismo*[12] propiamente dicho, desde finales de la década de los ochenta" (86). Igual que las previas generaciones de activistas, los Zapatistas, a menudo sin tener ellos mismos acceso a la tecnología necesaria para comunicarse por internet, se aliaron con varios "sympathetic Netizens" / "internautas solidarios" para transferirles sus imágenes, materiales y mensajes a "listservs, newsgroups, and websites ... that carried the Zapatista message around the world, orchestrated mass demonstrations, sent international observers to the region [in Chiapas] and so on" / "listas de correo, grupos de noticias y sitios web... que llevaron el mensaje Zapatista alrededor del mundo, coordinaron demostraciones masivas, enviaron observadores internacionales a la región [de Chiapas] y mucho más" (Pitman 2007, 90–91). El uso estratégico de las tecnologías de comunicación para forjar relaciones basadas en el diálogo y alianzas crean la tan necesaria infraestructura para sustentar movimientos radicales que son, a menudo, excluidos mediante las intrigas de explotación del capitalismo de vanguardia y la gobernanza del Estado colonial. En este sentido, si bien las tecnologías de las telecomunicaciones en muchas ocasiones se alimentan y manufacturan a través del trabajo de explotación del capitalismo colonial, su potencial subversivo, tan riesgoso y precario como esas redes de resistencia puedan ser, se continúa desarrollando. Bambara, por lo tanto, tiene razón en su planteo: mientras que el conocimiento del ñame, el arroz, el maíz y los plátanos fue lo que en principio sostuvo a los pueblos indígenas de todo el mundo en medio de atroces formas de colonialismo y brutalidad imperial, son las condiciones materiales y las tecnologías de resistencia asociadas a las mismas (cobre, cable coaxial y fibra óptica) las que siguen manteniéndonos hoy día a "todas en la línea".

## Referencias

Anzaldúa, Gloria. 1990. *Making Face, Making Soul: Haciendo Caras: Creative and Critical Perspectives by Feminists of Color*. San Francisco: Aunt Lute Books.

_____. 1993. *Friends from the Other Side / Amigos del otro lado*, ilustrado por Consuelo Méndez. Nueva York: Children's Press Book.

---

12. N. de la T.: Tomado del inglés "hacktivism", cuya definición en es "hackeo informático (infiltrarse o generar alguna disrupción de un sitio web o red) para la consecución de objetivos de activismo social o político".

_____. 1999. *Borderlands/La Frontera: The New Mestiza*, 2da. edición. San Francisco: Aunt Lute Books.

_____. 2009. *The Gloria Anzaldúa Reader*, editado por AnaLouise Keating. Durham: Duke University Press.

_____. 2015. *Light in the Dark/Luz en lo oscuro: Rewriting Identity, Spirituality, Reality*, editado por AnaLouise Keating. Durham: Duke University Press.

Bambara, Toni Cade. 1983. "Prólogo." En *This Bridge Called My Back: Writings by Radical Women of Color*, editado por Cherríe Moraga y Gloria Anzaldúa, vi-viii. Latham: Kitchen Table Press.

Bayindir, Turgay. 2009. "A House of Her Own: Alice Walker's Readjustment of Virginia Woolf's *A Room of One's Own in The Color Purple*." En *Alice Walker's The Color Purple*, editado por Kheven LaGrone, 209–223. Nueva York: Rodopi.

Benjamin, Ruha. 2019. *Race After Technology: Abolitionist Tools for the New Jim Code*. Cambridge: Polity.

Cotera, María. 2018. "Unpacking Our Mothers' Libraries: Practices of Chicana Memory Before and After the Digital Turn." En *Chicana Movidas: New Narratives of Activism and Feminism in the Movement Era*, editado por Dionne Espinoza, María Eugenia Cotera y Maylei Blackwell, 299–316. Austin: University of Texas Press.

Dalton, David. 2023. *Robo Sacer: Neoliberalism and Cyborg Resistance in Mexican and Chicanx Dystopias*. Nashville: Vanderbilt University Press.

Donovan, Joan. 2016. "'Can You Hear Me Now': Phreaking the Party Line from Operators to Occupy." *Information, Communication & Society* 19 (5): 601–617.

Goldman, Jane. 2007. "The Feminist Criticism of Virginia Woolf." En *A History of Feminist Literary Criticism*, editado por Gill Plain y Susan Sellers, 66–84. Cambridge: Cambridge University Press.

Gutiérrez, José Angel. 2021. *FBI Files on Mexicans and Chicanos, 1940–1980*. Nueva York: Lanham.

Kamuf, Peggy. 1982. "Penelope at Work: Interruptions in 'A Room of One's Own.'" *Novel: A Forum on Fiction* 16: 5–18.

Ledbetter, Rosanna. 1985. "ITT: A Multinational Corporation in Latin America During World War II." *The Historian* 47 (4): 524–537.

Marcus, Jane. 1987. *Virginia Woolf and the Language of Patriarchy*. Indianapolis: Indiana University Press.

Martínez, Gabriela. 2008. *Latin American Telecommunications*. Lanham: Lexington Books.

Miranda, Deborah y AnaLouise Keating. 2002. "Footnoting Heresy: E-mail Dialogues." En *This Bridge We Call Home: Radical Visions for Transformation*, editado por Gloria E. Anzaldúa y AnaLouise Keating. Nueva York: Routledge.

Mohanty, Chandra Talpade, Ann Russo, y Lourdes Torres. 1991. *Third World Women and the Politics of Feminism*. Bloomington: Indiana University Press.

Moraga, Cherríe y Ana Castillo. 1988. *Esta puente, mi espalda: voces de mujeres tercermundistas en los Estados Unidos*, traducido por Ana Castillo y Norma Alarcón. San Francisco: Ism Press, Inc.

Noble, Safiya. 2018. *Algorithms of Oppression: How Search Engines Reinforce Racism*. Nueva York: NYU Press.

O'Niel, Cathy. 2016. *Weapons of Math Destruction: How Big Data Increases Inequality and Threatens Democracy*. Nueva York: Crown.

Pitman, Thea. 2007. "Latin American Cyberprotest: Before and After the Zapatistas." En *Latin American Cyberculture and Cyberliterature*, editado por Claire Taylor y Thea Pitman, 86–110. Liverpool: Liverpool University Press.

Pitts, Andrea. 2021. *Nos/Otras: Gloria E. Anzaldúa, Multiplicitous Agency, and Resistance*. Albany: SUNY Press.

Sandoval, Chela. 1994. "Re-entering Cyberspace: Sciences of Resistance." *Dispositio/n* XIX (46): 75–93.

Starosielski, Nicole. 2015. *The Undersea Network*. Durham: Duke University Press.

Taff, Anita. 1990. "Washington Update." *Network World: The Newsweekly of User Networking Strategies* 7 (49): 1–58.

Walker, Alice. 1983. *In Search of Our Mothers' Gardens: Womanist Prose*. Harcourt: San Diego.

Woolf, Virginia. 2015. *A Room of One's Own*, editado por David Bradshaw y Stuart N. Clarke. Malden: Wiley Blackwell.

Zimmerman, Tegan. 2012. "The Politics of Writing, Writing Politics: Virginia Woolf's *A [Virtual] Room of One's Own*." *Journal of Feminist Scholarship* 3: 35–55.

# PARTE III

# Vida cotidiana y lazos sociales: comunidad en redes sociales

# 9

# Narrativas comunitarias de ciclismo urbano en México. Del activismo en la calle al archivo digital y de regreso.

*Alejandro Zamora y María Ávila*

🚲

## Introducción: el archivo, el cuerpo, la ciudad

( *R* E)CICLARSE EN LA CIUDAD es un archivo digital, comunitario y público de narrativas de ciclistas urbanas[1] de distintas ciudades de México (Oaxaca, Tijuana, Puebla, Morelia, Ciudad de México, Mérida, y Guadalajara, entre otras). Accesible a través de la web, el conjunto de sus contribuciones, tanto de grupos y colectivos organizados como de ciclistas individuales, constituye un repositorio de conocimiento colectivo y vivencial sobre realidades y posibilidades de nuestras ciudades generalmente invisibles desde los sitios donde las viven quienes las estudian, las diseñan y las imponen: el automóvil privado, la oficina gubernamental, el interés lucrativo, los saberes expertos. Desde una marginalidad tanto física como enunciativa, las ciclistas urbanas documentan sus experiencias cotidianas en la forma de una crónica colaborativa digital, y muchas veces multimedia, en donde se revelan experiencias reales, vívidas, de ciudades más habitables y de tejidos comunitarios. El archivo ha estado abierto al público desde el año 2020 y, al día de hoy, alberga el conocimiento colectivo de más de cuarenta participantes en cerca de cincuenta relatos de vida, crónicas colaborativas y fotohistorias.

---

1. El uso del femenino genérico a lo largo de este capítulo se refiere tanto a hombres como a mujeres, y no exclusivamente a estas últimas.

Con base en este proyecto etnográfico y literario, nuestro capítulo se centra en la relación entre el activismo urbano, la escritura colaborativa y el archivo digital. Más específicamente, analizamos la elaboración comunitaria del archivo como soporte de proyectos de activismo e intervención tanto digital como en la calle, y como medio de expansión y vinculación de comunidades ya existentes. A la vez, analizamos cómo este recurso se inscribe en redes preexistentes de activismo digital, y el uso y repercusión de estas en la ciudad: su regreso al mundo físico como soporte simbólico y argumentativo de acciones de intervención para la defensa del espacio público. De tal manera, este trabajo no se centra en el análisis de un corpus sino en la construcción de este archivo digital comunitario, de las epistemologías experienciales y colaborativas que alberga, y de su vida social más allá de la página web.

Para este estudio, retomamos el concepto de "escrituras desapropiativas" propuesto por Cristina Rivera Garza (2019, 83–115; 2015, 103–119) para analizar cómo lo digital posibilita y alimenta tres aspectos esenciales del proyecto surgidos del trabajo de campo y de la colaboración con las participantes (más que del diseño original del proyecto): 1) la escritura o autoría relacional, 2) la (re)distribución del conocimiento generado colectivamente, y 3) la movilización de narrativas por la propia comunidad que las genera. En este sentido, exploramos cómo lo digital permite una transición de doble sentido, y una retroalimentación, entre el activismo de intervención urbana y el activismo narrativo en el ciberespacio.

Podemos ilustrar esto con el siguiente caso. En la ciudad de Oaxaca, al sur de México, Gabi Soto fue atropellada el 18 de diciembre de 2020 por un conductor de transporte público, quien se dio a la fuga en el acto. Gabi, de 38 años, murió en el lugar veinte minutos después. A raíz de este incidente, su hermana, Esther Soto, fundó el colectivo de ciclismo urbano Gabi Bici Blanca (Soto en Ciclistas Cicloconvocadas 2023). Las acciones del colectivo tuvieron resonancia a nivel local y nacional, y otras propuestas de acción colectiva surgieron a partir de este hecho devastador. Dentro de ellas, destaca el proyecto fotográfico *Ciclistas de Oaxaca*, y su derivada crónica fotográfica "El retrato de Catalina", ambos presentes en *(re)Ciclarse en la ciudad*. En palabras de su co-autor, Vidal Pineda, el proyecto retrata ciclistas en la ciudad, detenidos espontáneamente en un cruce de calles

> para darle visibilidad a toda esa gente que corre peligro de muerte por moverse en bici. Partiendo de la conciencia de que "una vida viaja en bici", los retratos presentan a ciclistas sosteniendo su bici delante de

ellos. [...] Pensé que, si imprimía sus fotos en formatos grandes y las colocaba en los cruceros de la ciudad, el resto de la ciudadanía podría conocerlos y quizá los motivaría a un cambio de conciencia que fuera empático y respetuoso de la vida de los ciclistas. (Pineda 2021)

No obstante, el costo y la logística implicados, lo hicieron pensar en un hogar digital para su proyecto visual, y fue así como *Ciclistas de Oaxaca* nació en Instagram y Facebook, y, unos meses después, una crónica fotográfica sobre el proyecto se integró a nuestro archivo.

Pero este tránsito de la calle al archivo digital tiene un regreso a la calle. En 2021, tras el anuncio de la construcción de una ciclovía en la calle Amapolas, en la zona Norte de Oaxaca, los residentes del barrio, particularmente los propietarios de los negocios, se movilizaron para rechazarla, con la convicción de que la ciclovía tendría efectos negativos en los mismos. Sus argumentos principales giraban alrededor de las limitaciones que la ciclovía supondría para el uso del carro. Por una parte, reduciría el espacio de estacionamiento, lo cual entorpecería el flujo de clientes; por otra, los quejosos argumentaban que más bien se debía priorizar obras "urgentes" (para los automovilistas), como la reparación de la carpeta asfáltica. En esos días, se observaron manifestaciones públicas y carteles a lo largo de la calle con consignas en contra de la ciclovía. Si bien el número de manifestantes no era muy elevado (unas cuarenta personas, según los videos que circularon), este movimiento provocó ruido en redes sociales, en donde se iniciaron debates acerca del uso del espacio público. Dentro de este movimiento, la movilización de la crónica de Vidal Pineda "El retrato de Catalina" comenzó a circular, primero, desde la cuenta de Instagram de Ciclistas de Oaxaca, y en seguida, desde la de grupos ciclistas como Insolente Oaxaca y EnBiciAndoOaxaca. En esa crónica se muestran los rostros de las ciclistas de la ciudad (estudiantes, paramédicas, maestros, raperas, repartidores, comerciantes, trabajadores de la construcción, etc.), y se destaca la importancia social de la bici, su dimensión humana. Finalmente, el proyecto de la ciclovía de la Calle de Amapolas siguió adelante.[2]

En una primera instancia, el proyecto no contemplaba un archivo digital. No obstante, el recurrir a las historias orales de las participantes como método de exploración del conocimiento colectivo sobre la ciudad y las formas de habitarla, nos llevó a buscar una plataforma que pudiera dar cabida a

---

2. El día de hoy, no obstante, todavía se pueden encontrar letreros en contra de la ciclovía, y no es raro que la misma se encuentre obstaculizada.

la pluralidad de voces que se iba generando; una plataforma que permitiera dinámicas de asociación, reconocimiento y vinculación entre las historias, y que fuera relativamente accesible para las participantes y sus comunidades. En efecto, tanto la riqueza de las historias como su valor estético nos llevaron a pensar en medios de divulgación más allá de los canales usuales de la academia. Dicho de otra forma, si desde el inicio el proyecto fue colaborativo en su método, también lo debía ser en la redistribución del conocimiento generado.

Cristina Rivera Garza (2019, 98) apunta que las escrituras (más que la literatura) no se hacen en abstracto sino que las escriben "cuerpos en contextos". Cuerpos concretos en contextos específicos. Pensarla así importa porque pone de manifiesto las circunstancias vividas (privilegiadas o desfavorecidas, hegemónicas o marginales) de la producción literaria, la dimensión política de la experiencia individual, a la vez que llama la atención sobre los espacios físicos donde se produce. Siguiendo la propuesta de Rivera, es inevitable preguntarnos: ¿qué escritura produce la experiencia de pedalear estas ciudades mexicanas? ¿Cómo y desde dónde las cuentan quienes lo hacen? El acto de poner el cuerpo en la calle —pedalear, sortear los coches, ingresar, de esta manera, en una comunidad ciclista— desde las particularidades de cada persona, provoca lenguajes que nos parecía fundamental documentar y organizar (Zamora 2022). "La bici es un lenguaje en sí mismo", comenta un participante, "lenguaje en movimiento [...] Quizás es que ya no sabemos comunicarnos con el cuerpo, pero con la bici te entrenas en comunicarte de esa forma. El lenguaje corporal es un ritual que hemos perdido, y que la bici te devuelve" (García 2020). Al devolverlo, permite múltiples formas de contar la interacción entre el cuerpo y la ciudad desde una posición de vulnerabilidad frente a los vehículos de motor en ciudades donde no hay infraestructura ciclista adecuada. Pero esta posición, como veremos más adelante, es también un lugar de enunciación minoritario, en el sentido en que lo vieron Deleuze y Guattari: un proceso relacional de desterritorialización de los sitios mayoritarios de enunciación (1986, 16–17).

En efecto, hasta muy recientemente, la planificación urbana de las ciudades mexicanas ha priorizado la infraestructura para la movilidad en automóvil privado.[3] Esto pese a que, en veinte de las ciudades incluidas en el Índice de

---

3.  A nivel mundial, las ciudades disponen de más de un 20% de sus espacios urbanos para la infraestructura automovilística, llegando en algunos hasta el 50% (Balderas Torres et al. 2021). Esta disposición no sólo reduce espacio público, que podría

Movilidad del 2018, el porcentaje de usuarios que usa el auto para sus traslados no pasa del 29%, mientras que el 31% se mueve caminando o en bicicleta, y el 38% en transporte público (IMCOmx 2019). En los últimos años, la bicicleta se ha incluido en la planeación y el diseño en algunas ciudades mexicanas, particularmente en sus centros y zonas residenciales, y gracias a esto algunos de quienes iniciaron proyectos sin financiamiento colaboran hoy con distintas instancias gubernamentales, a veces de manera directa o como miembros de alguna asociación civil (Armon 2020). Sin embargo, los cambios son lentos, parciales, y no responden a la urgencia de la situación: en 2021, los accidentes, en gran parte accidentes de transporte,[4] fueron la novena causa de muerte en el país (INEGI 2022).[5] En 2019, el proyecto *Ni una muerte vial* (Céntrico 2023) registró 450 víctimas ciclistas,[6] el doble del registrado en cifras oficiales (Galindo-Fuentes 2023). Además, si bien se ha visto el aumento de infraestructura ciclista, muchas veces esta es realizada en los centros turísticos de las ciudades, no en donde la población más la requiere (Tzanetatos 2018).

Las historias del proyecto *(re)Ciclarse en la ciudad* dan cuenta de estas formas de opresión y exclusión de minorías cuyo derecho a la ciudad y al espacio

---

    ser ocupado para áreas verdes, parques recreativos u otros espacios abiertos, sino que además aumenta la contaminación del aire y reduce o dificulta la posibilidad de otras formas de movilidad, como la bicicleta.

4. Del total de muertes ocasionadas por accidentes en México en el 2021 (34,604), el 43.7% corresponde a accidentes de transporte (15,119), particularmente en el grupo de edad de 25 a 34 años, seguido del de 15 a 24 años (INEGI 2022).

5. Las primeras tres causas en el mismo periodo de tiempo fueron: el COVID-19, enfermedades del corazón y la diabetes mellitus (INEGI 2022). Mencionamos estas causas pues una mejora en la infraestructura ciclista no sólo reduciría las muertes por accidentes de transporte, sino que promovería una actividad física moderada en la población capaz no sólo de reducir enfermedades relacionadas con la obesidad por vida sedentaria, tales como las enfermedades cardiovasculares y la diabetes, sino también de mejorar la salud emocional y mental (Rodríguez y Pinto 2017).

6. Si bien estas cifras son mayores que las presentes en cifras oficiales, continúan siendo un subregistro de víctimas ciclistas: *Ni una muerte vial* (Céntrico 2023) realiza su conteo a través de datos tomados de las redes sociales y medios de comunicación, por lo que las muertes en lugares periféricos o rurales pueden estar significativamente subregistradas.

público es estructuralmente menoscabado. No obstante, al ser "escrituras de cuerpos en contexto", como veremos enseguida, más allá de su vulnerabilidad, también, y sobre todo, documentan iniciativas, acciones y luchas por el uso del espacio público que revelan una forma emergente de ciudadanía y agencia capaz de generar espacios más inclusivos y habitables.

## Notas sobre el método: escritura relacional y desapropiación entre la calle y el ciberespacio

El trabajo de campo empieza por conocer cada ciudad desde la bicicleta. Pedalear sus calles y avenidas, participar en sus *rodadas*,[7] relacionarnos con otras ciclistas y acompañar sus recorridos. Muchas veces, estas relaciones surgen en la calle o en las rodadas mismas, otras las encontramos gracias a su propio activismo digital en las redes sociales, o a través de otros participantes.

Estas relaciones dan paso a conversaciones que persiguen un propósito semejante al de la entrevista de historia de vida. Es decir, una entrevista no estructurada sobre la vida de la participante cuyo objetivo no es obtener una información específica sobre la misma (como lo sería la entrevista periodística), ni entender su contexto o época (como en el caso de la historia oral), o un acontecimiento específico (como lo sería el testimonio). Este tipo de ejercicio conversacional autobiográfico busca más bien entender cómo se articula una vida de manera narrativa (Atkinson 2012, 115–116) y el significado de las distintas experiencias (entre ellas la de moverse por la ciudad en bici) que este acto (narrativo) revela a la vez que lo construye. De tal manera, más que entender el ciclismo urbano en tanto fenómeno social o político, o sus implicaciones urbanísticas o de salud pública, buscamos entender el valor y significado que adquiere en la experiencia individual (misma que, claro está, es intrínsecamente política) y reconocer la validez del conocimiento que esta alberga. Dicho de otra manera, es un tipo de investigación centrada en el significado de la experiencia individual que puede resultar un desafío para las epistemologías convencionales de la investigación en ciencias sociales y aún en humanidades (Dhunpath 2000, 543–544). En este sentido, no hay

---

7. Una "rodada" es más que un paseo organizado: es una forma de activismo y de intervención con el objetivo de visibilizar al ciclista en las calles y legitimar su derecho al espacio público. Suele tener un alto carácter performativo, intencional o no, consciente o no.

un criterio para la selección de las participantes, más allá de usar la bici como medio de transporte, y de la voluntad de contar y explorar su propia historia. Así, partimos de una empatía dialógica que se construye en el acto de conversar para explorar las cuestiones que nos interesan desde la complejidad, la hondura y la dignidad de una vida narrada, cuyo curso nos permite descubrir o replantearnos nuevas cuestiones para el proyecto mismo. Así, las participantes mantienen la agencia sobre su propia historia, influyendo con ella en la dirección del proyecto en la medida en que avanza el trabajo de campo.

Estas entrevistas las hemos hecho de manera continua desde el inicio del proyecto y funcionan como la primera base para la escritura de cada crónica. Estas se trabajan desde un cruce entre lo literario y lo etnográfico para producir un texto que no sólo privilegie la obtención de datos cualitativos, sino que tenga cualidades estéticas y estructurales que profundicen en la experiencia de las participantes y recompensen la lectura. Llegamos al primer borrador en un nuevo diálogo con el participante, quien a partir de aquí puede tener muy variados niveles de colaboración. En algunos casos se limita a una aprobación sin cambios o con cambios mínimos, en otros llega a tomar a su cargo una parte sustantiva de la redacción subsecuente de la pieza. Además, el archivo digital cuenta con una sección dedicada a crónicas redactadas en su totalidad por ciclistas, y otra dedicada a material audiovisual.[8] En total, el sitio web cuenta con veintisiete historias de vida escritas de forma colaborativa, cuatro fotohistorias y doce crónicas.[9]

---

8. El archivo cuenta con tres secciones principales: "Historias", "Crónicas" y "Galerías". La diferencia entre "Historias" y "Crónicas" es el grado de colaboración para la escritura y edición del material: mientras que las historias son textos colaborativos redactados a partir de entrevistas y conversaciones, las crónicas son escritas en su totalidad por los autores ciclistas de forma autónoma —la colaboración es mínima y se reduce al trabajo de edición. La sección "Crónicas" surgió directamente a solicitud de ciclistas que nos contactaron de manera espontánea buscando un medio para publicar sus crónicas. La sección "Galería" alberga material audiovisual (principalmente fotográfico) tanto generado durante el trabajo de campo como producido por las mismas participantes.

9. De los veinticuatro ciclistas que participan con relatos de vida, trece se identifican como mujeres. Además, han participado tres colectivos de mujeres y uno LGBT+ (con más de cinco participantes cada uno) con historias colectivas multimedia. A su vez, en la sección "Crónicas" han participado siete ciclistas, de las cuales tres se

En cuanto al contenido, las historias pueden tener desde una naturaleza introspectiva, en la que el pedalear suele sentirse más como un viaje interior, hasta una naturaleza decididamente política, volcada hacia el activismo público. En cualquier caso, el entorno urbano, la subjetividad y el cuerpo se conjugan siempre para mostrar tanto el universo interior del participante como la complejidad de su relación con el espacio público, ambos en una dinámica de mutua determinación.

De esta relación entre el cuerpo expuesto a un entorno hostil y a diferentes formas de violencia que van desde la verbal ("¡hazte a un lado, pinche ciclista jodido!" [Farfán 2020]) hasta la física ("nos quitaron las bicis, nos esposaron, y nos llevaron a las patrullas" [Armón 2019]), surgen, como hemos dicho, una escritura y un lenguaje tanto de lo personal como de lo público. Este es un contexto semejante al que llevó a Cristina Rivera Garza (2019, 16) a preguntarse cómo se puede escribir desde la precarización y la violencia en que vivimos actualmente en México; cómo se puede escribir en un contexto de desapariciones forzadas, feminicidios y fosas clandestinas en el que son indispensables "los diálogos estéticos y éticos [en torno a la escritura de esta realidad] a los que nos avienta el hecho de escribir, literalmente, rodeados de muertos". De aquí surge su noción de la escritura desapropiativa: una reconsideración del lenguaje y la escritura entendidos como recursos comunales y colaborativos comúnmente entendidos como privados (de un autor, de un tipo de genio o de mérito individuales). Para Rivera Garza (2013), la desapropiación en la escritura, entonces, sería este "desposeerse del dominio de lo propio" (91), tanto a partir de estrategias de co-escritura como de publicación, difusión y redistribución para mostrar esa "autoría compuesta y siempre colaborativa" (40).

En el contexto de vulneración de las ciclistas y del mismo trabajo de cuidado dentro de los colectivos, también para nosotras se hizo necesario ensayar formas de "necroescrituras", como también las llama Rivera Garza (2019). Es decir, son textos creados a partir de escrituras colectivas y autorías relacionales,

---

identifican como mujeres. Hasta ahora, las participantes radican en diez municipios distintos del país. Entre los más representados están Oaxaca (nueve participantes), Tijuana (seis participantes), Morelia (cinco participantes), Ciudad de México (cinco participantes) y Puebla (cinco participantes). Contamos con más de una decena de entrevistas todavía no publicadas. Las entrevistas se realizaron entre el 2018 y el 2023.

como las descritas más arriba, con ese lenguaje comunal —el de la bici en la ciudad— que se genera desde y para la acción común en respuesta a la violencia y a la negación del derecho al espacio público.

En colectivos y colectivas ciclistas, podemos ejemplificar el trabajo de cuidados con lo siguiente. Olimpia Vázquez nos muestra, a través de una crónica colaborativa del grupo de ciclistas de Tijuana *Un Grupo de Morras*, cómo el pedalear, particularmente siendo mujer, es una forma de decir "este espacio también es nuestro", y de dar testimonio de la apropiación del cuerpo y de su movilidad. Para ella, "las ciudades han sido apropiadas y dominadas por los carros, y la bicicleta busca hacerse un espacio, y lo pelea, y lo construye, y es resistencia andar en bicicleta. Entonces, esa resistencia que la bicicleta tiene contra una ciudad hecha para carros se puede asemejar a la resistencia que es ser mujer en un país hecho para hombres" (2022). Las rodadas de este grupo ciclista no tienen fines deportivos, sino que se centran en el hacer comunidad a través del acompañamiento: "Ellas me enseñaron a mí que también andar en bici en grupo significaba aprender a acompañar" (Vázquez 2022). Así, colocan el cuidado mutuo como sostén de lo colectivo, y de ahí parte una ética de cuidados que ya no sólo permea la rodada, sino la forma de relacionarse entre sí: "Nosotras queremos hacer un grupo que sea específicamente de mujeres. Empezamos juntas creo que en abril. Se ha formado un lazo fuerte, amistoso, más allá de la bicicleta, y eso es lo que está chido" (Vázquez 2022).

La ética del cuidado mutuo influye en cómo el grupo se genera y maneja, y es un proceso constante el replantearse otras formas de interactuar desde la horizontalidad y el diálogo: dentro de los objetivos del grupo, se busca "construir un espacio horizontal", siendo este proceso un constante diálogo que "no se enseña en ningún lugar". Por esto, las historias ciclistas dan parte de estas violencias a las que los cuerpos son expuestos, pero a la vez se inscriben en intentos colectivos por navegar y transformar estos contextos.

Pero esta desapropiación no sólo se traduce en estrategias de co- o de necroescritura, sino también de publicación, difusión y redistribución (Rivera Garza 2019, 40). En nuestro caso, una vez que reunimos un primer acervo de historias, fue claro, por su naturaleza misma, que estas no se podían quedar únicamente como fuente primaria de estudio para un ámbito académico, sino que su valor comunitario y estético reclamaban un espacio igualmente comunitario y estético que se pudiera compartir y replicar, que permitiera flexibilidad para las adaptaciones y reapropiaciones realizadas por cada participante, incluso después de la publicación misma. Es decir, plantear el "regresar al origen plural de toda escritura y construir, así, horizontes de futuro donde las escrituras se encuentren con la asamblea y puedan participar y contribuir al bien común" (Rivera Garza 2019, 97).

En este sentido, las narrativas de *(re)Ciclarse en la ciudad* son testimonio de una forma de reapropiación de lo común en al menos dos sentidos: reapropiación del espacio público, y reapropiación de un lenguaje comunal para expresarlo y explorarlo. Ambas parecen resultar de un reclamo de origen, la calle y la comunidad, y de procesos desapropiativos de movilidad (en bici) y de escritura (comunitaria). Estos procesos no se dan en la movilidad individual indiferente a los demás, ni en la soledad del escritor frente a su página (o computadora), sino que, como vimos arriba, empiezan en la calle, en el recorrido en bici, en la relación y en el diálogo; se prolongan en entrevistas conversacionales a profundidad, y concluyen en el trabajo colectivo de convertir su transcripción en crónica. Esta relación con la escritura y el espacio como desarrollos comunales nos llevó a entender la generación del conocimiento como una dinámica colectiva que por lo mismo requería instancias más allá de la autoría individual, y de espacios de acceso y redistribución igualmente colectivos, como la web que acoge el archivo digital.

En efecto, la dimensión espacial que esta agrega al proyecto es interesante. En otra parte (Zamora 2021) hemos mostrado cómo las narrativas de la experiencia ciclista en la ciudad resisten y hasta subvierten lo que Frederic Jameson llamara "la espacialidad intrínseca del capitalismo tardío" (1991, 49–51),[10] cuya mayor expresión es la ciudad contemporánea: un espacio físico creado por y para la acumulación de capital; un espacio de desorientación y angustia para el individuo que tiene su correlato en el sistema económico que lo produce: un sistema de alienación y extravío individuales. Pero, gracias a la apropiación de ese espacio de confusión a través de una movilidad del cuerpo intrínsecamente colectiva, y de su relato compartido, es posible lograr lo que Jameson llama un "mapa cognitivo" donde el individuo se puede encontrar y reconocer como tal, así como encontrar con otros, resistiendo a un espacio de alienación (51–52). Pero además de este reconocimiento y encuentro en el espacio físico de la calle, también tenemos una apropiación y domesticación de otro de los espacios emblemáticos del capitalismo tardío: la Internet.

En efecto, Hilda Chacón apunta que, a pesar de la evidente conexión entre esta red informática global y el capitalismo, estamos "en una era de activismo

---

10. Todas las traducciones al español de textos citados en otro idioma son nuestras.

ciudadano en línea, una nueva ola imparable de asociaciones políticas capaces de desafiar los efectos de la globalización en las sociedades periféricas, como las latinoamericanas" (2–3). Este ciberespacio puede ser, como apunta David Moreley, un "otro lugar", un *elsewhere* donde "se crean nuevos modos de encuentro y de pertenencia más allá de demarcaciones nacionales, gubernamentales, geográficas y lingüísticas" (2010, 2). *(re)Ciclarse en la ciudad* es ese "otro lugar" identitario, de encuentro y pertenencia. Si bien podemos argumentar que efectivamente el ciberespacio es otro *locus* capitalista por excelencia, un espacio de alienación y confusión individuales, este repositorio de historias también constituye un mapa cognitivo de sus posibilidades de resistencia y de relación. Un mapa doble, pues, que permite humanizar las dos dimensiones espaciales del proyecto: la ciudad neoliberal y el ciberespacio del capitalismo global.[11]

## Comunidades digitales: saberes compartidos, futuros comunes

Como hemos visto, la dimensión digital de este archivo de historias nació en respuesta a su origen oral, etnográfico y participativo, y se volvió el principal catalizador de nuestra investigación. Debido a esta naturaleza, el proyecto resultaba no sólo disruptivo sino también marginal con respecto a las formas tradicionales o canónicas de generación y difusión del conocimiento académico —o de la literatura, con la que tanto colinda—.

En efecto, como hemos mostrado en otra parte (Zamora 2022), un proyecto basado en la exploración narrativa de una comunidad urbana y sus espacios mediante la crónica era, presumiblemente, una buena idea, pero a la vez, imponía las restricciones y marginalidades propias de una institucionalidad literaria, periodística y académica basadas en el principio de la autoría y de la autoridad unipersonales. Es decir, en un principio fundamentalmente opuesto a la generación horizontal, participativa del conocimiento, y a la escritura comunitaria. En la medida en que nuestro proyecto fue dejando de ser la exploración *de* una comunidad y se fue convirtiendo en la exploración *con* dicha comunidad, comenzó a desarrollarse y a encontrar su valor al margen de los sistemas canónicos de producción y distribución del conocimiento humanístico, social y literario. Esto, al menos, por dos motivos.

---

11. En este sentido, *(re)Ciclarse en la ciudad* se sumaría como un caso más a los varios analizados en el libro de Hilda Chacón, *Online Activism in Latin America* (2018).

Primero, por los sujetos enunciativos mismos: personas "comunes" sin la investidura del especialista o el intelectual —esa categoría tan problemática, como lo viera Ángel Rama, creada por la Europa del siglo XIX y traspuesta desde ahí a América Latina como parte de un despliegue de estructuras de autoridad y de dominación simbólica (epistémica) (Rama 1998, 31–32)—. Y segundo, por la adaptación de la crónica urbana, típicamente uniautoral, a un tipo de crónica de fuente oral y de escritura colaborativa. Es decir, más allá de la relativa marginalidad del propio género (la crónica urbana), la disolución colaborativa de la figura autoral (o la autoría relacional) es un fenómeno del todo excluido del sistema de canonización y de sus canales privilegiados de distribución (el libro, el suplemento cultural, el artículo, etc.) (Zamora 2022).

No obstante, por su carácter activista mismo, la distribución nos interesaba mucho, tanto como su posible contribución a nuevas epistemologías para entender en comunidad el espacio y el sujeto urbanos no en oposición sino como complemento indispensable de los saberes expertos y de la autoridad desde los que normalmente se planea, diseña y construye dicho espacio. Pero igualmente, nos interesaba mantener la naturaleza etnográfica, oral y participativa de este material justo porque una de las primeras revelaciones del proyecto fue que la actividad misma tiene esa naturaleza comunitaria, horizontal y de cuidado mutuo que se hubiera perdido al llevarla a un sistema fundado en la figura del autor y de la autoridad especializada, así como a sus canales institucionales de circulación.

De hecho, uno de los temas de reflexión más recurrentes en torno a este tejido comunitario es justamente la capacidad que tiene el ciclismo urbano de generarlo. Incluso, por el tipo de hostilidad en la que se mueve el ciclista en ciudades mexicanas, una de nuestras participantes llega a conceptualizar la bici como una *tecnología cívica* para la integración con el entorno y el cuidado del otro —algo radicalmente distinto a lo que ocurre con la tecnología del automóvil—:

Un coche te encierra; ves el entorno desde adentro, y por eso también todos te parecen insignificantes, porque estás muy protegido dentro de tu encierro: tienes aire acondicionado, puedes poner música, o sea, como muy individual. Y el tema de la bici es un tema colectivo. Es la posibilidad de conocer tu entorno desde tu cuerpo, que es vulnerable, y saludar al de acá, y saludar al de allá. De hecho, yo lo llamaría una *tecnología cívica*, [... porque] la bici, a pesar de que se trata de *mi* movilidad, genera redes colectivas, porque te mueves desde la vulnerabilidad de la bicicleta. (Corona Brant 2020, énfasis añadido)

Como vemos, la comunidad, el cuerpo, la experiencia física, la relación y el diálogo, abren una posibilidad de conocimiento sobre la ciudad distinta y, por decir lo menos, complementaria al conocimiento experto impuesto desde la jerarquía y el privilegio. Desde ahí, por ejemplo, "las ciudades se diseñan con visión de parabrisas", como lo ve uno de los participantes: "¿Has visto las luces que están incrustadas en las banquetas en las calles del centro [de Morelia]? ¿Has caminado sobre ellas? Son peligrosísimas: si llueve, se vuelven resbalosas, y, además, es incómodo andar caminando con el tremendo farolazo. Ah, pero cuando vas en el coche, los edificios se ven bien bonitos desde ahí. Eso viene de un urbanista clásico que diseñó dentro de su coche" (Armón 2020).

Esta misma jerarquía de los que *saben* (como el urbanista clásico dentro de su coche), en menoscabo de los que *viven* cotidianamente la calle desde la comunidad y desde el cuerpo, era algo que queríamos evitar a toda costa. Ante todo porque este tipo de conocimiento, y de generación del conocimiento, estaba revelando redes de autocuidado, formas de solidaridad y convivencia, subjetividades y geografías urbanas existentes, reales, vívidas, pero invisibles desde los saberes expertos y desde los espacios de privilegio dominantes en la ciudad —tanto los espacios físicos (el automóvil, la casa, el centro comercial, el restaurante, el bar, etc.) como los simbólicos (los medios de comunicación y el periodismo convencionales, los poderes del gobierno, la academia)—.

Desde estos últimos, de hecho, la ciudad no parece más que un *no-lugar*, como lo definiera Marc Augé. El antropólogo francés propuso un concepto de *lugar* como un espacio "identitario, relacional e histórico" en el que se comparten lenguajes y a través de estos un sentimiento de pertenencia (Augé 1992, 101–104). Ejemplos de estos lugares pueden ser un barrio, una plaza, un parque, un comercio familiar o independiente. O bien, por supuesto, una ciudad tal como la viven y describen los ciclistas urbanos. En oposición, un "no-lugar" es un espacio puramente funcional —ni identitario, ni relacional, ni histórico— en el que los sujetos se vuelven —y se asumen— parte de su funcionalidad, como pueden ser los aeropuertos, los hospitales, los centros comerciales, las oficinas corporativas, las autopistas, los ejes viales. En suma, la ciudad que se diseña "dentro del coche" o para moverse "dentro del coche".

Pero lugar y no-lugar pueden ser el mismo espacio físico. Por ello, lo interesante del proyecto era ver cómo tanto los saberes autorales y jerarquizados como los espacios físicos y simbólicos de privilegio reducían a no-lugar la riqueza vivencial, relacional y afectiva de las calles que explorábamos desde la bicicleta y con las ciclistas. Para conservar esa riqueza debíamos permanecer en el *lugar*, en un espacio identitario, relacional e histórico, incluso para la producción del conocimiento y de su circulación. Tal era el lugar físico que se nos revelaba en las historias de nuestros participantes; ahora necesitábamos uno simbólico semejante para su difusión.

Fue aquí donde la dimensión digital del archivo fue revelando todo su potencial: básicamente, el de extender esa *tecnología cívica* de la bicicleta a la que aludía Sofía Corona Brant (2020) hacia una distinta dimensión espacial. Una tecnología, pues, que creara un lugar simbólico (de producción de saber) relacional e identitario para las participantes y para la gente en general, e histórico, también, en la medida en que las participantes pudieran inscribir su relato, su memoria, su identidad. Un espacio simbólico, pues, como alternativa a los espacios jerárquicos y cerrados de producción del saber, o a las camarillas de planeación y de diseño urbanos.

De hecho, en esto se confirma lo que apuntaba Hilda Chacón (2018) con respecto a que, a pesar de la desconexión identitaria, relacional e histórica que veían los teóricos de la posmodernidad en la era global (Jameson, por ejemplo), este tipo de activismo digital "permite a los ciudadanos crear un sentido de historicidad diferente", y nuevas formas de conexión, de organización y de reconocimiento (7). En este sentido, a pesar del pesimismo y la desconfianza (razonables) de Jameson (1991, 52) con respecto a los instrumentos del capital, el Internet, concretamente, puede ser también un lugar de resistencia y subversión, donde las comunidades pueden inscribir el mapa cognitivo de su identidad, su historia y sus relaciones, como apuntábamos arriba. De hecho, Mendoza, Mosquera y Olaizola (2020), a propósito del blog de Rivera Garza *No hay tal lugar*, apuntan que en este tipo de espacios digitales, por su arquitectura hipertextual, su multimodalidad, su inmediatez y recursividad se genera la idea de la escritura como proceso, más que como producto final, en al menos dos sentidos: como proceso escritural mismo, "escritura errante", y como reflejo de procesos identitarios, es decir de identidades no acabadas, no fijas, igualmente errantes (en Mendoza, Mosquera y Olaizola 2020, 266).

Generar conocimiento en la comunidad y en la calle, desde el cuerpo y la experiencia, articularlo y difundirlo con una comunidad más amplia en una plataforma digital de libre acceso, y devolverlo a la calle y a los espacios públicos a continuar su errancia, es una dinámica que trastoca las formas y los centros convencionales de generación y circulación del conocimiento. En efecto, los teóricos de las humanidades digitales, empezando por uno de los pioneros, Jean François Lyotard en *La condición posmoderna*, han insistido en la capacidad que tienen los medios digitales para "provocar un nuevo movimiento o cambio en las reglas del juego, quizás, al arreglar o curar los datos en nuevas formas, al desarrollar nuevas constelaciones de pensamiento que interrumpan el orden de la razón" (Lyotard en Presner 2010, 2). Años más tarde, Presner (2010) retoma este argumento para apuntar cómo "la página impresa lineal, la prosa paginada y apoyada en un aparato bibliográfico, es el medio naturalizado para transmitir un conocimiento legitimado por los procesos de revisión de pares, publicación y citación".

Como el propio Presner (2010) reconoce, esta forma de legitimación no es un problema *per se* (en muchos casos, es la manera más adecuada de hacerlo). Se convierte en problema, más bien, cuando se toma como la norma para toda forma de conocimiento susceptible de considerarse legítimo en las abigarradas redes de la relación entre saber y poder, y como estrategia de conservación de privilegios. En este sentido, en la medida en que avanzaba nuestro trabajo de campo, observábamos cómo la relación entre investigación y activismo urbano se estrechaba cada vez más (andábamos en bici, exponíamos el cuerpo, formábamos parte de los colectivos, participábamos en sus acciones, nos identificábamos con sus causas), y la dimensión comunitaria, corporal y participativa de *(re)Ciclarse en la ciudad*, desarrolladas en la medida en que también crecía su dimensión digital (llegando a más ciclistas, recibiendo participaciones espontáneas en forma de crónicas o de material audiovisual, trascendiendo su demarcación nacional), nos ponía en tensión con la norma del conocimiento como producto de autoridades y con su expresión regulada en el texto impreso.

La dimensión digital, en cambio, fue lo que nos permitió configurar un proyecto cuyas bases mismas, en un principio apegadas a la tradición académica, se reformularan en la medida en que se abría a la participación comunitaria. Esta "desnaturalización del texto impreso" (Presner 2010) como garante de un saber legítimo, nos conduce, en el campo de las humanidades digitales, a la importancia de considerar lo que N. Katherine Hayles (2004) llama "análisis específico de medios": una forma de centrar la atención del análisis en las tecnologías de inscripción, de soporte material, de sistema de escritura, de modos de navegación, de formas de autoría y de creatividad dentro del medio (tipografía, diseño, estructura).

Todos estos aspectos señalados por Hayles son importantes en nuestro proyecto, pero, adicionalmente, para nosotras hay un elemento mediático,

anterior a todos ellos, imposible de soslayar: la oralidad. El origen de las crónicas y las historias del proyecto es la historia oral, el relato de vida, el diálogo, la conversación o el paseo (*conversar,* por su etimología, quiere decir
pasear con alguien, dar vueltas en compañía [*con-versare*]). Para Walter Ong,
el prevalente prestigio del texto impreso y fijado no está exento de principios
y consecuencias ideológicas. Por ejemplo, la convicción de que la oralidad
popular carece de mérito artístico, y en consecuencia de interés como forma
de conocimiento, "es una actitud particularmente privilegiada e imperialista
que tiende a asimilar otras cosas a sí misma" (Ong 2012, 12). En consecuencia,
una plataforma digital que acogiera este lenguaje y estas voces sin necesariamente fijarlos, manteniendo su potencial de cambio, su flujo generativo, resultaba idóneo como soporte de este lenguaje y estas voces. Es decir, la oralidad
no sólo es significativa desde el punto de vista de cómo el conocimiento se
genera en la convivencia de campo (y afectiva), sino también en las dinámicas abiertas de dicho conocimiento no fijado: sujeto a la transformación, a la
adición, a futuras colaboraciones.

El conocimiento en texto impreso da la impresión de ser autoral y definitivo; por el soporte mismo, resulta inmutable. En cambio, en un archivo
digital en la web, se muestra como una progresión dinámica, como lo es la oralidad misma. La lectura de una página web no es forzosamente lineal, sino que
se puede realizar a través de saltos en diferentes ventanas, e interactuando con
material audiovisual, y así provee una "lógica de la adición y la co-existencia
en la cual las imágenes pueden co-existir simultáneamente" (Manovich en
Aston y Mattews 2013, 46). Da, además, la oportunidad de añadir material
una vez publicada la historia. Esto abre las puertas a diferentes formas de leer
un texto, y también de escribirlo, pues este, potencialmente, nunca termina.

No perder de vista la importancia y la dinámica generativa de la oralidad
(tanto del lenguaje como del conocimiento) nos guía en el estilo y la estructuración de las historias, no sólo porque la voz es lenguaje en el cuerpo, y
cuerpo y lenguaje son elementos fundamentales del proyecto que nacen de las
acciones mismas (andar en bici), sino porque la oralidad se parece al ciclismo
urbano. Tiene sus propios meandros, sus recodos, sus atajos, sus vueltas, su
espontaneidad. Esto, en suma, revela una geografía amplia que el mundo
mucho más regulado del coche desconoce. Este mundo del coche, por el contrario, se asemeja más a la normatividad de la escritura, a la rigidez de sus leyes.

Así, la revolución que la bicicleta desencadena en el sistema apropiativo y
alienante de la ciudad neoliberal (eficiente, utilitaria, transaccional), parece
encontrar su equivalente en la revolución que la dimensión oral y digital de

este proyecto desencadena en la normativa disciplinaria de la producción del saber. Una revolución, menciona Presner (2010), que produce "paradigmas disciplinarios completamente nuevos, campos convergentes, metodologías híbridas, e incluso nuevos modelos de publicación que raras veces parten de o se limitan a la cultura impresa" (6). Así, estas dos tecnologías, la bici y la web, se vuelven "tecnologías cívicas" al convocar la participación ciudadana en procesos de intervención urbana y de generación de conocimiento que coadyuvan tanto a la humanización y democratización de los espacios físicos (la ciudad) como simbólicos (la generación del saber).

Rivera Garza (2019) observa que el trabajo colectivo que propone el archivo lleva a una reflexión del mismo proceso de conversación, escritura, reescritura y redistribución del texto, haciendo visible "el trabajo colectivo con y desde el lenguaje", y así, se resuelve en una "escritura situada" (39–40). En esta misma línea, otro aspecto importante que resultó de la creación del archivo digital es que ha permitido que las historias de las participantes puedan ser citadas, pues están firmadas en co-autoría, lo que reconoce la generación de conocimiento colectivo por las participantes mismas. Si bien en algunas disciplinas, como la antropología, se opta por anonimizar a las participantes, particularmente cuando se trata de problemáticas que puedan tener un impacto en sus vidas, en el proyecto optamos por dar la posibilidad de la autoría colaborativa, cuidando siempre la participación de las personas. Por un lado, las participantes dan su acuerdo antes de la publicación de su historia; por otro, pueden decidir si quieren firmar la historia con su nombre, anonimizarla, vincularla a sus propias redes digitales, etcétera. Sobre todo, pensamos que una forma necesaria de reconocer la producción del conocimiento generado desde el pedal, era creando la posibilidad de citar a sus coautores en publicaciones como esta, de poder convocar sus voces explícitamente. Esto, para nosotras, es una forma más de reconocer la libre expresión creativa de su agencia, los saberes creados desde la bicicleta y la capacidad de nombrar en sus propios términos su práctica ciclista.

## Volver a la calle: del archivo digital a los epicentros de las luchas espaciales

Un archivo de esta naturaleza adquiere pleno sentido a través de la participación de las comunidades que forman parte de él. En nuestro caso, esto ocurre en al menos dos sentidos. Primero, como ya vimos, por su creación comunitaria misma (es un producto de sus participantes), y en cómo una comunidad extendida (las ciclistas urbanas de distintas ciudades de México) suman su voz y su saber al proyecto mediante propuestas de colaboración (literarias, artísticas, intelectuales). Segundo, más allá de esta apropiación comunitaria del espacio digital, el archivo interactúa también con los diversos activismos individuales y colectivos de la comunidad ciclista en el espacio digital y en la calle misma. Es decir, el archivo adquiere una vida social más allá de la página web.

Como vimos en el ejemplo de *Ciclistas de Oaxaca,* las redes sociales son un espacio para difundir su activismo, ya sea a través de la invitación a rodadas, la vinculación con otros colectivos ciclistas, la difusión de material audiovisual, y diferentes propuestas artísticas, entre otras. Por ello, en cierta forma, la página de *(re)Ciclarse en la ciudad* se inscribe en el ímpetu y el trabajo de años de distintos grupos ciclistas por hacer más visible el uso de la bici y por pelear su derecho a la ciudad. Pero más allá de la circulación, dentro del archivo, la página web también permite que sus historias puedan leerse en un crisol de relaciones, y vincularse con otras si así lo buscan las co-autoras, tanto entre ellas —por ejemplo, mediante *links* hacia otras historias del mismo archivo o a sus propias redes sociales— como con otras lectoras y ciclistas externas al proyecto de quienes es común recibir solicitudes para contactar con alguna autora o participante. Propiciar y alimentar este tipo de relaciones, de la calle a lo digital y de lo digital a la calle, se ha vuelto parte de los objetivos comunitarios del proyecto.[12]

Este ciclo narrativo de *(re)Ciclarse en la ciudad* entre los espacios digitales y los urbanos se relaciona con la conceptualización que hacen Turin, Wheler y Wilkinson del archivo propiamente digital como una "práctica de compartir"

---

12. Un aspecto interesante de considerar en este ciclo que va de la calle al archivo digital y de regreso a la calle es que en esas transiciones se han incorporado voces afines y luchas comunes en América Latina. Ciclistas urbanos de Uruguay, Argentina y Colombia nos han escrito para contarnos experiencias comunes y expresar su empatía con respecto a las voces y las acciones de este proyecto. En algunos casos, sus testimonios han sido también recogidos en la sección de Crónicas del archivo, evidenciando la comunalidad de estas luchas y sus voces a través de América Latina. Esto nos ha llevado a plantearnos el extender nuestras redes de colaboración activista e investigativa a lo largo del territorio latinoamericano a partir del archivo digital como lugar de encuentro transnacional de voces y de experiencias localizadas y de contextos específicos, pero afines entre sí.

capaz de evitar la "fosilización" del conocimiento (Turin et al. 2013, xvi). Esto hace alusión a lo que por su parte Thomas Widlok (2013, 5) refiere como un "generativismo del saber" que continúa más allá del periodo de investigación mismo y de su financiamiento (dado el caso). Una dinámica en la que el corpus del archivo empieza eventualmente a ser modelado ya no por el equipo de investigadores, ni por sus participantes originales, sino por otros usuarios y nuevos participantes.

Rivera Garza (2019) lo sintetiza mejor: el archivo también pone a disposición de la comunidad el conocimiento colectivo y lo "regresa a la asamblea", es decir, lo regresa a una comunidad que puede hacer uso de él en sus luchas cotidianas (97). Esto es importante en dos sentidos. Primero, por la (re)distribución del conocimiento ya comentada. Segundo, porque las historias minoritarias cuentan con un potencial creativo para cambiar sus entornos, pero sólo si se vinculan entre sí. En efecto, para Hannah Arendt, el contarse, el historiarse, son estrategias para transformar la experiencia privada, las vivencias cotidianas, en significados que conecten con lo público, incluyendo debates dentro de las agendas locales y nacionales (en Jackson 2002, 34). De igual manera, las historias de *(re)Ciclarse en la ciudad* nos muestran una renovación constante de la capacidad de imaginar el presente y de incidir en él para construir mejores futuros posibles desde lo colectivo. A su vez, desde lo digital, las narrativas de este archivo son testimonio, sí, de un movimiento de reapropiación del espacio público y del derecho a la movilidad en la ciudad, pero también de cómo las ciudades pueden ser espacios propicios al encuentro con los otros, con el entorno y con uno mismo.

Este es el estado actual del proyecto, que por su naturaleza misma, carece(rá) de resultados finales, como mencionamos al principio. Mientras nosotras empezamos a sintetizar información para la publicación (impresa y digital) de resultados (como este), el proyecto continúa en las lecturas, en el intercambio y, ocasionalmente, en la generación de nuevos contenidos por parte de sus usuarios y usuarias, o en la transformación de los existentes. Ante este dinamismo de una comunidad tanto digital como urbana, y de los saberes que genera, el acto de escritura que produce este capítulo no puede verse más que como una etapa de un proceso socializado equivalente al que Widlok (2013) llama "la vida social de los datos" [*the social life of data*] en el mundo digital (5). Esa vida social difiere de esta publicación: este texto quedará aquí, fijo; el archivo digital seguirá su vida animada por la experiencia y el saber de una comunidad que su medio mismo convoca.

# Referencias

Armon, Osvaldo. 2020. "El armón y la mantis." *(re)Ciclarse en la ciudad*. Consultado enero 10, 2023. https://reciclarseenlaciudad.com/osvaldo-armon/

Aston, Judith y Paul Matthews. 2013. "Multiple Audiences and Co-Curation: Linking an Ethnographic Archive of Endangered Oral Traditions to Contemporary Contexts." En *Oral Literature in the Digital Age: Archiving Orality and Connecting with Communities. World Oral Literature Series: Volume 2*, editado por Mark Turin, Claire Wheeler y Eleanor Wilkinson, 41–61. Cambridge: Open Book Publishers.

Atkinson, Robert. 2012. "The Life Story Interview as a Mutually Equitable Relationship". En *The SAGE Handbook of Interview Research: The Complexity of the Craft*, edited by Jaber F. Gubrium, James A. Holstein, Amir B. Marvasti y Karyn D. McKinney. SAGE Publications, Inc. https://doi.org/10.4135/9781452218403.

Augé, Marc. 1992. *Non-Lieux. Introduction à une anthropologie de la surmodernité*. Paris: Seuil.

Balderas Torres, Arturo, Andrea Zafra Ortega, Andrew Sudmant, y Andy Gouldson. 2021. *Sustainable Mobility for Sustainable Cities: Lessons from Cycling Schemes in Mexico City and Guadalajara, Mexico*. London: Coalition for Urban Transitions. https://urbantransitions.global/wp-content/uploads/2021/02/Sustainable-Mobility-for-Sustainable-Cities_Lessons-from-cycling-schemes-in-Mexico-City-and-Guadalajara-Mexico.pdf

Céntrico. 2023. "Estadísticas". *Ni una muerte vial*. Consultado febrero 15, 2023. https://niunamuertevial.mx.

Chacon, Hilda (Ed.). 2018. *Online Activism in Latin America*. United Kingdom: Routledge.

Ciclistas Cicloconvocadas. 2023. "Las calles son nuestras #8M". *(re)Ciclarse en la ciudad*. Consultado marzo 10, 2023. https://reciclarseenlaciudad.com/la-calle-es-nuestra/

Corona Brant, Sofía. 2020. "Construir puentes." *(re)Ciclarse en la ciudad*. Consultado enero 15, 2023. https://reciclarseenlaciudad.com/sofia-corona-brant.

Deleuze, Gilles y Felix Guattari. 1986. *Kafka: Toward a Minor Literature*. Minneapolis: University of Minnesota Press.

Dhunpath, Rubby. 2000. "Life History Methodology: 'Narradigm' Regained." *Qualitative Studies in Education* 13 (5): 543–551.

Farfán Hernández, Germán. 2020. "Una patada en el sistema". *(re)Ciclarse en la ciudad*. Consultado enero 15, 2023. https://reciclarseenlaciudad.com/german-farfan-hernandez.

Galindo-Fuentes, José de Jesús. 2023. "Perfil epidemiológico de los accidentes de tránsito en México, 2010–2019." *Horizonte sanitario* 22 (1): 45–52. https://doi .org/10.19136/hs.a22n1.5038.

García, Jaime. 2020. "El lenguaje de la bicicleta." *(re)Ciclarse en la ciudad*. Consultado enero15, 2023. https://reciclarseenlaciudad.com/german-farfan-hernandez.

Hayles, N. Katherine. 2004. "Print is Flat, Code is Deep: The Importance of Media-Specific Analysis." *Poetics Today* 25 (1): 67–90.

IMCOmx. 2019. "Índice de Movilidad Urbana: Barrios mejor conectados para ciudades más incluyentes." *IMCO: Centro de investigación en política pública*, enero 31, 2019. https://imco.org.mx/indice-movilidad-urbana-2018-barrios -mejor-conectados-ciudades-mas-equitativas/

INEGI. 2022. "Estadística de defunciones registradas en el año 2021." *Instituto nacional de geografía e historia. Comunicado de prensa núm. 600/22*, octubre 2, 2022 https://www.inegi.org.mx/contenidos/saladeprensa/boletines/2022 /EDR/EDR2021_10.pdf

Jackson, Michael. 2002. *The Politics of Storytelling: Violence, Transgression, and Intersubjectivity*. Copenhague: Museum Tusculanum Press.

Jameson, Fredric. 1991. *Postmodernism, or the Cultural Logic of Late Capitalism*. Durham: Duke University Press.

Mendoza, Juan José, Mariano Ernesto Mosquera y Andrés Olaizola. "Reescritura y crítica en la era digital: revisiones de crítica y literatura en los blogs de Cristina Rivera Garza y Vicente Luis Mora". *Valenciana*, 26, 2020.

Moreley, David. 2010. "Domesticating Dislocation in a World of 'New' Technology." *Electronic Elsewheres; Media, Technology, and the Experience of Social Space*, ed. Chris Berry, Soyoung Kim, y Lynn Spigel. Minneapolis: Minnesota UP.

Ong, Walter Jackson. 2012. *Orality and Literacy*. London: Routledge.

Pineda, Vidal. 2021. "El retrato de Catalina." *(re)Ciclarse en la ciudad*. Consultado febrero 15 2023. https://reciclarseenlaciudad.com/cronicas/vidal-pineda/

Presner, Todd. 2010. "Digital Humanities 2.0: A Report on Knowledge." *The Connexions Project*. Consultado enero 14, 2023. http://cnx.org/content /m34246/1.1/.

Rama, Ángel. 1998. *La ciudad letrada*. Montevideo: Arca.

Rivera Garza, Cristina. 2015. *Dolerse. Textos desde un país herido*. Oaxaca: Surplus Ediciones.

_____. 2019. *Los muertos indóciles. Necroescrituras y desapropiación*. México: Penguin Random House.

Rodríguez, Manuel y Ana María Pinto. 2017. *Cómo promover el buen uso de la bicicleta: exposición del ciclista en ámbito urbano. Diagnóstico y recomendaciones*.

Banco Interamericano de Desarrollo y Universidad de los Andes.
https://publications.iadb.org/publications/spanish/document/Como
-promover-el-buen-uso-de-la-bicicleta-Exposicion-del-ciclista-en-ambito
-urbano-Diagnostico-y-recomendaciones.pdf

Turin, Mark, Claire Wheeler y Eleanor Wilkinson. 2013. "Introduction". En *Oral Literature in the Digital Age. Archiving Orality and Connecting with Communities,* editado por Mark Turin, Claire Wheeler y Eleanor Wilkinson, 1–6. Cambridge: Open Book Publishers.

Tzanetatos, Dionysios. 2018. "Zona Metropolitana del Valle de México: el uso y la adquisición del automóvil en la era de la movilidad sostenible." En *La movilidad en la Ciudad de México: impactos, conflictos y oportunidades,* coordinado por Fernández Silva, Perla Yanneli, Manuel Suárez Lastra, y Héctor Quiroz Rothe, 69–90. Ciudad de México: Universidad Nacional Autónoma de México.

Vázquez Ojeda, Olimpia. 2022. "Un grupo de morras". *(re)Ciclarse en la ciudad.* Consultado enero15, 2023. https://reciclarseenlaciudad.com/un-grupo -de-morras.

Widlok, Thomas. 2013. "The Archive Strikes Back: Effects of Online Digital Language Archiving on Research Relations and Property Rights". En *Oral Literature in the Digital Age. Archiving Orality and Connecting with Communities,* editado por Mark Turin, Claire Wheeler y Eleanor Wilkinson, 3–19. Cambridge: Open Book Publishers.

Zamora, Alejandro. 2021. "De la bicicleta como extensión del sujeto. Geografía y subjetividad del ciclismo urbano en *La ciclista de las soluciones imaginarias*". En *Ecología y medioambiente en la literatura y la cultura hispánicas*, editado por Ignacio D. Arellano-Torres y Mariela Insúa. New York: IDEA/IGAS.

_____. 2022. "*(re)Ciclarse en la ciudad*: poéticas del activismo urbano para repensar el canon literario". *Poder y resistencia en las escrituras exocanónicas*, editado por Marta Pascua Canelo y Manuel Santana Hernández. Berlín: Peter Lang.

# 10

# "Quiero tener muchas mujeres, mi general. Así como usted": etnografía virtual de las formas de expresión de la devoción hacia Pancho Villa en Facebook

*Francesco Gervasi y Gabriel Pérez Salazar*

༄

## Introducción

YA DESDE LA MITAD de los años noventa del siglo pasado, algunos estudiosos han destacado cómo el contexto mexicano se caracteriza por la presencia de conflictos y formas de marginalización y discriminación hacia los grupos religiosos minoritarios (González Esdras 1995; Marroquín 1995; Blancarte 2003 y 2008; Garma Navarro 2008; Hernández Sánchez 2009; Aramoni y Morquecho 2002; Gracia y Horbath 2013; De la Torre y Gutiérrez Zúñiga 2014; Gervasi 2018, 2020). Como ejemplo reciente, bastará recordar los resultados de las encuestas sobre discriminación realizadas por el Consejo Nacional Para Prevenir la Discriminación (CONAPRED), en los cuales la discriminación por motivos religiosos representa una de las más importantes en el país. En la encuesta más reciente (2017), los dos resultados más preocupantes son que el 41.7% de los entrevistados pertenecientes a una minoría religiosa sostiene que ha experimentado, en los últimos 5 años, por lo menos una situación de discriminación y que más de la mitad (el 53.1%) de los entrevistados sostiene que ha sido rechazado por la mayoría de la gente (CONAPRED 2018).[1] Una de las principales causas de estas formas de rechazo y violencia en contra de las minorías religiosas presentes en México es

---

1. A la cual contestaron 102,245 personas en 39,101 viviendas (CONAPRED 2018).

que "persiste una posición privilegiada para la religión católica y su jerarquía, y prevalece un fuerte vínculo entre nacionalismo y catolicismo" (De la Torre y Gutiérrez Zúñiga 2014, 167). En consecuencia, las religiones diferentes de la católica son vistas como "un elemento pernicioso que debilita la pretendida unidad católica del pueblo mexicano" (Hernández Sánchez 2009, 114). Como ha señalado Frigerio (1991, 2018, 2020, 2021a, 2021b), es muy común encontrar formas de "regulación" de las minorías religiosas en países, como el mexicano, caracterizados por una presencia hegemónica del catolicismo (católico-centrismo).[2] Un ejemplo de este fenómeno es la regulación religiosa en el ámbito académico. En este sector, el católico-centrismo lleva a los estudiosos del tema a ignorar o subestimar a los grupos religiosos minoritarios, así como los actos de rechazo y violencia en contra de ellos. En palabras de Frigerio (2021a): "La diversidad religiosa es evidente en las calles y barrios de nuestras sociedades latinoamericanas (aunque con importantes diferencias de grado de acuerdo al país), pero no se ve reflejada adecuadamente en nuestros análisis académicos" (302).

A la luz de lo anterior, creemos que es importante y urgente investigar la diversidad religiosa presente en el continente, a través de categorías analíticas capaces de ir más allá de la perspectiva católico-céntrica. Por lo tanto, en el presente capítulo, nos enfocamos en las formas de expresión en entornos virtuales de una devoción marginalizada en el contexto mexicano, en particular la devoción hacia Pancho Villa. Para ello, realizamos una observación etnográfica entre el 5 de junio de 2019 y el 5 de junio de 2020 en la página de Facebook "Pancho Villa Milagroso". Específicamente, el objetivo de esta investigación es describir y clasificar las formas de expresión de la devoción hacia Pancho Villa, usando un marco teórico-interpretativo no católico-céntrico. De forma específica, identificamos y catalogamos las modalidades de expresión devocional hacia este personaje. Esperamos que el modelo teórico

---

2. Con este término, Frigerio (2018, 65–66), hace referencia tanto a las formas de control estatal (regulación estatal) de las actividades religiosas a través de leyes, políticas y actos administrativos que favorecen a algunos grupos (el grupo religioso mayoritario) y desfavorecen a otros (los grupos minoritarios) y, también, a las críticas y estigmatizaciones (regulación social) en contra de los grupos religiosos minoritarios perpetradas por diversos actores dentro de la sociedad: integrantes de la religión mayoritaria, médicos, sicólogos, periodistas, etc.

aquí empleado pueda servir como punto de referencia para futuras investigaciones sobre grupos religiosos marginalizados en entornos virtuales.

En cuanto al aporte académico, este estudio se encuadra en las investigaciones sobre las prácticas e interacciones sociales de comunidades marginalizadas en entornos virtuales (Gray 2012; Pérez Salazar, Gervasi y Cuevas Cuevas 2014; Pérez Salazar y Gervasi 2015; Nemer y Tsikerdekis 2017; Wenzel 2019; Chrispal y Bapuji 2020; Merchant Ley y Castillo Villapudua 2023). Además, esta investigación busca también aportar a los estudios sobre religión e Internet que, en México, son recientes (Bárcenas Barajas 2019, 294) y, consecuentemente, todavía poco desarrollados.[3] Por otro lado, vale la pena destacar que, aunque hay muchas investigaciones sobre Pancho Villa como revolucionario, no pasa lo mismo sobre la devoción religiosa hacia esta figura (Gudrún Jónsdóttir 2014), justificando la realización de la presente investigación. Hemos decidido estructurar este capítulo de la siguiente manera. Primero, describimos brevemente las características de la devoción hacia Pancho Villa en entornos físicos; después, definimos los conceptos orientadores (Blumer 1986) de la investigación; en el siguiente apartado, presentamos el método y las técnicas de recolección y análisis de la información utilizados. Posteriormente, nos concentramos en los resultados de la investigación. Para finalizar, en las conclusiones, sintetizamos los aspectos más importantes abordados en el capítulo, con el objetivo de construir un modelo interpretativo de las formas de expresión de una devoción religiosa marginalizada en Facebook.

## *El general milagroso: una breve introducción a la devoción hacia Pancho Villa*

La devoción hacia Pancho Villa se enmarca dentro de una más amplia tendencia, presente en la cultura mexicana, a atribuir importancia a figuras de bandoleros que, como consecuencia de su lucha en contra del orden establecido, se convierten en héroes apreciados sobre todo por las personas más vulnerables y subalternas en la sociedad (Gudrún Jónsdóttir 2014; Acosta Morales 2018 y 2021).

---

3.   Para un repaso de los estudios de internet y religión realizados en contextos diferentes al mexicano, véase Hadden y Cowan (2000); Brasher (2001); Højsgaard y Warburg (2005); Pace y Giordan (2010); Campbell (2013a); Dawson y Douglas (2013); Pace (2013); Merchant Ley y Castillo Villapudua (2023).

El origen de la devoción es incierto. Según algunos de sus devotos, esta inició durante los años sesenta del siglo pasado en la ciudad de Durango. Sin embargo, para la estudiosa Gudrún Jónsdóttir (2014), hay que ir, por lo menos, a los años cuarenta (56). Lo cierto es que esta devoción se está expandiendo y haciendo cada vez más visible, como lo demuestra, entre otras cosas, el aumento de productos religiosos dedicados a Pancho Villa disponibles en las yerberías. Estos productos se venden incluso mucho más que aquellos dedicados a la Virgen de Guadalupe (Gudrún Jónsdóttir 2014, 77). Su importancia se refleja también en la presencia de templos y altares dedicados al general milagroso (Martín 2018, 599), que van aumentando cada vez más en el país.

La devoción hacia Pancho Villa representa una expresión de la religiosidad popular no aceptada por la iglesia ya que el héroe de la Revolución mexicana es, desde el punto de vista de las instituciones eclesiásticas, un santo "profano" o "no oficial", es decir, un santo que "no ha pasado por el proceso de canonización del Vaticano" y, por lo tanto, "no ha recibido la bendición de la Santa Sede" (Gudrún Jónsdóttir 2018, 27); lo anterior implica, entre otras cosas, que esta devoción es practicada de manera extraoficial y, de alguna manera, heterodoxa (Gudrún Jónsdóttir 2014, 13).[4] Sin embargo, la extraoficialidad de la devoción no ha impedido su gran difusión sobre todo en los ámbitos populares y subalternos de la sociedad mexicana, en los cuales los creyentes tienen la sensación de que el general sea "uno de ellos" (Gudrún Jónsdóttir 2018, 28), ya que es un santo laico que provenía de estos mismos sectores.

A la luz de lo anterior, y como consecuencia de "la enorme carga cultural, generalmente católica con la que juzgamos a todo lo que es distinto" en México (Blancarte 2015, 2), es posible incluir la devoción hacia Pancho Villa entre aquellas expresiones religiosas no alineadas a "lo normal", y que, consecuentemente, suelen ser discriminadas o minimizadas en nombre de la "pretendida unidad católica" de los mexicanos, así como pasa con la Santa Muerte, Santo Malverde y el Niño Fidencio, entre otros santos "no oficiales".[5]

---

4.  Para profundizar en las complejas relaciones (y conflictos) entre religiosidad "no oficial" y religión de iglesia en México, véase, entre otros, el capítulo de Brewster y Brewster (2007) dedicado al papel del espiritismo durante la Revolución mexicana, a través del cual, además, es posible entender como Villa, probablemente, haya suplantado a la Iglesia desde la misma Revolución.

5.  Para profundizar en esta temática, léanse, entre otros: Perdigón (2008) (sobre la Santa Muerte), Gudrún Jónsdóttir (2014) (sobre Malverde) y Gervasi (2020) (sobre el Niño Fidencio).

## Conceptos orientadores: religiosidad popular, religiosidad en línea, comunidades religiosas digitales

Como ya anticipamos, la devoción hacia Pancho Villa representa una forma de religiosidad popular. Las primeras reflexiones sobre la religiosidad popular como concepto científico se remontan a un debate que tuvo lugar en los años setenta y ochenta del siglo XX entre los sociólogos italianos estudiosos de las religiones, quienes se concentraron en el significado del adjetivo "popular".[6] En este periodo, el enfoque prevalente sostenía que este término hacía referencia a la dimensión socioeconómica de los creyentes. Las personas que practicaban este tipo de religiosidad eran las más pobres y vulnerables en comparación con las clases dominantes. La religión popular, entonces, incluía todas aquellas expresiones religiosas utilizadas por las clases subalternas para oponerse a la religiosidad de los grupos hegemónicos. Esta postura se inscribía en un marco más general orientado a destacar el papel de aquellos sujetos que habían sido olvidados o, en muchos casos, conscientemente ocultados (Ginzburg 2011, 3). Los enfoques más recientes tienden a definir la religiosidad popular como un más general "exceso de sentido que un sistema de creencias institucionalizado no logra mantener adentro de las fronteras de sus propios códigos simbólicos" (Pace 2014, 53), de lo cual se hacen cargo directamente los mismos creyentes (que pueden pertenecer a cualquier clase social), experimentando sus propias relaciones con lo sagrado sin recurrir a la intermediación de las instituciones religiosas. Sobre todo en el ámbito antropológico, los rituales de la religiosidad popular han sido interpretados como una estrategia para superar los momentos críticos de la existencia (De Martino 2003, 97). Tanto las creencias como las prácticas rituales se basan en sistemas simbólicos sincréticos y subjetivamente coherentes (De la Torre 2012, 509). Los devotos creen en la presencia constante de lo divino en la vida cotidiana de los seres humanos (Hernández 2016, 19) y tienden a instaurar, con el santo, relaciones de tipo íntimo, personal, casi familiar (Gruzinski 1994, 190) y, al mismo tiempo, con el fin de obtener favores de tipo mundano (Dobbelaere 1993, 125).[7]

---

6. Véanse, entre otros, Nesti (1974 y 1982) y Prandi (1977 y 1983).

7. El devoto tiende a considerar el santo como un miembro de su familia (Gruzinski 1994, 190) con el cual puede tener una interacción en los varios momentos cotidianos de su existencia.

En cuanto a la religión en línea, Pace y Giordan (2010, 766) destacan que uno de los primeros acercamientos académicos a esta temática tiene lugar en "The Unknown God of the Internet: Religious Communications from the Ancient Agora to the Virtual Forum" (O´Leary y Brasher 1996). En este texto, los autores destacaron la novedad de las religiones y religiosidades en línea, sosteniendo que las nuevas herramientas tecnológicas estaban modificando las formas de expresión de las religiones. Posteriormente, Helland (2000) propuso una de las primeras sistematizaciones de este fenómeno, sosteniendo que la relación entre religión e Internet puede ser analizada planteando la distinción (en inglés) entre *religion online* y *online religion*.[8] La primera modalidad hace referencia a las instituciones religiosas que adaptan su comunicación a las herramientas digitales, mientras que la segunda se refiere a las comunidades digitales creadas, administradas y utilizadas autónomamente por los mismos creyentes (sin intermediaciones por parte de las instituciones eclesiásticas). Para Pace y Giordan (2010), esta distinción

> sintetiza las nuevas perspectivas que la Internet parece ofrecer a las religiones: si con el primer concepto [*religion online*] estamos todavía frente a la secuencia emisor-receptor, en el segundo [*online religion*] estamos frente a un relevante cambio socio-cultural, ya que los sitios que pertenecen a esta tipología ofrecen un espacio creativo e interactivo para una vasta audiencia de usuarios, quienes, de esta manera, tienden a crear una religión a su medida. (766)

En el caso de la religiosidad en línea, los creyentes/usuarios tienen una gran libertad de "producir a través de sus propias manos (mejor dicho, de sus propios dedos) una pluralidad de significados para interpretar un conjunto de símbolos, rituales y creencias de tipo religioso" (Pace 2013, 40). Desde este punto de vista, los entornos que ofrece la religiosidad en línea se configuran como "el medio ideal para comunicar creencias y prácticas religiosas en un contexto social en el que el sincretismo, la tradición popular y la religión a la carta representan las formas más comunes de participación religiosa" (Helland 2013a, 23). Además, siguiendo a Pace (2013), una de las principales consecuencias de esta ampliación de la libertad de los creyentes es que la

---

8.  Aquí, nos referiremos a la primera modalidad como "instituciones religiosas en línea" y a la segunda como "religiosidad en línea". Nos concentramos en esta última ya que corresponde a nuestro objeto de estudio.

religiosidad en línea "puede poner en crisis finalmente el sentido de pertenencia, territorialmente definido, a una religión determinada" (52). El creyente/usuario, estando sentado en su sillón, con su pijama y sus pantuflas, puede compartir experiencias, emociones y conocimientos religiosos con otros creyentes de otras partes del mundo, llegando a crear "comunidades espirituales sin fronteras" (Pace 2013, 76), más o menos organizadas. De la misma manera, este puede participar en diferentes tipos de rituales (Helland 2013b, 25), tanto en los sitios administrados por una institución religiosa como en las páginas y grupos en línea administrados por los mismos creyentes. Hasta uno de los rituales que más evocan el movimiento físico, como lo es la peregrinación, puede ser practicado desde el sillón (Dayan y Katz 1992; Pace 2013, 28). El resultado de estas expresiones de religiosidad en línea es una "privatización de la religión, sin eclipse de lo sagrado" (Pace 2013, 49).

En Facebook, es posible encontrar características muy parecidas a aquellas destacadas, en general, con respecto a la religiosidad y las religiones en Internet. En esta plataforma, a las páginas administradas directamente por las instituciones religiosas (Da Silva, Nalini y Lauro 2015) y a los grupos y páginas de creyentes que interactúan sin el control de las instituciones religiosas (Helland 2013a, 23), hay que agregar también las expresiones religiosas individuales. Ejemplo de esto son las prácticas que realizan los usuarios cuando incluyen sus creencias religiosas en su página de inicio o en su perfil, le dan "me gusta" a páginas religiosas (Verschoor-Kirss 2012, 6) o publican, en sus perfiles, noticias, imágenes o pensamientos relacionados con su religiosidad.

Después de haber abordado la relación entre religiones/religiosidades en Internet, hablaremos del concepto de comunidad que podemos definir como "una relación social cuando y en la medida en que la actitud en la acción social (...) se inspira en el sentimiento subjetivo (...) de los partícipes de constituir un todo" (Weber 2002, 33). Los elementos clave, entonces, son la 1) conducta plural basada en significados recíprocamente referidos (relación social) y el 2) sentimiento compartido de formar parte de una misma entidad. Como ha destacado Cohen (2001, 70), la comunidad así entendida tiene que ver más con aspectos simbólicos que estructurales (y territoriales), en el sentido de que la unión de sus integrantes es el producto de significados (culturales) compartidos, más que de su co-presencia en un mismo espacio físico. Siguiendo a Levinson y Christensen (2003, xxxii), el término hace referencia a muy complejos significados de conexión, pertenencia y sentido, que frecuentemente implica, para quienes son parte de ella, una tensión entre lo individual y lo colectivo. Desde Bauman (2001, 3), dicha tensión supone una serie de negociaciones que son establecidas de manera constante entre la seguridad y todas las satisfacciones que es posible encontrar en lo comunitario, contra la libertad individual y el sometimiento a las normas. Si los significados compartidos se fundamentan en una racionalidad con arreglo a valores de tipo religioso, entonces, estamos frente a una comunidad de fe o religiosa (Weber 2002, 36). Las comunidades religiosas pueden ser clasificadas con base en los diferentes niveles de jerarquización y estructuración que las caracterizan, en un continuum que, de manera ideal-típica, va desde el tipo más formal, estructurado y jerarquizado como la iglesia, a aquel más informal, desestructurado y no jerarquizado como, por ejemplo, las sectas o los nuevos movimientos religiosos. La socióloga francesa de las religiones Hervieu-Léger (2003) ha destacado cómo, en los contextos contemporáneos de la modernidad religiosa, los creyentes tienden a vivir de manera cada vez más individual su religiosidad. Sin embargo, hasta los creyentes más actuales necesitan intercambiar sus experiencias individuales con otras personas que las comparten, para poder, de alguna manera, legitimar externamente la plausibilidad de sus convicciones (Hervieu-Léger 2003, 143). Por eso, se crean interacciones extremadamente flexibles, informales y desestructuradas, que podrían ser vistas como el nivel uno de los procesos de construcción de comunidades espirituales (Hervieu-Léger 2003, 144); es decir, las comunidades de "validación recíproca de las creencias". Estas son "redes fluidas, móviles e inestables" que se basan "en el testimonio personal, en el intercambio de experiencias espirituales y eventualmente en la búsqueda de los caminos para profundizar en ellas de manera colectiva" (Hervieu-Léger 2003, 144).

La noción de comunidad llevada a lo digital tiene en Rheingold (1993) uno de sus primeros abordajes. Con base en su participación en diversos grupos vinculados exclusivamente a través de Internet durante la década de 1980, este autor identifica en estos espacios algunas características de lo comunitario, entre las que destaca el sentimiento de pertenencia que surge en torno a un asunto común. Una idea central en este autor es que las comunidades virtuales suelen constituirse a partir de un núcleo esencial que les da razón de ser, a pesar de que no necesariamente existan relaciones en el espacio físico entre sus integrantes. Como Figallo (1998) sugiere, dichas comunidades frecuentemente se establecen con base en intereses y/o metas compartidas (128). Pueden ser asuntos tan diversos como aficiones deportivas y mediáticas (Bury 2017), movimientos sociales (Diani 2000), coincidencias políticas

(Rohlinger, Bunnage y Klein 2014) y religión (Dawson 2013), entre muchas otras posibilidades. De cualquier forma, Ridings (2006) plantea que para que pueda hablarse de una auténtica comunidad virtual, el criterio fundamental debe estar dado por la ocurrencia de interacciones más o menos sostenidas a lo largo del tiempo, en las que tienen lugar intercambios entre sus integrantes, a partir de los cuales es posible el desarrollo de vínculos personales (117). Más allá de esta propuesta, también es posible hablar de varios tipos de comunidades virtuales a partir de su estructuración. Mientras que algunas establecen normas flexibles, otras son sumamente rigurosas, tanto en la aceptación de nuevos participantes, como en su mantenimiento dentro del grupo. Por ejemplo, en comunidades en línea que promueven la anorexia y la bulimia, Brotsky y Giles (2007) han encontrado muy estrictos controles de ingreso (97). En grupos autistas en Facebook, con frecuencia es necesario cumplir con rituales periódicos de participación para no ser expulsado (Pérez y Corona 2019, 36). En términos generales, mientras más estructurada es una comunidad virtual, esta demanda de las formas de participación de sus integrantes tienden a ser más frecuentes, intensas o comprometidas, que aquellas que son más flexibles. Dados los dispositivos sociotécnicos que sustentan muchas de las comunidades virtuales en la actualidad, es posible identificar diversas funciones o roles que son cumplidos por sus integrantes y que tienen una relación directa con el poder que es posible ejercer dentro de ellas. Quienes crean los espacios en los que se desarrolla una comunidad virtual, suelen tener un estatus de administración, que les permite admitir, censurar o expulsar a algún integrante y controlar los contenidos que son compartidos. De manera informal, con base en el reconocimiento que reciben del resto de las personas integrantes, es posible identificar otros participantes que, aunque quizás no tengan el mismo poder que los administradores, pueden contar con el capital social suficiente como para apoyar o incluso enfrentar a quienes cuentan con las credenciales de control formal (López 2011, 55).

Las comunidades religiosas digitales son comunidades cuya acción social se basa en valores de tipo religioso. Una interesante clasificación de este tipo de comunidades es la que ha planteado Kim (2005). En esta clasificación se proponen cuatro diferentes modalidades: la comunidad de creencias que proporciona un sistema de creencias y prácticas; la comunidad relacional que satisface las necesidades de pertenencia; la comunidad afectiva que proporciona una identidad de grupo; y la comunidad utilitaria que proporciona un medio de movilización de recursos (147). Las comunidades religiosas digitales pueden cumplir con una o varias de estas funciones y los usuarios, de igual manera, pueden formar parte de la comunidad para satisfacer una o varias de estas cuatro necesidades.

## Nota metodológica

El enfoque que hemos utilizado es cualitativo (Silverman y Marvasti 2008) y nuestro objetivo final es generar modelos (Corbetta 2007, 40–61) cuya generalización no es de tipo estadístico, sino teórico (Gobo 2004, 113).[9] Lo anterior significa que lo que pretendemos generalizar son los principales aspectos estructurales que conforman el caso y no el mismo caso o el evento específico (Gobo 2004). Con respecto a los criterios de muestreo y siguiendo a Corbin y Strauss (2015, 146–162), vale la pena recordar que la generalización teórica se basa en muestras cuyo tamaño no está establecido *a priori*, sino que se va construyendo durante la marcha y como consecuencia de la saturación de las categorías. Por lo tanto, el criterio usado para construirla es también de tipo teórico, pues su objetivo es abarcar todas las dimensiones del fenómeno que se quiere estudiar, para poder "desarrollar y probar nuestra teoría o argumento" (Mason 2002, 124). A partir de este criterio de muestreo, y utilizando la técnica de recolección de la etnografía virtual (Hine 2008), hemos observado las publicaciones realizadas por los devotos/usuarios de la página de Facebook "Pancho Villa Milagroso", desde el 5 de junio (día en que nació Pancho Villa) de 2019 hasta el 5 de junio de 2020. Hemos obtenido un corpus de 318 comentarios con contenido religioso. La página objeto del estudio es la única dedicada explícitamente a Pancho Villa en cuanto santo que hemos encontrado en Facebook.[10] Esta fue creada el 17 de agosto de 2015 por dos personas y cuenta con 12.000 "me gusta" y 13.000 seguidores. Según sus creadores/administradores, el objetivo de la página es "Agradecer a Pancho Villa por favores concedidos". Hemos elegido esta página porque representa un "caso típico o emblemático" (Gobo 2004, 124) de cómo se expresa una devoción popular minoritaria y marginada en los espacios virtuales.

Para analizar las producciones discursivas seleccionadas hemos utilizado el Análisis del Discurso, entendido como una técnica a través de la cual es

---

9.  Hemos también utilizado datos cuantitativos, pero solo como un cuadro de referencia dentro del cual ubicar y analizar la información de tipo cualitativo.

10.  A continuación, la liga para acceder desde Facebook: https://www.facebook .com/profile.php?id=100081807194352

posible explicar problemas sociales (Bolívar 2007, 22). Esta técnica nos ha permitido identificar los macro-temas (Van Dijk 1997, 33; Salgado Andrade 2019, 92–93) de los comentarios y, de esta manera, seleccionar y analizar los elementos que se relacionaban con el objetivo general de nuestra investigación. Para realizar el análisis, nos hemos enfocado en dos elementos discursivos: 1) los actores sociales para poder entender cuáles son sus roles semánticos en el contexto de la comunidad digital y como parte de ella; 2) las acciones (Salgado Andrade 2019, 105–107) para poder comprender cómo los usuarios usan el entorno virtual para satisfacer sus necesidades religiosas.

El marco teórico-interpretativo empleado es el "paradigma de la diversidad religiosa" (Frigerio 2021b). Su punto de partida es que las visiones modernistas y católico-céntricas en los estudios sobre religión en América Latina han ocultado la importancia de la diversidad religiosa presente en el continente, ignorando sus formas de expresión o descalificándolas como no religiosas (Frigerio 2020, 32). El paradigma de la diversidad religiosa propone cambiar nuestra perspectiva modificando las categorías interpretativas principales a través de las cuales analizamos los fenómenos religiosos, empezando por el mismo concepto de religión. Según Frigerio (2021b), este debería de ser definido como "los muy distintos tipos de relaciones que los humanos establecen con seres suprahumanos" en lugar de "enfatizar en exceso que esta se refiere a los problemas últimos de la vida" (274). De esta idea de religión no católico-céntrica y no modernista, se desprenden dos principales consecuencias. Primero, una idea de las organizaciones religiosas mucho más abierta que la actual (Frigerio 2020, 23), y, segundo, la posibilidad de reconocer como religiosos a actores y comportamientos no considerados como tales desde un punto de vista católico (Frigerio 2020, 32), como la espiritualidad de la Nueva Era, las consultas espirituales (llamadas brujería, curanderismo, chamanismo), y todas las formas de devociones hacia santos no reconocidos por el catolicismo. En nuestra investigación, este marco interpretativo nos ha permitido considerar como religiosos aquellos actos discursivos que, desde una postura católico-céntrica, no lo son. Ejemplo de esto es la petición que hemos mencionado en el título del presente capítulo y que volveremos a abordar en el apartado de resultados: "Quiero tener muchas mujeres, mi general. Así como usted". Al mismo tiempo, este marco nos ha ayudado a identificar y analizar aquellas expresiones religiosas que, en cambio, tienden a reflejar influencias culturales de tipo católico, como pasa con los altares, en los que, en algunos casos, conviven santos reconocidos y aceptados por el catolicismo junto con Pancho Villa.

Hemos empezado el proceso de observación y recolección de datos en junio de 2019, revisando de manera general las publicaciones realizadas en la página "Pancho Villa Milagroso" y tomando notas etnográficas. En un segundo momento, después de haber organizado la información recolectada, hemos tomado capturas de pantalla de los elementos discursivos seleccionados con contenido religioso. Nos enfocamos en el texto y en las imágenes usadas por los usuarios, sin tomar en cuenta las reacciones. Finalmente, hemos analizado y catalogado los comentarios y las imágenes utilizando el paradigma de la diversidad religiosa.[11]

## Resultados: "Amén, mi viejito bigotón chulo". Formas de expresión de la devoción hacia Pancho Villa en Facebook

La pregunta general que, como una brújula, ha guiado esta investigación es: ¿a través de qué modalidades discursivas las personas usuarias de la página de Facebook "Pancho Villa Milagroso" expresan su devoción hacia Pancho Villa? Enseguida describimos los resultados encontrados.

En los 318 comentarios con contenido religioso que hemos detectado, los devotos/usuarios tienden a expresar su devoción hacia Pancho Villa a través de cuatro modalidades principales: 1) respuestas de amén, 2) agradecimientos, 3) peticiones y 4) presunciones de la fuerza de su devoción (tabla 10).[12]

---

11. Nos queda claro que existe la posibilidad de que no todas las personas que participan en esta página lo hagan por motivos religiosos. Nuestra investigación se enfoca exclusivamente en las interacciones discursivas y, para poder averiguar lo anterior, se necesitaría entrevistar a todos los usuarios, lo cual se puede realizar en una investigación futura.

12. En el sentido que los usuarios se refieren a Pancho Villa como a un santo, haciendo referencia de manera explícita a su santidad o, también, de manera implícita, pidiéndole o agradeciéndole por algo u escribiéndole amén. Somos conscientes de que esta segunda posibilidad es menos sólida que la primera, ya que, en algunos casos, el uso de "amén" se relaciona también con contextos y significados de tipo secular. Como se mencionó en la nota anterior, para poder aclarar esta duda se necesita realizar una futura investigación que se enfoque en los usuarios y en sus motivaciones subjetivas a participar en la página, con el objetivo de entender si sus "amenes" tienen un significado secular o religioso.

Tabla 10. Síntesis de las formas de expresión de la devoción hacia Pancho Villa en la página de Facebook "Pancho Villa Milagroso" [13]

| Asunto en el cual se enfoca la publicación | *f* | % |
|---|---|---|
| Amén | 123 | 38.7% |
| Agradecimientos | 94 | 29.6% |
| Peticiones | 62 | 19.5% |
| Presunciones de la fuerza de su devoción | 17 | 5.3% |
| Otros[1] | 22 | 6.9% |
| Total | 318 | 100.0% |

A continuación, presentaremos algunos ejemplos de estas cuatro modalidades, empezando por el uso del "amén". Este tipo de expresiones aparece en respuesta a publicaciones de los administradores de la página, quienes escriben comentarios en relación con Pancho Villa, mandando bendiciones a los devotos, como en la figura 20.

En este caso, la respuesta de una usuaria es la que hemos utilizado como título de este apartado, es decir: "Amén, mi viejito bigotón chulo". El término "amén", que significa "es verdad", es de origen hebreo, pero ha sido utilizado, después, también en ámbito cristiano e islámico. Probablemente, los devotos de Pancho Villa lo conocen a través del filtro católico (religión que aún predomina en México) o del protestante (principalmente evangelista, ya que en esta religión los amenes son una parte clave en los servicios); sin embargo, es interesante destacar que ellos lo usan para dirigirse a un santo "no oficial" y no reconocido por las instituciones católicas y tampoco por las protestantes. Esto refleja una reapropiación y reconfiguración subjetivas de los modelos religiosos institucionales, procesos que vienen facilitados, obviamente, por la libertad y autonomía que ofrecen los entornos virtuales (Pace 2013, 40; Helland 2013b, 23). Además, en este ejemplo, es también evidente la manera personal, cercana y cariñosa (Gruzinski 1994, 190) de la devota de relacionarse con el santo, hablándole como si fuera su esposo o novio, hasta llegar a agregar tres corazones después de sus palabras.

13. Cabe aclarar que, en un mismo comentario, en algunos casos aparecen varias de estas formas de expresión.

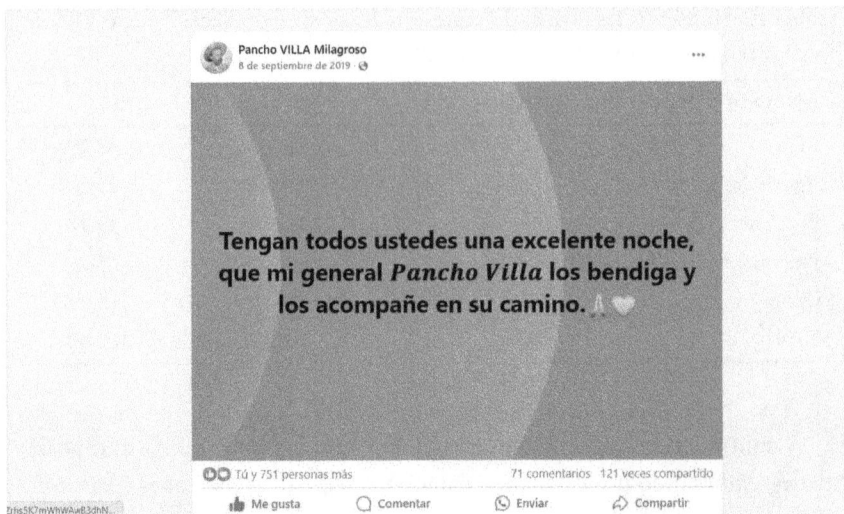

FIG. 20 Publicación de los administradores de la página, quienes escriben comentarios en representación de Pancho Villa. Captura realizada por Francesco Gervasi

En relación con los agradecimientos, hemos identificado cuatro sub-rubros. En el primero, los usuarios agradecen a los administradores de la página (en 17 comentarios) quienes, en representación de Pancho Villa, mandan bendiciones a los devotos o, como en la figura 21, les desean un feliz año nuevo.

La respuesta de un usuario es: "Mil gracias por sus buenos deseos, hermano Pancho Villa. Bendiciones". Como en el ejemplo anterior, entre otras cosas refleja la manera muy familiar y afectuosa (Gruzinski 1994, 190) de concebir la relación con el santo, hasta llamarlo, justamente, "hermano".

Otro tipo de agradecimientos es por algún tipo de ayuda recibida (en 47 comentarios), como por ejemplo el que hace un usuario porque Villa lo ayudó para conseguir su jubilación: "Felicidades mi general gracias a ti salí adelante y te pedí mucho por mi retiro en el ejército mexicano y ahora ya soy jubilado. Gracias mi general Villa. Eres el centauro del norte". Esta expresión refleja la importancia atribuida, en las sociedades contemporáneas, a los milagros que podríamos llamar de la vida cotidiana, en el sentido que no hacen referencia a situaciones extremas y difícilmente solucionables a través de la acción humana, sino a eventos rutinarios, frecuentes y relativamente sencillos (Jedlowski 2005, 20).

Frecuentes son también los agradecimientos por haber recibido protección (en 22 comentarios), como el de una usuaria que agradece al santo el 5

FIG. 21 Publicación de los administradores de la página, quienes desean un feliz año nuevo a sus seguidores. Captura realizada por Francesco Gervasi

de junio, aniversario del nacimiento de Villa, con estas palabras: "Muchas felicidades hasta el cielo mi general. Gracias por protegerme". El tema de la protección es muy recurrente en las peticiones y agradecimientos que se realizan dentro de la religiosidad popular, aún más en el caso de santos considerados como "no oficiales", profanos o hasta desviados (Flores Martos 2008, 59–60). El último tipo de agradecimientos tiene que ver con aquellos en los cuales los usuarios agradecen al santo por estar presente en sus vidas (en 8 comentarios), como el de esta usuaria que escribe: "Gracias Pancho Villa por estar cada segundo de mi vida". En estos casos, nuevamente, se configura una manera cotidiana y personal de vivir la relación con el santo, concebido como alguien próximo (Hernández 2016, 19), y que no abandona a sus devotos.

También dentro de las peticiones podemos distinguir tres sub-rubros: aquellas de ayuda (en 20 comentarios), las de protección (en 39 comentarios) y de estar presente en las vidas de los devotos (en 3 comentarios). Un ejemplo particularmente interesante es la petición citada en el título de este capítulo, en la cual un devoto pide a Pancho Villa lo siguiente: "Quiero tener muchas mujeres, mi general. Así como usted". En esta petición es bastante claro que Pancho Villa es un santo al cual es posible pedir cosas que, difícilmente, se podrían pedir a los santos católicos (Flores Martos 2008, 60; Perdigón 2008, 67). Esto refleja la capacidad de la religiosidad popular de hacerse cargo de aquel "exceso de sentido" que las instituciones eclesiásticas no quieren o no pueden "mantener adentro de sus fronteras simbólicas" (Pace 2014, 53).

El entorno virtual parece representar un espacio abierto (Pace 2013, 40; Helland 2013b, 23) en el cual los devotos se sienten libres de compartir estas necesidades y deseos, sin incurrir en la desaprobación o críticas por parte de los demás integrantes de la comunidad. Un ejemplo de petición de protección es el de una devota quien escribe: "Pancho Villa, o mi general Villa, no me sueltes de tus manos. Cuídame y protégeme de todo mal y chismes y calumnias y de todo problema". En este caso, como en muchas otras peticiones y agradecimientos, es evidente la importancia que los devotos atribuyen a la que podríamos definir como una salvación mundana (Hervieu-Léger 1996, 217), cuyo objetivo principal es resolver problemas prácticos y concretos (Dobbelaere 1993, 125) de la vida cotidiana, aquí y ahora. El último sub-rubro tiene que ver con peticiones al santo de hacerse presente en las vidas de los devotos, como en este ejemplo: "Amén. No me dejes sola, mi General". Como en el caso de los agradecimientos, estos comentarios reflejan la necesidad de los devotos de experimentar la presencia y cercanía del santo (Hernández 2016, 19), en los momentos difíciles de su existencia o, en general, para sentirse siempre acompañados y protegidos.

Pasando al último rubro, cabe destacar que aquí los devotos presumen la fuerza de su devoción enseñando a los demás sus altares (en 12 comentarios), presumiendo sus tatuajes dedicados a Pancho Villa (en 4 comentarios) y, en un comentario, una usuaria sostiene tener un escapulario del santo. El siguiente es un ejemplo relativo a los tatuajes (fig. 22).

La devota acompaña la foto diciendo "también lo tengo y me cuida en mi trabajo", confirmando una tendencia encontrada con respecto a otras devociones no-oficiales como aquella hacia la Santa Muerte.[14] En estas hay muchos policías que se tatúan la imagen del santo en la espalda, ya que es la parte menos protegida en un posible enfrentamiento (Perdigón 2008, 86). Los tatuajes son presumidos con el objetivo de demostrar a los demás el compromiso con el santo, así como confirmar sus propiedades milagrosas, como se puede apreciar en este comentario de un usuario quien acompaña una foto de su tatuaje de Pancho Villa sosteniendo que: "Una promesa cumplida a mi general por todos los favores y bendiciones que me ha brindado".

---

14. Hay más presunciones de tatuajes en la página. Sin embargo, hemos elegido solo aquellas en las cuales el usuario hacía referencia, de manera explícita, a Pancho Villa como a un santo. Este es el caso que citamos en la imagen 3 donde la devota sostiene que Villa, a través del tatuaje, la protege.

FIG. 22 Foto de una devota que presume su tatuaje de Santo Pancho Villa en su espalda, compartida en la página "Pancho Villa Milagroso". Captura realizada por Francesco Gervasi

En cuanto a los altares, mientras que en algunos casos Pancho Villa es el único santo, en otros convive con santas y santos católicos como San Judas Tadeo o la Virgen de Guadalupe, como en el siguiente ejemplo (fig. 23).

Esta publicación nos introduce al tema trasversal de cómo se expresa la dimensión comunitaria de los devotos de Villa en la página objeto de estudio. La foto fue publicada por una usuaria en respuesta a otro devoto que pregunta: "¿Qué creen que sería lo ideal ponerle en un altar a nuestro general?". La devota que ha publicado la foto acompaña su publicación con estas palabras: "Este es mi altar. Espero ayude a tu pregunta". El devoto de la pregunta, después, presume su altar, agradeciendo la ayuda recibida. Sin embargo, la persona que lo ayudó todavía le da otra sugerencia, escribiendo: "Le falta su cigarrito, amigo". En esta interacción entre devotos, prácticamente, se reflejan

FIG. 23 Foto de un altar dedicado a Santo Pancho Villa (junto con otros santos) presumido por una devota, en la página "Pancho Villa Milagroso". Captura realizada por Francesco Gervasi

de manera explícita los mecanismos de "validación recíproca de las creencias" (Hervieu-Léger 2003, 144), típicos de las comunidades religiosas flexibles, móviles e inestables contemporáneas. Como lo ha destacado Hervieu-Léger (2003), a pesar de las tendencias contemporáneas hacia la diversificación e individualización de los contenidos religiosos, los creyentes siguen necesitando la validación externa (por parte de otros devotos y no de tipo institucional) de sus creencias, para poder "estabilizar los significados que ellos mismos producen para atribuir un sentido a su existencia cotidiana" (143). Es por eso que, entonces, nuestro devoto pregunta a los demás cómo armar su altar dedicado a Pancho Villa: necesita saber (o confirmar) de qué manera sus pares (los demás devotos) practican esta devoción y, consecuentemente, poderla practicar él mismo. Esta ayuda externa permite al devoto eliminar

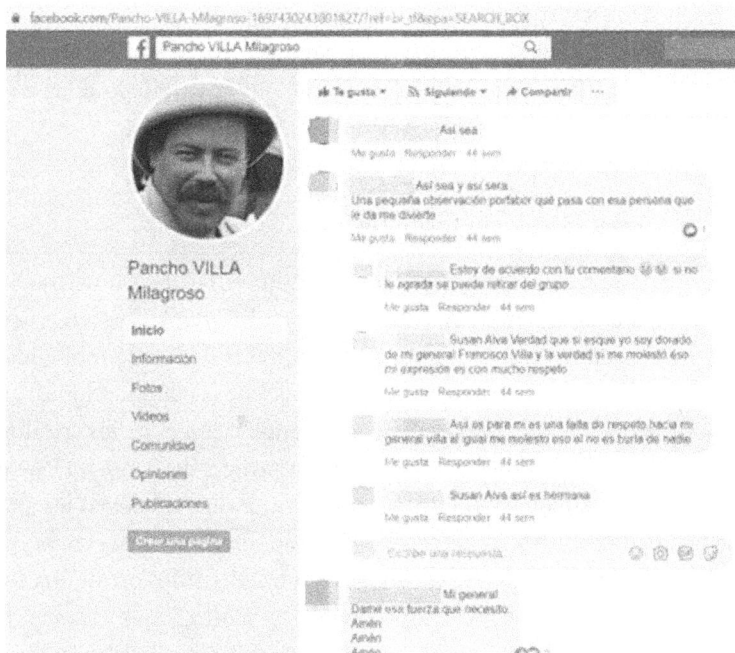

FIG. 24 Publicaciones cuyo objetivo es defenderse de usuarios que se burlan de la devoción. Captura realizada por Francesco Gervasi

sus dudas y, al mismo tiempo, sentirse parte de una comunidad con la cual comparte ideas similares.

Adicionalmente, en la página que hemos observado, los devotos tienden a conformar también una "comunidad de creencias" de tipo "afectivo que proporciona identidad" (Kim 2005, 147), en tanto que, en sus interacciones discursivas, utilizan continuamente el "nosotros" (Salgado Andrade 2019, 106) o el término villistas para referirse al conjunto de usuarios/devotos de la página o, como lo hemos ya visto, dirigiéndose a los demás con palabras afectuosas. Por ejemplo, para responder y apoyar emotivamente a una devota que pide a Pancho Villa no dejarla sola en una situación que la "mortifica tanto", otro devoto contesta: "Claro que no, chiquita". Al mismo tiempo, la unión comunitaria de tipo identitario tiende a expresarse también en aquellos casos, en verdad muy excepcionales, en los cuales los devotos se sienten atacados por usuarios que se burlan de sus creencias, como en el siguiente ejemplo en el cual dos personas apoyan a una tercera que se había quejado porque alguien le puso "me divierte" a una publicación (fig. 24).

A pesar de estos ataques (que, lo repetimos, son muy raros), la página funciona como un lugar seguro para los devotos, en el sentido que pueden expresar libre y autónomamente sus creencias sin tener miedo de que sean desacreditadas o ridiculizadas por parte de los no creyentes.

## Conclusiones

En este apartado resumimos los hallazgos más importantes de nuestra investigación sobre la devoción hacia Pancho Villa en Facebook. Destacamos que los devotos/usuarios expresan su devoción a través de cuatro modalidades principales: 1) escribiendo "amén" (en el 38.68% de las publicaciones analizadas, es decir la mayoría) en respuesta a las publicaciones de los creadores/administradores de la página (que se hacen portavoces del Santo); 2) agradeciendo o pidiendo algún favor al Santo; 3) mostrando a los demás los altares que le han dedicado en sus casas o presumiendo sus tatuajes de Pancho Villa y 4) generalmente buscando el apoyo y la aprobación de los otros usuarios.

Adicionalmente, las prácticas, los símbolos, los sentimientos y los significados compartidos (Campbell 2013b, 58) en la página favorecen la construcción de una comunidad religiosa digital, en la cual los devotos/usuarios tienen la posibilidad de "definir autónomamente los contenidos y significados" de su devoción a través de las interacciones en línea (Pace 2013, 40). El entorno virtual, además, representa un lugar en el cual los devotos tienden a comportarse y a reconocerse como parte de una comunidad de tipo afectivo-identitario (Kim 2005, 147), en la cual tienden a validar recíprocamente sus creencias (Hervieu-Léger 2003, 144). Generalmente no se recurre a ataques, salvo en unos pocos casos en los cuales, sin embargo, se defienden entre sí, reafirmando su unión y sentido de pertenencia.

Después de haber sintetizado los resultados, vale también la pena destacar la principal limitación de nuestro estudio, que consiste en el haber concentrado la atención exclusivamente en las interacciones discursivas encontradas en la página. En el futuro, será importante complementar esta investigación con otras que se enfoquen en los usuarios, a través de entrevistas capaces de destacar los motivos que los impulsan a formar parte de la comunidad religiosa digital.

Con respecto a las pretensiones de generalización teórica (Gobo 2004, 113) de nuestro estudio, queremos concluir recordando que las características de la devoción hacia Pancho Villa en Facebook encontradas conforman un tipo ideal de cómo se expresa la devoción hacia un santo marginalizado en entornos digitales, el cual no pretende ser exhaustivo o definitivo, sino un punto de referencia flexible y continuamente modificable que puede ser usado para realizar futuras investigaciones sobre temáticas afines (Bagnasco 2009, XIII). En otras palabras, como en los tipos ideales weberianos, este modelo tiene una función principalmente heurística (Corbetta 2007), en el sentido que sirve para orientar el proceso cognoscitivo de otros investigadores que aborden temas similares (otras comunidades digitales marginalizadas religiosas y no religiosas), ofreciéndoles un punto de referencia racional y abstracto a través del cual comparar e interpretar la mucho más "compleja, contradictoria y desordenada" (22) realidad concreta estudiada. En los casos en los cuales la realidad investigada no coincide con el modelo, obviamente, es el modelo que debe de ser adaptado a la nueva realidad y no viceversa. Finalmente, nuestro modelo tiene la aspiración de contribuir, a mediano o a largo plazo, a la construcción de un mapa de las formas de expresión de las comunidades digitales marginalizadas en América Latina.

## Referencias

Acosta Morales, Rafael. 2018. "Taming Heroes: Deep Time, Affect, and Economies of Honor and Glory in Contemporary Mexico". *Revista de Estudios Hispánicos* 52 (3): 815–836.

_____. 2021. *Drug Lords, Cowboys, and Desperados. Violent Myths of the U.S.-Mexico Frontier*. Indiana: University of Notre Dame Press.

Aramoni, Dolores y Gaspar Morquecho. 2002. *La otra mejilla ... pero armada: el recurso de las armas en manos de los expulsados de San Juan Chamula*. México: Ediciones Pirata.

Bagnasco, Arnaldo. 2009. "Presentazione". En *Il posto del disordine*, editado por Raymond Boudon, VII-XV. Bologna: Il Mulino.

Bárcenas Barajas, Karina. 2019. "Etnografía digital: un método para analizar el fenómeno religioso en Internet". En *Estudiar el fenómeno religioso hoy: caminos metodológicos*, editado por Hugo José Suarez, Karina Bárcenas Barajas, y Cecilia Delgado Molina, 285–313. Ciudad de México: Universidad Nacional Autónoma de México.

Bauman, Zygmunt. 2001. *Community: Seeking Safety in an Insecure World*. Cambridge: Polity Press.

Blancarte, Roberto. 2003. "Discriminación por motivos religiosos y Estado laico: elementos para una discusión". *Estudios Sociológicos* 2: 279–307.

_____. 2008. *Libertad religiosa, Estado laico y no discriminación*. Ciudad de México: Consejo Nacional para Prevenir la Discriminación.

_____. 2015. "Santas Muertes vs. Cristos monumentales". *Noreste*. Junio 11, 2015, https://www.noroeste.com.mx/nacional/santas-muertes-vs-cristos -monumentales-ACNO5121.

Blumer, Herbert. 1986. *Symbolic Interactionism. Perspective and Method*. Berkeley, Los Angeles, London: University of California Press.

Bolívar, Adriana (Compilador). 2007. *Análisis del Discurso. ¿Por qué y para qué?* Caracas: El Nacional.

Brasher, Brenda E. 2001. *Give me That Online Religion*. San Francisco: Jossey-Bass.

Brewster, Keith y Claire Brewster. 2007. "Ethereal Allies: Spiritism and the Revolutionary Struggle in Hidalgo." En *Faith and Impiety in Revolutionary Mexico*, editado por Matthew Butler, 93–110. New York: Palgrave Macmillan.

Brotsky, Sarah R. y David Giles. 2007. "Inside the 'Pro-ana' Community: A Covert Online Participant Observation". *Eating Disorders* 2: 93–109.

Bury, Rhiannon. 2017. "Technology, Fandom and Community in the Second Media Age". *Convergence* 6: 627–642.

Campbell, Heidi A. 2013. "Community". En *Digital Religion Understanding Religious Practice in New Media Worlds*, editado por Heidi A. Campbell, 25–40. London: Routledge.

_____. 2013. *Digital Religion Understanding Religious Practice in New Media Worlds*. London: Routledge.

Chrispal, Snehanjali, y Hari Bapuji. 2020. "Tweeting the Marginalized Voices". En *The Routledge Companion to Anthropology and Business*, editado por Raza Mir y Anne-Laure Fayard, 378–393. Nueva York: Routledge.

Cohen, Anthony. 2001. *The Symbolic Construction of Community*. London: Routledge.

Consejo Nacional para Prevenir la Discriminación. 2018. *Encuesta Nacional sobre discriminación en México/Enadis del 2017. Principales resultados*. Ciudad de México: CONAPRED.

Corbetta, Piergiorgio. 2007. *Metodología y técnicas de investigación social*. Madrid: McGraw-Hill.

Corbin, Juliet y Anselm Strauss. 2015. *Basics of Qualitative Research*. California: SAGE.

Da Silva, Cristiomar, Guimarães Nalini, Eugênio y Lauro. 2015. "Religião e Mídias Sociais: a disseminação do discurso religioso no Facebook". *Revista Panorama* 5: 65–77.

Dawson, Lorne L. 2013. "Religion and the Quest for Virtual Community". En *Religion Online: Finding Faith on the Internet*, editado por Lorne Dawson y Douglas Cowan, 75–89. Londres: Routledge.

Dawson, Lorne L. y Douglas E. Cowan. 2013. *Religion Online: Finding Faith on the Internet*. Londres: Routledge.

Dayan, Daniel y Elihu Katz. 1992. *Media Events: The Live Broadcasting of History*. Cambridge, MA: Harvard University Press.

De la Torre, Renée y Cristina Gutiérrez Zúñiga. 2014. "La religión en el censo: recurso para la construcción de una cultura de pluralidad religiosa en México". *Sociedad y Religión* 2: 66–196.

De Martino, Ernesto. 2003. *Sud e magia*. Milano: Feltrinelli.

Diani, Mario. 2000. "Social Movement Networks Virtual and Real". *Information, Communication & Society* 3: 386–401.

Dobbelaere, Karel. 1993. "Oltre la secolarizzazione". En *La religione degli europei II. Un dibattito su religione e modernità nell'Europa di fine secolo*, editado por Ole Riis, Marek Tarnowski, Alezander Tsipko, grnile Poulat, Jean Remy, Bryan Wilson, Karel Dobbeleire, René-Samuel Sirat, Riicliger Schloz, Arthar F. Utz, Bruno Forte, Lorenzo Chiarinelli, 109–130, Torino: Fondazione Giovanni Agnelli.

Figallo, Cliff. 1998. *Hosting Web Communities: Building Relationships, Increasing Customer Loyalty, and Maintaining a Competitive Edge*. Nueva York: John Wiley & Sons, Inc.

Flores Martos, Juan Antonio. 2008. "Transformismos y transculturación de un culto novomestizo emergente: la Santa Muerte mexicana". En *Teorías y prácticas emergentes en antropología de las religiones*, editado por Mónica Cornejo, Manuela Cantón, Ruy Llera, 55–76. Donostia: Ankulegi.

Frigerio, Alejandro. 1991. "'La umbanda no es una religión de ignorantes y mediocres': la estigmatización de las religiones afro-brasileñas en Buenos Aires". *Revista de Antropología* 10: 22–33.

_____. 2018. "¿Por qué no podemos ver la diversidad religiosa?: cuestionando el paradigma católico-céntrico en el estudio de la religión en Latinoamérica". *Cultura y representaciones sociales* 24: 51–95.

_____. 2020. "Encontrando la religión por fuera de las 'religiones': una propuesta para visibilizar el amplio y rico mundo social que hay entre las 'iglesias' y el 'individuo'". *Religião e Sociedade* 3: 21–47.

_____. 2021a. "Nuestra arbitraria y cada vez más improductiva fragmentación del campo de estudios de la religión". *Revista Cultura & Religión* 1: 301–331.

_____. 2021b. "Religión, by any means necessary. Ejemplos de toda esa diversidad religiosa a nuestro alrededor". *Etnografías Contemporáneas* 13: 270–299.

Garma Navarro, Carlos. 2008. "Discriminación religiosa". *Ciencia* abril-junio 59: 60–70.

Gervasi, Francesco. 2018. *Formas de discriminación en contra de la devoción hacia la Santa Muerte en México, en las interacciones cara a cara y en el tratamiento de la prensa digital*. Siena: CISRECO Edizioni.

_____. 2020. *Expresiones de discriminación hacia el Fidencismo en sitios de noticias mexicanos. Una interpretación desde el Análisis Crítico del Discurso*. Siena: CIS-RECO Edizioni.

Ginzburg, Carlo. 2011. *El queso y los gusanos. El cosmos según un molinero del siglo XVI*, Barcelona: Ediciones Península.

Gobo, Giampietro. 2004. "Generalizzare da un solo caso? Lineamenti di una teoria idiografica dei campioni". *Rassegna italiana di sociologia* 1: 103–129.

González Esdras, Alonso. 1995. *San Juan Chamula: persecución de indígenas y evangélicos*. Bogotá: Alfa y Omega.

Gracia, Amalia y Jorge Horbath. 2013. "Expresiones de la discriminación hacia grupos religiosos minoritarios en México". *Sociedad y Religión: Sociología, Antropología e Historia de la Religión en el Cono Sur* 39: 12–53.

Gray, K. L. 2012. "Intersecting Oppressions and Online Communities: Examining the Experiences of Women of Color in Xbox Live". *Information, Communication & Society* 3: 411–428.

Gruzinski, Serge. 1994. *La guerra de las imágenes. De Cristóbal Colón a "Blade Runner" (1492–2019)*. Ciudad de México: Fondo de Cultura Económica.

Gudrún Jónsdóttir, Kristín. 2014. *Bandoleros santificados: las devociones a Jesús Malverde y Pancho Villa*. Ciudad de México: El Colegio de la Frontera Norte.

_____. 2018. "Bandoleros santificados en México". En *Diccionario de religiones en América Latina*, editado por Roberto Blancarte, 27–33. Ciudad de México: Fondo de Cultura Económica y El Colegio de México.

Hadden, Jeffrey K. y Douglas E Cowan. 2000. *Religion on the Internet: Research Prospects and Promises*. New York: JAI Press.

Helland, Christopher. 2000. "Online-Religion/Religion-online and Virtual Communitas". En *Religion on the Internet: Research Prospects and Promises*, editado por Jeffrey K. Hadden y Douglas E. Cowan, 205–223. New York: JAI Press.

_____. 2013a. "Popular Religion and the World Wide Web: A Match Made in (Cyber) Heaven". En *Religion Online: Finding Faith on the Internet*, editado por Lorne Dawson y Douglas Cowan, 23–35. Londres: Routledge.

_____. 2013b. "Ritual". En *Digital Religion Understanding Religious Practice in New Media Worlds*, editado por Heidi A. Campbell, 25–40. London: Routledge.

Hernández Sánchez, Mario Alfredo. 2009. *Tres análisis de caso de discriminación por motivos religiosos: el uso del velo por las mujeres islamistas, la situación de las personas que practican una religión distinta a la mayoritaria en pueblos y comunidades indígenas y el culto a la muerte*. Ciudad de México: CONAPRED.

Hernández, Alberto. 2016. "Introducción. La Santa Muerte. Espacios, cultos y devociones". En *La Santa Muerte. Espacios, cultos y devociones*, editado por Alberto Hernández 13–29. Tijuana: El Colegio de la Frontera Norte.

Hervieu-Léger, Danièle. 1996. *Religione e memoria*. Bologna: Il Mulino.

_____. 2003. *Il pellegrino e il convertito. La religione in movimento*. Bologna: il Mulino.

Hine, Christine. 2004. *Etnografía virtual*. Barcelona: Editorial UOC.

_____. 2008. "Virtual Ethnography: Modes, Varieties, Affordances". En *The SAGE Handbook of Online Research Methods*, editado por Nigel G. Fielding, Raymond M. Leey Grant Blank, 257–270. London: SAGE.

Højsgaard, Morten T. y Margit Warburg (eds.). 2005. *Religion and Cyberspace*. Londres y Nueva York: Routledge.

Jedlowski, Paolo. 2005. *Un giorno dopo l'altro. La vita quotidiana fra esperienza e routine*. Bologna: Il Mulino.

Kim, Mun-Cho. 2005. "Online Buddhist Community. An Alternative Religious Organisation in the Information Age". En *Religion and Cyberspace*, editado por Morten Hojsgaard y Margit Warburg, 225–246. London / New York: Routledge.

Levinson, David y Karen Christensen. 2003. *Encyclopedia of Community: From the Village to the Virtual World*. Vol. 1. London: Sage.

Lévy, Pierre. 1999. *¿Qué es lo virtual?* Barcelona: Paidós.

López, Roberto Alejandro. 2011. "La construcción del capital social en las redes sociales en internet: discutamos México en Facebook". Tesis doctoral, Universidad Nacional Autónoma de México.

Marroquín, Enrique (Ed.). 1995. *¿Persecución religiosa en Oaxaca?* Oaxaca: Instituto Oaxaqueño de las Culturas.

Martín, Eloisa. 2018. "Santuarios y altares". En *Diccionario de religiones en América Latina*, editado por Roberto Blancarte, 594–599. Ciudad de México: Fondo de Cultura Económica y El Colegio de México.

Mason, Jennifer. 2002. *Qualitative Researching*. London: SAGE.

Merchant Ley, Diana Denisse, y Karla Castillo Villapudua. 2023. *"Radio Haitiano en Tijuana*: An Alternative and Aesthetic Communication Device on the Border." En *Imagining Latinidad: Digital Diasporas and Public Engagement Amont Latin American Migrants*, editado por David S. Dalton y David Ramírez Plascencia, 171–190. Leiden: Brill.

Nemer, David, y Michael Tsikerdekis. 2017. "Political Engagement and ICTs: Internet Use in Marginalized Communities". *Journal of the Association for Information Science and Technology* 6: 1539–1550.

Nesti, Arnaldo. 1974. *Gesù socialista. Una tradizione popolare italiana*. Torino: Claudiana.

_____. 1982. *Le fontane e il borgo*. Roma: Ianua.

O'Leary, Stephen y Brenda Brasher.1996. "The Unknown God of the Internet: Religious Communications from the Ancient Agora to the Virtual Forum". En *Philosophical Perspectives on Computer-mediated Communication*, editado por Charles Ess, 233–269. Albany: State University of New York Press.

Pace, Enzo. 2013. *La comunicazione invisibile. Le religioni in internet*. Cinisello Balsamo: San Paolo Editore.

_____. 2014. "La falesia e il compasso. Riflessioni sulla permanenza e universalità della religiosità popolare". En *Religiosità popolare nella società post-secolare. Nuovi approcci teorici e nuovi campi di ricerca*, editado por Luigi Berzano, Alessandro Castegnaro y Enzo Pace, 39–54. Padova: Edizioni Messaggero.

Pace, Enzo y Giuseppe Giordan. 2010. "La religione come comunicazione nell'era digitale". *Humanitas* 5–6: 761–781.

Perdigón, Katia. 2008. *La Santa Muerte protectora de los hombres*. Ciudad de México: Instituto Nacional de Antropología e Historia.

Pérez, Gabriel y Antonio Corona. 2019. "When pones #HailGrasa: Códigos comunicativos en grupos autistas. Una aproximación sistémica". En *Futuros digitales. Exploraciones socioculturales de las TIC*, editado por Daniel Hernández, Gladys Ortiz y Ozziel Nájera, 23–48. Ciudad de México: Universidad Autónoma Metropolitana; Juan Pablos Editor.

Pérez Salazar, Gabriel y Francesco Gervasi. 2015. "Conflicto y religiosidad en línea. Enfrentamientos en usuarios de Facebook, en torno al culto a la Santa Muerte". En *Redes sociodigitales en México*, editado por Rosalia Winocour y Jose Aberto Sanchez, 136–163. Ciudad de México: Conaculta, Fondo de Cultura Económica.

Pérez Salazar, Gabriel, Francesco Gervasi y Basilia Fernanda Cuevas Cuevas. 2014. "Santa Flaquita, líbranos de los trolls. El sentido de pertenencia en expresiones identitarias en torno al culto a la Santa Muerte en Facebook". *Religioni e società* 79: 84–102.

Prandi, Carlo. 1977. *Religione e classi subalterne*. Roma: Coines.

_____. 1983. *La religione popolare fra potere e tradizione. Per una sociologia della tradizione religiosa*. Milano: FrancoAngeli.

Rheingold, Howard. 1993. *The Virtual Community*. Boston: MIT Press.

Ridings, Catherine M. 2006. "Defining Virtual Community". En *Encyclopedia of Virtual Communities and Technologies*, editado por Subhasish Dasgupta, 116–120. Hershey: IGI Global.

Rohlinger, Deana A., Leslie A. Bunnage, y Jesse Klein. 2014. "Virtual Power Plays: Social Movements, Internet Communication Technology, and Political Parties". En *The Internet and Democracy in Global Perspective. Voters, Candidates, Parties, and Social Movements Introduction*, editado por Bernard Grofman, Alexander H. Trechsel y Mark Franklin, 83–109. Londres: Springer.

Salgado Andrade, Eva. 2019. *Los estudios del discurso en las ciencias sociales*. Ciudad de México: Universidad Nacional Autónoma de México.

Silverman, David y Amir Marvasti. 2008. *Doing Qualitative Research. A Comprehensive Guide*. Los Angeles: Sage Publications.

Van Dijk, Teun A. 1997. *Racismo y análisis crítico de los medios.* Barcelona: Paidós.

Verschoor-Kirss, Alex. 2012. "Even Satan Gets Likes on Facebook. The Dynamic Interplay of Religion and Technology in Online Social Networks". *Journal of Religion & Society* 14: 1–12.

Weber, Max. 2002. *Economía y sociedad.* Madrid: Fondo de Cultura Económica.

Wenzel, Andrea. 2019. "Public Media and Marginalized Publics: Online and Offline Engagement Strategies and Local Storytelling Networks". *Digital Journalism* 1: 146–163.

# 11

# *Draw my life*, familia y comunidad. El caso de creadores de contenido en video para YouTube en México.

*Rosa María Alonzo González y David Ramírez Plascencia*

## Introducción

INTERNET, COMO TECNOLOGÍA DE información y comunicación, ha permitido que las personas puedan interrelacionarse y también ser productoras de sus propios referentes culturales mediante la creación de contenidos digitales que son difundidos en plataformas sociales como YouTube. En los estudios culturales, Internet es considerado como un bien cultural, porque representa un espacio donde se realizan prácticas de consumo diferenciado, como es el caso del prosumir, es decir consumir y producir al mismo tiempo (Alonzo González 2020; Dalton y Ramírez 2023). Mediante la acción de prosumir contenidos digitales "se amplían las posibilidades de acceso a una cantidad inmensa de bienes simbólicos que han sido digitalizados y que se distribuyen allí" (Gonzalo 2011, 06). La práctica de prosumir en Internet permite visualizar fenómenos sociales muy particulares, como es el caso de los videos autobiográficos bajo el título *Draw my life* en YouTube, contenidos digitales que revisten una estructura muy similar a lo que Paula Sibila (2008) refiere como diario éxtimo, y que consiste en "exponer la propia intimidad en vitrinas globales de la red" (16).

La práctica de prosumir, así como la tendencia de realizar diarios íntimos, tuvieron un gran impulso a principios de la década pasada gracias a la proliferación de las redes sociales (Prosumer Report 2011). Las plataformas digitales han potencializado las relaciones mediadas por computadora y facilitado el intercambio de contenidos digitales (texto, audio, imagen, y video digital, entre otros). Esto sucede sin necesidad de contar con grandes conocimientos en informática. Actualmente, los prosumidores no solo se enfocan en la actividad de crear y consumir contenidos digitales, sino que también tienen un rol más activo en los aspectos políticos y sociales, ya sea realizando campañas a favor de figuras del medio artístico como Britney Spears (Daros 2022) o para concientizar sobre el cambio climático (Skoglund y Böhm 2022). En este trabajo abordaremos la evolución que ha tenido la actividad de generar y compartir diarios íntimos digitales bajo el *hashtag* o etiqueta de *Draw my life* a lo largo de una década (2013–2023) en México.

Este capítulo es un acercamiento a los imaginarios sobre la comunidad y la familia mexicana compartidos en YouTube. Nos enfocaremos en el contenido compartido y creado bajo el título de *Draw my life* por usuarios mexicanos considerados como prosumidores (creador-consumidor), quienes, a través de monólogos y/o dibujos, muestran su vida privada. También tomaremos como referencia la idea de comunidad youtuber y la de identidad youtuber, ambas nociones conceptualizadas desde la visión de las comunidades digitales. El objetivo es analizar la representación del imaginario social de la comunidad y la familia expuestos mediante la presentación autobiográfica en el discurso de los videos publicados en YouTube, 21 videos publicados entre 2013 y 2023. A través de este contenido es posible observar cómo el usuario exterioriza su vida privada, así como comparte críticas y opiniones, tanto sobre aspectos cotidianos como problemáticas del ámbito social y comunitario. En este trabajo se presentan consideraciones teóricas y metodológicas sobre el tema, así como el análisis del material videográfico. Esto se realiza con el fin de acceder a los imaginarios sobre la comunidad digital y la familia contemporánea.

Las conclusiones muestran cómo el estudio de las narrativas personales enmarcadas bajo la etiqueta *Draw my life* permite reconsiderar el concepto tradicional de comunidad y familia mexicana para dar paso a la familia contemporánea y a la comunidad digital. El imaginario de las representaciones de género en las familias continúa siendo semejante a las estructuras tradicionales, donde hablar de familia es partir de las representaciones compartidas y definidas por estructuras hegemónicas socioculturales. Sin embargo, esto es solo referencial, dado que, en la práctica, esta uniformidad comienza a desdibujarse. El caso de *Draw my life* muestra cómo las tecnologías digitales permiten a los usuarios expresar su individualidad, aun cuando en el imaginario tradicional no sea propio de su género o no pertenezcan a un modelo tradicional de familia. Pero también se observan diferentes aspectos de lo que tradicionalmente se considera como una comunidad digital, como por ejemplo la identidad, un sentido de pertenecía mediante la cual los individuos se consideran como miembros de una misma colectividad.

## Consideraciones teóricas

### Imaginarios

Desde un enfoque cultural, García Peña (2007) señala que "los individuos, así como las entidades colectivas están vinculados a la realidad social a través de las representaciones del imaginario social" (23). Entre estos imaginarios se encuentra el relativo a la familia, que engloba las relaciones y roles que se establecen dentro de ese núcleo social básico (Rodríguez Otero y Mancinas Espinoza 2017), dado que, como seres individuales, actuamos y nos relacionamos de acuerdo con estructuras mentales o imaginarios que denotan nuestra visión de mundo. Es posible acercarse a estos imaginarios sobre la familia y la comunidad a través de lo que una persona expresa, más aún si es una autoreferencia, como en el caso de los videos de *Draw my life*. García Peña (2007) afirma que "el imaginario social es la expresión, literaria o no, de la percepción de la realidad cultural. La imagen, en este caso, sería la representación de una realidad cultural mediante la cual el individuo o el grupo expresan su visión del mundo en un espacio cultural" (24).

Tal como lo aborda Bourdieu (2002), Internet ha generado todo un espacio social y se ha convertido en el referente común del entorno físico o lugar donde se manifiestan diversos capitales. Aunque las redes sociales son un espacio-lugar intangible, estas se han convertido en un referente común que está presente como entorno en la conciencia social. En este espacio-lugar coinciden personas quienes usan las tecnologías para acceder a este espacio-lugar y allí manifestar sus capitales. El tener habilidades digitales les permite, dentro de ese espacio-lugar, comunicarse, interactuar, relacionarse, y compartir, además de facilitar diversos procesos de la vida cotidiana como transacciones, búsquedas, envío y recepción de información, etc. Nótese que cerca de un 67.5% de la población mundial asiste de manera habitual a este espacio-lugar digital (Statista Research Department 2024).

Actualmente, la tecnología, ya se trate de contextos urbanos y rurales, fomenta las relaciones interpersonales, sustituyendo el vínculo presencial por el electrónico. Es a través de este lazo que es posible observar episodios de vida contemporáneos, siendo estos una "manifestación de un cambio social profundo que fundamentalmente nos sumerge cada vez más en el mundo social y nos expone a las opiniones, valoraciones y estilos de vida de otros" (Gergen 2006, 76). En consecuencia, el contenido de los videos de *Draw my life* se posiciona en un espacio social-cultural mediado por la tecnología, que vincula la realidad social de las personas. Mediante los contenidos videográficos, estas personas dejan evidencia de sus imaginarios sobre la familia y la comunidad. En este sentido, no debemos olvidar que "el imaginario social tiende a constituirse en un lenguaje simbólico vinculado al código cultural, que demanda pensarlo dentro de la historia y del marco social que expresa y que lo sustenta" (García Peña 2007, 25).

Por lo anterior, al abordar el imaginario social de familia y comunidad debemos tener en cuenta que la familia, como concepto, es un ideal cultural que norma los derechos y obligaciones de sus integrantes (Weigel 2008, 1429). Por lo tanto, no es necesario que en el contenido de los videos se mencione directamente el término familia, en vista de que se encuentra dibujada en el contexto, es decir, a partir de actores y roles en sus representaciones de género, puesto que "la idea de familia se instala como universal y establece modelos, legitima roles y regula comportamientos" (Di Marco 2009, 103). La familia, al legitimar roles y comportamientos, pone de manifiesto las representaciones asociadas al género. Estas generalmente suelen relacionarse con imaginarios procedentes de una ideología socialmente compartida y definida por estructuras hegemónicas socioculturales que están vinculadas con construcciones culturales asignadas de acuerdo con características físico-biológicas de las personas.

Por otro lado, hablar de comunidades digitales es aludir a un conjunto de personas con intereses y propósitos similares, que se identifican entre sí y comparten una identidad común que las lleva a unirse para el bien de la misma comunidad. "El objetivo esencial en toda comunidad es que cada persona además de mirar por su interés individual debe mirar por el bien común" (Camareno-Cano 2015, 191). La comunidad en la virtualidad no está delimitada por un espacio geográfico físico, si no que la constituye un sentido de pertenencia e identidad en común que la diferencia y caracteriza de otras comunidades (Saéz 2006, 2). Por lo tanto, la comunidad digital, más que ser definida por sus miembros, se consolida por aspectos relacionados con la identidad. No es necesario que en el contenido de los videos se haga alusión directamente a la comunidad virtual, dado que se encuentra implícita en el contexto, a partir del sentido de pertenencia que se manifiesta en el discurso de los creadores.

## Prosumismo en Internet, extimidad y memes.

El prosumismo refiere a una serie de acciones o actividades realizadas por una persona como prosumidora. Este es un término anglosajón (*prosumer*) usado para designar a quienes consumen, participan, modifican, crean y producen contenido para su uso personal, sin fines de lucro. Esto conduce a nuevos estilos tanto de trabajo como de ordenación de la vida cotidiana con sus acciones (Toffler 1981). Tapscott y Williams (2008, 26), por su parte, aportan una conceptualización concreta de quien prosume en Internet, definiéndola como una persona en quién se enfatiza la actividad de compartir los contenidos digitales que genera a través del Internet, de una forma activa, continuada, cooperativa y autoorganizada. Debemos tener en cuenta que una parte considerable de la información que circula por la Web es generada y consumida por las personas que por ella navegan, por lo que la producción cultural de contenidos no puede pensarse solamente a partir de las tendencias que marcan las industrias del entretenimiento, sino que también, es necesario tener en cuenta las prácticas lúdicas y de índole laboral que llevan a cabo los internautas.

Estos contenidos o productos culturales, creados y difundidos por los prosumidores en Internet son susceptibles de considerarse como fuentes de información que reflejan su vida, su entorno, sus imaginarios y percepciones. Más aún, estos corresponden a prácticas de extimidad, en el sentido que señala Sibila (2008, 16); es decir, como exhibición de la intimidad. Estos se presentan como prácticas confesionales donde se expone la vida privada en relación con el origen socio-cultural, económico y familiar. Aun cuando no todo el contenido generado es totalmente autobiográfico o autorreferencial, los videos de *Draw my life* son ejemplos en los que la vida íntima se exhibe en las redes para ser observada. Aunque esta exposición esté normalizada, en el caso de *Draw my life*, está motivada por un reto, que conecta al acto de prosumir de Internet con otro fenómeno cultural nacido en la virtualidad como es caso de los memes digitales.

El meme digital, como son los casos que revisaremos, consiste en una pequeña estructura de información llamativa y fácil de propagar o viralizar por Internet (Gal 2018, 2). Su conceptualización nace en el área de la biología y hace referencia a las pequeñas partes de información que contienen el ADN (Dawkins 2006, 189). En Internet, en lugar de copiar información genética, se replican sentidos o ideas de manera viral en medios digitales, que podemos rastrear hasta su fuente. En los videos de *Draw my life* en YouTube, el carácter de meme se manifiesta al seguir una tendencia o reto. Los prosumidores se interesan por aceptarlo y generan su propia versión de un contenido que sigue una misma dinámica y estructura establecida en la tendencia o reto.

En este sentido, *Draw my life* es un meme de Internet que ha surgido y se ha viralizado en YouTube desde el año 2012, cuando el usuario anglosajón Sam Pepper subió un video titulado "Draw my life-Sam Pepper". En el video, Sam Pepper nos explica su vida a través de dibujos realizados en un pizarrón blanco. El contenido de todos los videos bajo esta etiqueta es muy similar replicando la idea de Sam Pepper. Este consiste en desarrollar un diálogo que aborde la vida personal. Normalmente, se inicia con el nacimiento y se continúa denotando acontecimientos que —a elección personal— han resultado trascendentes o importantes en la vida. Se suelen aportar datos como fechas, nombres, y composición de la familia, entre otro tipo de información íntima (extimidad). Todos estos datos son presentados a través de un monólogo, acompañado por imágenes realizadas en un pizarrón blanco, en el que se dibujan los aspectos que se van contando, esto con el fin de reafirmar lo expresado oralmente.

## Consideraciones metodológicas

Este trabajo analiza proyecciones exteriorizadas en videos de YouTube bajo el título de *Draw my life*, creados por usuarios mexicanos durante una década, del 2013 a 2023. El objetivo es analizar la representación del imaginario de la comunidad y la familia, expuesta mediante la presentación autobiográfica en el discurso de los videos publicados en YouTube, 21 videos que abarcan un periodo de 10 años. Las preguntas que guiaron la investigación son ¿Cuáles son los imaginarios sobre familia y representaciones de género que pueden ser recuperados a partir de la presentación autobiográfica en los videos de *Draw my life?* y ¿Cuáles son los imaginarios sobre comunidad e identidad compartidos entre personas prosumidoras que generan videos en YouTube, dentro del caso *Draw my life?*

Para el estudio se consideran únicamente videos autobiográficos de personas mexicanas que circulan en YouTube a lo largo del periodo de 2013 a 2023. No se tomaron en cuenta videos que, bajo esta etiqueta, hacen referencia o describen la vida de otras personas o hechos históricos tal como lo hacen los canales *TikTak Draw* y *Draw my Life en español*. Los videos que conforman el corpus de estudio fueron generados bajo una estructura común, por lo que podría considerarse un meme entre las personas que prosumen en YouTube.

Se analizan los imaginarios proyectados sobre familia, género, comunidad e identidad, reflejados en los videos autobiográficos publicados en YouTube bajo la etiqueta *Draw my life*, considerados como manifestación de extimidad (Silbila 2008). En estos videos se observa que las imágenes que acompañaban a los diálogos también representaban ciertas proyecciones y representaciones de género, así como dinámicas familiares, pero al ser elementos de apoyo al diálogo en voz, no fueron consideradas como parte del análisis. Solo se consideró el discurso en audio. El criterio de selección de los videos *Draw my life* en YouTube que componen el corpus de estudio obedece principalmente a las siguientes consideraciones:

- Videos que fueran autobiográficos, y que pertenecieran a personas que se dedican o dedicaban, al momento de compartir el video, a crear contenido en video para ese medio social (YouTube) de manera continuada, es decir, que fueran prosumidoras en Internet.
- Se consideró solo el material donde se manifestará de manera explícita que la persona era de nacionalidad mexicana, lo que permite tener un contexto histórico, social y cultural similar entre los referentes.
- El período de selección de los videos fue 2013–2023. Esto debido a que el primer video realizado por un mexicano utilizando la etiqueta *Draw my life* se ubica en el año 2013 y se realizó la búsqueda de estos hasta la escritura de este capítulo (2023).

Los filtros antes mencionados fueron suficientes para aportar un corpus de videos coherente, con características similares (tabla 11). Para el análisis del material se sigue la metodología propuesta por Santander (2011), donde se brinda una guía general para realizar el análisis del discurso autobiográfico. Para comprender la realidad social a través del contenido generado por los usuarios, se parte desde una postura inductiva, donde se considera desde lo más obvio, en este caso la autopercepción familiar a través del imaginario de la familia. Posteriormente, se identifica el sentido de pertenencia mediante el estudio del imaginario relativo a las comunidades digitales. Por lo anterior, el objeto de estudio son los imaginarios de familia y comunidad principalmente, representados en los discursos seleccionados. La tabla 11 muestra los datos de los videos analizados y la información sociodemográfica de la

Tabla 11. Datos de los videos analizados. Elaboración propia de los autores.

| Código asignado | Sociodemográficos | | | | Video | |
|---|---|---|---|---|---|---|
| | Sexo | Edad* | Estado Civil | Escolaridad | Fecha que se comparte | Duración |
| H27-D1 | Hombre | 27 | No especifica | Licenciatura | 07-feb-13 | 00:09:56 |
| M23-D2 | Mujer | 23 | No especifica | Licenciatura | 06-mar-13 | 00:06:40 |
| HNE-D3 | Hombre | No especifica | Soltero | Licenciatura en comunicación no terminada | 08-mar-13 | 00:06:40 |
| M20-D4 | Mujer | 20 | No especifica | No especifica | 08-mar-13 | 00:07:02 |
| HNE-D5 | Hombre | No especifica | Soltero | Licenciado en Mercadotecnia | 20-mar-13 | 00:07:32 |
| H22-D6 | Hombre | 22 | Soltero | Preparatoria | 03-may-13 | 00:08:19 |
| M28-D7 | Mujer | 28 | Unión libre | Diseñadora Gráfica | 16-may-13 | 00:10:02 |
| HNE-D8 | Hombre | No especifica | Soltero | Médico | 05-mar-14 | 00:04:27 |
| M31-D9 | Mujer | 31 | Casada con hijos | Pedagoga | 16-abr-14 | 00:10:12 |
| MNE-D10 | Mujer | No especifica | Divorciada con un hijo | Diseñadora Gráfica | 27-ago-15 | 00:14:24 |
| M17-D11 | Mujer | 17 | Soltera | Estudiante | 20-mar-13 | 00:07:14 |
| M28-D12 | Mujer | 28 | Casada | Licenciada en Gastronomía | 24-oct-19 | 00:13:31 |
| M21-D13 | Mujer | 21 | Soltera | Ingeniería en transporte | 20-mar-13 | 00:09:04 |
| M21-D14 | Mujer | 21 | Soltera | Licenciada en Comunicación | 17-jul-22 | 00:21:24 |
| M15-D15 | Mujer | 15 | Soltera | Estudiante | 21-oct-17 | 00:11:21 |
| M12-D16 | Mujer | 12 | Soltera | Estudiante | 31-mar-16 | 00:07:29 |
| M08-D17 | Mujer | 8 | Soltera | Estudiante | 25-mar-18 | 00:08:28 |
| MNE-D18 | Mujer | No especifica | No especifica | Diseñadora Gráfica | 31-mar-13 | 00:07:14 |
| M19-D19 | Mujer | 19 | No especifica | No especifica | 21-mar-13 | 00:08:28 |
| M21-D20 | Mujer | 20 | Soltera | Estudiante | 26-mar-13 | 00:07:50 |
| HNE-D21 | Hombre | No especifica | No especifica | No especifica | 22-mar-13 | 00:08:00 |

*La edad se considera en relación con la fecha en la que se subió el video es decir la edad que la persona refiere tener al momento de subir el video persona creadora de dichos videos en la fecha en la que estos fueron subidos a la plataforma de YouTube.

Atendiendo las recomendaciones éticas para el estudio de comunidades digitales (López 2021, 253) y para resguardar la identidad de quienes crearon y compartieron el contenido en video, se optó por asignar un código de referencia que sigue la siguiente lógica. El primer indicador es el sexo, siendo las opciones hombre (H) o hujer (M); el segundo indicador es la edad, siendo esto un carácter numérico según corresponda o un No Especificado (NE) en los casos donde no se explicite. Cabe señalar que la edad se considera en relación con la fecha en la que se subió el video, es decir, la edad que la persona refiere tener al momento de subir el video. Por último, después del guion se coloca una D seguida de un carácter numérico consecutivo para evitar duplicaciones.

En el análisis inicial de los videos se pudieron recuperar los datos visibles en la tabla 1. Algunos datos sociodemográficos tomados en cuenta fueron la edad de las personas informantes al momento de subir el video, y su estado civil, entre otros. La metodología utilizada para trabajar con los videos fue el análisis de discurso del audio de los videos (Santander 2011). Por lo tanto, se transcribió el audio de los videos para una mejor ubicación de las ideas, se buscaron los aspectos que tuvieran relación con la autopercepción sobre su familia, así como las representaciones asociadas al género y adicionalmente aquellas cuestiones de identidad y sentido de pertenencia comunitaria.

## Análisis y discusión de resultados

### Familia y representaciones de género

La familia como ideal cultural universal tiende a establecer modelos, pero estos no son estáticos en el tiempo, sino que cambian y se ajustan, de ahí que es posible hablar de familias postindustriales (Esteinou 2008, 158) o familias contemporáneas (Di Marco, 2009, 103). Estos tipos de familias se definen en relación con las características principales distinguibles a partir de los roles y comportamientos asignados o establecidos al interior de ellas para cada miembro que la integra. Para ubicar los imaginarios en torno a la familia, debemos tener en cuenta que "lo imaginario recurre a lo simbólico para elaborarse y, simultáneamente, el simbolismo presupone la potencia de la imaginaria que deje ver las relaciones que no son evidentes y permite la percepción de nuevos sentidos" (García Peña 2007, 25). En este orden de ideas, observar la estructura familiar a través del discurso permite también revisar los roles asignados a cada integrante de la familia, denotando así sus representaciones de género asociadas. Esto es perceptible por ejemplo en el fragmento 1 donde el informante señala una situación de su niñez en la que retoma a sus padres y su rol en la familia.

1. Hice un trato con mis papás de estudiar todo ese año de kínder en la casa. Así que mi mamá, con los libros que nos había dado en la escuela para segundo de kínder, me enseñó todo lo que tenía que saber de ese año escolar en la casa y era muy aburrido. (H27-D1)

En ese sentido, se observa, tal como señala Esteinou (2008, 158), que las familias denominadas como postindustriales tienden a ser flexibles, tal cómo se puede apreciar en los diálogos donde se presentan conflictos y soluciones entre las relaciones familiares. Por su parte, se mantiene la imagen de la mujer como madre, bajo el rol de género de cuidadora, siendo quien aparentemente debe dar continuidad al cuidado doméstico y del hijo. Aun cuando el fragmento se refiere al trato de ambos padres (padre y madre), es posible inferir que es la madre quien da seguimiento a las clases del niño en casa.

El diálogo sobre la educación del hijo y la manera en la que se acuerda este punto entre ambos padres muestran la flexibilidad de las familias de tipo postindustrial en donde "las relaciones padres-hijos, han cambiado y suelen ser más democráticas" (Esteinou 2008, 158). Sin embargo, la democracia para la ejecución de las acciones sigue manteniendo roles tradicionales. Por ejemplo, la madre da continuidad a las acciones de cuidado dentro del hogar. Otro ejemplo de flexibilización de las familias se observa en el fragmento 2:

2. ¡¡¡Amaba tanto la actuación que la escuela la empecé a odiar todavía más uugghh!!! Así que decidí que era el momento de hablar con mis papás y fue donde las cosas se empezaron a complicar un poco. Obviamente, mis papás no me permitieron que dejara de estudiar, pero como son un amor de personas llegaron a un acuerdo conmigo. (M23-D2)

Posiblemente las familias postmodernas son las que aparecen representadas en los videos. Esto es evidente al seguir la conceptualización de Di Marco (2009) para quien las familias contemporáneas se caracterizan los siguientes rasgos: (a) separación de ámbitos (sexualidad, gestación, matrimonio, crianza y relaciones familiares); (b) normalización de las parejas divorciadas, en algunos casos vueltos a casar y hermanos y hermanas de diferentes matrimonios conviviendo; (c) hijos que mayoritariamente viven con sus madres en lugar de ambos padres; (d) nuevas respuestas a conflictos familiares; e (e) hijos e hijas considerados como ciudadanos. En los fragmentos 1 y 2 citados previamente se observan las características a, d y e de Di Marco (2009) mientras que las características restantes (b y c) se evidencian en los fragmentos 3 y 4:

3. A los 6 años mis padres se separaron por cosas de ellos, ya no la pasaban bien. A mi hermano, para animarlo porque lo vieron muy triste al muchacho, le compraron un PlayStation y se puso muy animado, por cierto, y a mí no me regalaron nada. Yo creo que pensaron que no me daba cuenta, pero yo quería un Play [PlayStation] porque sabía que él no me lo prestaría jamás. (M20-D4)

4. ...mi mamá estaba acá... mi hermano acá con un ligero retraso (jiji)... y como en todas las familias felices pues, obviamente, estos dos individuos se tenían que separar y yo pues, la verdad, estoy bien. No, no, tengo recuerdo de alguno de ellos juntos y (snif, snif). (HNE-D3)

En ambos fragmentos, se puede observar que los hijos muestran sentimientos de dolor ante el divorcio. Si bien este es un tema recurrente, el análisis de las narrativas muestra que los creadores evitan profundizar en este tema, al tratarse de una cuestión incómoda y dolorosa. En el fragmento 3, se observan relaciones de cordialidad entre ambas figuras, padre y madre, aun cuando los hijos tienden a vivir con la madre y mantener relación con el padre de manera periódica. Esto evidencia la característica señalada por Di Marco (2009) de hijos que mayoritariamente viven con sus madres en lugar de ambos padres, siendo esto consecuencia de divorcios principalmente. Tal como señala una informante que está divorciada que vive con su hijo, "los divorcios pueden ser más comunes" (MNE-D10).

Sin embargo, es importante considerar que la figura de la madre es una de las más legitimadas por la estructura familiar nuclear a través de imaginarios tradicionales. Pese a referirnos a una familia del siglo XXI, aún se mantiene vigente la familia nuclear, puesto que recupera el imaginario de la madre como cuidadora, supeditada al trabajo reproductivo dentro del hogar (actividades domésticas, cuidado hijos, hijas y personas adultas mayores, entre otras). Esto se refuerza particularmente en familias con padres separados en donde es la mujer quien por excelencia toma el rol de jefa de familia como lo señala el fragmento 5, donde a falta de figura paterna es otra mujer de la familia materna quien apoya a solventar la situación familiar.

5. Mis papás deciden divorciarse cuando yo tenía siete años y después de eso mi mamá y yo no teníamos mucho dinero y nos fuimos a vivir con mi tía Rosy. (M19-D19)

La situación adversa producto de un divorcio debe ser analizada con relación al Nivel Socioeconómico (NSE). El NSE de los usuarios de Internet se basa en la clasificación de la Asociación Mexicana de Agencias de Investigación de Mercado y Opinión Pública (AMAI). Para obtener el NSE se usa una regla que mide el nivel en que están satisfechas las necesidades más importantes del hogar, tomando en cuenta nueve características o posesiones del hogar y la escolaridad de la persona que más aporta al gasto familiar. La Asociación de Internet en México (AIMX), en su 18° Estudio sobre los Hábitos de Personas Usuarias de Internet en México (2022), —usando el NSE— sostiene que la mayoría de los usuarios de Internet se ubican en el nivel C. En este nivel, las personas viven en un hogar que es propiedad de la familia. Este puede contar con la mínima infraestructura sanitaria y las familias aspiran a la adquisición de bienes y servicios que les hagan la vida más práctica y sencilla (López 2011). En los fragmentos 6 y 7 se evidencia este hecho.

6. Nunca faltó nada, pero tampoco sobró mucho; eso sí, tenía primos por doquier con los cuales jugaba. (HNE-D3)

7. Traté de estudiar japonés y sí, ¡lo logré! ... Fue un poco bastante difícil y yendo a ver muchos templos y budas enormes ¡oh! ¡por dios! enormes, pero amé demasiado Japón. ¡¡Siguiente parada!! Volé hacia Canadá, Vancouver, *¡oh my god!* mis papás me apoyaron tanto con la actuación que me mandaron a Canadá a estudiarlo. Al principio fue muy extraño porque llegué sola, pero cuando entré a la escuela me di cuenta de que de verdad esta es mi pasión y lo que pienso hacer toda mi vida. Estudié un año y medio allá, intensivo, y es una de las mejores experiencias que he tenido en mi vida. ¡¡De vuelta a volar!! ¡¡uuhhh!! Así es, de nuevo, regresé a Japón. ¡¡Ahora a estudiar japonés!! (M23-D2)

8. Mi hermano mayor estaba estudiando ingeniería en sistemas y me enseñó a usar MS-DOS [Sistema Operativo de Disco de MicroSoft]... Después, mis papás me compraron, me compraron mi primer Nintendo y (ugh) me la pasaba jugando todos los días antes de irme a la escuela. (H27-D1)

La solvencia económica se refleja en los fragmentos 7 y 8. En estos se evidencia cómo las familias destinan dinero a la preparación educativa de sus descendientes. Como señala Sémbler (2006), las clases medias deben observarse en términos "de fuentes laborales, participación en el ingreso, acceso a la educación, estilos de vida, etc.... los cuales se asociarían... con las formas particulares y diferenciadas en que sus estratos se articulan con las nuevas dinámicas que plantea el estilo de desarrollo vigente de la región" (66). En este sentido ubicarse en la categoría c del NSE demuestra que estas familias aspiran a la adquisición de bienes y servicios que les hagan la vida más práctica y sencilla. Esta es una tendencia entre las personas de los videos, siendo pocos los casos que muestran una situación diferente en momentos previos a su situación actual de prosumidores.

Con respecto a las representaciones de género es importante subrayar el rol materno y su relación con las actividades de cuidado. Las representaciones de género más identificadas siguen los roles tradicionales, que asignan a la mujer los papeles supuestamente femeninos y reproductivos. Por su parte, al hombre se le otorgan roles tradicionalmente masculinos y productivos. Sólo algunos informantes manifiestan realizar actividades asignadas tradicionalmente al otro género. Sin embargo, subrayan el hecho de que no son actividades que tradicionalmente se espera que realicen. Esto se observa en el fragmento 9:

9. Mis papás pensaban que yo iba a ser niño y de hecho me iban a llamar Adrián. Tal vez por eso es por lo que nunca me gustaron las Barbies y siempre mi amor fue más por el fútbol. Siempre fui muy machorra, me encantaba jugar mucho más con los niños que con las niñas, aunque los niños siempre me rechazaban y no me dejaban jugar con ellos. Nee, no se crean, era broma, siempre jugaba con ellos. Pero había algo que me encantaba como pegarle al balón y pegarles a los niños y pegarles todavía a niños más grandes. (M23-D2)

En el fragmento 9, se describen una serie de actividades asignadas socialmente a los hombres. Sin embargo, la participante, desde su condición de mujer, no considera que le correspondía realizarlas. Se observa incluso cómo, a manera de broma, ella se autocalifica con el término "machorra", una palabra con sentido negativo. Esta autocrítica surge de la idea de que, con su actuar, contraviene normas de conducta establecidas convencionalmente para ella como mujer.

A partir del corpus de videos analizados, se observa que los aspectos más presentes en los discursos denotan a una familia postindustrial (Esteinou 2008) o contemporánea (Di Marco 2009). En ambas, la separación de ámbitos y las nuevas respuestas a conflictos familiares brindan un espacio en el que hijas e hijos son considerados como personas, ciudadanas con libertad para ejercer sus propias decisiones. Entre estos conflictos ubicamos en el fragmento 9, el transgredir las representaciones tradicionales de género y en los fragmentos 7 y 8 una nueva dinámica para resolver los problemas y la toma de decisiones al interior de la familia.

Considerando las representaciones de género, la definición que puede describir mejor a las familias que se presentan en los videos es la brindada por Adler (2010, 104). Para esta autora, la familia es un ideal cultural que norma derechos y obligaciones de sus miembros, independiente del arreglo residencial y sus funciones domésticas. Esto permite no considerar a la familia bajo estructuras dadas, sino como una estructura auto-estructurante. Bajo esta idea de familia auto-estructurante, podemos comprender las nuevas dinámicas familiares. Estas son contrapuestas por nuevos roles y comportamientos asignados o establecidos al interior de ellas. Los hijos e hijas no conforman nuevos núcleos familiares, sino que comienzan a participar en la economía familiar, ya como adultos, tal como se percibe en los fragmentos 10 y 11.

10. A los 18 años empecé a ganar mi propio dinero. Entonces, decidí vivir solita y a vivir la vida loca. No es cierto, la verdad es que salgo poco y disfruto estar solita. (M28-D7)

11. YouTube me dio la oportunidad de lograr uno de los sueños que yo tenía desde niño, hacer algo que me gustara con las computadoras y generar dinero con ello. Así que decidí entrar a YouTube por tiempo completo. (H22-D6)

Como resultado del análisis, se observa que la familia, como estructura dinámica, permite una transformación de los roles y comportamientos asignados o establecidos al interior de ella. Estos podrían derivar en el cambio de las representaciones de género. Si bien estas representaciones continúan relacionándose con imaginarios procedentes de una ideología socialmente compartida y definida por estructuras hegemónicas socioculturales, estas pueden ir desvinculándose de las construcciones culturales asignadas de acuerdo con características físico-biológicas de las personas.

*Comunidad, identidad y sentido de pertenencia.*

El concepto de comunidad digital parte y adquiere sus características de la acepción tradicional del término comunidad. Las grandes diferencias que existen entre comunidad y comunidad digital son las cuestiones de tiempo y espacio que las caracterizan, aunque estén ligadas entre sí. Al respecto, Camarero-Cano (2015) afirma que "De alguna manera vivimos en una sociedad donde las redes sociales analógicas y las redes sociales digitales se interconectan entre sí formando comunidades tradicionales (analógicas) y comunidades virtuales (digitales) cuya mezcla indisoluble es lo que llamaremos comunidades tecnosociales" (188). De ahí que, en este trabajo, analizamos a una comunidad de personas que comparten intereses y prácticas comunes en un entorno digital dentro de la plataforma You-Tube. Por lo tanto, las identificamos como parte de una misma comunidad digital. Aunque, caben dos posibilidades, la primera que estas comunidades puedan ser tecnosociales, si los vínculos digitales y presenciales llegan a fusionarse, como lo asume Camarero-Cano (2015), o pueden no constituir una comunidad, si quienes están en ellas no se asumen como parte de una colectividad.

De ahí que nuestro objetivo al estudiar a la comunidad sea encontrar aspectos relacionados con identidad e identificación en el corpus estudiado. Estos son abordados desde los conceptos de integración social e integración sistémica, así como el de copresencia (Giddens 2011). La integración sistémica se define como la reciprocidad de agentes fuera de las condiciones de copresencia, integra "todos los contactos entre miembros de comunidades o sociedades diferentes, no importa cuán extensos" (Giddens 2011, 174). Esto tiene eco en cualquiera de las comunidades virtuales que podamos estudiar dentro de Internet.

Por su parte, la integración social es un concepto que alude a la reciprocidad de prácticas entre agentes en una continuidad de encuentros, es "una interacción en contextos de copresencia" (Giddens 2011, 173). Un ejemplo de ello sería la comunidad de mexicanos en Los Ángeles California, también conocida como calle Olvera o Placita Olvera, se consideran comunidad porque comparten características en común, se reconocen y convienen en espacios físicos, donde interactúan y se buscan entre sí por afinidad e identidad para apropiar ese espacio físico que a su vez los identifica y distingue de otras comunidades. Por su parte, la integración sistémica es la que observamos en las comunidades virtuales donde pueden existir diversidad de contactos de múltiples tipos entre sus miembros en un mismo espacio-lugar digital, donde se comparten cosas en común, pero no las suficientes para considerarse a sí mismos como una comunidad.

En este sentido, analizamos el concepto de comunidad virtual y delimitamos el espacio de acción de la comunidad (plataforma, y punto de encuentro online, entre otros). Sin embargo, no podemos asumir que quienes están en esta comunidad se reconocen e identifican a sí mismos como miembros de ella. La comunidad virtual implica el imaginario de un espacio de copresencia, esto hace posible considerar que, el coincidir en una plataforma como YouTube, fomente el sentimiento recíproco de compartir entre internautas. Sin embargo, debemos tener en cuenta que, cuando hablamos de Internet, la copresencia está mediada por las tecnologías. Por lo tanto, la integración social recae en la plataforma que une a los miembros en una especie de copresencia digital; sin embargo, la identidad y el sentido de comunidad nos muestran la realidad que subyace bajo imaginarios relativos a la comunidad virtual desde el punto de vista de las personas que coinciden en estos espacios.

El identificarse a través de la práctica de creación de contenidos implica apropiarse de una identidad social. Esta se adopta y se denomina identidad. En este sentido, el ser nombrado como youtuber (o reconocerse como tal), deriva tanto de las acciones que se realizan en la plataforma, como de las acciones en las que puede tener copresencia *offline* (intercambios de llamadas, participaciones en videos, reuniones presenciales). Esto también se produce por una serie de consideraciones individuales que el fragmento 12 evidencia. En este se observa que los participantes se refieren a interacciones sociales y sistémicas, las cuales refuerzan la identidad y el sentido de pertenencia por copresencialidad física.

12. Platiqué con mi mamá y la convencí de empezar mis videos en YouTube.... vino Musical.ly, me la enseño [sic] una amiga Pao... y la verdad es que me enamoré. Todo el tiempo me la pasaba haciendo Musical.List [sic] y de pronto creció y ahora somos un millón cuatrocientos mil. *Oh my God...* Mi primer evento de, como youtubers y toda la onda, y como el más importante fueron los ELIOT [Se refiere a los ganadores de los premios Eliot Awards, otorgados a creadores de contenidos] que en serio yo era la más emocionada del mundo. Me saque fotos con todos, con Juampa, con los Polinesios, con todos los que se puedan imaginar. En serio, fue una experiencia inolvidable. También algo inolvidable fue mi primer *meet* que hice en la Ciudad de México cuando Musical.Ly, se presentó por primera vez en México. (M15-D15)

En el fragmento 12 se puede apreciar de manera clara que la persona se identifica como youtuber e identifica a otras personas que, como ella, forman parte de una comunidad que los congrega en copresencialidad para interacciones sociales y permite que las interacciones sistémicas se fortalezcan generando el sentido de comunidad. Por su parte, quienes no asumen la identidad social youtuber, pese a realizar las mismas acciones que quienes sí se identifican con ella y la comunidad, responden a consideraciones personales y al no tener una interacción o contacto con quienes sí se identifican como youtuber. Esto se evidencia en el fragmento 13.

13. Un día, llegó mi novio el Charlie diciéndome que existían los famosos Youtubers que vivían de subir videos a Internet [.] Yo no podía creer que eso existía, se me hacía bien raro... De ahí surgió la idea de preguntarle al Charlie ¿oye qué te parece si hacemos videos para YouTube? yo salgo, enseño a hacer algún pastel que es lo que sé hacer y tú me grabas y editas ese video...Y gracias a eso Mis Pastelitos se convirtió ahora en un canal de YouTube. (M28-D12)

En el fragmento 13, se observa que las reacciones ante la generación de videos o la postura frente a la práctica social es un factor que diferencia el tipo de integración (social o sistémica) que se puede generar entre personas que realizan las mismas acciones en la plataforma. La persona del fragmento no se nombra a sí misma como youtuber y mantiene una actitud de distanciamiento ante los que llama "famosos Youtubers". Esto influye en la futura copresencia que se pueda dar entre youtubers o personas que realizan las mismas acciones en la plataforma, si no se identifican y reconocen a sí mismos como personas que comparten una identidad no se construirán lazos de afinidad o pertenencia a una misma comunidad. Si bien se puede considerar que las prácticas, como lo refieren los fragmentos 12 y 13, son similares en tanto que abarcan la creación de videos de manera activa y continuada para ser compartidos y publicados en el medio social YouTube. La diferencia recae en el imaginario de las personas y la importancia que toma en sus vidas la identidad. Quienes asumen la identidad de youtuber se sienten más representados en los contenidos generados en ese medio social, más que en otras plataformas, tal como se observa en los fragmentos 14 y 15.

14. Siempre me la pasaba haciendo cosas de plática polinesia, pero cuando venía mi jefe hacía como que estaba trabajando, le entregaba lo que él

me pedía y seguía editando videos de Plática Polinesia...Y un día dije
por qué tengo que ir tan lejos si lo que me gusta lo puedo hacer desde
casa y fue el día en que dejé el mundo de los corporativos... ya tenía
muchísimo más tiempo para dedicarle al canal. (HNE-D5)

15. Se me ocurrió, ¿por qué no emperezarle a tomar fotos? y entonces dije:
las voy a subir a mi Facebook. Entonces, abrí un nuevo álbum de fotos
al cual le puse mis pastelitos. (M28-D12)

En el fragmento 15, la copresencialidad digital se desdibuja al no considerar la plataforma como un espacio, sino como un escaparate mediático para
recibir atención. En este sentido, se vuelve una práctica que no la identifica
como parte de una comunidad. En cambio, en el fragmento 14, la práctica se
convierte en algo que le otorga identidad y que se asume por gusto en You-
Tube. Si bien, para las personas externas y ajenas a esta práctica de generar
contenido para YouTube, es decir, quienes somos audiencias de esta plataforma, de manera normal consideramos que la identidad del youtuber deriva
del medio social YouTube; pero quienes realizan la práctica lo perciben de
manera diferenciada. Asumir esta identidad para quienes realizan la misma
práctica, depende de la pertenencia que la persona sienta con el medio y lo
involucrado que se esté con él, así como con sus prácticas dentro de la plataforma, ya sea que se dedique a ellas como una actividad primordial en su vida
social o como un pasatiempo o vitrina.

Por su parte, quienes sí asumen la identidad youtuber, la expresan y la usan
como una manera de diferenciarse del resto de internautas, generando un
grupo de "élite" que los hace distintos del resto (al menos en México). Esto
deriva en fortalecer lazos de integración social, lo que se manifiesta en las
reuniones presenciales de quienes se identifican como youtubers (copresencialidad). Esto fortalece el sentido de pertenencia, la interacción social y la
identidad dentro de una comunidad. Esta pertenencia sobrepasa las barreras
transnacionales y ayuda, en algunos casos, a reforzar los lazos de los individuos
con sus lugares de origen, como el caso de los youtubers migrantes mexicanos
cuyos contenidos sobre la cultura y forma de vida, tanto de México como del
lugar de acogida, sirven de vínculo cultural entre comunidades transnacionales (Mandujano-Salazar 2023).

Es importante considerar que el sentido de pertenencia no solo se refiere
a la comunidad de creadores de contenidos como en el caso de los youtubers, sino que además se crean otras comunidades secundarias compuestas

por fanáticos. Los youtubers son conscientes de las comunidades creadas por seguidores, así como de los beneficios que reciben por ellas como lo señalan los fragmentos 16, 17 y 18.

> 16. Fue entonces, en mayo del 2014, cuando decidí empezar mi canal de YouTube, a los 13 años. A mí me gustaban mucho las youtubers gringas... En 2020... con tanto tiempo en mis manos, no tardé nada en retomar mi canal de YouTube que ya estaba en números negativos para ese punto... Fue entonces cuando se me ocurrió descargar TikTok...[Recibía] más y más visitas, gente linda que me apoyaba en lo que hacía y disfrutaba mi contenido. Empezó a nacer una comunidad que sería mi salvación. Eventualmente, YouTube también empezó a crecer. Ya antes de saberlo, una vez más, tenía números positivos... Finalmente, sentía que había encontrado mi camino y es gracias a ustedes. (M21-D14)
>
> 17. Lo que más me importa es que a ustedes les guste, a ustedes polinesios. Y por ustedes, seguiremos haciendo muchas bromas para hacerlos reír y que los desestresen...Me encanta hacer reír a las personas. Bueno, polinesios, créanme, esto seguirá por mucho más tiempo. (M17-D11)
>
> 18. Primero, fueron uno que otro polinesio, después otro, hasta que hicimos una gran familia de 20,000 polinesios. (M21-D13)

En el fragmento 16 se menciona la palabra comunidad para referirse al colectivo de internautas que son consumidores de los contenidos generados por el youtuber. En los fragmentos 17 y 18, la comunidad recibe otro nombre como es el de "polinesio" al referirse a alguno de sus individuos o "polinesios" en general. Sin embargo, en todos ellos se habla de una comunidad al asociarlo a palabras como "gran familia". Esto implica el establecimiento de otras comunidades virtuales con sentido de pertenencia propio que se establece entre el youtuber y su audiencia. Camarero-Cano (2015) señala que "un objetivo esencial de toda comunidad es que cada persona además de mirar por su interés individual debe ver por el bien común" (191). En este sentido, cada comunidad virtual se define en sus propios términos, identidades, espacios de copresencialidad e interacciones para sus beneficios. Estos son, en algunos casos, económicos o de crecimiento profesional, e incluso de entretenimiento.

## Conclusiones

Los creadores de contenido hablan libremente de sus familias, aunque no se les pregunte directamente. Este hecho se evidencia en los videos *Draw my life*.

En ellos se reflejan las representaciones de género ligadas a dicha institución social. Los videos muestran aspectos familiares perceptibles fácilmente a través de los diálogos. Esto sucede debido a que "la imagen es representación, es decir, algo que ocupa el lugar de otra entidad; no la rige un principio analógico sino un principio de referencia a una idea o a un sistema de valores que los remite" (García Peña 2007, 24). Por lo tanto, hablar de familias es retomar las representaciones socialmente compartidas y definidas por estructuras hegemónicas socioculturales, aun cuando estas comiencen a desdibujarse en la práctica. Asimismo, las representaciones del género en las familias continúan siendo semejantes a las estructuras tradicionales; sin embargo, esto sucede principalmente a nivel referencial, pues no se establece como norma para actuar. En este sentido, se observa que cada persona comienza a realizar las actividades que desea, aun cuando en el imaginario estas no son propias del género que les ha sido asignado. El concepto familia permite ubicar las representaciones de género estructuradas y asignadas por el lugar y sexo de la persona. Al considerar los roles asignados al hombre y a la mujer dentro de la estructura familiar, es posible identificar los aspectos claves sobre los estereotipos de género, y de esta manera hacer visibles los imaginarios detrás de ellos.

Aunque este trabajo se centró en el desarrollo de una práctica digital llevada a cabo por prosumidores que consumen, crean y comparten contenido en YouTube, es necesario profundizar sobre cómo el fenómeno de *Draw my life* se manifiesta en otras plataformas que han ganado especial relevancia en los últimos años. Estas plataformas se orientan más hacia la monetización de contenidos que a la creación de contenido, profesionalización y/o creación de comunidad en un proceso de corto a mediano plazo, permitiendo la consolidación de identidades y de sentido de pertenencia a una comunidad. Tal es el caso de TikTok, cuyo funcionamiento está más enfocado hacia el consumo y viralización de vídeos de corta duración, como algunos críticos ya lo han señalado (Herrman 2021; Maraldo 2024), al alzar la voz en contra de esta vocación consumista que tiene la plataforma creada por ByteDance.

En TikTok, incluso con su naturaleza enfocada a la monetización, aún existen fenómenos como *Draw my life* que están presentes y prosperando (Vizcaíno-Verdú et al. 2024), como se puede apreciar en la cantidad de videos reacciones a los videos de este tipo (https://www.tiktok.com/discover/historias -de-draw-my-life). Sin embargo, no se puede asegurar que el fenómeno funcione de la misma manera que en YouTube. La popularidad en TikTok demuestra cómo los nuevos creadores, consumidores y prosumidores se adecuan a las restricciones de duración y formato impuesto por TikTok para continuar compartiendo y conectar con otros individuos que comparten sus mismos intereses a modo de escaparate sobre demanda. Incluso *Draw My Life* combina y evoluciona junto a nuevas tendencias de creación de contenidos que le son propios a la plataforma YouTube. Por ejemplo, los *Autonomous Sensory Meridian Response* (ASMR) compartidos en redes sociales consisten en una variedad de estímulos auditivos y visuales (e.g. chasquidos o el sonido de un lápiz al hacer un dibujo) que buscan generar en el receptor del mensaje sentimientos de relajación y bienestar (Gotsch y Gasser 2025). Una revisión exploratoria en redes sociales muestra cómo los ASRM son utilizados como un elemento diferencial en búsqueda de personalizar la experiencia individual volcada al consumo más que a evocar o hacer llamado a una comunidad. De ahí, la importancia de promover estudios sobre la evolución de fenómenos similares en diferentes plataformas y revisar tendencias de creación y consumo, ya que cada medio, en este caso plataforma, va reconfigurando el espacio comunicativo de intercambio de información transformando a su vez la cultura a la que se conecta.

Finalmente, es necesario profundizar en el estudio de las comunidades virtuales. Si bien se identifican cuestiones identitarias, es necesario cuestionar directamente a los actores sobre su sentido de pertenencia a una comunidad (virtual). El sentido de pertenencia e identidad a una comunidad se construyó a partir de los discursos y la autoexpresión sobre su actuar en relación con otros que actúan de la misma manera, se interpretó la cercanía con la comunidad de la cual no hablan, pero dicen pertenecer o de la cual se distinguen. De esta manera no se partió de imaginarios comunes como el caso de la familia y los roles de género, que cuentan con mayor teorización, si no de expresiones que a través de un ejercicio inductivo destacan la manera natural en la que los individuos destacan el ser o no parte de una comunidad. Mediante este acercamiento a la comunidad virtual sí fue posible observar algunos indicadores que permitieron reflexionar sobre lo que implican las comunidades virtuales, su conformación y sus límites.

## Referencias

Adler, Larrisa. 2010. "La función de la familia y la parentela en las clases bajas y empresariales de México". En *Familia y tradición: herencias tangibles e intangibles en escenarios cambiantes*, editado por Nora Edith Jiménez. Michoacán: Colegio de Michoacán.

AIMX. 2022. "18° Estudio sobre los Hábitos de Personas Usuarias de Internet en México 2022". *Asociación de Internet MX*. https://www.asociaciondeinternet .mx/estudios/habitos-de-internet

Alonzo González, Rosa María. 2020. *La práctica de prosumir en internet*. México: Universidad de Colima.

AMAI. 2022. *Niveles socio económicos*. https://www.amai.org/NSE/.

Bourdieu, Pierre. 2002. *Questions de Sociologie*. Paris: Les Éditions de Minuit.

Camarero-Cano, Lucía. 2015. "Comunidades tecnosociales. Evolución de la comunicación analógica hacia la interacción analógico-digital". *Revista Mediterránea de Comunicación* 6 (1): 187–195. http://mediterranea-comunicacion.org/. DOI 10.14198/MEDCOM2015.6.1.11.

Dalton, David, y David Ramírez Plascencia, eds. 2023. "Introduction: Imagining Latinidad in Digital Diasporas". En *Imagining Latinidad: Digital Diasporas and Public Engagement Among Latin American Migrants*, 1–24. Leiden: Brill.

Daros, Otávio. 2023. "Prosumer Activism: The Case of Britney Spears' Brazilian Fandom". *Journal of Consumer Culture* 23 (2): 428–443. https://doi.org /10.1177/14695405221103411.

Dawkins, Richard. 2006. *The Selfish Gene*. 30th anniversary ed. Oxford: Oxford University Press.

Di Marco, Graciela. 2009. "Cómo veo a mi familia". En *Las políticas de familia en México y su relación con las transformaciones sociales*, editado por Beatriz Schmukler y Ma del Rosario Campos. México, D.F.: Instituto Mora.

Esteinou, Rosario. 2008. "Tipos de familias en el México del siglo XXI". En *Familias y culturas en el espacio latinoamericano*, editado por David Robichaux. Ciudad de México: Universidad Iberoamericana.

Gal, Noam. 2018. "Internet Memes." En *The SAGE Encyclopedia of the Internet*, editado por Barney Warf, 529–530. Thousand Oaks: SAGE. https://doi .org/10.4135/9781473960367.

García Peña, Lilia Leticia. 2007. *Etnoliteratura: principios teóricos para el análisis antropológico del imaginario simbólico-mítico*. Colima: Universidad de Colima.

Gergen, Kenneth J. 2006. *El Yo saturado. Dilemas de identidad en el mundo contemporáneo*. Barcelona: Paidós.

Giddens, Anthony. 2011. *La constitución de la sociedad. Bases para la Teoría de la Estructuración*. Buenos Aires/Madrid: Amorrortu editores.

Gonzalo, A. 2011. "El prosumo digital. ¿Una nueva forma de consumo cultural?" Presentado en las XV Jornadas Nacionales de Investigadores en Comunicación Recorridos de Comunicación y Cultura. Repensando Prácticas y Procesos, Argentina, Facultad de Ciencias de la Educación. Universidad Nacional de Entre Ríos. Facultad de Ciencias de la Educación. Universidad Nacional de Entre Ríos.

Gotsch, Mauro Luis, y Florian Gasser. 2025. "The Effect of Autonomous Sensory Meridian
Response (ASMR) Messages on Consumer Brand Perceptions and Intentions."
*Journal of Consumer Behaviour* 24 (1): 5–19. https://doi.org/10.1002/cb.2370

Herrman, John. 2021, octubre 2. "Will TikTok Make You Buy It?" *The New York Times*. https://www.nytimes.com/2021/10/02/style/tiktok-shopping-viral
-products.html

López Escarcena, Ignacio. 2021. "Desafíos éticos en el estudio de comunida-des digitales: una propuesta basada en un caso empírico". *Cuadernos.info* 49: 237–257.

Mandujano-Salazar, Yunuen Ysela. 2023. "YouTube Channels of Mexicans Living in Japan: Virtual Communities and Bi-Cultural Imagery Construction." In *Imagining Latinidad: Digital Diasporas and Public Engagement Among Latin American Migrants,* edited by D. Dalton & D. Ramirez Plascencia, 154–170. Leiden: Brill. Retrieved from https://brill.com/view/title/38449

Maraldo, Katie. 2024, febrero 23. "The Age of TikTok Shop Consumerism." *The Michigan Daily*. http://www.michigandaily.com/opinion/columns/the-age-of
-tiktok-shop consumerism/

Prosumer Report. 2011. *The Second Decade of Prosumerism*. New York: Euro RSCG Worldwide.

Rodríguez Otero, Luis Manuel, y Sandra E. Mancinas Espinoza. 2017. "Imagina-rios de la familia 4 en trabajores sociales de los servicios sociales". *Pedagogia i Treball Social. Revista de Ciències Socials Aplicades* 6 (2): 80–109.

Sáez Soro, Emilio. 2006. *Ensayo de una metodología de estudio de las comunidades virtuales*. Covilhã, Portugal: Universidade da Beira Interior (UBI).

Santander, Pedro. 2011. "Por qué y cómo hacer Análisis de Discurso". *Cinta de Moebio: Revista de Epistemología de Ciencias Sociales* 41 :207–224.

Sémbler, Camilo. 2006. *Estratificación social y clases sociales. Una revisión ana-lítica de los sectores medios*. Santiago de Chile: CEPAL, Naciones Unidas y ECLAC.

Sibila, Paula. 2008. *La intimidad como espectáculo*. Buenos Aires: FCE.

Skoglund, Annika, y Steffen Böhm. 2022. *Climate Activism: How Communities Take Renewable Energy Actions Across Business and Society*. Cambridge: Cambridge University Press.

Statista Research Department. 2024. "Number of Internet and Social Media Users Worldwide as of October 2024." *Statista*. https://www.statista.com
/statistics/617136/digital-population-worldwide/.

Tapscott, Don, y Anthony D. Williams. 2008. *Wikinomics: How Mass Collabora-tion Changes Everything*. New York: Portafolio.

Toffler, Alvin. 1981. *The Third Wave*. New York: William Morrow & Co., Inc.

Vizcaíno-Verdú, Arantxa, et al. 2023. "Online Prosumer Convergence: Listening, Creating and Sharing Music on YouTube and TikTok." *Communication & Society* 36 (1): 151–166. https://doi.org/10.15581/003.36.1.151–166

Weigel, Daniel J. 2008. "The Concept of Family: An Analysis of Laypeople's Views of Family." *Journal of Family Issues* 29 (11): 1426–1447. https://doi .org/10.1177/0192513X083184

# Agradecimientos

Los editores agradecen a los colegas y colaboradores que contribuyeron al desarrollo de este proyecto. David Dalton recibió fondos de los Ruth G. Shaw Humanities Fellow Funds (aparte de los recibidos por Javier García León y David García León) para solventar los gastos de la publicación y del índice. Asimismo, expresan su sincero agradecimiento a los editores de *A Contracorriente*, la profesora Ana Forcinito y el profesor Greg Dawes, por su respaldo y compromiso con esta iniciativa.

Del mismo modo, los editores agradecen a la Universidad de New Brunswick Saint John por los fondos otorgados a través del *Faculty of Arts Research Award*. También expresan su gratitud a la Universidad de Carolina del Norte en Charlotte, en particular al *College of Humanities & Earth and Social Sciences (CHESS)*, por el apoyo brindado mediante el *CHESS Small Grant y el Ruth G. Shaw Humanities Scholar Award*.

David S. Dalton publicó una versión anterior de su contribución (capítulo 7 ) bajo "Exploiting Liminal Legality: Inclusive Citizenship Models in the Online Discourse of United We Dream" en *Imagining Latinidad: Digital Diasporas and Public Engagement among Latin American Migrants*, editado por David S. Dalton y David Ramírez Plascencia (59–79). Laiden/Boston: Brill, 2023

# Colaboradores

MASSIMILIANO CARTA es doctor en literaturas clásicas, modernas, comparadas y poscoloniales por la Universidad de Bolonia. Actualmente enseña lengua y cultura italiana y literatura y estéticas de género en la Universidad del Norte (Barranquilla, Colombia). Ha publicado en revistas académicas de Brasil, Colombia, Ecuador, España e Italia, y es coautor de los libros *Con Polleras y en Tacones* (2023) y *Travestiario Tropical* (2025).

DANNY GONZÁLEZ CUETO es profesor asociado de la Facultad de Bellas Artes de la Universidad del Atlántico. Director y miembro del Grupo de Investigación Feliza Bursztyn de la misma institución. Curador de las exposiciones *Travestiario tropical* (2021) y *Fragmentos salvajes* (2024). Director del documental *Como una loba* (2024) obra ganadora del Premio Dunkel Rosa, otorgado por el Goethe Institut y la Cinemateca Distrital de Bogotá (2024). Ha publicado diversos artículos y capítulos en libros y revistas nacionales e internacionales.

MANUEL ZELADA es candidato doctoral por la Universidad de Montréal (UdeM). Tiene una maestría en lingüística hispánica (Universidad de Wisconsin) y otra en filosofía (Pontificia Universidad Católica del Perú). Actualmente es director de la revista de *Estudios Hispánicos* de la UdeM, Tinkuy, y forma parte del proyecto *Dinámicas Urbanas y Lingüísticas en Quito, Ecuador*. Sus intereses son la lingüística sociocultural, las etnografías digitales y el activismo decolonial.

ALYSSA BEDROSIAN es candidata a doctora en estudios culturales latinoamericanos por la Universidad Estatal de Ohio en Columbus, Ohio. Su investigación explora el feminismo, la religión y la justicia reproductiva en las Américas. Actualmente está escribiendo una tesis doctoral que examina el feminismo católico y la lucha por el aborto legal en México, Argentina y Estados Unidos.

M. EMILIA BARBOSA es profesora asistente de español y estudios hispánicos en la Universidad de Ciencia y Tecnología de Missouri. Su investigación se centra en la respuesta a la violencia y la atención comunitaria en varios países

de América Latina, en particular Guatemala, Brasil y Perú. Es especialista
en teatro y performance, estudios visuales e indígenas, y su segunda área de
investigación es el África de expresión portuguesa contemporánea.

LILY MARTINEZ EVANGELISTA es profesora del cuadro permanente del
programa de traducción español del Instituto de Letras de la Universidade
de Brasília en Brasil. Imparte clases sobre cultura, teoría y traducción
especializada. Sus intereses de investigación incluyen la producción cultural
de las Américas que explora cuestiones de género, erotismo y traducción. Lily
es co-autora de un capítulo del libro *Beyond the New Normal: Desire and
Pleasure in the Post-Pandemic World* (2023).

EMANUELE DE FÁTIMA RUBIM COSTA SILVA se formó en derecho
en la Universidad Federal de Maranhão en Brasil. En la Universidade de
Brasília concluyó su maestría con énfasis en la constitución y en el presente
es estudiante del programa de doctorado en derecho en la misma universidad.
Adicionalmente, trabaja en el Tribunal Superior del Trabajo.

ERIKA MARIBEL HEREDIA es una académica emergente cuyo trabajo inter-
secta nuevas tecnologías y estudios culturales con el fin de explorar las ideologías raciales, el nacionalismo y el poscolonialismo presentes en las sociedades
latinoamericanas contemporáneas. Su formación académica incorpora elementos de la comunicación audiovisual, los estudios humanísticos, las humanidades digitales y la literatura hispanoamericana. Obtuvo un doctorado en
textos y tecnología en 2021 y una maestría en español en 2025, ambos en la
Universidad Central de Florida.

COVADONGA LAMAR PRIETO es catedrática de lingüística hispánica en la
Universidad de California Riverside. Es doctora en filología (2007), lingüística (2012) e historia y estudios socioculturales (2019). Analiza las manifestaciones culturales escritas de la generación nacida tras un conflicto social o
político: qué objetos producen, qué procesos causan el cambio lingüístico y
cómo cambian las lenguas en contacto. Desde el *Spanish of California Lab*,
dirige proyectos sobre el español en California, así como sobre redes sociales
y lenguas minorizadas.

MIRIAM VILLAZÓN VALBUENA es candidata a doctora en estudios hispánicos en la Universidad de California Riverside. Sus áreas de investigación
incluyen las comunidades bilingües y el estudio de las lenguas minorizadas,

además del impacto sociolingüístico de las lenguas en redes sociales. Es vicepresidenta de *Asturian Studies*, desde donde se organizan eventos que ponen en conversación al mundo académico interesado en la lengua asturiana con expertos en distintas áreas culturales.

MIGUEL MUÑOZ VALTIERRA es estudiante de doctorado en su cuarto año en la Universidad de California Riverside. Forma parte del *Spanish of California Lab* donde trabaja en varios proyectos en torno a la sociolingüística, las redes sociales y el bilingüismo. Se enfoca en temas de identidad y lengua en espacios del activismo de una comunidad rural en el sur de California.

DAVID S. DALTON (co-editor) es profesor de español y estudios latinoamericanos y director de estudios latinoamericos en la Universidad de Carolina del Norte Charlotte. Es autor de tres libros monográficos: *Mestizo Modernity: Race, Technology, and the Body in Postrevolutionary Mexico* (University of Florida Press, 2018), *Robo Sacer: Necroliberalism and Cyborg Resistance in Mexican and Chicanx Dystopias* (Vanderbilt University Press 2023) y, próximamente, *Digital Activism in the Mexican Nations* (Rutgers). También ha editado cinco antologías y dos números especiales con revistas académicas.

ANDREA J. PITTS es profesore asociade de literatura comparada y estudios globales de género y sexualidad en la Universidad de Buffalo. Es autore de *Nos/Otras: Gloria E. Anzaldúa, Multiplicitous Agency, and Resistance* (2021), y coeditore de *Trans Philosophy* (2024), *Theories of the Flesh: Latinx and Latin American Feminisms, Transformation, and Resistance* (2020), y *Beyond Bergson: Examining Race and Colonialism through the Writings of Henri Bergson* (2019).

JAVIER ALEJANDRO ZAMORA Y GÓNGORA es licenciado en lengua y literaturas hispánicas por la Universidad Nacional Autónoma de México y doctor en literatura comparada por la Universidad de Montreal. Ha publicado extensamente sobre literatura comparada, literatura latinoamericana contemporánea, narrativas comunitarias e historia oral (teoría y práctica). Es profesor titular en York University, Toronto, y director del proyecto *(re)Ciclarse en la ciudad. Narrativas comunitarias de ciclismo urbano en México*. También es ciclista urbano y activista de la movilidad activa.

MARÍA ÁVILA es investigadora transdisciplinaria independiente y escritora. Egresó como maestra en antropología social en el 2016 (ULB). Su trabajo articula memoria histórica, oralidad, y ciclismo urbano con enfoques de género. Ha colaborado como docente e investigadora en la academia y organizaciones de la sociedad civil. Es coautora del libro *Descubrir que hay vida. Narrativas comunitarias de ciclismo urbano en México* y coinvestigadora del proyecto *(re)Ciclarse en la ciudad.*

FRANCESCO GERVASI es doctor en *Politica, Società e Cultura* por la Università della Calabria (Italia). Desde septiembre de 2010, es profesor investigador de tiempo completo en la Facultad de Ciencias de la Comunicación de la Universidad Autónoma de Coahuila. Forma parte del Sistema Nacional de Investigadoras e Investigadores (SNI) con el nivel 2. Sus principales líneas de investigación son: diversidad y pluralismo religiosos; discriminación religiosa; religión y comunicación; religiosidad popular; religiosidad en la vida cotidiana

GABRIEL PÉREZ SALAZAR es doctor en ciencias políticas y sociales por la Universidad Nacional Autónoma de México. Catedrático-investigador de tiempo completo en la Facultad de Ciencias de la Comunicación de la Universidad Autónoma de Coahuila desde 2010. Principal línea de investigación: Expresiones identitarias en espacios sociodigitales. Representante del Cuerpo Académico "Cultura e Identidad". Nivel II en el Sistema Nacional de Investigadores e Investigadoras de la Secretaría de Ciencia, Humanidades, Tecnología y Educación.

ROSA MARÍA ALONZO GONZÁLEZ es Licenciada en Comunicación Social y Doctora en Ciencias Sociales por la Universidad de Colima, con Maestría en Ingeniería con Especialidad en Sistemas de Calidad y Productividad por el Instituto Tecnológico de Estudios Superiores de Monterrey. Adscrita a la Universidad Autónoma de Baja California donde es responsable del programa Observa Frontera. Imparte asignaturas de posgrado en la Universidad de Guadalajara. Miembro del Sistema Nacional de Investigadoras e Investigadores Nivel 1.

DAVID RAMÍREZ PLASCENCIA es doctor en ciencias sociales por El Colegio de Jalisco. Es docente de materias relacionadas con las tecnologías digitales y su impacto en la sociedad. Ha publicado diversos artículos, capítulos y libros sobre la regulación de las tecnologías digitales, cobertura de medios, migración y redes sociales. Actualmente es miembro del Sistema Nacional de Investigadores (SNI) Nivel 2 y trabaja como profesor docente en el Centro Universitario de Guadalajara (UdeG)

# Editores

DAVID L. GARCÍA LEÓN (co-editor) es profesor asistente de español y francés del Departamento de Humanidades y Lenguas en la University of New Brunswick Saint John. Su investigación examina cómo el lenguaje (re)produce o desafía desigualdades de poder, con énfasis en ideologías lingüísticas, medios latinoamericanos, género, masculinidades y discapacidad. Actualmente estudia la representación de la salud mental en medios Latinoamericanos y españoles. Ha publicado en revistas académicas internacionales y sus proyectos han sido financiados por el *Social Sciences and Humanities Research Council of Canada*.

JAVIER E. GARCÍA LEÓN (co-editor) es profesor asociado de lingüística hispánica en la Universidad de Carolina del Norte Charlotte. Su investigación interdisciplinaria aborda la relación entre lengua, poder y representación, con énfasis en políticas lingüísticas, análisis crítico del discurso y estudios de género y culturales en América Latina. Investiga temas como la representación de las personas trans, la discapacidad y la salud mental. Imparte cursos de sociolingüística, análisis del discurso, lingüística crítica y español en los EE. UU.

DAVID S. DALTON (co-editor) es profesor de español y estudios latinoamericanos y director de estudios latinoamericos en la Universidad de Carolina del Norte Charlotte. Es autor de tres libros monográficos: *Mestizo Modernity: Race, Technology, and the Body in Postrevolutionary Mexico* (University of Florida Press, 2018), *Robo Sacer: Necroliberalism and Cyborg Resistance in Mexican and Chicanx Dystopias* (Vanderbilt University Press 2023) y, próximamente, *Digital Activism in the Mexican Nations* (Rutgers). También ha editado cinco antologías y dos números especiales con revistas académicas.

# ÍNDICE

www.ingramcontent.com/pod-product-compliance
Lightning Source LLC
Chambersburg PA
CBHW020335270326
41926CB00007B/188